Veröffentlichungen
der Vereinigung der Deutschen Staatsrechtslehr
Heft 11

Die staatliche Intervention im Bereich der Wirtschaft

Rechtsformen und Rechtsschutz

Die Gegenwartslage des Staatskirchenrechts

Berichte
von

Ulrich Scheuner
Werner Weber
Adolf Schüle
Hans Peters

Verhandlungen der Tagung der Deutschen Staatsrechtslehrer
zu Marburg am 16. und 17. Oktober 1952

Mit einem Auszug aus der Aussprache

Berlin 1954

Walter de Gruyter & Co.

vormals G. J. Göschen'sche Verlagshandlung - J. Guttentag, Verlagsbuchhandlung
Georg Reimer - Karl J. Trübner - Veit & Comp.

Archiv-Nr. 24 89 54

Satz: Walter de Gruyter & Co., Berlin W 35

Druck: Berliner Buchdruckerei Union GmbH., Berlin SW 29, Urbanstraße 71

Inhalt

1. Beratungsgegenstand:

Die staatliche Intervention im Bereich der Wirtschaft[1])

Rechtsformen und Rechtsschutz

1. Bericht von Professor Dr. Ulrich Scheuner, Bonn

1. Im Jahre 1831 wandten sich die Gemeindebevollmächtigten der Haupt- und Residenzstadt München mit einer Vorstellung an die Kammer der Abgeordneten[2]), in der sie sich gegen die in dem Gesetze vom 11. 9. 1825, die Grundbestimmungen des Gewerbewesens betr., enthaltenen Bestimmungen wandten, die beim Vorliegen der Voraussetzung der persönlichen Fähigkeit des Bewerbers zu dem Gewerbe und der Erfüllung der Bedingungen für die Ansässigmachung festlegten, daß die Konzession nicht versagt werden dürfe, und die nur eine offenbar wenig benutzte Bestimmung enthielten, wonach bei in ihrem Absatz ortsgebundenen Gewerben der Nahrungsstand, d. h. die vorhandenen Stellen, berücksichtigt werden könnten[3]). Stattdessen, so forderte die Eingabe, solle man im Hinblick auf die eingetretene schädliche und übermäßige Vermehrung des Gewerbes als fernere Erfordernisse aufstellen: „Die Concession wird mit besonderer Berücksichtigung des Nahrungsstandes sowohl der bereits Berechtigten als des Bewerbers verliehen. Bey den unproductiven örtlichen Gewerben findet eine neue Concessionsverleihung nur im Falle des Bedarfes Statt[4])".

---

[1]) Dem Bericht ist in den Anmerkungen ergänzendes Material beigegeben, auch soweit es — durch die dem 1. Berichterstatter zur Last fallende verspätete Erscheinung bedingt — spätere Vorgänge nach der Erstattung des Berichtes betrifft.

[2]) Vorstellung der Gemeindebevollmächtigten der königl. Haupt- und Residenzstadt München an die im Jahre 1831 versammelte Kammer der Abgeordneten, die gegenwärtige Gewerbs-Gesetzgebung betreffend, München 1831. Dieselben Grundgedanken mit eingehender statistischer Grundlage findet man schon bei Joh. Nep. Frhr. v. Pelkhoven, Über die Gewerbe in Bayern aus einem höheren Standpunkte betrachtet, oder über die Folgen einer unbeschränkten Gewerbe- und Handelsfreyheit, München 1818.

[3]) Art. 2 des Gesetzes. Zum bayerischen Rechtszustand im Vormärz siehe Ernst v. Moy, Das Staatsrecht des Kgr. Bayern II, 1, Regensburg 1843, S. 404ff.

[4]) Vorstellung S. 41. Ähnliche Tendenzen in preußischen Eingaben gegen die dort eingeführte Gewerbefreiheit siehe bei Kurt v. Rohrscheid, Vom Zunftzwange zur Gewerbefreiheit 1898, S. 558ff (z. B. Eingabe des Berliner Magistrats vom 18. 3. 1817). Es ist bekannt, wie noch 1848 Bestrebungen zur Begrenzung der Gewerbefreiheit für handwerkliche Kreise auftraten. Vgl. dazu Herbert Arthur Strauß, Staat, Bürger, Mensch. Die Debatten der Dt. Nationalversammlung 1848/49 über die Grundrechte,

Die Schrift der Gemeindebevollmächtigten stellt ihren Ausführungen den Gedanken voran, daß der Staat über die Entwicklung der Gewerbe bestimme:

„Wie auf fast alle Verhältnisse im Staate, so wirkt auch auf den Wohlstand der Gewerbetreibenden die Gesetzgebung bald fördernd bald hemmend ein, je nachdem sie ihre Aufgabe richtig erfaßt, oder durch Truggebilde sich täuschen läßt, sie ist es, die die Grundlage dauernder kräftiger Blüte der Gewerbe bildet, in ihr findet sich aber auch die Ursache, wenn diese immer mehr verwelkend dahin siechen"[5]).

Ich führe diesen für die damalige Zeit keineswegs seltenen Vorgang nicht deshalb an, um die Konstanz gewisser mittelständischer Wünsche und Forderungen zu beleuchten — geht es doch heute um die Merkmale der Zuverlässigkeit und Sachkunde im Einzelhandel[6]) oder um den großen Befähigungsnachweis im Handwerk[7]) — oder um darzutun, welche Bedeutung der Staatsintervention in jener noch präliberalen Anschauung eingeräumt wurde. Es sind vielmehr einige andere Züge, die an diesem Vorgang bezeichnend erscheinen. Hier gilt die aus Handwerkerkreisen stammende Bitte an den Staat nicht dem Schutze von Freiheitsrechten und der Abwehr von Staatseingriffen, sondern es wird umgekehrt ein Eingreifen des Staates zur Lenkung der wirtschaftlichen Entwicklung verlangt. Diese Wünsche wurden auch nicht von Individuen vorgetragen, sondern von einer Gruppe, zu deren Sprecherin sich eine kommunale Versammlung machte. Und nicht die staatliche Verwaltung ist es, an die man sich wendet, sondern der Gesetzgeber, die Kammer. Das Gruppeninteresse ist es, daß man geschützt wissen möchte, wenn nach österreichischem Vorbild die vorherige Einvernehmung der Gewerbetreibenden vor Erteilung einer neuen Konzession und die Gewährung eines Rekurses der Gewerbetreibenden gegen eine Erlaubniserteilung begehrt wird[8]).

In diesem Gesuche — und wie viele ähnliche aus alter und neuer Zeit könnte man anführen — treten deutlich die besonderen Probleme und Schwierigkeiten hervor, die das Gebiet der staatlichen Wirtschaftsregulierung von anderen Zweigen des Verwaltungsrechtes unterscheiden. Unser Verwaltungsrecht ist jedenfalls in

---

Aarau 1947, S. 59ff.; Stadelmann, Soziale und politische Geschichte der Revolution von 1848, München 1948, S. 11f., 61f., 166ff. Für das Denken in handwerklichen Positionen ein bezeichnendes Beispiel jetzt bei Smend, Die Göttinger Universität und ihre Umwelt, 1953, S. 6: 1848 glaubte der städtische Kapellmeister und Inhaber des gewerblichen Musikmonopols der Stadt, jetzt seine Stellung gegen die bisher den Professoren freistehende Zuziehung auswärtiger Musik endgültig gesichert.

[5]) Vorstellung S. 1/2.

[6]) Vgl. hierzu die Entscheidung des OVG. Münster v. 16. 10. 1952 DVBl. 1953 S. 474.

[7]) Handwerksordnung vom 17. 9. 1953 (BGBl. S. 1411) § 7

[8]) Vorstellung a. a. O. S. 43.

dem an dem glänzenden Bau des französischen droit administratif orientierten Gebäude, das es seit dem Durchdringen der juristischen Schule Otto Mayers darstellt, ausgerichtet an dem Bilde, wie es die europäischen Staaten in der hochliberalen Epoche etwa zwischen 1860 bis 1880 darboten. Denn in diesem Zeitraum sind die Werke von Aucoc und Laferrière entstanden, die den Ruhm der französischen Theorie erneut begründeten und die über Otto Mayer hinweg auch die deutsche Entwicklung so tief beeinflußt haben. Im Mittelpunkte dieses Verwaltungsrechtes steht der Staat als bloße Ordnungsmacht, nicht als Gestaltungskraft, die die sozialen Verhältnisse formt und leitet. Daher wird zur entscheidenden Rechtsfigur der hoheitliche Eingriff des Staates in die Freiheiten des Bürgers mit dem Kern im Polizeirecht. Die wirtschaftlichen Fragen treten nur in der Gestalt einer überwachenden, polizeilich aufgefaßten Kontrolle des Staates über die Gewerbe und eines Sonderrechtes der öffentlichen Betriebe und Anstalten in Erscheinung, das uns in den Monopolen, der Gestalt des beliehenen Unternehmers und dem Begriffe der Anstalten und Körperschaften begegnet. Die Enteignung, deren Zusammenhang mit der staatlichen Intervention zugunsten bestimmter geförderter Wirtschaftsbetriebe wie der Eisenbahnen oder gewisser Industriezweige heute kaum mehr bewußt ist — dankenswerterweise hat in den vorjährigen Beratungen Herr Ipsen auf den Zusammenhang von Staatsintervention und Inhaltsbestimmung des Eigentums aufmerksam gemacht[9]) — wird gesondert beim Recht der öffentlichen Sachen behandelt. Das Gesetz erscheint in dieser Lehre noch in seiner vollen Autorität als Ausdruck des nationalen Gesamtwillens und damit als souveräne Entscheidung. Es steckt die Grenzen des Eigentums ab, es befindet endgültig darüber, ob für einen verändernden Eingriff — z. B. die Aufhebung überalterter wirtschaftlicher Vorrechte — eine Entschädigung zu gewähren ist, und es kann gewissen Betrieben und Gewerbezweigen durch Konzessionierung als öffentliche Unternehmen erhöhte rechtliche Möglichkeiten verleihen.

Für gewisse Gebiete des wirtschaftlichen Lebens ist dies Bild auch heute noch teilweise gültig, oder man bemüht sich, es wieder zur Geltung zu bringen. Kann man aber heute noch das Verhältnis des Staates zur Wirtschaft in dem Rahmen der Gewerbeordnung — so wichtig ihr Recht bleibt — einfangen? Um wenigstens alsbald einige Stichworte zu nennen: Wo der Staat unmittelbar mit Gebot und Verbot, mit Erlaubnissen, Auflagen und Inhaltsbestimmung von Rechtsverhältnissen in den Bereich des Eigentums, der Vertrags- und Gewerbefreiheit eingreift, da bleiben, soweit die Einwirkungen auf allgemeinen Normen beruhen und im Einzelfall

---

[9]) VDStRL. 10 S. 75, 83.

von Verwaltungsbehörden ausgeführt werden, die alten Formen anwendbar. Schwierig wird es aber bereits, wo es sich um die gesetzliche Absteckung der Grenzen des Eigentums oder von rechtlichen Freiheiten handelt, etwa um die Bestimmung des Mißbrauchs wirtschaftlicher Machtstellungen (Art. 74 Ziff. 16 GG.), und vollends dort, wo der Gesetzgeber selbst unmittelbare rechtliche und wirtschaftliche Verfügungen trifft, im Einzelfall enteignet, bestimmte soziale Gruppen begünstigt, andere benachteiligt, überhaupt eine gestaltende und verändernde Aktivität entfaltet. Und wie steht es ferner, wenn der Staat ganze Wirtschaftszweige regulierend ordnet — Zulassung, Ausübung des Berufes, Preise, Qualitäten, Betriebsart und -größe, Subventionen— oder umgestaltend die soziale Ordnung auf ganzen Gebieten durch Vergesellschaftung oder durch Überführung von Tätigkeiten in seine eigene Hand oder durch Aufrichtung von Kontrollen und Lenkungsmaßnahmen verwandelt? Die ältere Anschauung ließ hier dem Gesetzgeber freie Hand. Heute ist es die Verfassung oder sind es die aus dem ungeschriebenen Recht — in den angelsächsischen Ländern dem Common Law, in Frankreich den libertés publiques — entwickelten allgemeinen Grundsätze, an denen nun auch die Tätigkeit des Gesetzgebers rechtlich gemessen wird, und in denen das wirtschaftliche Leben in der Gegenwart eine festere, konstante Rechtsbasis sucht. Überall geht es um das Problem, wie die zahlreichen indirekten Einwirkungen des Staates — von der Steuer über die Subventionen bis zur Manipulation der Währung und der Einflußnahme durch das Kreditwesen und die Devisenkontrolle — erfaßt und den Grundsätzen rechtsstaatlicher Gestaltung und einem ausreichenden Rechtsschutz unterstellt werden.

2. Ein weiterer wichtiger Gesichtspunkt tritt hinzu: Es handelt sich heute im wirtschaftlich-sozialen Bereich nicht mehr allein um eine Auseinandersetzung Individuum—Staat. Das wirtschaftliche und gesellschaftliche Leben unseres Zeitalters ist von den sozialen Gruppen und Zusammenschlüssen durchformt und teilweise beherrscht. Damit aber gewinnen alle Beziehungen neue Seiten. Auch die Verbände begehren Sicherung ihrer Sphäre gegenüber dem Staate. Sie streben aber auf der anderen Seite auch nach Einfluß auf sein Handeln, um ihre Zwecke mit staatlicher Hilfe zu fördern oder den Staat in eine bestimmte Richtung zu lenken[10]. Wiederum aber wird das Individuum sich nicht selten an den Staat

[10]) Zum Aufstieg der Gruppen siehe K. Mannheim, Freedom, Power and Democratic Planning, 1950, S. 11ff., 56ff. (Power Concentration in Groups); Earl Latham, The Group Basis of Politics in American Pol. Science Review 46, 1952, S. 371ff.; Eichenberger, Die oberste Gewalt im Bunde, Zürich 1949, S. 215ff.; Hans Georg Giger, Die Mitwirkung privatrechtlicher Verbände bei der Durchführung öffentlicher Aufgaben (Berner Rechts- und Wirtschaftswiss. Abh. 60) 1951 S. 32ff., 192ff.

mit dem Wunsche nach Schutz vor der übermächtig gewordenen Verbandsgewalt wenden. Individuelle Freiheitsrechte, die auf die Figur und den Machtbereich der Einzelperson abgestellt sind — Vertragsfreiheit, Meinungsfreiheit, Unterrichtsfreiheit — können in der Hand großer Organisationen eine tiefe Umwandlung erfahren. Sie werden hier zur Grundlage planmäßig gelenkten Verbandseinflusses und damit zu einem Mittel sozialer Machtbildung[11]). Denn die individuellen Freiheitsrechte, von denen das Recht zwar einzelne persönliche Gewährleistungen wie Glaubensfreiheit, Berufsfreiheit (Art. 12 GG.) oder Freiheit der Wohnung den Verbänden vorenthält, stehen in erheblichem Umfang — ich denke an Eigentum und wirtschaftliche Betätigung (Art. 2 GG.), Gleichheit und gewerbliche Freiheit — auch den Organisationen gemäß Art. 19 Abs. III GG. zu[12]).

3. Ich habe in diesen einleitenden Bemerkungen die Probleme umrissen, von denen aus sich das Recht der staatlichen Intervention

---

[11]) Die Abhängigkeit des einzelnen von den sozialen Gruppen und Verbänden liegt entweder in dem Umstand begründet, daß der Verband tatsächlich den Anteil des einzelnen in einem bestimmten Wirtschaftszweige sichert oder kontrolliert, oder darin, daß der Verband in Ausübung der Vertragsfreiheit sich die Möglichkeit zur Ergreifung von Sanktionen gegen den einzelnen verschafft hat. Ein lehrreiches Beispiel hierfür bietet der kanadische Fall White v. Kuzych, der zur Entscheidung des Privy Council gelangte (1951) 2 All E. R. 435. Die Gewerkschaft der Kesselmacher und Schiffbauer schließt ein Mitglied aus, das sich in einer Versammlung gegen das System des „closed shop" (Vereinbarung mit den Arbeitgebern, nur Organisierte dieser Gewerkschaft einzustellen) aussprach. Nach der Satzung der Gewerkschaft mußte der Betroffene, ehe er die Gerichte anrufen durfte, zuerst den Exekutivausschuß der Shipbuilders Federation anrufen. Das war unterblieben. Die beiden ersten Instanzen wollten die Ausschließung für ungültig halten, weil das Verfahren parteiisch gewesen sei und ein Spruch solcher Bedeutung dem ordentlichen Richter vorbehalten sein müsse: „The civil liberties of the subject cannot be decided by a trial committee set up by a labour union". Sie betonten die schwerwiegende Natur des Ausschlusses: „A man has a right to work at his trade. If membership in a union is a condition attached to working in his trade, then he has an indefeasible right to belong to that union. It must be so or else the union can have no right to agitate for a closed shop." Der Privy Council dagegen weist die Ansprüche des Ausgeschlossenen zurück. Er sieht in dem Ausschlußverfahren keine Grundsätze der „natural justice" (der grundlegenden Regeln eines geordneten Verfahrens) verletzt und bleibt daher dabei, der Betroffene hätte zuerst das verbandsinterne Verfahren durchführen müssen. Dagegen hat das Schweizer Bundesgericht die Verdrängung eines Arbeiters aus einer Fabrik durch die dort herrschende Gewerkschaftsrichtung wegen anderweiter Zugehörigkeit zu einem Berufsverbande für unzulässig erklärt, BGE. 51 II 525ff.

[12]) Daß die „Entfaltung der Persönlichkeit" im eigentlichen vollen Sinn nur für den Menschen, nicht für einen Verband denkbar ist, folgt aus der Menschenauffassung des Grundgesetzes. Vgl. Dürig, JRdschau 1952 S. 259ff.; ders. AöR. 79, 1953 S. 60 Anm. 19. Es bleibt jedoch richtig, daß hinsichtlich der Entfaltung im wirtschaftlichen Bereich — und nur in dieser Begrenzung — auch die Verbände sich wohl auf Art. 2 Abs. I stützen mögen. Vgl. Nipperdey, BB. 1951 S. 593ff.

betrachten läßt. Es handelt sich wesentlich um die verfassungsrechtlichen Grundfragen, denen der schweizerische Gelehrte Hans Huber in seiner Arbeit über „Das Staatsrecht des Interventionismus" nachgegangen ist[13]), und die in Deutschland früher von Nipperdey[14]) und Ballerstedt[15]) erörtert worden sind. Zunächst: Ist der staatliche Interventionismus überhaupt mit den Grundlagen der demokratischen Freiheit und des Rechtsstaates vereinbar, und wenn man dies bejaht, in welchem Umfang?

Sodann die zweite Frage:

Wieweit lassen sich die Vorgänge des staatlichen Interventionismus mit unserer herkömmlichen Begriffsbildung erfassen, und in welcher Hinsicht bedarf unser rechtliches Denken einer Ergänzung und Fortbildung?

Als dritte Frage erhebt sich endlich das Problem des Rechtsschutzes gegenüber einer in ihren Formen und rechtlichen Gestaltungen so schwer übersehbaren und faßbaren Staatstätigkeit.

Ehe wir aber in zwei Abschnitten die Auswirkungen der Intervention auf das Verfassungs- und Verwaltungsrecht und die Probleme des Rechtsschutzes gegen Maßnahmen des interventionistischen Staatshandelns betrachten, werden wir zuvor in zwei anderen Abschnitten untersuchen müssen, was überhaupt unter der Intervention des Staates und unter interventionistischer Wirtschaftspolitik zu verstehen ist, und ein Bild der außerordentlichen Vielfalt der Formen staatlicher Einwirkung auf das Wirtschaftsleben zu zeichnen haben. Dabei bin ich mir bewußt, daß der Gegenstand unvermeidliche Beschränkungen auferlegt. Ich muß mich mit einer Auswahl von Fragen aus dem Gesamtgebiet unseres Themas begnügen, zumal ich auf eine so sehr auf praktische Erfahrung und große Lebensnähe gestützte Ergänzung und Bereicherung meiner Ausführungen durch meinen Mitberichterstatter hoffen darf. Ich greife daher bewußt mehr die grundsätzlichen und die verfassungsrechtlichen Gesichtspunkte als praktische Einzelfragen auf. Zu meinem Bedauern kann ich aber auch manche wichtige Fragen nur am Rande berühren, so das Verhältnis des Staates zu den wirtschaftlich-sozialen Verbänden, die Monopole und die Formen öffentlicher Unternehmungen[16]). Verzichten muß

---

[13]) Ztschr. für schweizer. Recht, N. F., 70, 1951, S. 174—199.

[14]) Nipperdey, Grundprinzipien des Wirtschaftsverfassungsrechts. DRZ 1950 S. 193ff.

[15]) Ballerstedt, Rechtsstaat und Wirtschaftslenkung, AÖR. 74 S. 130ff. (1948).

[16]) Zum Problem der Formen öffentlicher Unternehmen siehe etwa Walter Heußer, Die Flucht des Gemeinwesens in die privatrechtliche Unternehmung als Rechtsproblem, Zürich 1949; Dénéréaz, Les entreprises d'économie mixte et de droit public organisées selon le droit privé, Ztschr. f. Schweiz. Recht, N. F. 72 (1953) S. 1aff.; Schürmann, Das Recht der gemischtwirtschaftlichen und öffentlichen Unternehmungen mit privatrechtlicher Organisation, dort S. 65aff.; E. R. Huber, Wirtschaftsver-

ich auch ebenso auf historische Ausblicke wie auf eine systematische Darlegung des geltenden Rechts, die den Rahmen eines Vortrages sprengen würde. Schließlich habe ich auch — da jedes Ausgreifen auf die Formen und Fragen der totalitären Rechtssysteme auf einen völlig anders gearteten Boden führen würde und daher eine umfangreiche Vorklärung der abweichenden Voraussetzungen erforderte — auf eine Darstellung dieses Gebietes, in das uns neuerdings das lehrreiche Buch von Eckart Krömer[17]) einführt und das jedes Studium der ostzonalen Literatur und Rechtsprechung so eindrücklich erschließt, verzichten müssen und mich auf den Ausblick auf andere europäische Länder beschränkt. Ich vertraue dabei darauf, daß wir hier glücklicherweise durch unsere Schweizer Gäste auf eine Ergänzung hoffen dürfen. Bei der außerordentlichen Weite und Fülle des Stoffes können solche vergleichenden Ausblicke zum fremden Recht nur beispielshafte Einzelanführungen sein.

I. Abschnitt

Begriff und Wesen der staatlichen Intervention

1. Die staatliche Intervention im Bereiche der Wirtschaft bezeichnet eine Gestaltung der staatlichen Wirtschaftspolitik und demzufolge des staatlichen Rechts der Wirtschaft, die sich nicht im Sinne der älteren liberalen Lehre mit einer lediglich polizeilich überwachenden Ordnung begnügt, sondern die eine aktivere Lenkung und Beeinflussung des Wirtschaftsablaufes erstrebt. Die staatliche Intervention greift nach bestimmten politisch-sozialen Zielen in Erzeugung und Verteilung ein, sie schreitet mitunter sogar zu umformenden und auch die rechtlichen und sozialen Grundlagen der Wirtschaft verändernden Eingriffen fort. Auf der anderen Seite aber ist es nicht ihr Ziel, eine umfassende Planung und Leitung des gesamten Wirtschaftsablaufes in einem geschlossenen System zentraler, zwangsweise durchgesetzter Anordnungen zu erreichen. Es handelt sich bei dem Regime der staatlichen Intervention um eine zwischen der freien, den Staat auf Ordnungsfunktionen beschränkenden Wirtschaft und einer umfassenden Planwirtschaft in der Mitte liegende Wirtschaftsordnung.

In der volkswirtschaftlichen Theorie ist für unsere Frage nicht sehr viel Hilfe zu finden. Sie wird in der Gegenwart, jedenfalls in Deutschland, durch einen tiefgehenden Meinungs- und Richtungsgegensatz der neoliberalen Theorie auf der einen, der stärker

---

waltungsrecht, Bd. I 1953 S. 104ff.; R. Stödter, Rechtsfragen des Zündholzmonopols, Hamburg 1953 S. 50ff.

[17]) Eckart Krömer, Die Sozialisierung in der sowjetischen Besatzungszone Deutschlands als Rechtsproblem (Göttinger rechtswiss. Studien H. 4) 1952.

von den Ideen der Keynes'schen Richtung abgeleiteten Auffassungen auf der anderen Seite bewegt. In einem streng dogmatischen Zweige der neoliberalen Theorie, wie er in den letzten Jahren gerade in Deutschland viel Boden gewonnen hat — ich nenne hier den Namen Walter Euckens — werden nur zwei Modelltypen, die Marktwirtschaft und die Zentralverwaltungswirtschaft, anerkannt, und von dieser Sicht her erscheint dann bereits ein Regime staatlicher Intervention als auf der breiten Straße zu immer mehr fortschreitender Planung und Lenkung befindlich, sobald einmal der schmale Pfad der theoretischen Tugend einer idealen Wettbewerbswirtschaft verlassen wird. Ich teile nicht den Glauben dieser Richtung an die natürliche und unfehlbare Harmonie des freien Wettbewerbs, wiewohl ich — aber erfahrungsmäßig und undogmatisch — davon überzeugt bin, daß eine freie wirtschaftliche Ordnung, die der Initiative des einzelnen und der Entfaltung und dem Sichmessen der Kräfte genügenden Spielraum läßt, einem Regime des Zwanges und der umfassenden Planung überlegen ist. Ich grenze mich deshalb ausdrücklich von den Anschauungen der neoliberalen Schule ab, weil ich den Begriff der Intervention nicht mit einer diskriminierenden Note versehen möchte, als handele es sich um störende, nicht marktkonforme Eingriffe[17a]). Ebensowenig teile ich die Anschauung dieser Schule, daß es im Grunde keine anderen Wirtschaftssysteme als die beiden extremen Modelltypen geben könne. Ich sehe daher auch im staatlichen Interventionismus nicht etwa eine Mischform, die als solche schon eine Schwäche in sich trüge, sondern eine durchaus selbständige, in unserer Zeit entstandene und eigenen besonderen Grundsätzen folgende Wirtschaftsordnung.

Ich muß es mir hier versagen, auf volkswirtschaftliche Systemfragen einzugehen. Ich bin von einer juristischen Sicht her jedenfalls der Meinung, daß jedes Wirtschaftssystem, auch das der freien Markt- und Wettbewerbswirtschaft mit seiner vermeintlichen harmonischen Automatik[18]) der Wirtschaftsabläufe, viel stärker von der staatlichen Gestaltung des sozialen Lebens und von der Rechtsordnung abhängt, als dies manchmal von volkswirtschaftlicher Seite erkannt wird. Es ist nicht so, daß das klassische liberale System allein auf dem Gedanken der Freiheit — Vertragsfreiheit, Gewerbefreiheit, Wettbewerbsfreiheit — und des

---

[17a]) Zur Kritik der neoliberalen Wirtschaftstheorie siehe Hans Ritschl, Weltw. Archiv 65 (1950) S. 218ff.; Kröll, ZgesStWiss. 108 (1952) S. 470ff., der richtig auf die Möglichkeit einer Verbindung planender Elemente mit Gebieten der freien Entwicklung hinweist, wie sie die heutige Lage charakterisieren (S. 488ff.).

[18]) Zum Glauben an eine „prästabilisierte Harmonie" in der liberalen Vorstellungswelt vgl. Otto Tautscher, ZgesStWiss. 108 (1952) S. 80f. Die geistesgeschichtliche Herkunft dieses Glaubens beleuchtet C. Schmitt, Die geistesgeschichtliche Lage des Parlamentarismus, 2. Aufl. 1926 S. 50f.

Eigentums geruht hat. Wenn wir seine historische Erscheinung genauer betrachten, so werden wir eine Reihe ergänzender Voraussetzungen erkennen, auf denen jenes System beruhte und die sämtlich ganz bestimmte politisch-soziale Stellungnahmen der Rechtsordnung enthalten: Dazu gehört die volle Disposition über das Eigentum, auch in der Gestalt des großen, wirtschaftlich-soziale Macht gewährenden Eigentums[19]), lange Zeit hindurch gehörte hierher auch noch eine Begrenzung der Vertragsfreiheit und Vereinigungsfreiheit der Arbeitnehmer[20]), das Fehlen einer Steuerprogression, geringe Eigenbetätigung der öffentlichen Hand,

[19]) Mit der Einfügung dieses Eigentums in die einheitliche Privatrechtsordnung wird für das 19. Jahrhundert eine verschiedene Behandlung des persönlichen Gebrauchseigentums und gewisser großer Eigentumsbereiche abgewiesen. Das ist auch die Lösung unseres heutigen Rechts, wiewohl in der Zulassung einer Sozialisierung für bestimmte Wirtschaftsgüter und in der Vorstellung des Mitbestimmungsrechts (Ges. vom 21. 5. 1951 GBBl. I S. 347) sich Wandlungen abzeichnen, die gewisse Eigentumsbereiche stärker unter besondere Kontrolle stellen. Im Ausland ist dieser Vorgang der öffentlichen Aufsicht über Bereiche des Eigentums oder der Überführung in Formen öffentlicher Verfügung weiter ausgebaut. Vgl. für England W. Friedmann, Law and Social Change in Contemporary Britain 1951 S. 28ff.; Edward Goodman, Forms of Public Control and Ownership 1951.

[20]) Sie ist auch ein Bestandteil des deutschen Rechts im 19. Jahrhundert, das den Arbeitnehmern die Koalitionsfreiheit vorenthält und ländliche Arbeiter wie Gesinde einer Sonderreglung mit Beschränkung der Vertragsfreiheit unterwirft. Vgl. Franz Wieacker, Das Sozialmodell der klassischen Privatrechtsgesetzbücher und die Entwicklung der modernen Gesellschaft (Schriftenreihe der Jurist. Studiengesellschaft Karlsruhe Heft 3) 1953 S. 11, 14, der hier mit Recht von einem „Zeugnis elementarer Ungerechtigkeit" spricht. An diesem Punkte lag indes nicht nur ein Zurückbleiben in der Ausbildung der individuellen Freiheiten vor. Der Bereich der Arbeit trug vielmehr in der modernen Entwicklung in sich die Tendenz, über den Rahmen einer auf den individuellen Wettbewerb aufgebauten Ordnung hinauszuwachsen. Mit der Gewährung der vollen Koalitionsfreiheit beginnt auf diesem Felde alsbald die Umwandlung der individuellen Vertragsfreiheit zum kollektiven Arbeitsvertrag und zur disziplinierten Kontrolle sozialer Gruppen. Das heutige Arbeitsrecht wird nicht durch den individuellen freien Vertrag, sondern durch die Verhandlung und den Ausgleich fest organisierter Gruppen gekennzeichnet, denen der Staat durch die Anerkennung der Verbindlichkeit kollektiver Vereinbarungen und die Gewährung des Streikrechts einen Raum freien Machtkampfes und freier Gestaltung bestimmter sozialer Verhältnisse überläßt. Die vom Staate den Sozialpartnern eingeräumte Autonomie und Bewegungsfreiheit ist kein Bestandteil einer Ordnung individuellen Wettbewerbes mehr, sondern sie gehört schon der modernen sozialen Erscheinung des Gruppenlebens an, die das Recht erst unvollkommen erfaßt. Vgl. zu diesen Problemen Dietrich Schindler, Recht, Staat, Völkergemeinschaft 1948 S. 299ff. („Werdende Rechte"); Wieacker, Privatrechtsgeschichte der Neuzeit, 1952 S. 318f. Über die Umwandlung der individuellen Vertragsfreiheit zum „collective bargaining" und die verschiedenartige Behandlung der kollektiven Arbeitsverträge im angelsächsischen Bereich siehe W. Friedmann a. a. O. S. 48ff., 130ff. Die in allen Staaten zu beobachtende Zurückhaltung des Staates im Gebiet des Arbeitsrechts ist keine vollständige. Abgesehen von Fällen der Intervention im Wege der Schlichtung und der Verbindlich-

ein freier Außenhandel, die Goldwährung und — wenn wir unsere Blicke über den europäischen Raum hinauslenken — die Beschaffung der wichtigsten kolonialen Rohstoffe durch die besonderen wirtschaftlichen Gegebenheiten und billigen Produktionsbedingungen der kolonialen Expansion[21]). Auch das liberale Wirtschaftssystem des 19. Jahrhunderts war — wenn auch in geringerem Gesamtumfange — von einer staatlichen Grundvorstellung getragen und stand unter Einfluß des Staates. Der Staat räumte die erhaltenen Reste älterer wirtschaftlicher Systeme — die Zünfte wie die feudalen Bindungen des länd-

erklärung tritt das Problem der Begrenzung der Bewegungsfreiheit der Sozialpartner im Problem des politischen Streiks auf. Vgl. Ernst Forsthoff und Alfred Hueck, Die politischen Streikaktionen des Deutschen Gewerkschaftsbundes anläßlich der parlamentarischen Beratung des Betriebsverfassungsgesetzes in ihrer verfassungs- und zivilrechtlichen Bedeutung (Schriftenreihe der Bundesvereinigung der Deutschen Arbeitgeberverbände, Heft 6) Köln 1952; C. H. Nipperdey, Die Ersatzansprüche für die Schäden, die durch den von den Gewerkschaften gegen das geplante Betriebsverfassungsgesetz geführten Zeitungsstreik vom 27.—29. 5. 1952 entstanden sind (Schriftenreihe der Bundesvereinigung der Deutschen Arbeitgeberverbände Heft 9) 1953 S. 18ff. Zur Begrenzung des Streikrechts im englischen Recht auf eigentliche Arbeitskämpfe siehe die Trade Disputes and Trade Unions Act (1927) 17 & 18 Geo 5 c. 22 und dazu O. Hood Philips, The Constitutional Law of Great Britain 1952 S. 573. Zu den Grenzen des Streiks in Frankreich Pierre Mimin, La grève encadrée Dalloz Hebd. 1952 S. 125ff. Das Arbeitsverhältnis wird durch faute lourde imputable au salarié gelöst; dahin rechnet Teilnahme an einem grève extraprofessional, also einem politischen Streik.

[21]) Steuerprogression: Als Joseph Chamberlain im Januar 1885 in einer Rede in Birmingham forderte, „that the burden of taxation is distributed according to the ability of the taxpayer", erregte dies Verlangen lebhaften Unwillen. Vgl. J. L. Garvin, The Life of Joseph Chamberlain, Bd. I 1935 S. 556ff. — Freier Außenhandel: Die Prinzipien der inneren Wirtschaftsordnung der Staaten und des internationalen Handels stehen in nahem Zusammenhang. Die liberale Freiheit im innerstaatlichen Recht war im 19. Jahrhundert auf drei grundlegende tatsächlich vorhandene Freiheiten des internationalen Verkehrs gegründet: Freiheit des Austauschs von Waren, des Kapital- und Geldverkehrs und der Bevölkerungswanderung. Die Einwanderung ist heute fast überall erschwert. Der Kapitalverkehr ist angesichts der Währungsschranken und der allenthalben wachsenden Unsicherheit der Kapitalanlagen (Nationalisierung, Devisenschranken für Zinstransfer) relativ viel geringer als früher. Vgl. den nicht ermutigenden Bericht über die Aussichten eines investment abroad in: „Factors limiting U. S. Investment abroad, Part I: Survey of Factors in Foreign Countries". Herausgegeben vom U. S. Department of Commerce unter sect. 516 (c) der Mutual Security Act. 1953 und „Study of Factors limiting American private Foreign Investment" herausgegeben vom Department of Commerce Juli 1953. Die Kapitalbewegung erscheint vor allem erschüttert durch die Gefahr der Nationalisierungen. Hier wird vereinzelt die These vertreten, daß bei großen sozialen Umwandlungen entgegen der bisherigen befestigten Lehre vom Recht des Ausländers auf angemessene und prompte Entschädigung auch der Fremde Opfer zu bringen habe, d. h. seine Entschädigung gemindert werden könne: vgl. schon Sir John Fischer Williams, Br. Yearbook of Intern. Law 1928 S. 1ff. und heute A. de La Pradelle, An-

lichen Bodens — hinweg, er sicherte den Raum der bürgerlichen Freiheit und damit die Grundlage der liberalen Wirtschaftsweise; auch Subventionen und Garantien fehlen in diesem Bilde ebensowenig, wie Ansätze sozialer Einwirkung[22]).

Von diesem Standpunkt aus vermag ich in der heutigen Entwicklung der Staatsintervention nicht den Vorgang einer Abweichung von einem klassischen und sozusagen „natürlichen" Ordnungsbilde zu sehen, sondern ich betrachte sie als den Ausdruck einer anderen, aber durchaus selbständigen wirtschaftlichen Konzeption der modernen Staaten, wie sie tatsächlich in

---

nuaire de l'Institut de droit international 43 (1950) S. 42ff., 113ff. Am 21. 12. 1952 faßte die Generalversammlung der Ver. Nationen eine Resolution, die das Recht der Völker zur freien Ausbeutung ihrer Reichtümer als Bestandteil ihrer Souveränität erklärte und gegenüber dieser Anerkennung von Nationalisierungen nur einen Hinweis auf die Erhaltung des „flow of capital" enthielt. Vgl. hiergegen die Stellungnahme der Association of the Bar of the City of New York Comittee on International Law v. 30. 3. 1953 (Record of the Association vol. 8 number 5). Ferner die neuesten Behandlungen dieser Frage bei Schwarzenberger, The Protection of British Property abroad in 5 Current Legal Problems 1952 S. 295ff.; Werner Niederer, Festschrift Hans Lewald, Basel 1953 S. 547ff. (Der völkerr. Schutz des Privateigentums) und Ernst J. Cohn, das. S. 459ff. Handelsfreiheit. Es genügt, auf den namentlich von den Ver. Staaten seit 1945 geführten Kampf für die Wiederherstellung freier Handelsbeziehungen hinzuweisen, die in multilateralen Abkommen (OEEC, GATT, Havana Charter) größere Freiheit zu sichern strebt, aber nur Teilerfolge gegen die Schranken der nationalen Kontingente und die Währungsfesseln erringen konnte. Vgl. hierzu William Adam Brown, The Un. States and the Restoration of World Trade Washington 1950; Schwarzenberger, The Province and Standard of International Economic Law 2 Int. Law Quarterly 1948 S. 402ff.; William R. Allen, The International Trade Philosophy of Cordell Hull Am. Economic Review 48 (1953) S. 101ff. Einen eindrucksvollen Überblick über die Wandlungen des internationalen ökonomischen Feldes gibt Felix Somary, Krise und Zukunft der Demokratie 1952 mit eindringlicher Darlegung der Zersetzung der Basis einer freien zwischenstaatlichen Wirtschaft. Dort insbesondere eine schlagende Beleuchtung der Wirkungen der „Monolisierung der Geldbeschaffung durch den Staat und der planmäßigen Geldverschlechterung" S. 59ff.

[22]) Es gehörte der ganze Weitblick eines Lorenz von Stein dazu, um inmitten der liberalen Epoche an dem Begriff einer wirtschaftlichen Verwaltung festzuhalten und ihr gegenüber dem individuellen Interesse mehr als eine Aufsicht, nämlich das selbständige Tätigwerden des Gesamtinteresses zuzuweisen (Handbuch der Verwaltungslehre 3. Aufl. Bd. II S. 605ff.). Klarer noch hat als liberaler Radikaler der englische Staatsmann Joseph Chamberlain die Zeichen der Zeit gesehen. In der von ihm gebilligten Vorrede des Verlegers zu einer Aufsatzsammlung „The Radical Programme" 1885 heißt es von den dort niedergelegten Vorschlägen: „They sound the death-knell of the laissez-faire system ... The goal towards which the advance will probably be made at an accelerated pace is that in the direction of which the legislation of the last quarter of the century has been tending - the intervention, in other words, of the State in behalf of the weak against the strong, in the interests of labour against capital, of want and suffering against luxury and ease" (Garvin, Chamberlain Br. II 1933 S. 57).

den meisten europäischen Ländern, wenigstens ansatzweise aber auch in den Vereinigten Staaten, gehandhabt wird. Herr Ipsen hat uns im vergangenen Jahre eindringlich auf die grundlegende Bedeutung des Leitsatzes vom sozialen Rechtsstaat hingewiesen, die mittlerweile auch in der Rechtsprechung seine Anerkennung als ein grundlegender verbindlicher Rechtssatz der Verfassung gefunden hat[23]). Der Staat der Gegenwart, das gilt in besonderem Maße für Großbritannien und Frankreich wie die skandinavischen Länder, aber auch trotz einer stärker bewahrten liberalen Grundhaltung für die Schweiz mit ihren Wirtschaftsartikeln und ihrer wachsenden Neigung zur Aufrichtung eingehender Ordnungen für ganze Erwerbszweige[24]), tritt von grundsätzlichen politischen Zielsetzungen und bei uns in Deutschland auch von verfassungsrechtlichen Normierungen her mit dem Willen auf, über eine korrigierende und ergänzende Funktion hinaus einen gestaltenden Einfluß auf die wirtschaftliche Entwicklung auszuüben. Er beschränkt sich nicht mehr auf eine Aufgabe der bloßen Beaufsichtigung wirtschaftlicher Vorgänge in den Formen des Gewerberechts und der Gefahrenabwehr, sondern er möchte auch wenigstens teilweise formend und planend oder gar umgestaltend eingreifen, um die ihm vorschwebenden Ziele sozialer Gerechtigkeit zu verwirklichen.

Gewiß, in manchen Fällen ist die staatliche Intervention in der Tat nur Aushilfe und Übergang. Insoweit bleibt sie eine vorübergehende Erscheinung, die in freiheitlichen Staaten in Kriegs- und Notzeiten auftritt, wenn schwerwiegende Beschränkungen und Eingriffe in den freien Ablauf des Wirtschaftslebens nötig werden. Auch in Krisenzeiten — etwa in der Epoche der großen Weltwirtschaftskrise von 1929-1934 — kann die Lenkung des Staates diesen Charakter tragen. Aber die staatliche Intervention ist doch längst über den Stand von Notmaßnahmen hinaus zu einem für unsere Zeit bezeichnenden System des staatlichen Handelns in wirtschaftlichen Fragen geworden, das mit der Entfaltung des Verwaltungsstaates in unmittelbarem Zusammenhang steht. Als solches müssen wir es hier auch würdigen. Der Interventionismus oder Dirigismus, wie man ihn auch nennt, ist zu einer eigenen Form staatlicher Wirtschaftspolitik geworden.

2. Vom autoritären Staatsbilde unterscheidet sich der Interventionismus dadurch, daß er nicht einem vorgefaßten ideologischen Bilde nachgeht, das er in umfassender Umgestaltung des sozialen

[23]) Urteil des BVerfG. Entsch. Bd. 1 S. 105; Urt. des BGH. Entsch. Bd. 9 S. 89.

[24]) Vgl. zum Schutz der Hotellerie BB. vom 19. 6. 1953 (BBl. 1953 II 648), das Uhrenstatut BB. vom 22. 6. 1951 (AS. 1951 S. 1231), die Regelung des Milchhandels und der Getreideversorgung. Vgl. dazu Giger, Die Mitwirkung privater Verbände 1951 S. 112ff. (seither zahlreiche neue Entwürfe).

Lebens zwangsweise zu verwirklichen trachtet. Er sucht vielmehr begrenzte wirtschaftlich-soziale Ziele mit aktuell wechselnden Mitteln zu erreichen. Als System trägt er — soweit sich nicht teilweise in seinem Rahmen in einzelnen Ländern Elemente der sozialistischen von Marx stammenden Theorie geltend machen — realistische Züge. Das Regime interventionistischer Wirtschaftspolitik steht also, in einer Abkehr von der Beschränkung des Staates auf bloße Ordnungsfunktionen, zwischen dem System der individuellen Wettbewerbsfreiheit und dem einer kollektivistischen Planung, die in ihrer normativen Starrheit die Elemente persönlicher Leistung und Verantwortung lähmt[25]).

Je nach der ideologischen oder verfassungsrechtlichen Grundlage kann der Interventionismus verschiedene Formen gewinnen. Bald stellt er sich — das gilt etwa für die Schweiz oder für den gegenwärtigen tatsächlichen Kurs der Bundesrepublik[26]) — als Korrektur der grundsätzlich anerkannten freien Wirtschaftsordnung dar, die mehr punktförmig von jeweiligen Anstößen her (Krisen, notleidenden Gewerbezweigen usw.) eingreift. So hat vorübergehend im Gebiete der Bundesrepublik während der im Gefolge der Koreakrise entstandenen Rohstoffknappheit eine Regelung in der Verteilung von Eisen und anderen Metallen, von Holz und Leder Platz gegriffen, die nunmehr mit der Freigabe des Eisenpreises im August 1952 und dem Sinken der Holzpreise wieder abgebaut wird. Auf der anderen Seite kann sich die Intervention zu einem bewußt gehandhabten dauerhaften System entwickeln, in dem eine gewisse Kontrolle wichtiger Grundindustrien aufgerichtet wird und in gewissem Umfang gestaltende und planende Eingriffe erfolgen. Diesen Zug trägt die Entwicklung in Großbritannien unter der Labourregierung[27]), in den

[25]) Eine wirtschaftliche Theorie der Intervention als Wirtschaftsform siehe bei Theodor Pütz, Theorie der allgem. Wirtschaftspolitik und Wirtschaftslenkung, Wien 1948 S. 148ff. Er betont die unsystematische partielle Natur ihrer Eingriffe und ihren Gegensatz zu einer Form totaler Lenkung. Über die Selbständigkeit dieser Wirtschaftsform ferner Nell-Breuning, FinanzArch., N. F. 13 (1952) S. 411ff., der die Einzeleingriffe und punktuellen Maßnahmen hervorhebt und die Vorstellung eines machtfreien Wettbewerbssystems abweist, da jede Wirtschaftsform notwendig ein teleologisches Ziel habe. Zur Finanz- und Steuerpolitik des Interventionismus siehe Ritschl, FinanzArch., N. F. 12 (1950/51) S. 596ff.

[26]) Daß zwischen den faktischen Maßnahmen der Wirtschaftspolitik des Bundes und der starken Betonung der Prinzipien der freien Marktwirtschaft durch ihre Leiter ein gewisser Abstand besteht, sei hier angemerkt. Geht auch die Tendenz auf weitere Liberalisierung (Mietenbildung, Zins), so bleiben unauflösbare Bindungen bestehen: Arbeit, Kreditwesen, Einkommensverteilung, Teile der landwirtschaftlichen Erzeugung und Verarbeitung werden vom Staate kontrolliert, und konjunkturelle Schwankungen können — wie in der Koreaperiode 1950/52 — jederzeit die Neigungen zu öffentlicher Regulierung verstärken.

[27]) Seither ist sie durch die Reprivatisierung des Transportwesens und der Stahlindustrie rückläufig, obwohl Kohlenbergbau, Elektrizität und Gas

skandinavischen Ländern und in schwächerem Maße in Frankreich. In erheblichem Umfang werden diese beiden Formen interventionistischer Staatspolitik sich decken mit dem Gegensatz einer grundsätzlich die marktwirtschaftliche Freiheit bejahenden Anschauung auf der einen und eines halbsozialistischen Systems des Wohlfahrtsstaates und der Vollbeschäftigung, der Kontrolle der Grundindustrien und des billigen Geldes auf der anderen Seite[28]. Auch in dem ersten Typus aber legt sich, wie Röpke richtig bemerkt hat[29], um den freien Kern der Wirtschaft ein Ring von Staats wegen regulierter Bereiche: Devisenbewirtschaftung, festgelegte Mieten, manipulierte Preise und Absatzverhältnisse bei landwirtschaftlichen Erzeugnissen, Beaufsichtigung gewisser Grundstoffe wie Kohle und Stahl[30], extreme Steuerprogressionen und daher staatlich beeinflußte Kapitalbildung und Investitionsprogramme.

II. Abschnitt

Demokratische Verfassung und Staatsintervention

1. Ist ein solches System begrenzter Wirtschaftslenkung, das ein Feld partieller staatlicher Einwirkungen direkter oder indirekter Art mit der Anerkennung und Achtung eines weiten Bereiches freier wirtschaftlicher Bewegung verbindet, mit einem demokratischen und rechtsstaatlichen Verfassungssystem vereinbar? Das ist eine Kernfrage unseres heutigen Themas. Man kann sie etwa

sowie Luftfahrt im öffentlichen Sektor verbleiben. Vgl. Herbert Heldam, The Economic Problem of Denationalization, Pol. Science Quarterly 66 (1951) S. 576ff.

[28]) Zu den Kennzeichen dieses letzteren Regimes siehe B. Ohlin, The Problem of Employment Stabilisation 1950 S. 96ff.

[29]) In seiner Würdigung der deutschen Marktwirtschaft: Wirtschaft und soziale Ordnung als Aufgabe der freien Welt (Schriften der Wirtschaftl. Gesellschaft für Westfalen und Lippe XIII) 1952 S. 9ff. hat Röpke diese Unvollkommenheiten der Markwirtschaft im heutigen Deutschland von seinem Standpunkt aus kritisch beleuchtet.

[30]) Es macht in diesem Sinne nur einen graduellen Unterschied, wenn dirigistische Möglichkeiten etwa im Bereiche von Kohle und Stahl aus dem Bereich des Einzelstaates auf die Ebene supranationaler Gemeinschaften verlagert werden. In der ausländischen Literatur sind von Anfang an die in der Montanunion — neben ihren Zielsetzungen für einen freien Marktverkehr — liegenden Ansätze lenkender Maßnahmen stärker betont worden als in Deutschland. Vgl. R. G. Hawtrey, Economic Aspects of Sovereignty 2. Aufl. 1952 S. 168; Reuter, La Communauté Européenne du Charbon et de l'Acier 1953 S. 223ff.; Rolin, La Communauté Européenne du Charbon et de l'Acier, Brüssel 1953 S. 296ff., der die „pouvoirs considérables d'initiative et de gestion" der Organe der MU hervorhebt (S. 298, 303), freilich ein gewisses Element der Begrenzung in ihrem „caractère supplétif" findet (S. 24). Vielleicht rühren gewisse Spannungen zwischen dirigistischen und marktwirtschaftlichen Momenten in der MU daher, daß Kohle und Eisen schon lange Gebiete darstellten, in denen die Regeln individuellen Wettbewerbes nur beschränkt noch Geltung besaßen.

mit Hayek dahin beantworten, daß schon die Anfänge einer dirigistischen Politik die Freiheitsrechte der Person verkümmern, die Sicherheit des Rechtsstaats administrativ aushöhlen, das Gefühl für Recht und Sicherheit beeinträchtigen und schließlich untergraben[31]). Man kann umgekehrt darauf verweisen, daß im Zeitalter der Massen, im Angesicht der aufsteigenden Macht sozialer Gruppen und auf der Basis einer ungewissen internationalen Wirtschaftsentwicklung die Möglichkeit einer Rückkehr zu Formen einer vollen individuellen Freiheit gar nicht mehr gegeben ist, daß die Forderung eines Systems freien Wettbewerbs selbst von ihren Anhängern nur mehr als eine unter ständiger Staatseinwirkung aufrechtzuerhaltende Lebensform verstanden wird[32]). Man kann die Eingriffe und Kontrollen des Staates als den Weg auffassen, auf dem mit gewissen Schranken grundsätzlich ein System der Freiheit erhalten und ein Umschlag in eine strikt regulierte Wirtschaft vermieden werden kann[33]). Man kann auch tiefer greifend die staatliche Intervention aus den sozialen Aufgaben und Zielsetzungen des Staates begründen[34]). Wenn der moderne Staat dem Verlangen nach einem gewissen Maße sozialer Sicherheit, nach Schutz im Alter, nach Ausgleich für die Schäden und Umwälzungen des Krieges und der Nachkriegszeit nachkommen will, kann er nicht darauf verzichten, in einem begrenzten Umfang auch gestaltend in den Lauf des wirtschaftlichen und sozialen Prozesses einzugreifen. Der heutige Staat ist auch nicht mehr bereit, die Risiken und Gefahren wirtschaftlicher Rück-

---

[31]) Hayek, The road to serfdom. 1944; siehe auch Franz Böhm, Wirtschaftsordnung und Staatsverfassung 1950 S. 56ff.

[32]) In der Tat erwartet die heutige neoliberale Lehre gar nicht mehr einen Ausgleich der Wirtschaftskräfte allein vom freien „natürlichen" Wettbewerb, sondern sie lehrt eine „verfeinerte" Wettbewerbswirtschaft, in der der Staat die ordnungspolitische Gesamtentscheidung (Eucken, Unser Zeitalter der Mißerfolge 1951 S. 72) fällt und dies wirtschaftliche Ziel mit Hilfe der Rechtsordnung sichert und steuert, indem er das Konkurrenzsystem durch Bekämpfung von Machtpositionen und „vermeidbaren" Großbetrieben erhält unter Aufwendung eines „ungewöhnlichen Maßes an Anstrengung" und einer „Ballung von Macht" (Böhm, Wirtschaftsordnung und Staatsverfassung 1950 S. 27ff., bes. S. 37; Ordo, Bd. IV S. 73ff.). In Wirklichkeit enthält diese Ordnung also auch interventionistische Elemente. Wie sehr man sich vielfach darüber täuscht, zeigt die amtliche Begründung zum Entwurf eines Gesetzes über Wettbewerbsbeschränkungen (Bundestag I. Wahlp., Drucks. Nr. 3462 S. 15), wo die Steuerung der Wirtschaft durch Steuern, Geld und Kredit — also drei der heute wirksamsten, und in ihrer indirekten Unkontrollierbarkeit gefährlichsten Mittel des Interventionismus — als „marktkonform" bezeichnet wird.

[33]) Vgl. Ohlin a. a. O. S. 107f.

[34]) Auf diese sozialethische Seite weist namentlich die sozialistische Theorie hin, die in moderner Form etwa dargelegt ist bei R. H. S. Crossman, Socialist Values in a Changing Civilisation (Fabian Tract No. 286) 1950 S. 9ff. Hier wird die Sicherung des Arbeitsplatzes und die Sorge für das Alter aus dem Schutz der „human dignity" abgeleitet.

schläge ohne eigenes aktives Eingreifen auszuhalten. Dafür ist die Lektion der Jahre der Weltkrise nach 1929 zu hart gewesen, als man mit traditionellen Mitteln, dem Festhalten an der Währung, der Wirkung der Konkurrenz und der Zinshöhe vergeblich Lösungen zu finden suchte. Was es hier festzuhalten gilt, ist, daß der Interventionismus eine Mischform darstellt, in der Momente einer wirtschaftlichen Freiheit mit begrenzten kontrollierenden und leitenden Einwirkungen des Staates verbunden werden[35]). Von diesem Boden aus muß auch seine Vereinbarkeit mit den verfassungsrechtlichen Grundlagen der Demokratie und des Rechtsstaates beurteilt werden.

Sicher ist, daß mit einem Übergange zu voller zentraler Lenkung und umfassendem Zwange des Staates der Punkt erreicht wird, wo durch das Maß an Beschränkungen der individuellen Freiheiten und das Überwiegen der Planung, die ihrem Wesen nach kurzfristig, daher nicht echte Rechtsetzung, sondern Regierungsakt ist[36]), die demokratischen Freiheiten und der Rechtsstaat gefährdet und schließlich erstickt oder beseitigt werden. Vielleicht gehen schon die Maßnahmen des norwegischen Entwurfes zu

[35]) Die hier gegebene Analyse geht von der Möglichkeit einer solchen Mischform mit Verbindung gelenkter und freier Bereiche der Wirtschaft aus. Sie wird auch anerkannt bei K. Mannheim, Freedom, Power and Democratic Planning 1950 S. 124f.; Marbach, Zur Frage der wirtschaftlichen Staatsintervention 1951 S. 37; E. R. Huber, Wirtschaftsverwaltungsrecht 2. Aufl. Bd. I 1953 S. 11, 24ff., 34ff., der die verschiedenen zum Interventionismus führenden Motivationen betont (S. 34f.) und verschiedene Typen interventionistischer Marktwirtschaft sowie noch der nicht total planenden gelenkten Wirtschaft unterscheidet. Zur Einteilung der gemischten, d. h. dualistisch aus marktwirtschaftlichen und kontrollierten Elementen aufgebauten Formen siehe auch Ritschl, Archiv f. Weltwirtschaft 65 (1950) S. 271ff.

[36]) Zeitbegrenzte Planakte, auch wenn sie genereller Natur sind, wie das Haushaltsgesetz oder ein Wirtschaftsplan, sind ihrem Wesen nach nicht echte Rechtssätze, weil ihnen das Moment des Dauerhaften und Grundlegenden fehlt. Ich stimme hier überein mit Hans Huber, Festgabe für Z. Giacometti 1953 S. 74/75, und darf auf meine Ausführungen in „Die Übertragung rechtsetzender Gewalt im Rechtsstaat" 1952 S. 138ff. verweisen. Der heutige formalisierte Gesetzesbegriff, der nicht mehr Dauer, Gerechtigkeit und innere Bedeutung, sondern allein die generelle Tragweite zum Merkmal erhebt, geht an diesem Problem vorüber. Daher erscheint ein Wirtschaftsplan wie die jährlichen Gesetze über Preise für Getreide inländischer Erzeugung für das Getreidewirtschaftsjahr 1951 und über besondere Maßnahmen in der Getreide- und Futtermittelwirtschaft (z. B. Ges. vom 21. 7. 1951 BGBl. I S. 451; Ges. vom 9. 7. 1952 BGBl. I S. 369) oder das Gesetz über die Verteilung des erzielten Reingewinns der Bank deutscher Länder in den Geschäftsjahren 1950 und 1951 vom 10. 8. 1951 (BGBl. I S. 499) heute als formelles Gesetz. Wieder anders liegt der Fall in dem Recht der Deutschen Demokratischen Republik. Hier trägt das Gesetz an sich bereits administrativen Charakter und mag daher auch Wirtschaftspläne einschließen. Vgl. hierzu Krömer a. a. O. S. 61ff., 155ff.; Otto Walther, Verwaltung, Lenkung und Planung der Wirtschaft in der sowjetischen Besatzungszone, Bonner Berichte aus Mittel- und Ostdeutschland 1953.

einem Regulierungsgesetz mit ihrer umfassenden Befugnis der Regierung zur Festlegung der Preise und Geschäftsbedingungen, die bezeichnenderweise weithin mit unbestimmten Begriffen arbeiten und nur die Löhne und Arbeitsbedingungen ausnehmen, über die zulässige Grenze von Beschränkungen der persönlichen Freiheit hinaus. Ein interventionistisches Wirtschaftssystem setzt — will es in den Grenzen rechtsstaatlich-freiheitlicher Verfassungsgestaltung bleiben — wirksamen Schutz der Grundlagen der persönlichen Freiheit — freie Berufswahl, Gewerbefreiheit, Freizügigkeit, Eigentumsschutz —, Anerkennung der Selbstverantwortung des einzelnen wie der sozialen Gruppen (Selbstverwaltung) voraus, und es erfordert sowohl einen ausgestalteten Rechtsschutz wie einen gerechten Ausgleich gegenüber Fällen der Entwährung und des staatlichen ungleich belastenden Sondereingriffs. Freiheit ist freilich im Massenzeitalter, wo die soziale und wirtschaftliche Unselbständigkeit überwiegt, nicht mehr nur als Freiheit vom Staate zu verstehen. Freiheit besteht darin, und das ist das große Problem unserer Gegenwart, daß auch in einer Gesellschaft mit einer Überzahl wirtschaftlich abhängiger Individuen und mit mächtigen Gruppen der Bereich der Entfaltung des einzelnen geschützt bleibt sowohl in wirtschaftlicher wie in kulturell-geistiger Hinsicht[37]). Das ist keine leichte Aufgabe. Die Verteidigung der negativ gegen den Staat gerichteten Rechte des Individuums ist leichter als die Erfassung seiner Rechte auf gerechte Beteiligung an den obsorgenden und verteilenden Leistungen des Staates oder auf Schutz im Rahmen der Gruppenmacht und der indirekten Abhängigkeiten. Eine entscheidende Rolle wird dabei dem Gleichheitsgedanken zufallen. Aber hier, in einer ergänzenden und neuen Definition der Freiheit und des Rechtsschutzes in diesen mit den bisherigen Begriffen nur teilweise noch erfaßbaren Situation, liegt der Kern unseres Problems.

Freiheit besteht hier auch darin, daß der einzelne nicht in seinen Lebensgrundlagen von administrativen Ermessensentscheidungen abhängt und nicht von ihm nicht zu beherrschenden Risiken ausgesetzt ist. Mit der Freiheit ist gewiß das Risiko notwendig verbunden[38]), aber doch nur in dem Maße, als es der einzelne

---

[37]) Die Sicherung der persönlichen Freiheit im Gefüge des Verwaltungsstaates und der teilweise geleiteten Wirtschaft ist ein Grundanliegen von K. Mannheim a. a. O. S. 279ff. Er weist dabei auf die Notwendigkeit einer ergänzenden Konzeption der Menschenrechte in dieser veränderten Umgebung hin.

[38]) Das bürgerliche Recht hat hier die Vorstellung der Risikosphären entwickelt, aus denen es eine Risikoverteilung zwischen den Partnern eines Vertragsverhältnisses entnimmt (Soergel-Siebert, Komm. zum BGB. Anm. VI 1 zu § 242). Entsprechend kann auch im öffentlichen Recht dem einzelnen die Verantwortung für einen Wirkungsbereich auferlegt werden, den er beherrscht und dessen Ordnung seinen Mitteln angemessen ist. Unter

selbst gestalten und übersehen kann. Zur Freiheit gehört auch die freie Wahl zwischen organisatorischen Bindungen oder auch der Fernhaltung von ihnen.

Ich möchte daher die eingangs gestellte Frage nach der Vereinbarkeit eines Systems begrenzter Wirtschaftslenkung mit dem demokratischen und rechtsstaatlichen Prinzip grundsätzlich bejahen, sofern jene Sicherungen einer gemäßigten Ordnung vorliegen, die wir hier behandelt haben.

2. Wenn wir uns nun der Frage zuwenden, welche Grundlagen das Grundgesetz der Bundesrepublik für die Wirtschaftsform enthält, so mögen zunächst einige Bemerkungen über den Begriff der Wirtschaftsverfassung am Platze sein. In jedem Staate ist durch die Rechtsordnung, sei es unmittelbar durch die Verfassung, sei es durch grundlegende Institutionen des Privat- und Verwaltungsrechts, eine bestimmte wirtschaftliche Ordnung ausdrücklich festgelegt oder als immanent vorausgesetzt. Nicht immer werden die Grundlagen des wirtschaftlichen Lebens dabei zu einer eigentlichen Wirtschaftsverfassung, einem in sich geschlossenen System von Normierungen zusammengefügt sein. Oft treten die maßgebenden Prinzipien nicht besonders hervor, sondern sind in der Grundanlage der Rechtsordnung, dem „Sozialmodell"[39]) einbeschlossen. Man muß ferner den Blick nicht nur auf die gesetzliche Regelung richten, sondern auch ihre Handhabung und die in der Praxis herausgebildeten Prinzipien beachten. Dafür bildet die Weimarer Reichsverfassung ein Beispiel. Sie barg in ihrer Entstehung verschiedenartige Elemente in sich, liberale Freiheitsrechte auf der einen, soziale und sozialistische Sätze und Verheißungen auf der anderen[40]). Da die letzteren weniger präzis gefaßt waren und der Anwendung und Durchführung mancherlei Schwierigkeiten boten, hat — auch unter Einfluß der allgemeinen politischen Entwicklung — im Laufe der Zeit die Betonung der liberalen Momente das Übergewicht erlangt und am Ausgang der 20er Jahre erschien die Wirtschaftsordnung

---

diesem Gesichtspunkt erscheint die Milderung der Eigentümerhaftung bei Ruinengrundstücken vertretbar. Vgl. Bad VGH. ÖV. 1952 S. 734; OVG. Münster DVBl. 1952 S. 664. Wo dem einzelnen durch interventionistische Verfügung die freie Disposition entzogen wird, kann daher die Grundlage einer Staatshaftung aus besonderem Opfer vorliegen, wenn Nachteile eintreten. Vgl. zu der Frage auch Erler, Ztschr. ausl. öffentl. Recht u. Völkerrecht 15, 1953 S. 23; Forsthoff, Verwaltungsrecht 3. Aufl. S. 253f.; Hans Marti, Die Handels- und Gewerbefreiheit nach den neuen Wirtschaftsartikeln, Bern 1950 S. 29f.

[39]) Diesen Ausdruck prägt F. Wieacker, Das Sozialmodell der klassischen Privatrechtsgesetzbücher und die Entwicklung der modernen Gesellschaft 1953 S. 4f.

[40]) Vgl. Gustav Giere, Das Problem des Wertsystems der Weimarer Grundrechte (Abhandl. der Rechts- und Staatsw. Fakultät der Univ. Königsberg) 3 1932.

des Weimarer Staates stärker liberal geprägt, als dies in der ursprünglichen Normierung angelegt war[41]).

Man bezeichnet die rechtliche Festlegung einer bestimmten wirtschaftlichen Ordnung heute als Wirtschaftsverfassung. Sie steht mit der Staatsform in einem nahen wechselseitigen Zusammenhang. Nicht als ob jede Staatsform eine ganz bestimmte Wirtschaftsordnung bedingt oder umgekehrt. Aber in einem totalitären Regime kann keine freie Marktwirtschaft existieren und umgekehrt ist eine rechtsstaatliche Verfassung nicht mit einer Ausbildung einer vollständigen Planwirtschaft vereinbar. Doch besteht in dieser Hinsicht ein gewisser Spielraum. Eine freiheitliche Verfassung kann sehr wohl mit der Ordnung eines freien Wettbewerbs wie mit einer interventionistischen Methode vereinbar sein. Die Festsetzung einer Wirtschaftsverfassung gehört indes nicht zu den notwendigen Bestandteilen einer Verfassung. Die Verfassungen des 19. Jahrhunderts enthielten keine wirtschaftlichen Bestimmungen, wenn man von einigen Anordnungen der Paulskirchenverfassung von 1848 absieht. Die Grundlagen der wirtschaftlichen Ordnung ergaben sich damals vielmehr aus dem Gesamtaufbau der rechtlichen Ordnung, die einen freien Wettbewerb mit Gewerbefreiheit, Eigentumsschutz, stabiler Währung und Vertragsfreiheit sicherte.

Ob das Grundgesetz der Bundesrepublik Deutschland eine konkrete Wirtschaftsordnung verbindlich festlegt, darüber gehen die Meinungen auseinander. Von manchen wird angenommen, daß eine Entscheidung für eine marktwirtschaftliche Ordnung des freien Wettbewerbes getroffen sei[42]). Richtig ist aber die Ansicht, daß das Grundgesetz sich bewußt der Normierung einer eingehenden sozialen und wirtschaftlichen Ordnung ferngehalten hat[43]), daß es daher auch keine Wirtschaftsverfassung im eigentlichen Sinne enthält[44]). Es hat sich damit begnügt, gewisse leitende Prinzipien für eine wirtschaftliche Ordnung aufzunehmen, die in sich aber weder ein geschlossenes System ergeben, noch ganz ein-

[41]) Über tatsächliche Wandlungen einer Wirtschaftsordnung siehe E. R. Huber a. a. O. S. 23f.

[42]) Man wird dem Wesen einer Wirtschaftsverfassung nicht gerecht, wenn man sie im dezisionistischen Sinne als „Entscheidung" versteht, da die Verfassung sie nicht neu formt, sondern im allgemeinen vorhergegangene soziale Gegebenheiten oder Veränderungen bestätigt oder ausbaut. Vgl. E. R. Huber a. a. O. Bd. I S. 24f.

[43]) So die besonderes Gewicht verdienende Feststellung v. Mangoldts, Das Bonner Grundgesetz S. 35, 94.

[44]) So schon zutreffend und grundlegend Herbert Krüger, Staatsverf. und Wirtschaftsverf. in DVBl. 1951 S. 363; ders., Grundgesetz und Kartellgesetzgebung 1950 S. 9f. Seither: Eichler, Wirtschaftsrecht 1950 S. 35; E. R. Huber a. a. O. Bd. I S. 30f.; Hamann, Rechtsstaat und Wirtschaftslenkung 1953 S. 32; Stödter, Rechtsfragen des Zündholzmonopols 1953 S. 55f.

heitlich sind. Von den Hauptpunkten einer modernen Wirtschaftsordnung, Regelung der Vertragsfreiheit und des Eigentums, der Zulassung zu beruflicher und gewerblicher Betätigung, der Stellung der Arbeit, dem Recht der wirtschaftlichen Organisationen und Verbände (Vereinigungsfreiheit), der Betriebsverfassung und der Eingrenzung der Staatswirtschaft haben nur Teile in der Verfassung eine Regelung gefunden[45]). Das Grundgesetz enthält auf der einen Seite in den Artikeln 2 Abs. I, 3 Abs. I, 9, 12 und 14 Abs. I freiheitliche Rechtsverbürgungen im alten Stil individueller Rechte und der Garantie grundlegender Rechtsinstitute. Es hat auf der anderen Seite in Art. 14 Abs. II, 20 und 28 Sätze der Betonung seines sozialen Gehaltes aufgenommen und in Art. 15 die Möglichkeit der Aufnahme gemeinwirtschaftlicher Elemente in die Rechtsordnungen eingeräumt. Das sind wichtige und grundsätzliche Entscheidungen zugunsten einer freiheitlichen Ordnung, aber versehen mit allgemeinen Vorbehalten sozialer Natur, die durch die Formeln der „Rechte Dritter" und der „verfassungsmäßigen Ordnung" auch in Art. 2 Abs. I GG. verankert sind. Es wäre nicht zutreffend, hier von einem Gegensatz dieser Bestandteile, von einem Konflikt der bürgerlich-liberalen Rechtsstaatlichkeit und der sozialen Momente des Verwaltungsstaates auszugehen, wie es Friedrich Klein getan hat[46]). Die Auslegung einer Verfassung muß sich von dem Gedanken leiten lassen, daß sie ein geschlossenes Ganzes bildet, und es bedarf daher angesichts der Gegebenheit solcher verschiedenen Elemente einer kombinatorischen Interpretation. Sie führt nicht auf einen Widerspruch,

[45]) Zum Umkreis der verfassungsrechtlichen Bestandteile einer Wirtschaftsordnung siehe Strauß, Wirtschaftsverfassung und Staatsverfassung 1952 S. 14ff.; Nipperdey, Grundprinzipien des Wirtschaftsverfassungsrechts, DRZ. 1950 S. 197ff.; E. R. Huber a. a. O. Bd. I S. 27ff.; Eichler, Wirtschaftsrecht 1950 S. 57ff.

[46]) Fr. Klein, Z.ges.Staatswiss. 106, 1950 S. 404ff. Neuerdings hat von ähnlichen Gedanken aus Forsthoff (Ist die Regelung der Entschädigung im Bodenreformgesetz für Nordrhein-Westfalen vom 16. 5. 1949 und seinen Durchführungsverordnungen mit dem Grundgesetz vereinbar?, Rechtsgutachten Januar 1953) S. 12ff. und Tagung der Dt. Staatsrechtslehrer, Bonn (1953) Leitsatz 8—15 die Verbindung des Sozialstaats, der nur im Verwaltungswege zu verwirklichen und als Prinzip zu unbestimmt sei, mit dem Rechtsstaat, der das grundlegende Prinzip des GG. bildet, für unmöglich, den sozialen Rechtsstaat als Rechtsbegriff für unvollziehbar erklärt. Zur Unbestimmtheit des Wortes sozial jetzt auch Carl Schmitt in „Gemeinschaft u. Politik" hrsg. vom Institut für Geosoziologie u. Politik, Jahrg. 1 (1953) S. 24. Ich kann mich hiervon nicht überzeugen. Wie andere politische Formeln (freiheitlich, weltanschaulich usw.) hat das Wort „sozial" heute einen ganz bestimmten Sinn im Sinne ausgleichender, den Schwachen fördernder Intervention und der Beschränkung individueller Rechte im Blick auf das Ganze gewonnen. Es ist nicht einzusehen, weshalb daher dieser Begriff des sozialen Rechtsstaates nicht im Sinne des Textes als verfassungsrechtlicher Leitsatz die Auslegung des Grundgesetzes verpflichtend binden kann.

sondern auf eine Lösung hin, in der die freiheitlichen Bestandteile des Grundgesetzes unter dem Vorzeichen einer verfassungsrechtlichen Bindung im Sinne des sozialen Rechtsstaates einer Abkehr von einer rein individuell-rechtlichen Deutung verstanden werden müssen. In dieser Ordnung liegt damit auch die Möglichkeit zu gewissen Beschränkungen der Freiheitsrechte, wie dies der Hinweis auf die verfassungsmäßige Ordnung in Art. 2 Abs. I und auf die Rücksicht auf die Rechte Dritter hervorhebt. Unter verfassungsmäßiger Ordnung ist dabei weder die Gesamtheit der Rechtsordnung[47]) zu verstehen, noch der Kernbestand der Verfassung im Sinne des Verfassungsschutzes der Art. 18, 21, 91 GG. Gemeint sind hiermit die wesentlichen Verfassungsgrundsätze, vor allem auch die Leitsätze der rechtlichen sozialen und wirtschaftlichen Ordnung, die der erste Abschnitt des Grundgesetzes enthält, einschließlich des verbindlichen Leitsatzes vom sozialen Rechtsstaat[48]). In jedem Falle legt das Grundgesetz keine starre Ordnung der Wirtschaft fest, sondern läßt in dem von ihm vorgezeichneten Rahmen einen erheblichen Spielraum der freien Gestaltung des Gesetzgebers. Es sollte nicht ein Anliegen der Auslegung sein, diese Beweglichkeit zu sehr einzuengen.

Man mag, da das Grundgesetz auf eine eingehendere Festsetzung der sozialen und wirtschaftlichen Grundrechte im Stile der Weimarer Verfassung bewußt verzichtet hat, ein gewisses Übergewicht der traditionellen individuellen Grundrechte, d. h. des Gedankens der Freiheit, feststellen[49]). Aber im Unterschied etwa zur Schweiz, wo der Ausgangspunkt klar im liberalen Sinne gegeben ist und die Ausnahmen und Einschränkungen durch das freilich weitgespannte System der neuen Wirtschaftsartikel hinzugefügt wurden[50]), sind im Grundgesetz die sozialen Momente in den Grundlagen selbst enthalten. Die ersten drei Artikel bilden eine Art höherer Richtsätze des ganzen Grundrechtsteils: Art. 1 wegen seiner Unabänderlichkeit, die im Hinblick auf Art. 20 (Demokratie) auch Art. 3 Abs. I und III auszeichnet, Art. 2 als Leitgedanke der Grundrechte. Hier treten die sozialen Momente sowohl in Art. 2 Abs. I als allen

---

[47]) So zu Unrecht v. Mangoldt, Grundgesetz S. 47.

[48]) Wie hier verstehen diesen Begriff in Art. 2 Abs. I Nipperdey, BB. 1951 S. 584f.; E. R. Huber a. a. O. Bd. I S. 662; zu eng Hamann, Rechtsstaat u. Wirtschaftslenkung S. 64f., und Peters, Festschrift Laun 1953 S. 676 (nur polizeiliche Gesichtspunkte berechtigen zur Freiheitsbeschränkung); zu weit Dürig, AÖR. 79 S. 57ff., der alle polizeilichen Gesichtspunkte der Sicherheit und Ordnung zur verfassungsmäßigen Ordnung nehmen will.

[49]) Peters a. a. O. S. 671f.

[50]) Hierzu Eric Homburger, Handels- und Gewerbefreiheit und Vertragsfreiheit (Zürcher Beiträge zur Rechtswiss., N. F. 145) 1948 S. 7ff., 94ff.; Schürmann, Die rechtliche Tragweite der neuen Wirtschaftsartikel der Bundesverfassung 1948 S. 5f.; Huber, Ztschr. Schweiz. Recht, N. F. 70 S. 175ff.; ders., Wirtschaft und Recht 1953 Heft 2.

Grundrechten innewohnende Begrenzungen[51]) wie in der Untersagung klassenmäßiger Differenzierungen in Art. 3 Abs. III („Herkunft") deutlich in Erscheinung. In der „verfassungsmäßigen Ordnung" des Art. 2 Abs. I GG. ist der Gedanke des sozialen Rechtsstaates in Bezug genommen. Das bedeutet, daß man nirgends die Verbürgungen der Freiheitsrechte in einem vollen und unbeschränkten individualistischen Sinne verstehen darf, sondern daß die Gemeinschaftsbindung ihnen von Anfang an immanent ist. Darin liegt ein wichtiges Gegengewicht von verfassungsrechtlich bindender Kraft gegen die äußerlich überwiegende Hervorhebung der Freiheitsrechte im Grundgesetz, im Unterschied zu manchen Landesverfassungen (Bayern, Hessen, Bremen, Rheinland-Pfalz), die daneben auch die wirtschaftliche Ordnung ausführlicher geregelt haben.

3. Die oberste Leitung der Wirtschaftspolitik steht beim Bund. Adolf Schüle hat im Jahre 1948 schon mit Grund darauf hingewiesen, daß die umfangreichen Wirtschaftsteile einiger Landesverfassungen nicht nur manche voreilige Festlegung enthalten, sondern vor allem Fragen im Landesbereich zu entscheiden unternehmen, die nur einheitlich für die gesamte deutsche Wirtschaft ihre Lösung finden können[52]). Abgesehen von der bundesverfassungsrechtlichen Bindung, die die vorhin erwähnten Sätze des Grundrechtsteiles enthalten, weisen die Art. 73 und 74 nahezu alle maßgebenden wirtschaftspolitischen Entscheidungen der ausschließlichen oder konkurrierenden Zuständigkeit des Bundes zu[53]). Solange sie nicht ausgeübt werden, verbleibt den Ländern noch eine Bewegungsfreiheit auf den Gebieten des Arbeitsrechts, des Gewerbes, des Bergbaus und der Sozialisierung, um solche Materien zu nennen, in denen sie eine gewisse Aktivität gezeigt haben. Im ganzen aber ist der Tätigkeit der Länder eine sehr enge Grenze gezogen. Manche Bestimmung der Landesverfassungen mag als Ergänzung und Erweiterung des Grundgesetzes Kraft behalten, wie die Sicherung der Vertragsfreiheit und die Freiheit selbständiger Betätigung des einzelnen in Art. 151 Bayer. Verf. und Art. 52 Verf. von Rheinland-Pfalz[54]). Dagegen werden andere Normen, die im Sinne der Zwangswirtschaft vor 1948 dem Staate umfassende Lenkungsbefugnisse zuschreiben (Bayern Art. 155, Bremen Art. 39), nicht in vollem Umfang mehr mit dem Grundgesetz vereinbar sein. Das Gleiche gilt von den Anordnungen mehrerer Verfassungen (Bayern Art. 156, Bremen Art. 41 Abs. I, Hessen Art. 39 Abs. I), die Kartelle überhaupt oder unter un-

[51]) So mit Recht Peters a. a. O. S. 677f.

[52]) Schüle, Verfassung und Wirtschaft, Mannheim 1948 S. 15ff.

[53]) Vgl. auch Maunz, Dt. Staatsrecht, 2. Aufl. 1952 S. 136.

[54]) Zum Verhältnis der landesrechtlichen Grundrechte zum Grundgesetz siehe Kratzer, Festgabe Laforet 1952 S. 107ff.

bestimmt weitgehaltenen Voraussetzungen untersagen, die also über die — insoweit auch materiell bedeutungsvolle[55]) — Vorschrift des Art. 74 Ziff. 16 hinausgehen. Nicht vereinbar mit dem Grundgesetz sind auch Bestimmungen über Sozialisierung ohne oder ohne genügende Entschädigung, wie sie Art. 41 und 39 Abs. IV Hess. Verf. vorsehen. Soweit hier eine Überführung in Gemeineigentum bereits begonnen hat, wie es der Hess. StGH. angenommen hat[56]), darf sie jedenfalls nach diesen Bestimmungen nicht zu Ende geführt werden, sondern steht nun unter Art. 14 Abs. I und III GG.[57]). Ebenso wird man sich fragen müssen, ob die Bestimmungen über Bankenaufsicht (Hessen Art. 41 Ziff. 2, Rheinland-Pfalz Art. 62) zulässig geblieben sind. Man wird dies bejahen können, soweit eine lediglich kontrollierende und überwachende Tätigkeit des Staates gemeint ist, man wird es hingegen verneinen müssen, falls damit eine eigentliche Übernahme der wirklichen Disposition und Leitungskontrolle beabsichtigt sein sollte. Dann läge die Überführung in die Gemeinwirtschaft bei einem Wirtschaftszweige vor, den Art. 15 GG. nicht zu einer solchen Maßnahme freigibt[58]).

Als staatliche Intervention sehe ich auch die Maßnahmen des Staates gegen wettbewerbsbeschränkende Abreden und gegen die Bildung marktbeherrschender Gruppen oder Unternehmungen an. Ein Teil der heutigen Rechtslehre — darunter namentlich die Anhänger einer liberalen Anschauung — steht hier auf einem anderen Standpunkt. Sie sieht in dem Vorgehen des Staates nur die Ausübung einer Ordnungsfunktion zum Schutze der Freiheit des Wettbewerbes und zur Wiederherstellung eines wirklichen Marktautomatismus. Auch der Berner Staatsrechtslehrer Hans Huber schließt sich dieser Auffassung an, die in dem Eingriff des Staates nicht eine Einschränkung, sondern gerade die Aufrechterhaltung des Wettbewerbes und der Gewerbefreiheit erblickt[59]). In Deutschland wird diese Meinung, die kartellartige

[55]) Nach dem Grundsatze, daß sachlich normierenden Kompetenzbestimmungen auch materiellrechtliche Bedeutung zukommen kann, da die Verfassung nicht selten die der Zuständigkeitsnorm entsprechende Kompetenznorm oder umgekehrt wegläßt, kommt Art. 74 Ziff. 16 wie auch z. B. Art. 74 Ziff. 19 („Zulassung") eine gewisse materiellrechtliche Bedeutung zu. A. A. Hamann a. a. O. S. 25.

[56]) Urteil vom 6. 6. 1952 VerwRspr. 5 S. 14ff.

[57]) Wieacker, Die Sozialisierung im Rechtsstaat (Gutachten über Art. 41 Hess. Verfassung) 1953 S. 55ff.; Ipsen. Der finale Sozialisierungsbegriff (Rechtsgutachten) 1953 S. 18ff.

[58]) Eine Überschreitung des Kreises der in Art. 15 GG. zur Überführung in Gemeinwirtschaft zugelassenen Wirtschaftsbereiche begründet Nichtigkeit der gesetzlichen Maßnahmen, vgl. Ipsen, VStRL. 10 S. 102f.

[59]) Das Staatsrecht der Intervention, Ztschr. f. schweiz. Recht, N. F. 70 (1951) S. 175f. Der gleiche Grundgedanke findet sich bei Z. Giacometti, in „Die Freiheit des Bürgers im schweiz. Recht" 1948 S. 185f. Vgl. jetzt

Abreden als Entartung der Vertragsfreiheit betrachtet und die staatlichen Maßnahmen hiergegen als Verteidigung der Freiheit deutet, weithin vertreten. Wir begegnen ihr vor allem in der Begründung zu dem Entwurf eines Gesetzes gegen Wettbewerbsbeschränkungen[60]). Dieser Entwurf behandelt die staatliche Bekämpfung der Kartelle als Beseitigung von Störungen des Marktablaufs. Dabei ist seine Begründung nicht frei von einer gewissen Widersprüchlichkeit. Sie gibt zu, daß auf weiten Gebieten des wirtschaftlichen Lebens der geforderte freie Marktverkehr nicht herzustellen sei[61]). So finden wir in dem Entwurfe die Bereiche der Landwirtschaft, des Seeverkehrs nach dem Ausland und der Binnenschiffahrt aus Gründen, deren Überzeugungskraft sich mehr aus politischen Zweckmäßigkeitserwägungen als aus wissenschaftlichen Erkenntnissen abzuleiten scheint, von der Anwendung des geplanten Gesetzes ausgenommen, und die Begründung stellt fest, daß insbesondere in Zeiten eines Nachfragerückganges Störungen auftreten, die durch die marktkonformen Mittel nicht zu beheben sind[62]). Ich vermag mich diesen Anschauungen nicht anzuschließen. Ich glaube vielmehr, daß in der modernen Wirtschaft für gewisse Wirtschaftsbereiche eine natürliche Tendenz zur stärkeren Konzentration und zur Gruppenbildung besteht. Man mag diese Entwicklung bedauern, man kann versuchen, sie durch Förderung mittlerer und kleinerer Unternehmungen oder ähnliche Vorkehrungen zu kompensieren. Aber wenn man diesen Vorgang verneint, wenn man den Zusammenschlüssen und der Bildung größerer Unternehmens- und Betriebseinheiten das Ideal geringerer Betriebsgrößen und eines nicht durch Abmachungen geregelten Wettbewerbes gegenüberstellt, so wird damit ein besonderes wirtschaftspolitisches Ziel aufgerichtet, das ebenso wie andere staatliche Einflußnahmen eine Veränderung des Geschehens nach vorgefaßten staatlichen Vorstellungen und Planungen bedeutet. Eingriffe zugunsten dieser Zielsetzung müssen darum als interventionistische Maßnahmen angesehen werden[63]). Das hat auch praktisch eine gewisse Bedeutung. Wenn man die Vorkehrungen des Staates gegen Kartellbindungen und marktbeherrschende Unternehmen ebenso wie andere Lenkungsmaßnahmen als interventionistische Einwirkungen betrachtet, so

---

zu der Erörterung auch Merz, Über die Schranken der Kartellbindung (Abhandl. zum Schweizer Recht 302) 1953 S. 19f.

[60]) Bundestag I. Wahlperiode, Drucks. Nr. 3462 vom 13. 6. 1952 S. 20, 24.

[61]) a. a. O. S. 16f.: „Wirtschaftsbereiche mit unvollständigem Wettbewerb".

[62]) a. a. O. S. 17.

[63]) Wie hier auch Krüger, Grundrechte und Kartellgesetz 1950; ders., BB. 1953 S. 565. Für die Schweiz. siehe für diese Ansicht Homburger, Handels- und Gewerbefreiheit und Vertragsfreiheit (Zürcher Beiträge zur Rechtswiss., N. F. 145) 1948 S. 82f., 101f.

unterliegen sie den gleichen rechtsstaatlichen Voraussetzungen und Schranken. Man kann dann nicht, wie es die hier abgelehnte Auffassung tut, diese Einwirkungen mit einem leichteren Maßstabe messen oder die Meinung vertreten, die Befugnis zu solchen Verboten und Sanktionen könne schon aus dem Grundgedanken der Gewerbefreiheit oder des von der Verfassung vorausgesetzten Wirtschaftssystems abgleitet werden. Der Berner Dozent Hans Marti hat hier auf einen tiefergreifenden Gesichtspunkt hingewiesen[64]). Die freie gewerbliche Betätigung, so führt er aus, kann entweder gerechtfertigt werden als ein Bestandteil eines von der Verfassung festgelegten ökonomischen Systems der vollen Wettbewerbsfreiheit, oder aber sie erfährt ihre Begründung aus einem ganz anderen Gesichtspunkt, von der — möglicherweise naturrechtlich verstandenen — Hervorhebung des Rechts der persönlichen Freiheit. Im ersteren Falle würde das Recht zum Einschreiten gegen Kartellabreden aus der Konsequenz eines verfassungsrechtlich angenommenen Wirtschaftssystems auch ohne spezielle gesetzliche Ermächtigung sich ergeben; im zweiten Falle schließt die wirtschaftliche Freiheit auch freiwillige Bindungen derselben mit ein und kann folglich nur auf Grund besonderer gesetzlicher Ermächtigungen eingeengt werden. Im Verfassungsrecht der Schweiz wird dem Bunde ausdrücklich die Befugnis erteilt (Art. 31, bis Buchst. d), gegen „volkswirtschaftlich oder sozial schädliche Auswirkungen von Kartellen und ähnlichen Organisationen" Vorschriften zu erlassen. Wenn man das Grundgesetz betrachtet, so kann kein Zweifel sein, daß es die wirtschaftliche Betätigungsfreiheit (Art. 2 GG.) und die Berufsfreiheit (Art. 12 GG.) nicht als Teile einer von ihm angenommenen bestimmten Wirtschaftsverfassung festlegt — wir haben früher festgestellt, daß sich das Grundgesetz nicht zu einer auf eine bestimmte Doktrin abgestellten Wirtschaftsordnung bekennt[65]) —, sondern sie als Ausfluß der Anerkennung der freien Persönlichkeit gewährleistet. Daher finden wir auch im Grundgesetz die Ermächtigung zum Vorgehen gegen den „Mißbrauch wirtschaftlicher Machtstellungen" in Art. 74 Ziff. 16 ausdrücklich ausgesprochen. Das bestätigt die Annahme, daß sich diese Zuständigkeit nicht einfach aus einer vorausgesetzten wirtschaftlichen Ordnung ergibt.

Es sollte auch nicht übersehen werden, daß die Maßnahmen gegen wettbewerbsbeschränkende Abreden nicht immer zu den gewünschten wirtschaftspolitischen Zielen führen. In einem vom amerikanischen Supreme Court entschiedenen Falle[66]) wurden Verträge einer in Kalifornien ansässigen Ölgesellschaft mit selb-

---

[64]) Die Handels- und Gewerbefreiheit 1950 S. 28/29.

[65]) Vgl. hierzu neuerdings Krüger, BG. 1953 S. 565ff.

[66]) Standard Oil of California v. Un. States 337 US 293 (1948).

ständigen Tankstellenbesitzern, die letztere verpflichteten, nur Erzeugnisse und Ersatzteile der betreffenden Firma zu führen, als potentielle Beschränkung des Wettbewerbes angesehen, obwohl diese Firma nur 23% der in Kalifornien abgesetzten Brennstoffmengen lieferte, mit vier anderen Firmen im Wettbewerb stand, die ihrerseits gleiche Tankstellenverträge abzuschließen pflegten, diese Verträge also keine Umsatzsteigerung bewirken konnten. In ihren abweichenden Äußerungen hoben die dissentierenden Richter hervor, dies Urteil werde im Ergebnis nur dazu führen, daß die Gesellschaften an die Stelle selbständiger Tankstelleninhaber künftig Angestellte setzen würden, daß also im Ergebnis eine Reihe selbständiger wirtschaftlicher Existenzen vernichtet werden würde[67]).

III. Abschnitt
Formen der wirtschaftlichen Intervention des Staates

1. Unmittelbare Eingriffe des Staates

1. Bei der Behandlung der verschiedenen Erscheinungsformen der Intervention des Staates möchte ich mich mit einem kurzen Überblick begnügen. Ein volles System des Wirtschaftsverwaltungsrechts kann hier nicht aufgestellt werden. Es muß genügen, eine grundsätzliche Einteilung vorzunehmen, deren Unvollständigkeit in Kauf genommen wird, die aber die Herausstellung einiger Haupttypen erlaubt. Als Grundschema möchte ich zwischen unmittelbaren und mittelbaren Einwirkungen des Staates unterscheiden[68]). Das ist eine auch in der Volkswirtschaft verwendete Einteilung, die zwar weder originell, noch in jedem Einzelfall streng durchzuführen ist, aber den Vorzug hat, leicht faßbar zu sein. Unter unmittelbaren Handlungen verstehe ich dabei solche Maßnahmen, bei denen der Staat sich mit bindenden rechtlichen Weisungen und Zwangsgeboten an den einzelnen wendet, um von ihm ein Handeln, Unterlassen oder Dulden zu

---

[67]) Vgl. die dissenting votes von J. Douglas S. 320/21 („The small independent business man will be supplanted by clerks") und J. Jackson S. 323, der hervorhebt, daß die Ausschließlichkeitsklausel das Publikum nicht benachteilige, ihm im Gegenteil eine Qualitätsgewähr biete. Das LG. Stuttgart hat in einer zum amerikan. MRG. 56 Art. I und Art. V 9c 2 ergangenen Entscheidung es abgelehnt, die Ausschließlichkeitsklausel als Vorstoß gegen den Wettbewerb anzusehen und sie als bona fide marketing arrangement beurteilt (NJW. 1952 S. 827). Übereinstimmend Tetzner, NJW. 1952 S. 252; vgl. auch BGH. 5 S. 71.

[68]) Eine Einteilung der wirtschaftslenkenden Maßnahmen ist neuerdings versucht worden von Andreas Hamann, Rechtsstaat und Wirtschaftslenkung 1953 S. 95ff. Vgl. auch ders., BB. 1953 S. 341ff. Ferner E. R. Huber, Wirtschaftsverwaltungsrecht Bd. I 1953 S. 47—84, dessen Gliederung die rechtlichen Formen und die Rechtswirkungen der Handlungen in den Vordergrund stellt.

verlangen. Bei den indirekten (mittelbaren) Mitteln des Staatseinflusses — hierzu rechne ich die Steuerpolitik, die Kreditpolitik, die Manipulierung der Währung, Subventionen und Begünstigungen — dagegen erreicht der Staat sein Ziel nicht durch Herbeiführung des erwünschten Verhaltens durch Befehl und Zwang, sondern entweder durch einen wirtschaftlichen Anreiz, eine Verlockung oder umgekehrt eine Diskriminierung unerwünschter Handlungsweisen oder durch die Anwendung von Mitteln, die für einen anderen Zweck bestimmt sind (z. B. Steuern), die aber von ihm für wirtschaftslenkende Zwecke herangezogen werden[69]).

Man kann sehr verschiedene Maßstäbe für eine Einteilung der wirtschaftslenkenden Staatshandlungen verwenden. Am nächsten liegt eine Gliederung, die abstellt auf die wirtschaftlichen Bereiche, in denen die Lenkung sich abspielt (Hamann): Errichtung von Betrieben und Erzeugung, ferner Lenkung der Verteilung, der Ein- und Ausfuhr und der Preise, sowie Beeinflussung der Kapitalbildung, des Kredits, der Lohnpolitik. Bei dieser wirklichkeitsnahen Betrachtung werden freilich die typischen Formen weniger sichtbar werden. Eine andere Gliederung (E. R. Huber) will auf die rechtlichen Formen abstellen: Einwirkung durch Gesetz, Verwaltungsakt oder Vertrag, durch hoheitliches Zwangsgebot oder durch privatrechtliche Gestaltungsmittel, durch Berechtigung oder Verpflichtung, durch Hervorrufen öffentlichrechtlicher oder privatrechtlicher Wirkungen. Man kann auch nach dem Träger des Einflusses differenzieren: Wirtschaftseinwirkungen durch Staatsbehörden, durch Staatseinrichtungen in privatrechtlicher Form, durch selbständige Körperschaften und Anstalten oder in Form einer Heranziehung der Beteiligten zur Mitwirkung (soziale oder berufliche Selbstverwaltung, autonome Rechtsetzung). Eine solche Einteilung wird im wesentlichen indessen nur den öffentlichrechtlichen Methoden staatlicher Lenkung gerecht werden und gerade die mittelbaren Einflußnahmen nicht erfassen, die oft öffentlichrechtliche und privatrechtliche Elemente verbinden (z. B. Gewährung öffentlicher Kredite, Gestaltung einer wirtschaftlichen Ordnung eines Gewerbes oder Berufes) oder ihre Wirkung gar

[69]) Die hier gemachte Unterscheidung deckt sich nicht mit der zwischen Lenkung durch Gesetz oder Verwaltungsakt einerseits und privatrechtliche Handlungen andererseits, wie sie der Übersicht bei E. R. Huber zugrundeliegt. Es wird vielmehr abgestellt auf das offene Herbeiführen des angestrebten wirtschaftlichen Erfolges im Unterschied zu der Verfolgung eines Zwecks mit verdeckten oder indirekten Mitteln. Ebensowenig kann angesichts der Verschmelzung öffentlichrechtlicher und privatrechtlicher Formen und Wirkungen der Unterschied von Verwaltungsakt und fiskalischer Handlung, von öffentlichrechtlicher oder privater Gestaltung eines Rechtsverhältnisses — so wichtig er für die rechtliche Beurteilung der Verwaltungsvorgänge ist — für unseren Zweck entscheidend sein. Vgl. Siebert, Privatrecht im Bereich öffentlicher Verwaltung in Festschrift f. Niedermeyer 1953 S. 215ff., 221f.

nicht unmittelbar durch rechtsgestaltende Maßnahmen erreichen, sondern durch abgeleitete Folgen eines Vorgehens (Kapitallenkung durch Steuerbegünstigung, Einfuhrbeschränkung durch Festlegung unvorteilhafter Devisenkurse für Importe). Das hier gewählte anspruchslose Schema nimmt für sich keine strenge Folgerichtigkeit in Anspruch. Es möchte helfen, die orientierende Umschau an den charakteristischen Mitteln des Eingreifens auszurichten.

2. Ich fasse zunächst die Einwirkungen unmittelbarer Art ins Auge.

a) Hier begegnen zuerst Gebote und Verbote, Zulassungen zu Gewerbe und Beruf, Festsetzungen von Kontingenten, Bezugsberechtigungen, Verwendungsverbote. In diesem Bereiche finden wir die einfachen offenen Eingriffe altherkömmlicher Art, die die Errichtung oder Erweiterung eines Betriebes, den Zugang zu einem Gewerbe oder Beruf unter wirtschaftspolitischen (nicht polizeilichen) Gesichtspunkten regeln[70]) oder die Auflagen, Erlaubnisse aller Art und Konzessionen betreffen. So kann etwa im Rahmen des Getreidegesetzes für die Mühlen die Höhe ihres Verarbeitungsrechtes durch den Bundesminister für Ernährung festgelegt werden[71]). In der Rechtsprechung ist schon früher die Frage behandelt worden, ob der Pächter einer Mühle bei wesentlicher Verringerung eines solchen Kontingentes den Pachtzins mindern darf; das Reichsgericht hat das aus §§ 581, 537 BGB. bejaht[72]). Die direkte Anordnung, verbunden mit Erlaubnissen, Geboten und Verboten, Anmelde-, Auskunfts- und Ablieferungspflichten beherrscht auch das staatliche Devisenrecht[73]) sowie

---

[70]) Vgl. Hamann, Rechtsstaat und Wirtschaftslenkung 1953 S. 101 ff. Im schweizer. Recht ist hier hinzuweisen auf den Schutz der Hotellerie (BB. vom 19. 6. 1953) und das Uhrenstatut (BB. vom 22. 6. 1951). Vgl. Giger, Die Mitwirkung privater Verbände bei der Durchführung öffentlicher Aufgaben 1951 S. 112 ff.; Schürmann, Das Recht der gemischtwirtschaftlichen und öffentlichen Unternehmungen mit privatrechtlicher Organisation, Ztschr. f. Schweiz. Recht, N. F. 72 (1953) S. 145a ff. Die Festsetzung eines Mindestumsatzes für Milchhandelsgeschäfte (§ 14 Abs. 5 Ziff. 6 MilchG.) gehört dagegen in das Gebiet gesundheitspolizeilicher Vorkehrungen (Sicherung ausreichender Einrichtungen). So OVG. Münster ÖV 1953 S. 218 und OVG. Lüneburg DVBl. 1953 S. 441 ff. (unter Hinweis auf Leitsatz 22c dieses Referates).

[71]) § 4 Getreideges. vom 4. 11. 1950. Für ungültig halten diese Bestimmung Hamann a. a. O. S. 115 und Modest, Kommentar zum Getreidegesetz 1953 S. 44. In der Schweiz ist hier die als private Gesellschaft gebildete, seit 1948 als AG. fungierende Käseunion mit festgelegten Mitgliedsrechten zu nennen. Vgl. Schürmann S. 152a ff. Siehe auch § 5 Abs. 3 Zuckerges. i. Fassung vom 3. 10. 1951.

[72]) RGZ. 147, 157. Unter dem Gesichtspunkt eines Fehlers der Pachtsache wird Herabsetzung des Zinses begründet.

[73]) Neben den direkten Anordnungen spielt hier aber auch die Erfolgssicherung für die staatlichen Maßnahmen durch privatrechtl. Ungültigerklärung verbotener Transaktionen eine Rolle. Vgl. zu den Rechtsformen

die Materie der Ein- und Ausfuhrgenehmigungen[74]).

b) Eine zweite Gruppe umschließt die inhaltliche Gestaltung von Rechtsgeschäften und Rechtsverhältnissen durch den Staat, in der Regel durch Gesetz, rechtsgestaltenden Verwaltungsakt oder Ermächtigung an Verbände zur autonomen Rechtsgestaltung. Hierher gehört die gesetzliche Festlegung von Vertragsbedingungen oder Normalverträgen, kollektiver Mindestbedingungen (Mindestlöhne), Anschlußzwang oder die Ermächtigung, durch Verordnungen Vertragsbedingungen zu bestimmen[75]) oder Qualitätsnormen, Güteklassen, Verpackungsnormen und dergleichen festzulegen[76]). Vor allem begegnen wir in dieser Kategorie der Eingriffe staatlichen Preisfestsetzungen und Preisbindungen[77]). Durch ein umfangreiches Gesetz setzt der Staat jedes Jahr den Getreidepreis für das ganze Bundesgebiet nach regionalen und qualitativen Staffelungen fest[78]). Ein solches Gesetz stellt freilich

Nußbaum, Money in the Law 2. Aufl. 1950 S. 446ff.; F. A. Mann, The Legal Theory of Money 2. Aufl. 1953 S. 340ff.

[74]) Hamann S. 121f. und insbesondere zum Außenhandelsrecht in Verbindung mit dem Devisenrecht Georg Erler, Ztschr. auslöffR. u. VR. 15 (1953) S. 1ff.

[75]) Die Einwirkung auf das Privatrecht bezeichnet E. R. Huber S. 77 gerade als eine typische Erscheinungsform der staatlichen Intervention. Vgl. z. B. Energieges. vom 13. 12. 1935 § 12.

[76]) Qualitätsnormen, Handelsklassen, Gütezeichen usw. kennen die meisten landwirtschaftlichen Ordnungsgesetze: Milch,- u. Fettges. i. d. Fassung vom 17. 12. 1952 §§ 10, 11, 18, 19; Getreideges. § 3; Weingesetz §§ 2—11. Die oft minutiösen Anordnungen gehen bis zur genauen Normung der Verpackung. In der ButterVO. vom 2. 6. 1951 und der KäseVO. vom 2. 6. 1951 werden eingehend Größe und Art der Umhüllung, Größe und Gewicht der in den Handel gebrachten Stücke einzelner genau beschriebener Käsesorten geregelt. Vgl. Godbersen, Butterverordnung und Verordnung über Käse, Schmelzkäse und Käsezubereitungen, Kempten o. J. (1951).

[77]) Eine durchgängige, die wirtschaftliche Freiheit nach Art. 2 GG. in Mitleidenschaft ziehende Preisregelung für alle Gebiete würde in normalen Zeiten für unstatthaft zu halten sein. Anders Preisregelungen, die für beschränkte Bereiche aus Gründen herkömmlicher Einheitlichkeit (Energietarife), sozialen Rücksichten (Mietpreisregelung, Herstellung eines billigen Konsumbrotes vgl. OLG. Hamm NJW. 1951 S. 731) oder aus strukturellen Gründen dieses Gebietes ergehen. Ob das ganz allgemein für landwirtschaftliche Erzeugnisse zu bejahen ist (vgl. die weitgehenden Ermächtigungen in § 6 Abs. I Zuckerges. § 20 Milch- und Fettges. i. d. Fassung vom 10. 12. 1952), ist nicht ohne Zweifel. Vgl. Hamann S. 54f. Zum Problem der Grenze preisrechtlicher Regulierung und vor allem zur Ermächtigung zu VOen auf diesem Gebiet siehe Haußleiter, ÖV 1952 S. 750ff.; zur Rechtsgrundlage und zivilrechtlichen Auswirkung von Preisvorschriften Rinck, ACP. 152 (1953) S. 481ff.

[78]) Vgl. § 10 Abs. I Getreideges. und dazu Ges. über Preise für Getreide inländ. Erzeugung für das Getreidewirtschaftsjahr 1953/54 vom 6. 8. 1953 BGBl. 1953 I S. 889. Solche Preisbindungen können nicht als Verletzung der Art. 2, 12 GG. angesehen werden, da sie einen begrenzten Wirtschaftsbereich mit besonderen Marktverhältnissen (infolge des notwendigen Imports) betreffen. Der Preisstand wird gesichert durch eine Abnahmepflicht der Einfuhr- und Vorratsstelle für Getreide u. Futtermittel zum Mindestpreis (§ 1 Abs. II Gesetz 1953). Vgl. Modest S. 110f.

keine echte Rechtsnorm dar. Sie ist kein dauerhaftes, als Teil der sittlich verbindenden Rechtsordnung aufgenommenes Gebot, sondern stellt in Wirklichkeit nur eine administrative Maßregel im Gewande des Gesetzes dar, dessen Form gewählt wird, um den Erfordernissen des heutigen formalisierten Gesetzesbegriffes — die jede generelle Anordnung bei Eingriffen in die individuelle Rechtssphäre als Rechtssatz bezeichnet — genugzutun[79]).

In erheblichem Umfang zeigen also diese Maßnahmen, so weit sie nicht unmittelbar durch Gesetz getroffen werden, die Form des privatrechtsgestaltenden Verwaltungsaktes. Der öffentlichrechtliche Eingriff zieht praktische Wirkungen nach sich, die dem Privatrecht angehören, etwa Begründung von Vertragsverhältnissen oder privaten Rechten. Es gehört zum Wesen dieser rechtlichen Figur, daß die öffentlichrechtliche Einwirkung nur punktuell ist, nicht das ganze Rechtsverhältnis umgestaltet und daher die privatrechtliche Natur der beteiligten Rechte und Rechtsverhältnisse bestehen läßt. Daraus erklärt sich, daß bei Fehlgreifen und Unwirksamkeit der öffentlichrechtlichen Einwirkungen das zugrundeliegende Privatrecht unberührt bleibt und beispielsweise Eigentum einfach gegenüber unwirksamen Beschlagnahmen durch die Eigentumsklage geltend gemacht werden kann[80]). Anders liegt es freilich, wenn wir den Bereich unserer rechtsstaatlichen, nur begrenzte staatliche Eingriffe gestattenden und Rechtsschutz gewährenden Ordnung verlassen. Wenn in der Sowjetzone ein Betrieb zum volkseigenen Unternehmen erklärt wird, erfaßt die neue öffentlichrechtliche Form kraft des zugrundeliegenden Verwaltungsaktes alle Gegenstände des Betriebes ohne Rücksicht auf das daran etwa bestehende Eigentum Dritter, denen auch ein Rechtsschutz versagt bleibt[81]). Staatshandlungen, die Rechte gestalten, stellen auch jene Akte dar, die im Rahmen wirtschaftslenkender Vorgänge die Bildung und das Recht öffentlichrechtlicher oder privatrechtlicher Verbände und Organisationen gestalten. Ich kann auf dieses ausgedehnte Gebiet hier nicht näher eingehen. Errichtung von Verbänden und Verleihung der Rechtspersönlichkeit, Erlaß der Satzung unter Umgrenzung der

[79]) Insofern ein deutliches Beispiel für die Auflösung, die der Gesetzesbegriff durch seine Anwendung auf staatliche Lenkungsmaßnahmen erfährt. Vgl. Hans Huber, Festgabe für Giacometti 1953 S. 75.

[80]) Vgl. OGHBrZ. VerwRspr. 3 S. 152 sowie auch Württ.-Bad. VGH. VerwRspr. 2 S. 320.

[81]) OG. in Neue Justiz 4 (1950) S. 451: Ein einem Dritten gehörendes Pferd wird bei der Enteignung eines landwirtschaftlichen Betriebes zum Inventar geschlagen; es besteht daher kein Herausgabeanspruch. Die Festsetzung des Inventars erfolgt durch die Verwaltung und ist gerichtlicher Prüfung entzogen. Die öffentlichrechtliche Qualität der volkseigenen Gegenstände erfaßt sie sogar schon in der Entstehung: Schulmöbel für eine Schule sind schon im Herstellungsbetrieb der zivilrechtlichen Pfändung nach § 811 ZPO. entzogen. So AG. Neubrandenburg NJ. 1951 S. 523.

Aufgaben, Anordnungen für das innere Leben dieser Vereinigungen werden zahlreichen Organisationen vom Staate mitgegeben, die er im Bereiche des öffentlichen Rechts entstehen läßt, aber auch privatrechtlichen Verbänden, denen er öffentliche Aufgaben zuweist oder deren er sich zur Erfüllung bestimmter Zwecke in privatrechtlicher Form bedient[82]). Besonders bedeutsam werden die organisatorischen Verfügungen des Staates, wenn die so geschaffenen oder anerkannten Verbände die Befugnis erhalten, ihrerseits Rechtsverhältnisse ihrer Mitglieder oder sogar dritter Personen zu regeln. Am weitesten geht die Mitwirkung von Verbänden auf dem Gebiete des Arbeitsrechtes, wo der Staat den beteiligten Organisationen der Unternehmer und der Arbeitnehmer im Tarifvertragsrecht eine normative Kompetenz, d. h. eine rechtsetzende Vollmacht zur verbindlichen Gestaltung privater Verhältnisse delegiert[83]). Tendenzen zur Ausweitung des Bereiches solcher verbindlichen Vereinbarungen der Sozialpartner

---

[82]) Ein Beispiel öffentlichrechtlicher Verbände mit wirtschaftslenkender Funktion bilden die Schifferbetriebsverbände (öffentliche Körperschaften) des Ges. über den gewerblichen Binnenschiffahrtsverkehr vom 1. 10. 1953 (RGBl. I S. 1453) §§ 11, 12. Allgemein lehnt die Übertragung hoheitlicher Aufgaben auf privatrechtliche Verbände ab Reuß, DVBl. 1953 S. 685f. Mir scheint die Auffassung von E. R. Huber (S. 543f.) richtiger, der hier eine enge qualitative und quantitative Begrenzung annimmt, die Zuweisung aber nicht schlechthin ausschließt. Den landwirtschaftlichen Einrichtungen, die Ein- und Ausfuhr regeln, hat der Gesetzgeber heute die Form rechtsfähiger Anstalten des öffentlichen Rechts gewährt (Einfuhr- und Vorratsstelle für Getreide und Futtermittel vgl. I. DuVO. z. Getreideges. vom 3. 2. 1951 § 8, Mühlenstelle vgl. IV. DuVO. z. Getreideges. vom 17. 12. 1951, Einfuhrstelle für Zucker, Zuckerges. § 8). Diese Einfuhrstellen besitzen Einfuhrmonopole, vgl. E. R. Huber S. 517f. Nicht selten wird ausdrücklich bestimmt, daß privatrechtlichen Organisationen hoheitliche Aufgaben nicht übertragen werden dürfen (z. B. Milch- und Fettges. § 14 Abs. 3, Vieh- und Fleischges. vom 25. 4. 1951 § 20 Abs. II). Andererseits werden privatrechtlichen Verbänden öffentliche Vollmachten in der Form gegeben, daß sie rechtlich oder faktisch Monopolstellung erhalten. Das gilt etwa für die Exportrisiko-Versicherung, die praktisch für privatrechtliche Transaktionen in Deutschland bei der „Hermes Kredit Versicherung A. G." zentralisiert ist. Vgl. Lichey, Die Systeme der Exportrisikogarantie (Schriften des Hamburger Weltwirtschaftsarchivs Nr. 4) 1953 und E. R. Huber S. 121f. Ein anderes Beispiel bildet die Einsetzung von Notierungskommissionen für die Feststellung von Preisen für Butter und Käse (Milch- und Fettges. in Fassung vom 10. 12. 1952 § 20 Abs. III). Diese Kommissionen setzen keine verbindlichen Preise fest, sondern sie ermitteln nur den jeweiligen Preisstand und geben ihn als „Amtliche Preisnotierung der Notierungskommission" bekannt. Diese Kommissionen, zusammengesetzt aus Vertretern der Molkereien, Erzeuger und Abnehmer, üben also nicht durch verbindliche Preisbestimmung hoheitliche Funktionen, erfüllen aber durch die Bekanntgabe der gewissermaßen nur informativen Preisnotierung eine ähnliche Aufgabe.

[83]) Zur Rechtsnatur der Tarifverträge nach herrschendem Recht siehe Nikisch, Arbeitsrecht 1951 S. 355.

sind heute erkennbar[84]), vor allem auch im schweizerischen Recht[85]). Andererseits engt der Staat aber dort, wo er bestimmte bisher in Tarifverträgen geregelte Fragen — z. B. Mindestarbeitsbedingungen — gesetzli ordnet, den Bereich der freien sozialen Gestaltung der Gruppen wiederum ein[86]). Es wäre hier ferner auf die öffentlichrechtlichen Formen der Gestaltung der Verhältnisse bestimmter Berufe durch die Kammern für Anwälte, Ärzte usw. hinzuweisen[87]). Auf den meisten Gebieten der Wirtschaft hat der Staat eine solche Ermächtigung nicht ausgeteilt. Dort bleibt es Aufgabe der privaten Verträge, in der Gestalt von Allgemeinen Geschäftsbedingungen und Normenverträgen eine Typisierung und Regulierung der Vertragsbeziehungen zu erreichen. Der Grundsatz der Freiwilligkeit muß in diesem Falle aber streng gewahrt bleiben[88]).

c) Als dritten Kreis interventionistischer Handlungen möchte ich Leistungsgebote, Pflichten zur Nutzung von Sachen, Auflage bestimmter Verpflichtungen zur Herstellung und Lieferung[89]), Zuweisung von Absatzgebieten, Verteilung, Heranziehung zu

---

[84]) In Deutschland gehen die Anregungen, die Sitzler, Sozialer Fortschritt 1 (1952) S. 75ff. und Soziale Selbstverwaltung im demokratischen Staat (Verhandlungen der 2. Hauptvers. der Gesellschaft für Soz. Fortschritt 1952) S. 15ff., gemacht hat, dahin, den Sozialpartnern zur Selbstverwaltung auch Fragen der Berufserziehung, der Lohnzahlung bei Betriebsstörungen, der Haftung des Arbeitnehmers usw. zuzuweisen. Vgl. dazu kritisch Herrschel, Soz. Selbstverwaltung S. 27ff.; Groß, Soz. Fortschritt I (1952) S. 211ff.

[85]) In der Schweiz ist heute die Allgemeinverbindlicherklärung auch schon außerhalb des Arbeitsrechts von Bedeutung (z. B. in der Milchwirtschaft) — vgl. Giger a. a. O. S. 147f. Darüber hinaus wird der Gedanke der qualifizierten Rechtsverordnung aufgegriffen und findet in die kantonale Gesetzgebung Eingang: Inhaltliche Bestimmung der Normen durch die beteiligten Verbände, die dann durch Verordnung des Staates in Kraft gesetzt werden. Vgl. hierzu Nägeli, Festgabe f. Nawiasky 1950 S. 205ff.; Tschudi, Wirtschaft und Recht 4 (1952) S. 66ff.

[86]) Die Subsidiarität staatlicher Festsetzungen von Mindestarbeitsbedingungen hinter den Tarifvereinbarungen legt § 1 des Ges. über die Festsetzung von Mindestarbeitsbedingungen vom 11. 1. 1952 (BGBl. I S. 17) fest. Vgl. ebenso Heimarbeitsges. vom 14. 3. 1951 § 19 (Festsetzung von Entgelten und Bedingungen durch Ausschüsse bei Fehlen geeigneter Verbände). Zum Verhältnis von Gesetz und Vertrag siehe Zanetti, Wirtschaft u. Recht 3 S. 50f.; Tschudi dort 4 S. 68ff. Zu weite Ausdehnung gesetzlicher Normativbestimmungen könnte im Arbeitsrecht zur Starrheit und zur Entleerung der Tarifvereinbarungen führen.

[87]) Vgl. Georg Erler, Freiheit und Grenze berufsständischer Selbstverwaltung 1952 S. 17ff.

[88]) Zur Voraussetzung der Freiwilligkeit siehe BGHZ 1, 183; 3, 200; 9, 1 und dazu Patschke, BB. 1954 S. 5.

[89]) Solche Maßnahmen der Verarbeitungsverbote, Kontingentierungen und Lieferpflichten stellen keinen unstatthaften Eingriff in die persönliche Betätigungsfreiheit des Art. 2 GG. dar. So richtig OVG. Hamburg VerwRspr. 3 S. 731/32. Zur Milchablieferungspflicht siehe auch OLG. Stuttgart ÖV. 1953 S. 216.

Sach- und Dienstleistungen, Verfügungsbeschränkungen nennen, sofern sich diese Eingriffe nicht wie bei der ersten hier genannten Kategorie auf einzelne punktweise Eingriffe beziehen, sondern Bestandteile eines umfassenderen, für begrenzte Zeit oder auch für die Dauer geschaffenen Systems von Einwirkungen darstellen, durch die die wirtschaftliche Disposition über ein bestimmtes Wirtschaftsgut oder einen ganzen Wirtschaftszweig erreicht wird. Die in der ersten Gruppe behandelten Maßregeln haben Einzelfälle der Intervention (Devisengenehmigungen, Betriebszulassungen) allgemeiner Art zum Gegenstand. Hier aber handelt es sich um Maßnahmen, die zwar der Art nach jenen anderen Fällen ähnlich sind, die aber durch ihre Einfügung in ein größeres Netz von Einwirkungen zusammengehalten werden. Sie reichen von der „Marktlenkung" für bestimmte Erzeugnisse, etwa landwirtschaftlicher Art, über die Bewirtschaftung von Gütern und Rohstoffen in Zeiten der Mangellage oder des Krieges bis zum systematischen Aufbau von schützenden und fördernden Ordnungen für ganze Gewerbezweige, wie wir sie etwa im schweizerischen Recht in der Regulierung der Uhrenindustrie vor uns sehen. Einen Schritt weiter in der staatlichen Gestaltung eines Gewerbes ist dann schon die Stufe der durch öffentliche Verleihung oder den Vorbehalt der öffentlichen Hand begründeten rechtlichen Monopole oder der Verleihung von Monopolstellungen an private Unternehmungen erreicht, wie wir sie bei den fiskalischen Monopolen (Erzeugungs- oder Handelsmonopolen), den traditionellen Regalen der Post und Eisenbahn und den daneben vom Staat in eigener Regie oder in privater Ausübung begründeten Monopolen finden[90]).

Als Beispiele der Marktlenkung können wir die Maßregeln auf dem Gebiet der landwirtschaftlichen Erzeugung von Milch, Ge-

[90]) Ich vermag der Ansicht von Uber, Die Freiheit des Berufes 1952 S. 151ff., 161, 171, und Stödter, Rechtsfragen des Zündholzmonopols 1953 S. 50ff., nicht zu folgen, daß zwar fiskalische Staatsmonopole durch Art. 105, 106, 108 GG. zugelassen und staatliche Verwaltungsmonopole (z. B. Arbeitsvermittlung, Fernsprechwesen) statthaft seien, aber eigentliche Wirtschaftsmonopole oder Monopolstellungen in Berufen nicht begründet werden dürften. Das Argument von Stödter, Art. 105, 106, 108 GG. dürften nur als Kompetenznormen, nicht als sachliche Anordnungen gewertet werden, halte ich für unzutreffend; im Grundgesetz gilt weithin der Satz von der Vertauschbarkeit formeller Kompetenzbestimmungen und inhaltlicher Anordnungen; er ist auch hier anwendbar. Das Grundgesetz läßt, wie der Württ.-Bad. VGH. richtig meint (VerwRspr. 3 S. 371), Monopole des Staates zu. Daher konnte das Schornsteinfegerwesen öffentlichrechtlich gestaltet werden (BVerfGE. 1 S. 278/79, unrichtig Uber S. 180ff.) und ebenso das Hebammenwesen staatlicher Regelung unterliegen (vgl. Ges. vom 4. 1. 1954). Die Grenzen der Monopole liegen dort, wo sie herkömmliche oder handwerkliche Berufe freier Gestaltung erfassen oder sonst mit Leitgedanken des Grundgesetzes über die freie Wirtschaftstätigkeit in Widerspruch treten. Vgl. wie hier E. R. Huber Bd. I S. 481f.

treide, Zucker anführen. Hier finden wir nicht nur einzelne Gebote und Beschränkungen, sondern ein in sich zusammenhängendes Netz von Regelungen. Die Milcherzeuger beispielsweise sind zur Ablieferung der Milch an bestimmte Molkereien, diese zur Abnahme verpflichtet (Milch- und Fettges. § 1), der Milchhändler[91]) darf in einem bestimmten Absatzgebiet die Milch nur von einer zugewiesenen Molkerei — es können auch mehrere sein — beziehen (§ 2); bei Einfuhr von Butter, Schmalz und sonstigen Fetten aus dem Ausland müssen diese Einfuhren der Einfuhr- und Vorratsstelle für Fette angeboten werden, die keine Übernahmepflicht hat (§ 16), aber Preise und Mengen der Einfuhr reguliert. Diese landwirtschaftlichen Marktordnungen dienen einem doppelten Zweck. Sie sind in der Hauptsache bestimmt, eine gewisse Stabilität der landwirtschaftlichen Märkte zu erhalten, die wegen ihrer besonderen Struktur nicht dem vollen freien Wettbewerb ausgesetzt werden. Daneben aber wird aus Gründen der Sicherung der Versorgung in Notfällen eine gewisse Vorratshaltung in diesen Erzeugnissen bewirkt. Ergänzend gelten in diesem Bereich dann zahlreiche Qualitätsnormen, deren Bedeutung ich in einer Fachschrift auf dem Gebiete der Käsebereitung dahin gekennzeichnet finde, daß eine sonst eintretende Qualitätsminderung „das Ansehen des deutschen Käses" verderben würde[92]). Als Muster von bewirtschaftenden Eingriffen in einer Mangellage kann man aus neuerer Zeit die Regelung für Eisen und NE-Metalle anführen, die in der Zeit der außerordentlichen Nachfrage nach der Koreakrise eingeführt wurde, jetzt aber wieder außer Geltung getreten ist. Diese Maßnahmen wurden gestützt auf das Gesetz für Sicherungsmaßnahmen auf einzelnen Gebieten der gewerblichen Wirtschaft vom 5. 5. 1951[93]). Sie enthielten zunächst umfangreiche Melde- und Anzeigepflichten über alle vorliegenden Bestellungen und durchzuführenden Lieferungen. Den Erzeugern konnten Herstellungsgebote für bestimmte Mengen und Sorten auferlegt werden, und sie durften ihre Abnehmer nur gekürzt bis zu einem bestimmten jeweils fixierten Prozentsatz — dann aber gleichmäßig — beliefern, wobei das Jahr 1950 als Vergleichszeitraum diente. Gewisse Lieferungen — für mandato-

---

[91]) Bei Straßenabsatz von Milch findet sich eine Vorschrift, die den Wettbewerbsgedanken betont. Es sollen in einem Bezirk mehrere Straßenhändler Milch und Milcherzeugnisse absetzen dürfen (Milch- und Fettges. § 6 Satz 2).

[92]) Vgl. Godbersen, Butterverordnung (vgl. Anm. 76) S. 72.

[93]) Die sind enthalten in der VO. über die Kennzeichnung von Lieferaufträgen von Stahlerzeugnissen (VO. Eisen I/51 vom 28. 3. 1951 BAnz. Nr. 59), der VO. über Herstellung, Lieferung und Bezug von Eisen- und Stahlerzeugnissen (VO Eisen II/51 vom 15. 10. 1951 BAnz. Nr. 200), der VO. zur Sicherung der Durchführung dringlicher Ausfuhrgeschäfte (VO. Ausfuhr I/51 vom 15. 10. 1951 BAnz. Nr. 200) und der VO. über Lieferung und Bezug von Betonstahl (VO. Bau I/51 vom 21. 12. 1951 BAnz. Nr. 249).

rische Besatzungsaufträge und für den Export — genossen dabei einen näher festgelegten Vorrang; für sie konnten besondere Lieferpflichten begründet werden. Neue Kunden durften erst nach erfolgter amtlicher Zuweisung beliefert werden. Hand in Hand damit ging eine umfassende Preisregulierung, die erst nach Inkrafttreten der Montanunion im Sommer 1952 abgelöst wurde[94]).

Umfassende wirtschaftspolitische Regelungen eines ganzen Wirtschaftszweiges unter wirtschaftspolitischen Zielsetzungen, wie sie das schweizerische Recht für die Uhrenindustrie mit Errichtungs- und Erweiterungsbeschränkungen, Organisation der vorhandenen Betriebe, genauester Überwachung der Ausfuhr und Preisregelungen geschaffen hat, kennt das heutige deutsche Recht nicht, weil es im gewerblichen Bereich auf die Herstellung tunlichster Freiheit ausgeht. Man könnte hier nur auf die Regelung der Energieversorgung hinweisen, wo Anschluß- und Versorgungspflichten und Zuweisung von Gebieten eine Rolle spielen[95]).

Ein für alle diese Bereiche kennzeichnendes Merkmal ist der weite Umfang, in dem der Gesetzgeber Auskunfts-, Melde-, Registrier- und Buchhaltungspflichten mit großer Leichtigkeit verfügt. Tiefer freilich als diese lästigen Auflagen reichen — etwa im Energiegesetz — Dauereinwirkungen auf die Betriebsführung. Unter ihnen erscheint als ein besonders schwerer Eingriff die Verpflichtung des Landwirts zu ordnungsgemäßer Bebauung des Bodens. Sie ist aus dem deutschen Recht, wo sie in der nationalsozialistischen Zeit eingeführt worden war, heute wieder verschwunden, findet sich seither aber im englischen Recht, wo ein Landwirt wegen bad estate management oder bad husbandry unter Aufsicht gestellt oder von seinem Besitz entfernt werden kann[96]). Dieses Beispiel zeigt zugleich, wie auf dem Gebiete des Wirtschaftrechts bestimmte Zielsetzungen selbst unter politisch sehr verschiedenen Regimen in ganz ähnlicher Weise in Erschei-

[94]) Jetzt können bei Mangellage von der Hohen Behörde der Montanunion gemäß Art. 59 des Vertrages über die Europ. Gemeinschaft für Kohle und Stahl Herstellungs- und Lieferpflichten festgelegt werden. Zu der Schwierigkeit solcher Anordnungen im internationalen Rahmen siehe Reuter, La Communauté Européenne du Charbon et de l'Acier 1953 S. 244. Für die Preise hat die Montanunion durch das Verlangen der Listenpreise nicht die erhoffte Auflockerung gebracht.

[95]) Das Energiewirtschaftsges. stammt vom 13. 12. 1935, ist aber durch das Notgesetz vom 10. 6. 1949 (seither oft verlängert) beibehalten worden. In anderen Ländern — Frankreich und England — ist das Gebiet der Energie- und Gasversorgung nationalisiert und dadurch zentraler Leitung geöffnet, wobei das französ. Recht sogar die eigene Kraftversorgung einzelner Betriebe mitumfaßt. Vgl. zum Rechtschutz gegen die Einbeziehung solcher Anlagen Conseil d'Etat Dalloz 1952 S. 642 (Electricité de France).

[96]) Agriculture Act 1947 10 & 11 Geo VI c. 48 S. 16, 17 und dazu Friedmann, Law and Social Change S. 26. Aus dem deutschen Recht ist noch auf die Ausschaltung leistungsunfähiger Energieversorgungsunternehmen hinzuweisen (EnergieWGes. §§ 7, 8).

nung treten. Endlich mögen hier noch die Sach- und Dienstleistungen genannt werden. Von ihnen sind die ersteren mit dem Zurücktreten des Reichsleistungsgesetzes — und vor der Neubelebung durch die geplanten EVG-Verträge — vorerst von geringerer Bedeutung. Die Dienstleistungspflichten hingegen, die uns Herr Ipsen so anschaulich vor Augen geführt hat[97]), gewinnen namentlich im Gebiete des Steuerrechts, aber auch etwa der Hilfstätigkeit der Banken in der Währungsumstellung und in der Devisenüberwachung immer mehr an Ausdehnung, ohne noch eine entsprechende rechtsstaatliche Durchgestaltung erfahren zu haben.

d) Als charakteristische Erscheinung des interventionistischen Wirtschaftsrechts tritt an vielen Stellen die Heranziehung von Privatpersonen und Verbänden des privaten Rechts wie der Schaffung öffentlicher Organisationen für die Durchführung der auftretenden mannigfachen Aufgaben der Lenkung und Leitung hervor. Auch hier zeigt sich große Mannigfaltigkeit. Die Erscheinungen reichen von öffentlichen Aufträgen — etwa der eben erwähnten Mitwirkung der Banken als Außenhandelsbanken bei der Devisenüberwachung — mit entsprechender Inpflichtnahme und Ausstattung mit bestimmten Befugnissen[98]) über das beliehene Unternehmen oder beliehene Verbände[99]) zu den zahlreichen öffentlichrechtlichen Verbänden. Gerade auf dem letzteren Gebiete besteht heute ebensowenig wie in der Zeit, als Arnold Köttgen und Werner Weber ihre klärenden Übersichten schrieben[100]), eine klare Abgrenzung zwischen den einzelnen Rechtsformen. Der Unterschied zwischen Körperschaften und Anstalten droht ebenso verunklärt zu werden[101]) wie der Begriff des gemischtwirtschaftlichen Verbandes[102]). Man hat zwar unter

---

[97]) Festgabe für Erich Kaufmann 1950 S. 141ff.; vgl. auch ders., AÖR. 78 S. 290f.

[98]) Ipsen, Festgabe Kaufmann S. 153ff.; E. R. Huber, Bd. I S. 542.

[99]) Mit Recht stellt E. R. Huber fest (S. 543f.), daß verfassungsrechtliche Bedenken gegen solche Aufträge nicht bestehen. A. A. Reuß, DVBl. 1953 S. 685.

[100]) A. Köttgen, Die rechtsfähige Verwaltungseinheit 1939; Werner Weber, Die Körperschaften, Anstalten und Stiftungen des öffentlichen Rechts 2. Aufl. 1943.

[101]) Zur Klärung vgl. Forsthoff, Verwaltungsrecht, 3. Aufl. 1953 Bd. I S. 377ff., der mit Recht für die Körperschaft die mitgliedschaftliche Struktur, für die Anstalt den Sachzweck und das Fehlen eigentlicher Mitglieder betont. Aber die vom Staat als Werkzeuge mittelbarer Staatsverwaltung benutzten Körperschaften in ihrer Funktion als Leitungsverbände mit Zwangsmitgliedschaft auf der einen, die Anstalten mit Teilnahme der Interessenten an ihrer Verwaltung oder Beiräte stellen doch Übergänge dar, die den Unterschied verwischen. Vgl. auch Forsthoff S. 379 Anm. 3 und S. 386 Anm. 6.

[102]) Entgegen dem Verzicht auf genossenschaftliche Mitwirkung und in der Abstellung allein auf die Funktion mittelbarer Staatsverwaltung durch

dem Einfluß des Besatzungsrechtes, das solche Verwendung untersagt, den Brauch weitgehend aufgegeben, private Verbände mit öffentlichen Leitungsaufgaben zu betrauen und an ihrer Stelle öffentlichrechtliche Einrichtungen geschaffen, bei denen die Interessenten nur in der Form von Fachbeiräten und Fachausschüssen in Erscheinung treten. Aber ganz verschwunden ist diese Beauftragung nicht.

Auch der Begriff der Selbstverwaltung wird dabei von dem Strudel der terminologischen Auflösung erfaßt. Er wird im wirtschaftlichen Bereiche auch dort verwandt, wo die Merkmale der eigentlichen Selbstverwaltung, die körperschaftliche, d. h. genossenschaftliche Gestalt und die selbständige Entscheidungsfreiheit[102]) abgehen. In diesem weiteren Sinne rechnet man zur Selbstverwaltung auf wirtschaftlichem und sozialem Gebiete dann auch jede Wahrnehmung öffentlicher Aufgaben durch selbständige Körperschaften, aber auch schon die Mitwirkung der beteiligten Kreise an der Organisation und Leitung solcher Körperschaften oder auch öffentlicher Anstalten[103]). Der Gedanke wirtschaftlicher und sozialer Selbstverwaltung ist in der Gegenwart zu einem allgemeinen Postulat verschiedener Tendenz geworden. Die Forderung richtet sich auf ein Zurücktreten des Staates zugunsten der autonomen Erledigung wirtschaftlicher Fragen durch den Kreis der daran Beteiligten, die Ausgestaltung einer Selbstverwaltung mit erweiterten öffentlichen Befugnissen und die Ausdehnung der Rechte der Sozialpartner zur Regelung sozialer Fragen. Bei diesen Forderungen wird freilich nicht selten übersehen, daß hier doch sehr komplexe Erscheinungen und Probleme vorliegen. Auf der einen Seite benutzt der Staat die Verbände und Kräfte für seine

---

eigene juristische Personen, die **Forsthoff** unter voller Formalisierung des Begriffs der Selbstverwaltung vornimmt (VerwR. 3. Aufl. 1953 Bd. I S. 370), möchte ich doch an dem Element der maßgebenden Mitwirkung der Mitglieder für den Selbstverwaltungsbegriff festhalten. Vgl. meine Darlegungen ÖV. 1952 S. 609ff. zur wirtschaftlichen und sozialen Selbstverwaltung. Der Ansicht von **Forsthoff** nähert sich die wertvolle Arbeit von **Peter Saxer**, Die AHV-Ausgleichskassen als neue Organisationsform der schweiz. Sozialversicherung (Abhandl. zum schweiz. Recht, N. F. 301) 1953 S. 40ff., 60.

[103]) In diesem weiteren Sinn wird von Selbstverwaltung auch bei öffentlichen Anstalten gesprochen, an deren Leitung die Beteiligten Anteil haben. So bei den Rundfunkanstalten in verschiedenen Landesgesetzen (vgl. Übersicht ÖV. 1952 S. 612), wo der Ausdruck Selbstverwaltung irrig zur Bezeichnung der Neutralisierung vom Staatseinfluß durch Heranziehung verschiedener sozialer Gruppen zur Direktion verwendet wird. Ferner wird die Beteiligung der Unternehmer und Arbeitnehmer an den Organen der Sozialversicherung als Selbstverwaltung bezeichnet, obwohl es sich hier um Anstalten handelt: Ges. über die Selbstverwaltung auf dem Gebiete der Sozialversicherung i. d. Fassung vom 13. 8. 1952 BGBl. I S. 421 § 2 und Ges. über die Errichtung der Bundesversicherungsanstalt für Angestellte vom 7. 8. 1953 BGBl. I S. 857 § 3, ferner Ges. über die Bundesanstalt f. Arbeitsvermittlung und Arbeitslosenversicherung.

Zwecke, wobei die derart herangezogenen Organisationen in ihrer Struktur und ihren Zielsetzungen weitgehend verwandelt werden und in Abhängigkeit geraten. Auf der anderen Seite haben wir es hier mit einer Vorstellung von einer bloß subsidiären Rolle des Staates zu tun, die erhebliche soziale Räume ganz der freien Gestaltung der mächtigen Gruppen überlassen will. Dabei fragt sich aber doch, ob in solchen Fällen nicht die Interessen dritter nichtbeteiligter Kreise, die Rechte des Individuums innerhalb solcher privilegierter Gruppen und endlich das Gleichgewicht der Allgemeinheit nicht gefährdet werden können. Die übergeordnete und leitende Stellung des Staates über den Kräften der Gruppen, die zu leicht der Versuchung pluralistischer Spaltung und partieller Allianzen unterliegen, darf bei allen diesen Entwicklungen nicht in Mitleidenschaft gezogen werden. Die wirtschaftliche und soziale Selbstverwaltung hat heute ihren notwendigen und wichtigen Platz, aber auch ihre Grenzen[104]).

Weiter als die Erscheinung dieser Selbstverwaltung im erweiterten Sinne reicht noch die Form der Beratung und Mitwirkung der Gruppen und Verbände bei öffentlichen Aufgaben, die in zahllosen Gesetzen und Verordnungen verankert ist[105]). Es gehört zur Struktur der modernen gesellschaftlichen Lage, daß der Staat auf wirtschaftlichem und sozialem Gebiet, vor allem im Arbeitsrecht, einen gewissen Bereich der sozialen Selbstgestaltung frei läßt, in dem er — Dietrich Schindler hat hier von werdendem Recht[106]) gesprochen — den gesellschaftlichen Kräften eine begrenzte Autonomie gewährt und ihnen sogar den Gebrauch von Machtmitteln wie dem Streik, freilich nur für sachlich begrenzte Zwecke des wirtschaftlichen Kampfes und unter Ausschluß ihrer Verwendung zu politischen Zielen oder für sittenwidrige und gewaltsame Bestrebungen, gestattet[107]).

e) Den letzten Typ interventionistischer Mittel stellt der gestaltende Ausgleich dar, bei dem der Staat unter wirtschaftspolitischen oder sozialen Zwecksetzungen unter den Beteiligten eines Wirtschaftszweiges oder eines Wirtschaftsraumes gewisse gegenseitige Zahlungen anordnet, um strukturelle Unterschiede der Erzeugung und regionalen Situation oder der gewerblichen Gliederung auszugleichen. Wir finden in begrenzter Form solche Regelungen dort, wo ein einheitlicher Verbraucherpreis gebildet wird, durch den regionale Bedingungen der Produktion und der Standortlage relativiert werden, so etwa bei der Festlegung ein-

---

104) Vgl. zur Idee der wirtschaftlichen Selbstverwaltung in kritischer Abgrenzung und in Berücksichtigung des Grundverhältnisses von Staat und Gruppen Giger a. a. O. S. 207ff., Saxer S. 59f., 223f.

105) Vgl. ÖV. 1952 S. 613f.

106) Recht-Staat-Völkergemeinschaft 1948 S. 289ff.

107) Vgl. oben Anm. 20.

heitlicher Getreidepreise für das Gebiet der Bundesrepublik oder bei der Einführung von Frachtausgleich für landwirtschaftliche Erzeugnisse. Im letzteren Falle werden von den Beteiligten öffentlichrechtliche Ausgleichsabgaben erhoben, die vom Bundesminister für Ernährung über eine Frachtausgleichskasse zum Frachtausgleich ungünstig gelegener Gebiete verwendet werden[108]). In einem etwas weiteren Zusammenhang finden wir die Landesbehörden ermächtigt, für eine gleichmäßige Versorgung mit Milch Abgaben zu erheben und unter Beteiligung der betroffenen Kreise zu verwenden[109]). Einen außerordentlich weitgezogenen Rahmen zeigt dagegen der Ausgleich, den — nach dem früheren Beispiel der im Kriege eingeleiteten Gemeinschaftshilfe der Wirtschaft (für stillgelegte Werke)[110]) — die Investitionshilfe durch die Zuführung von 1 Milliarde DM. an die Grundstoffindustrien unter Aufbringung durch die Verbrauchsgüterindustrie vorsieht. Es handelt sich hier um eine Zwangsabgabe[111]), durch die ein Teil der Wirtschaft — ursprünglich auf freiwilliger Grundlage — dem anderen zu Hilfe kommt. Gegen dieses Gesetz sind unter dem Gedanken der persönlichen Betätigungsfreiheit (Art. 2 GG.) und des Eigentumsschutzes verfassungsrechtliche Bedenken erhoben worden[112]), die ich indessen nicht für durchgreifend halte. Es wird hier — in einem allerdings sehr weitreichenden Ausmaß — ein gestaltender Ausgleich durch abgabeähnliche aber begrenzte einmalige Auflagen[113]) unternommen, bei dem den Aufbringungspflichtigen keine Werte entzogen werden, da sie Obligationen der

---

[108]) Getreideges. § 11; Zuckerges. § 5 Abs. III. Vgl. vom verfassungsrechtlichen Standpunkt kritisch hierzu Modest a. a. O. S. 114ff.

[109]) Milch- und Fettges. i. d. Fassung vom 10. 12. 1952 § 12.

[110]) Dazu Ipsen, AÖR. 78 S. 300.

[111]) Die von Forsthoff, BB. 1953 S. 421ff. erhobenen Bedenken überzeugen nicht. F. meint, der einzelne habe wohl individuelle soziale Beschränkungen, aber keine wirtschaftliche Lenkung hinzunehmen, weil diese Art. 2 GG. verletze. Eine so enge Deutung des wirtschaftlichen Spielraums, den das Grundgesetz dem Staat läßt, ist unhaltbar und auch mit Art. 74 Ziff. 15—17 in Widerspruch. Ebenso unrichtig ist der Gedanke, Sozialbindungen könnten nur für Bedürfnisse der Allgemeinheit, nicht einzelner erfolgen. Die Enteignung zugunsten privater Bauvorhaben (Baulandbeschaffungsges. vom 3. 8. 1953 § 6) zeigt das Gegenteil.

[112]) Ipsen, AÖR 78 S. 317ff., möchte die bei der Ausgabe von Wertpapieren für die Aufbringungspflichtigen möglichen Zinsverluste und späteren Nachteile als Enteignung auffassen, übersieht aber, daß der Staat die Abgabe ohne Gegenleistung wie andere Ausgleichsbeträge hätte einheben können. Auf preisrechtliche Vorschriften lassen sich freilich solche Ausgleichsabgaben nicht gründen, da diese nur vertragsgestaltende Wirkung entfalten dürfen, nicht aber Abgabepflichten auferlegen können. So hinsichtlich eines Ausgleichsbetrages für Mehlbestände der Württ.-Bad. VGH. vom 15. 2. 1952 VerwRspr. 5 S. 726ff.

[113]) Im internationalen Bereich finden wir solche Ausgleichszahlungen in großem Umfang vorgesehen in der Montanunion. Siehe Art. 56, 62 MU. und §§ 25, 26, 28 Übergangsabkommen und ferner Anm. 117.

Begünstigten hierfür in Empfang nehmen können. Die Verwaltung und Austeilung der aufkommenden Beträge erfolgt durch eine rechtlich merkwürdige Einrichtung: Ein Sondervermögen, dessen Vorstand eine juristische Person, die Industriekreditbank in Düsseldorf, ist und in dem die maßgebende Steuerung durch das aus den Beteiligten gebildete Kuratorium erfolgt, nimmt die eigentlichen Zuteilungen vor und bestimmt die Investitionsquoten und diejenigen Unternehmen, denen die Mittel gegen die Verpflichtung zur Ausstellung von Wertpapieren zufließen. Als Beispiel solchen Ausgleichs darf man wohl auch die vor kurzem durch die eidgenössische Volksabstimmung vom 5. 10. 1952 nunmehr gesetzlich bestätigte Tabakkontingentierung rechnen, durch die der schweizerischen Stumpenindustrie steuervergünstigte Tabakzuteilungen gesichert werden; sie dient der Stützung von Mittelbetrieben. Ähnliche Tendenzen dürften auch dem deutschen Tabaksteuergesetz nicht ganz fremd sein.

2. Mittelbare Einwirkungen des Staates

1. Wenn wir uns nunmehr der staatlichen Wirtschaftspolitik mit indirekten Mitteln zuwenden, so darf als ein gemeinsamer Zug die Schwierigkeit bezeichnet werden, sie in das überlieferte Schema unseres Verwaltungsrechtes einzuordnen und damit in eine rechtsstaatliche Form einzufangen. Diese Mittel sind auch deshalb bedenklicher, weil ihre Auswirkungen kaum übersehbar sind und oft unbeteiligte Dritte berühren. Vor allem aber gibt es gegen ihre mittelbaren Konsequenzen im Rahmen eines auf den unmittelbaren Eingriff (Verwaltungsakt) und das subjektive öffentliche Recht eingestellten Verwaltungsrechtsschutzes nur geringe Abhilfe.

Ein erstes in diesem Zusammenhang zu erwähnendes Mittel der Lenkung ist die Subvention. Sie gehört nicht in den Kreis der als Daseinsvorsorge bezeichneten Vorgänge, in denen der Staat selbst die Besorgung bestimmter allgemeiner Bedürfnisse durch die Gewährung sozialer Ansprüche, durch Errichtung öffentlicher Anstalten und sonstiger Einrichtungen oder auch durch private Versorgungsbetriebe übernimmt. Bei der Subvention fördert der Staat vielmehr — der Zuschuß an Verwaltungsträger (z. B. für Schulzwecke) gehört nicht hierher[114]) — private Unternehmer oder Wirtschaftszweige durch Gewährung von Zuschüssen oder sonstigen Vorteilen. Die Rechtsform ist dabei sehr verschieden. Nur selten werden die Mittel geradezu als verlorene Zuschüsse gegeben; meist sind es Kreditgewährungen, Bürgschaften oder Risikogarantien, mit denen der Staat sein Wohlwollen erzeigt. Soweit die etatrechtlichen Vorschriften beachtet sind, und der in

[114]) Über diese Zuschüsse jetzt Hettlage, DVBl. 1953 S. 717.

diesem Bereich der Verwaltung wie überall im öffentlichen Felde zu beachtende Grundsatz der Gleichheit eingehalten wird[115]), werden verfassungsrechtliche Schranken der Handhabung dieses wichtigen und so wirksamen Mittels der modernen Verwaltung nicht entgegenstehen, das sich teilweise auch privatrechtlicher Formen bedient. Auf die Bedenken, die gegen eine zunehmende Verwendung der Subventionen vom Standpunkt des Bundesstaats und teilweise auch des Haushaltsrechts zu erheben sind, ist hier nicht einzugehen[116]). Bemerkenswert bleibt, daß die Subventionen in der Regel an Gruppen gegeben werden und daß daher für weniger Begünstigte kaum eine rechtliche Möglichkeit besteht, dagegen Ansprüche geltend zu machen. Abhilfe werden andere weniger glückliche Kreise in der Regel nur auf jenem Wege finden, den wir hier in Bonn besonders gut beobachten können. Sie werden sich der hier stationierten Büros und Interessenverbände bedienen, um auch Anteil an der Austeilung zu erhalten. Auf der anderen Seite ist auch die Abhängigkeit schwer erfaßbar, aber höchst real, in die ein Verband oder ein Wirtschaftszweig durch die Subventionierung gerät. Der auf diese Weise eröffnete staatliche Einfluß ist häufig stärker als jeder Zwang[117]).

2. Das weitreichendste Instrument indirekter staatlicher Wirtschaftspolitik, ja, eigentlich mehr und mehr das Hauptwerkzeug des Interventionismus, ist die Steuerpolitik geworden. Ich muß es mir versagen, die Probleme in ihrer ganzen Weite und Tiefe aufzudecken. Wenn etwa seit dem Beginn dieses Jahrhunderts die Steuerpolitik als übliches und legitimes Mittel staatlicher Wirtschaftslenkung, ja, darüber hinaus als Vehikel legalisierender sozialer Umformung gilt, so bleibt sie doch ein im Grunde höchst gefährliches Mittel. Begonnen hat diese Verwendung der Steuer als Lenkungsinstrument, wie Schmölders hervorgehoben hat[118]), mit dem Übergang von der proportionalen zur progressiven Be-

---

115) Zur Geltung des Gleichheitssatzes für die Subventionen, die in ihrem öffentlichrechtlichen Charakter begründet liegt, Köttgen, DVBl. 1953 S. 487; Siebert, Festgabe Niedermeyer S. 235, 239f. und ferner Dietrich Schindler, Die Bundessubventionen als Rechtsproblem (Zürcher Beiträge zur Rechtswiss., N. F. 78) 1952 S. 233f.

116) Köttgen a. a. O. S. 485ff.

117) Mit Recht weist Köttgen auf die erhebliche Bedeutung hin, die die Subventionen im Recht der Montanunion spielen. Die Hohe Behörde kann Beihilfen in Form von Ausgleichsumlagen als Mittel eines internationalen Dirigismus (Investitionen, Entschädigung für stillgelegte Betriebe, Umschulungsbeihilfen für Arbeiter) nach Art. 54, 56, 62, 68 MU. und §§ 23—28 Übergangsabkommen auswerfen. Dagegen sind Subventionen des einzelnen Staates im gleichen Bereich untersagt (Art. 4 mit Ausnahme Art. 62). Vgl. Rolin, La Communauté Européenne du Charbon et de l'Acier 1953 S. 165ff., 212f.

118) Finanzarchiv 13 (1952) S. 1ff.

steuerung, die ungefähr 1890—1900 einsetzt[119]), und mit dem Einbruch des Steuersystems in England in die überlieferte Besitzordnung unter den liberalen Kabinetten Campbell-Bannerman und Asquith (1905—1916). Heute ist dieser Einsatz der Steuer auch zur gesellschaftlichen Einebnung eine Selbstverständlichkeit geworden. Dabei sind die Folgerungen dieser Entwicklung in der Gegenwart wahrhaft extrem geworden. Die Begriffe unseres Privatrechts, aber auch die primäre Einkommensverteilung in Gehältern und Löhnen werden durch die Steuer zu weithin der materiellen Bedeutung entkleideten Scheinstrukturen. Über sie lagert sich eine zweite Schicht „realistischer" steuerlicher Verhältnisse, die jene erste Grundlage in erheblichem Umfang beiseiterückt[120]). In dieser zweiten Sphäre wird nicht nur das Eigentum zu einem Steuerbegriffe — hängt nicht der Eigentümer von Althausbesitz in seiner Nutzung von der Gesetzgebung über die Altbaumieten ab und wird nicht die Eigentumsbildung in bedeutendem Ausmaß durch die steuerliche Begünstigung der Anlage im eigenen Betrieb ermöglicht —, auch das wahre Einkommen kann erst auf Grund der Steuer ermittelt werden, ja, es ist nicht von der Progression allein, sondern von den Überwälzungsmöglichkeiten — die heute teilweise auch für direkte Steuern bestehen — und von Art und Umfang der erlaubten Absetzungen und Aufwendungen abhängig. Es wäre eine dringende Aufgabe der Wissenschaft, diese Auswirkungen des modernen Steuersystems, vor allem auch die von ihm bezweckte und bewirkte soziale Umschichtung, genau zu untersuchen.

3. Was ferner die Kreditpolitik als interventionistisches Mittel anlangt, so entzieht sie sich rechtlicher Erfassung in besonderem Maße, weil sie sich in privatrechtlichen Verträgen niederschlägt. Ablehnung eines Kredits, Kreditrestriktionen, Kündigung eines Darlehens, Zinshöhe, alles das sind Lenkungsmaßnahmen, die öffentlichen Charakter tragen, soweit wirtschaftspolitische Ziele verfolgt werden (z. B. Flüchtlingshilfe), die aber infolge der äußeren privaten Form einer öffentlichrechtlichen Bindung entrückt erscheinen. Hier kann zunächst Hilfe bringen, daß man Rechtsgedanken des Privatrechts (Sittenwidrigkeit) heranzieht, dann aber für diesen öffentliche Zwecke verfolgenden Bereich auch im Privatrecht die Maßstäbe der im öffentlichen Recht geltenden Gleichheit des Art. 3 GG. berücksichtigt[121]). Man wird

[119]) Noch der bedeutende französische Staatsrechtslehrer Duguit hat gegen die Progression Stellung genommen.

[120]) Zu dieser Ausschaltung privatrechtlicher Begriffe im Steuerrecht, vor allem bei Handelsgesellschaften, siehe Flume, Festgabe Smend 1952 S. 59ff.

[121]) Zur Anwendung der Grundsätze des Art. 3 GG. im Privatrecht siehe Dörinkel, Wirtsch. u. Wettbewerb 1953 S. 18; Hamann, BB. 1953 S. 866; Köttgen, DVBl. 1953 S. 488; Siebert, Festgabe Niedermeyer 1953 S. 239f.

hier den Schritt tun müssen, und auch für solche Akte, die im Gewande eines privatrechtlichen Vertrages distributive Ermessensentscheidungen des Staates fällen, inhaltlich — unter Scheidung der öffentlichrechtlichen und der privatrechtlichen Seite des Verhältnisses — die Maßstäbe der Gleichheit und der Abwesenheit von Willkür zur Geltung zu bringen. Eine Anfechtung solcher Rechtsgeschäfte im verwaltungsgerichtlichen Verfahren wird dagegen nur im Ausnahmefall gelingen, und es kann auch einer generellen Verwischung der Formunterschiede privaten und öffentlichen Rechts nicht das Wort geredet werden[122]).

4. Was die **Währungspolitik** anlangt, so stellt sie unter den Lenkungsmitteln ein Instrument von verhängnisvoller Fernwirkung dar, weil sie unvermeidlich weite Schichten des Volkes in ihren Rechten berühren muß. Im 19. Jahrhundert als Lenkungsmittel tatsächlich durch die internationale Zusammenordnung der Währungen ausgeschaltet, ist sie auch heute in der Theorie keineswegs ein legitimes oder zulässiges Mittel der staatlichen Intervention. In Wirklichkeit aber werden Manipulationen der Währung — sei es zur Steigerung des Exports, zur Bekämpfung wirtschaftlicher Schwierigkeiten oder zur Sicherung einer Vollbeschäftigung — in der Gegenwart immer wieder wirtschaftspolitischen Zielen dienstbar gemacht. Die strukturelle Lage vieler Volkswirtschaften ohne ausgeglichene äußere Zahlungsbilanz wie auch — hier dürfte etwa auf die Haltung der skandinavischen Länder hinzuweisen sein — eine konsequente Politik der vollen Beschäftigung führen viele Länder dazu, Verschlechterungen des Wechselkurses hinzunehmen. Der Schweizer Bankier **Felix Somary** hat in eindrucksvoller Weise in einer im vergangenen Jahr erschienenen Schrift die Folgen der Monopolisierung der Geldschöpfung durch den Staat, die eine Konsequenz des Überganges zu nur durch den Zwangskurs gehaltenen Währungen ist, aufgezeigt: Während ein Vermögen in der Spanne von 1800 bis 1900, als Geldsumme angelegt, eine erhebliche Vermehrung erfuhr, ging es in der Zeit von

---

[122]) Zum Grundproblem der inhaltlichen Bindung solcher Staatsakte in privatrechtlicher Form siehe **Köttgen** S. 487f.; **Bachof**, ÖV. 1953 S. 423; **Siebert** a. a. O. S. 236ff. **Siebert** betont richtig, daß heute schon im Zivilrecht Gesichtspunkte zur Verfügung stehen, man aber auch ergänzend den Gleichheitssatz heranziehen kann, daß aber verfahrensrechtlich der Unterschied in der Wahl privater und öffentlichrechtlicher Formen bestehen bleibt. Zu weit geht **Hamann**, BB. 1953 S. 865ff., der das ganze Kreditgeschäft bei öffentl. Krediten ins öffentliche Recht ziehen will. Die Rechtsprechung beruft sich hier teils auf innerdienstliche Weisungen (OVG. Münster DVBl. 1953 S. 25: Festsetzung von Bedingungen für eine Subvention), teils stellt sie das Fehlen von Verwaltungsakten fest. Vgl. auch BVerfGE. 3 S. 4. Zum Problem privatrechtlicher Verwaltungsführung im allgemeinen siehe **Heußer**, Die Flucht des Gemeinwesens in die privatrechtliche Unternehmung als Rechtsproblem, Zürich 1949 S. 33ff. Zur Haftung des Staates hierbei siehe **Kaufmann**, Ztschr. f. Schweiz. Recht, N. F. 72 S. 288aff.

1900 bis 1950, wenn es in Geld ausgedrückt war, in den meisten Ländern fast vollständig verloren[123]). Rechtlich ist für den einzelnen, so lange der Staat am Prinzip des Nominalismus, d. h. der Erhaltung des Wertes des Geldes als gesetzliches Zahlungsmittel festhält[124]), keine Hilfe gegeben. Als das Reichsgericht nach dem ersten Weltkriege die Aufhebung der Goldmünzklausel (durch BundesratsVO. vom 28. 9. 1914) bestätigte[125]), blieb dem Staat der Weg eines die Geldentwertung negierenden Zwangskurses geöffnet. Erst später hat die deutsche Rechtsprechung die Aufwertungsgesetzgebung entwickelt, und die Gesetzgebung ist ihr nachgefolgt. Damals hat dann das Reichsgericht mit Recht eine Klage abgewiesen, die für erlittene Verluste an Wertpapieren und Hypotheken Ersatz im Wege der Amtshaftung vom Reichskanzler und den Ministern begehrte. Das Gericht hat zwar nicht in klarer Weise die Bedeutung der Währungspolitik als Teil der staatsleitenden Tätigkeit herausgestellt, die zugunsten eines einzelnen nicht geprüft werden kann, aber doch den formaleren Gesichtspunkt betont, daß eine Amtspflicht in Fragen der Währung nur der Allgemeinheit, nicht dem einzelnen gegenüber bestehe[126]).

5. An letzter Stelle nur ein Wort über die Planung. In unserem rechtsstaatlichen System kann sie nicht wie im sowjetischen Bereich zu einer obersten verbindlichen Normierung aller wirtschaftlichen Vorgänge werden, sondern erscheint nur als Vorschätzung unverbindlicher Art, als Richtlinie und Weisung ohne strikte Bindung[127]).

6. Über den Bereich der Wirtschaftslenkung hinaus reichen eigentlich schon Maßnahmen, die nicht auf eine interventionistische Lenkung, sondern eine weitreichendere Umgestaltung der Wirtschaftsform oder der sozialen Verhältnisse abzielen. Solche Akte der sozialen Umschichtung und der Einführung neuer Wirtschaftsformen gehören nur am Rande noch in den Bereich unserer Untersuchung. Unter ihnen ragt namentlich die Sozialisierung, die Über-

---

[123]) Felix Somary, Krise und Zukunft der Demokratie 1952 S. 61ff. Eindrucksvoll auch die Aufstellung (aus amtlichen britischen Quellen) bei F. A. Mann für das relativ von den Entwertungen verschonte Großbritannien. Die innere Kaufkraft des Pfundes sank von 1914 = 100 im Jahr 1930 auf 58, 1945 auf 38, 1950 auf 31 Prozent. Zwischen 1938 und 1950 trat eine Entwertung um 50 Prozent ein. Vgl. F. A. Mann, The Legal Aspect of Money, 2. Aufl. 1953 S. 84. Kein Wunder, daß Mann (S. 79) von unserer Zeit als einem „age of inflation" spricht.

[124]) Über die Lehre vom Zwangskurs und ihre allgemeine Verbreitung siehe Mann a. a. O. S. 33ff.

[125]) RGZ 108, 176.

[126]) Urteil vom 4. 11. 1927 RGZ 118, 325. Vgl. auch RGZ 125, 373.

[127]) Ein Beispiel solcher Planung die Bestimmung in § 1 des I. Wohnungsbauges. i. d. Fassung vom 25. 8. 1953, daß in den Jahren 1951/56 zwei Millionen Wohnungen gebaut werden sollen. Zur Planung im sowjetischen Bereich siehe Eckart Krömer, Die Sozialisierung in der sowjetischen Besatzungszone Deutschlands als Rechtsproblem 1952 S. 61ff.

führung von Unternehmungen eines bestimmten Wirtschaftszweiges in gemeinwirtschaftliche Formen, hervor. Auch in diesem Bereiche haben die Fragen des rechtsstaatlichen Verfahrens ihr Gewicht. Das Grundgesetz hat durch die Festlegung der Pflicht zur Entschädigung in Art. 15 Abs. III sich in betonter Form zu dem Gedanken der Erhaltung einer privatwirtschaftlichen Ordnung als Grundordnung bekannt, für die freilich in Art. 15 GG. die Möglichkeit einer Koexistenz und damit auch einer Zusammenfügung mit den gemeinwirtschaftlichen Gestaltungen auf Teilbereichen anerkannt wird. In dieser Norm sind also einerseits gewisse Befugnisse zu sozialer Umgestaltung enthalten, andererseits ist aber doch für diese Eingriffe eine Grenze gezogen, die zugleich allen wirtschaftspolitischen Zielsetzungen einen festen Rahmen gibt: außerhalb des Art. 15 GG. können sie sozialisierende Ziele nicht verfolgen. In strengem Gegensatz dazu sind die Maßnahmen der Entwährung in der sowjetischen Besatzungszone mit keinerlei Entschädigung verknüpft. Sogar von der Erklärung eines Unternehmens zum volkseigenen Betrieb betroffene Gläubiger verlieren den Anspruch gegen die überführte Unternehmung; erst in neuerer Zeit scheint sich die Erkenntnis der Bedeutung der Vertragstreue auch bei nationalisierten Betrieben dort durchzusetzen[128]).

IV. Abschnitt

Die Auswirkungen der staatlichen Intervention im Rechtsleben

1. Eine Erscheinung von solcher Vielfalt und Breite, wie sie der staatliche Interventionismus im Bereiche der Wirtschaft darstellt, bleibt nicht ohne bedeutsame Rückwirkungen auf das ganze Rechtssystem. Der Staat betritt hier mit seiner Aktivität ein Gebiet, das außerhalb der Rechtsgestaltungen liegt, wie sie sich im Verwaltungsrecht des 19. Jahrhunderts ausgeformt haben. Gehörten damals Wirtschaft und Kultur zu den Bereichen, in denen sich der Staat bis auf eine überwachende, gewissermaßen nur polizeiliche Funktion, zurückhielt, und war die Struktur des Verwaltungsrechts aufgebaut auf dem Gedanken eines Gegenüber von individueller Freiheit und staatlichem Eingriff, auf einer Zurückdrängung älterer wohlfahrtsstaatlicher Tendenzen, so hat die Entwicklung dieses Jahrhunderts jene Grenzen weit über-

[128]) Bei Enteignung einer Offenen Handelsgesellschaft bleibt die Haftung der früheren Gesellschafter, nicht aber der OHG. bestehen, OLG. Erfurt, Neue Justiz 1951 S. 38. Denn die Gesellschaft erlischt, vgl. Artzt, NJ. 1951 S. 213. Dasselbe Gericht billigt am 7. 9. 1951 (NJ. 1952 S. 234), daß der Käufer einer Ware statt an den Konkursverwalter an dessen Vorlieferanten, einen volkseigenen Betrieb, gezahlt hatte. Dagegen aber die Kritik von Artzt, der auf die Bedeutung der Verträge für die Planerfüllung hinweist.

schritten. Diese Ausbreitung staatlicher Wirksamkeit im Gebiete der Verwaltung läßt sich auf der einen Seite erfassen an dem Begriff der staatlichen Obsorge für gewisse technische und soziale Gegebenheiten, ohne die das moderne Zusammenleben schwerlich mehr denkbar wäre, also an einer fürsorglichen und gewährenden Aufgabe, denen die Kategorien des im späteren 19. Jahrhundert ausgeformten Verwaltungsrechts schon nicht mehr voll entsprechen. Auf der anderen Seite aber gewinnt sie Gestalt in der interventionistischen Wirtschaftspolitik, deren einzelne Maßnahmen nur teilweise noch in das überlieferte Schema einer Eingriffsverwaltung passen und die sich gerade in ihren Rechtsformen eine außerordentliche Beweglichkeit gesichert hat. Auch hier haben wir es weithin mit einer gewährenden und fördernden Tätigkeit des Staates zu tun, die mit den Kategorien von einem persönlichen Freiheitsbereich und staatlichem Zwange nur unvollkommen erfaßbar sind. Wir finden ferner eine Neigung des Staates, sich indirekter Mittel, ja, vielfach privatrechtlicher Methoden zu bedienen, um seine Ziele zu verwirklichen; eine Vermischung und Durchdringung öffentlichrechtlicher und privatrechtlicher Elemente kennzeichnet das moderne Wirtschaftsrecht. Und keineswegs kann man bei seiner Betrachtung mehr mit dem Gegensatz Staat—Individuum auskommen. Hier wie nirgends sonst tritt die außerordentliche Bedeutung in Erscheinung, die in unserer gesellschaftlichen Wirklichkeit die sozialen Gruppen und Organisationen gewonnen haben. Teils als Gegenspieler des Staates, vielmehr aber mit ihm im Bunde und von ihm mit Aufgaben und Befugnissen ausgestattet, sind sie in erheblichem Maße zu mitgestaltenden Kräften im Wirtschaftsleben und zu Mitträgern auch öffentlicher Aufgaben geworden. In diesem Aufstiege der sozialen Gruppen liegt ein Element der tiefen Wandlung beschlossen, die die moderne Gesellschaft erfährt und die sie weit von jenem Bilde entfernt hat, auf das sich das Verwaltungsrecht aufgebaut hat, wie es im ausgehenden vorigen Jahrhundert festgelegt wurde. Die Isolierung des einzelnen ist aufgehoben, soweit seine soziale und wirtschaftliche Existenz in Frage steht, zwischen ihm und dem Staate stehen die großen Organisationen, deren Aktivität nicht mehr rein mit der Kategorie privater Vereinigungsfreiheit erfaßt werden kann. Die sozialen Bindungen sind gestiegen. Dennoch bleibt auch in einer veränderten Gesellschaft die Aufgabe des Aufbaus und der Erhaltung eines freiheitlichen Staatswesens und einer Begrenzung und Kontrolle der staatlichen Macht bestehen. Die technischen und ökonomischen Gegebenheiten haben zu einer früher unbekannten Möglichkeit der Konzentration, der zentralisierten Regierung und Kontrolle geführt. Gerade deshalb ist die staatliche Lenkung, auch in ihrer Funktion als Aufsicht über die großen Kräfte der sozialen Gruppen, notwendig geworden[129]). Was heute nötig geworden ist, ist die Erkenntnis dieser Wandlung und das Bestreben, die Konzeption des freiheitlichen und rechtsstaatlichen Gemeinwesens ihr anzupassen. War das Bild des Staatsbürgers, wie das Verwaltungsrecht der liberalen Zeit es gestaltete, das des selbständigen, tunlichst auf eigenem Boden sitzenden Bürgers, so müssen heute die Probleme der persönlichen Selbständigkeit, des Rechtsschutzes und des geordneten Verfahrens auch für die industrielle Gesellschaft, für die großstädtischen Zusammenballungen, für den in technisch-sozialer Hinsicht abhängig gewordenen Menschen entwickelt werden. Dabei kann die Rechtsstellung des einzelnen nicht mehr allein vom Bilde der Freiheit bestimmt werden. Angesichts einer für wichtige Lebensbedürfnisse gewährenden und obsorgenden Tätigkeit des Staates tritt vielmehr die Bedeutung des gerechten Anteils an der Vermeidung von Willkür und des Rechts auf Zulassung zu den für die Existenz notwendigen Verbänden und Einrichtungen in den Vordergrund. Es wäre gewiß verfehlt, anzunehmen, daß der Freiheitsgedanke nicht mehr seine grundlegende Funktion bewahrt. Er wird gerade auf dem Gebiete des persönlichen und kulturellen Lebens mit besonderem Nachdruck zu verteidigen sein. Aber im sozialen und wirtschaftlichen Bereich ist er als Ordnungsprinzip allein nicht mehr imstande, die Struktur der modernen Gesellschaft zu bewältigen. Die Bedeutung dieser Veränderungen reicht über die Grenzen des Verwaltungsrechts hinaus. Sie ist im Privatrecht, wenn auch schwächer, fühlbar, sie erfaßt vor allem, wie Hans Huber in eindrucksvollen Darlegungen gezeigt hat[130]), auch den Bereich des Verfassungsrechts. Diesen Erscheinungen wollen wir nun den Blick zuwenden.

2. Wenn wir zunächst die der Ausweitung staatlichen Einflusses parallel gehenden Vorgänge im Privatrecht ins Auge fassen, so möchte ich mich mit der Betrachtung zweier Institutionen begnügen. Das Eigentum und die Vertragsfreiheit, zwei elementare Grundlagen der Privatrechtsordnung, werden durch die staatlichen Einwirkungen wie auch durch das Auftreten der Gruppen umgeformt. Beim Eigentum können wir diesen Prozeß in doppelter Hinsicht beobachten. Einmal erfährt durch die staatlichen Ein-

---

[129]) Karl Mannheim hat diese Veränderung geschildert: „The immediate consequence of this concentration in social technique is that where formerly occasional and private influence prevailed now, gradually, public guidance has increasingly become the rule. Whereas formerly adjustment to immediate and narrow surroundings determined the character of man, now gradually the forces of the total structure of society condition the moulding of his essential features." Essays on Sociology and Social Psychology 1952 S. 256.

[130]) Das Staatsrecht des Interventionismus, Ztschr. f. schweiz. Recht, N. F. 70, 1951, S. 173ff.

griffe der Inhalt des Eigentums eine beschränkende Umschreibung. Wenn der Staat in wachsendem Maße Einfluß auf die Betriebsführung von Unternehmen, die Verfügung über Erzeugnisse, überhaupt über die Disposition des Eigentümers trifft, so wird davon auch der Gehalt der Institution berührt. Das Eigentum unterliegt, auch schon im Hinblick auf den verfassungsrechtlichen Leitgrundsatz des sozialen Rechtsstaats (Art. 20, 28 GG.) erhöhter Beschränkung. Wichtiger aber noch erscheint die zweite Folge. Man kann sie als eine Aufgliederung der Eigentumsbefugnisse in die Bestandteile der Eigentumsrechte bezeichnen. Längst haben sich, vor allem im Gesellschaftsrecht, in der modernen Zeit die formelle Eigentümerstellung und die tatsächliche Verfügung und Kontrolle über das Eigentum geschieden. Die staatliche Wirtschaftspolitik verstärkt diese Aufspaltung der Eigentumsbefugnisse. Sie drängt steuerlich wie einflußmäßig den Aktionär noch weiter zurück (Mitbestimmungsrecht), sie schränkt die Rechte des Hausbesitzers ein, sie zieht der Dispositionsbefugnis des Unternehmers in wachsendem Maße Schranken. Die steuerliche Behandlung der Gewinne fördert die schon seinerzeit von Rathenau beobachtete Tendenz, dem Unternehmen in sich eine Eigenentwicklung zu geben, bei der die Bedeutung der Nutzung eigentums- oder anteilsmäßig Beteiligter mehr zurücktritt. Deutlich wird diese Spaltung auch bei Kontingentszuteilungen für Erzeugungsstätten. Hier gewinnen diese Kontingente nicht selten einen eigenen, auch durch Verfügungen ausgewerteten Wert neben der Betriebsanlage[131]).

3. Auch im Bereiche der Vertragsfreiheit sind schon seit langem an die Stelle des individuellen Vertrages weithin der Standardvertrag, die normierten Geschäftsbedingungen und der Kollektivvertrag getreten. Der Staat treibt auch hier die Entwicklung weiter. In dem Maße wie die staatliche Kontrolle sich ausdehnt und andererseits der Umfang der Mitarbeit privater Kreise und Verbände an den öffentlichen Aufgaben zunimmt[132]), begünstigt der Staat die Typisierung von Lieferungsverträgen oder anderen Verhältnissen, legt den Inhalt von Vertragsbeziehungen fest, nötigt den einzelnen, z. B. den Hausbesitzer, zur Eingehung von unfreiwilligen Vertragsbeziehungen. Wo es dem Staate nötig erscheint, greift er in bestehende Beziehungen zugunsten des sozial Schwächeren — z. B. im Miet- und Pachtschutz — ein. Dort, wo die Vertragsfreiheit

---

[131]) Eingehende Darlegungen zu dieser Aufgliederung der Eigentumsbefugnisse bei W. Friedmann, Law and Social Change in Contemporary Britain 1951 S. 14ff. Im Kontingent vgl. RGZ 147, 157.

[132]) Aus diesem Phänomen der Mitwirkung privater Unternehmen und Gruppen an den allgemeinen Aufgaben und der steigenden wirtschaftlichen Eigenbetätigung des Staates resultiert jene Verbindung öffentlichrechtlicher und privatrechtlicher Elemente, die heute auch im französischen Recht von modernen Beobachtern als charakteristisch empfunden wird. Vgl. André de Laubadère, Traité élémentaire de droit administratif 1953 S. 46f.

in den Händen mächtiger Gruppen zu einer Basis wirtschaftlicher Machtstellungen zu werden droht, beabsichtigt er, mit weitreichenden Mitteln, Erklärung der Unwirksamkeit oder direktem Verbot, einzugreifen. Auf weiten Gebieten, so hat ein Autor im Angesicht des amerikanischen Rechtes geurteilt[133]), ist der Vertrag eine soziale Institution geworden, die nicht nur die Interessen beider Parteien betrifft, und Kontrolle durch die Gesellschaft ist heute ein ganz wesentlicher Teil des Vertragsrechts.

4. Im Gebiete des Wirtschaftsrechts vollzieht sich als eine augenfällige Erscheinung, wiederum teilweise vom Staate begünstigt, teilweise von ihm kontrolliert und reguliert, der Aufstieg der sozialen Gruppen und Organisationen. Er ist am frühesten im Arbeitsrecht hervorgetreten und hat hier auch jetzt noch einen starken Rückhalt im Kollektivvertrag und in der ausgedehnten Mitwirkung der Unternehmerverbände und der Gewerkschaften an den Einrichtungen der Sozialversicherung und anderen Formen staatlicher sozialer Obsorge. In der Gegenwart findet der Kollektivvertrag schon in anderen Gebieten Anwendung. Die Beziehungen der Krankenkassen zu den mit ihr in Beziehung stehenden Ärzten werden ebenfalls durch Gruppenabreden festgelegt. In diesem Bereich wird mitunter sogar die Honorierung der Ärzte in einem Globalanteil an den Einnahmen der Kassen ausgeworfen und auf die einzelnen Ärzte nur unterverteilt. Im Jahre 1953 haben in einem langen Streite die Berliner Ärzte erreicht, daß ihnen eine Erhöhung dieses Gesamtanteils zugestanden wurde. Der einzelne vermag seine wirtschaftlichen Interessen nur mehr als Glied einer größeren Gruppe und der von ihr erzielten Rahmenabmachungen durchzusetzen.

Wenn das Recht früher gezögert hat, die Gruppen und Verbände im Bereich von Wirtschaft und Arbeit als Teilhaber am Verwaltungsgeschehen anzuerkennen, so finden wir heute die Verbände, Gewerkschaften wie Unternehmerorganisationen, Bauernbünde und Fachvereinigungen der Wirtschaft, Frauenverbände und Genossenschaften überall als Mitwirkende in der Verwaltung. Diese Mitwirkung nimmt entweder nur die Form einer beratenden Tätigkeit in Beiräten, Ausschüssen usw. an, oder aber es erscheinen Vertreter jener Verbände als Mitglieder in den leitenden Organen von Körperschaften und öffentlichen Anstalten, aber auch als Beteiligte an der Entscheidung von Verwaltungsstellen. So werden für den Verwaltungsrat der als öffentliche Anstalt geformten Einfuhr- und Vorratsstelle für Getreide und Futtermittel neben Vertretern der Behörden Vertreter der Landwirtschaft, des Imports, des Großhandels, der Genossenschaften usw., aber auch der Ver-

[133]) Friedrich Keßler, Freiheit und Zwang im nordamerikanischen Vertragsrecht, Festgabe für Martin Wolff, 1952 S. 78. Siehe auch Friedmann S. 34ff.

brauchergenossenschaften und der Verbraucher nach Vorschlägen der jeweiligen Spitzenorganisationen vom Bundesminister bestellt[134]). Vertreter der Gewerkschaften, der Bauernverbände, der Frauenorganisationen, der Erzieher, der Industrie- und Handelskammern, der Jugendorganisationen und anderer Gruppen finden wir in den Rundfunkräten der durch Landesgesetze ausgestalteten Rundfunkanstalten. Am Verwaltungsrat der Deutschen Bundesbahn sitzen Vertreter der Gewerkschaften und der Wirtschaft im Stärkeverhältnis von 10 unter 20 Mitgliedern dieses wie ein Aufsichtsrat zur Kontrolle und Mitentscheidung berufenen Organs eines Bundessondervermögens (Bundesbahnges. vom 13. 12. 1951 § 10). Diese Vertreter handeln nicht im Auftrage ihrer Organisationen[135]), aber sie werden doch von ihnen vorgeschlagen. Diese Form der Mitwirkung der Verbände oder ihrer Vertreter an Verwaltungsaufgaben kann unter zwei Gesichtspunkten gewürdigt werden. Einmal dient sie der Heranziehung von Sachkunde und einem innerhalb dieser Gremien sich vollziehenden Interessenausgleich der Gruppen, ist also für den Staat ein Verwaltungsmittel des Ausgleichs. Zum anderen gewährt sie den Verbänden Einfluß und kann insofern nur bedingt unter den Gedanken einer Mitverantwortung der Staatsbürger an der Verwaltung im Sinn einer Selbstverwaltung gestellt werden. Diese rechtliche Form der Verwaltungsführung wird also dort ihre Grenze haben, wo eigentlich leitende und im höheren Sinne aufsichtliche und bestimmende Funktionen des Staates über den partikularen Interessen zur Entscheidung stehen. In diesem Bereiche würde die Tätigkeit von Verbänden in das politische Feld hineinragen. Hier wären Formen eines beratenden parlamentarischen Mitwirkens, etwa in einem Bundeswirtschaftsrat[136]), am Platze. Und hier ist umgekehrt das Feld, wo sich die Bedeutung der Gruppen und Verbände außerhalb der rechtlichen Wege im Einfluß auf Regierung und Parlament ihre tatsächlichen Wege sucht und bahnt.

5. Ein rechtliches Problem kann dort entstehen, wo bei dieser Heranziehung der Gruppen keine ausreichende oder gleichmäßige Berücksichtigung stattgefunden hat. Kann man rechtlich von einem geschützten Interesse oder gar einem Recht eines Verbandes auf Beteiligung an solchen Gremien sprechen? Wo nicht das Gesetz in einer allgemeinen, meist einen erheblichen Ermessens-

---

[134]) I. DuVO. zum Getreideges. vom 3. 2. 1951 § 7.

[135]) Vgl. die ausdrückliche Vorschrift in Bundesbahnges. § 10 Abs. IV; I. DuVO. zum Getreideges. § 8 Abs. IV u. a.

[136]) Vgl. zur Aufgabe und Zusammensetzung eines Bundeswirtschaftsrates H. Krüger, ÖV. 1952 S. 545ff.; Forsthoff in „Ratgeber von Parlament und Regierung", hrsg. vom Institut zur Förderung öffentl. Angelegenheiten 1951 S. 127ff. Zur Geschichte des vorl. Reichswirtschaftsrats der Weimarer Zeit dort Strauß S. 45ff.

spielraum lassenden Formel[137]) die Voraussetzungen der Heranziehung umschreibt — meist zieht es der Gesetzgeber (Getreideges. § 7, Zuckerges. § 8) vor, selbst die Zuteilung alsbald genau zu regeln —, wird kaum ein Anspruch auch nach einer neueren, von der engen Fassung des Begriffs subjektives Recht oder von der entscheidenden Abgrenzung durch diesen Begriff überhaupt absehenden Auffassung begründet werden können. Es dürfte den Beteiligten wohl nur der Weg der Verfassungsbeschwerde nach § 90 BVerfGG. wegen Verletzung des Gleichheitssatzes bleiben, den man in dieser Hinsicht wohl auch den Verbänden gemäß Art. 19 Abs. II GG. zubilligen darf. Zwei bemerkenswerte Konflikte in dieser Hinsicht haben sich im Jahre 1952 abgespielt. Die Wahlordnung für die Organe der sozialen Selbstverwaltung auf dem Gebiete der Sozialversicherung vom 14. 8. 1952 (BAnz. Nr. 118) sah Vorschlagslisten der Gewerkschaften, der selbständigen Vereinigungen der Arbeitnehmer mit sozialer und berufspolitischer Zielsetzung und der Vereinigungen der Arbeitgeber vor. Daß sie darüber hinaus überhaupt die Möglichkeit für individuelle Wahlberechtigte einräumte, mit einer Mindestzahl von Unterschriften (30—250 Wähler) unabhängige Wahlverschläge aufzustellen, fand lebhafte Kritik von gewerkschaftlicher Seite[138]). Bedeutsamer ist der zweite Fall. Das Gesetz über die Bundesanstalt für Arbeitsvermittlung und Arbeitslosenversicherung vom 10. 3. 1952 sieht für die Verwaltungsausschüsse der Unterinstanzen und den Verwaltungsrat der Bundesanstalt eine Zusammensetzung aus Vertretern der Arbeitnehmer, Arbeitgeber und der öffentlichen Körperschaften vor, die von deren Vereinigungen bzw. für die öffentlichen Körperschaften von Bundesregierung, Bundesrat und kommunalen Spitzenvereinigungen anteilig vorgeschlagen werden, wobei der Bundesminister für Arbeit an die jeweilige Reihenfolge der Personen auf den Listen gebunden ist (§§ 9—13). Für den Verwaltungsrat der Bundesanstalt forderte der Bundesminister für Arbeit den Deutschen Gewerkschaftsbund und die Deutsche Angestellten-Gewerkschaft um Einreichung von Vorschlagslisten auf und berief aus der Vorschlagsliste des Gewerkschaftsbundes 2, aus der der Angestelltengewerkschaft 1 Vertreter. Da die Gewerkschaften der Ansicht waren, ihnen gebührten mit Rücksicht auf ihre überwiegende Mitgliederzahl alle drei Plätze, nahmen sie vorübergehend nicht an der Arbeit dieses Gremiums teil. Außerdem erhoben sie gegen den Bundesminister einen Verwaltungs-

[137]) Zum Beispiel Heimarbeitsges. vom 14. 3. 1951 § 4; Ges. über die Errichtung einer Bundesanstalt für AV. und Arbeitslosenversicherung §§ 9 Abs. III, 13 Abs. III.

[138]) Preller in Soziale Sicherheit 1 (1952) S. 226ff. Es ist für die Entwicklung bezeichnend, daß die Gruppen zu einer ausschließlichen Vertretung tendieren.

streit mit dem Antrage, die erfolgte Ernennung des dritten Mitglieds aufzuheben und ihren Anspruch anzuerkennen. Der Minister hat auf die Notwendigkeit einer Berücksichtigung von Minderheiten hingewiesen. Ein noch nicht rechtskräftiges Urteil des Landesverwaltungsgerichts Köln[139]) hat die Aktivlegitimation des Gewerkschaftsbundes anerkannt, aber unter Hinweis auf §§ 9 Abs. III, 13 Abs. III des Gesetzes, wo von einer angemessenen Vertretung der Wirtschaftszweige, Berufsgruppen und der Frauen und billiger Berücksichtigung der Minderheiten die Rede ist, einen Ermessensmißbrauch verneint. Ähnliche Streitigkeiten begegnen in Frankreich, wo Verwaltungsräte der zentralen und regionalen Gesellschaften der nationalisierten Betriebe mit Vertretern verschiedener Gruppen besetzt sind, zu denen auch Vertreter der „organisations syndicales les plus représentatives" gehören. Hier hat der Conseil d'Etat wiederholt über Streitigkeiten zur Auslegung der Frage entschieden, welche jeweils die für den betreffenden Bezirk bedeutsamsten Gewerkschaften seien, und er hat ebenfalls betont, auch in der Minderheit befindliche Organisationen könnten repräsentativ sein[140]).

Ein anderes Problem, das der Berücksichtigung der Verbraucher, ist wohl in diesen Gremien noch nicht ganz befriedigend gelöst. Im deutschen Recht wird diese Repräsentation meist den Vertretern der Frauenverbände und denen der Gewerkschaften (so I. DuVO. z. Getreideges. § 8) oder denen der Konsumgenossenschaften überlassen. Ernsthaft hat sich im Rahmen der Organe der nationalisierten Wirtschaftszweige das englische Recht den Aufbau von beratenden Consumer Councils angelegen sein lassen, die die Interessen der Abnehmer von Kohle, Gas, Elektrizität vertreten sollen. In der Ernennung läßt z. B. die Electricity Act 1947, 10 & 11 Geo VI c. 47, dem Minister for Fuel and Power einen erheblichen Ermessensspielraum. Er muß $^1/_2$—$^3/_5$ der Vertreter aus Kreisen der Local Authorities nehmen, den Rest bestellt er nach Konsultation mit Verbänden (bodies), die die Landwirtschaft, den Handel, die Arbeit und das allgemeine Verbraucherinteresse vertreten. Diese Räte haben nützliche Arbeit in der Aufspürung und Vertretung von Wünschen des Publikums geleistet,

---

[139]) Urteil vom 3. 10. 1952 — 4 K 204—207/52 — des LVG. Köln, nach freundlicher Mitteilung noch nicht rechtskräftig (Januar 1954).

[140]) Im Urteil Fédération nationale des travailleurs du sous-sol weist der C. d. Etat am 4. 2. 1950 die Klage der Vereinigung dagegen zurück, daß der Minister neben fünf ihrer Vertreter auch einen Repräsentanten der christlichen Gewerkschaft im Verwaltungsrat der Charbonnages de France berücksichtigt habe. Nicht nur Mitgliederzahl, auch Alter, Bedeutung und der Gedanke der Minderheitenberücksichtigung seien in Erwägung zu ziehen. Vgl. hierzu Steindorff, Die Nichtigkeitsklage im Recht der Europ. Gemeinschaft für Kohle und Stahl, 1952 S. 65f.

werden aber doch noch nicht als ausreichend rechtlich ausgestaltet und aktiv genug empfunden[141]).

Ich vermag auf weitere Probleme dieser rechtlichen und faktischen Stellung der Gruppen hier nicht einzugehen. Um sie wenigstens zu erwähnen: Es handelt sich einmal um ihren Rechtsschutz gegenüber dem Staat, soweit es diese Teilhabe an öffentlichen Aufgaben betrifft. Zum anderen aber geht es um den Schutz des einzelnen gegen ein Übermächtigwerden der Gruppen, die ausschließliche Vertretungsrechte in Anspruch nehmen und den einzelnen in tatsächliche soziale Abhängigkeit versetzen können. Hier treten die Fragen der Pflicht zur Zulassung zu Organisationen auch privater Art, die Kontrolle der Ausschließung von Mitgliedern — die oft schwere soziale Folgen nach sich ziehen kann[142]) — und des Kontrahierungszwanges dort, wo die Verbände für Leistungen ein faktisches oder rechtliches Monopol besitzen, auf[143]). Endlich aber handelt es sich um die eigenartige Verwandlung individueller Grundrechte der Freiheit vom Staat — Vertragsfreiheit, Koalitionsfreiheit, Unterrichtsfreiheit, Pressefreiheit —, wenn diese Freiheiten nicht von Individuen sondern von Organisationen beansprucht werden. Bei ihnen können Freiheitsrechte die Basis einer sozialen Machtbildung und eines Ausschlusses staatlicher Kontrolle bilden[144]).

6. Wenn ich mich nun kurz den Folgen der staatlichen Intervention im Bereiche des Verfassungsrechts zuwende, so kann ich an die Darstellung des Berner Staatsrechtslehrers Hans Huber anknüpfen. Hier ist zunächst auf die Gefahren für den Rechtsstaat hinzuweisen. Der Rechtsstaat, wie ihn unsere Rechtsordnung ausgeformt hat, ist aufgebaut auf dem Gegensatz des generellen Gesetzes und des Einzelvollzuges durch die Verwaltung und auf der Möglichkeit des Rechtsschutzes gegen diese gesetzlich gebundenen Verwaltungsakte. Dieses Schema wird zusehends durchlöchert. An seine Stelle tritt der Eingriff durch das Gesetz selbst, die immer steigende Verwendung unbestimmter Begriffe, die selbst dort, wo Gesetze ergehen, den Spielraum der Verwaltung nicht mehr wirksam abgrenzen, tritt die „Flucht des Staates in die Formen des Privatrechts", die nach der heutigen Rechtslage immer noch weitgehend die rechtliche Erfaßbarkeit der in dieser Form auf dem Gebiete der Subvention, des Kredits oder der wirt-

---

141) Die Beurteilung dieser Councils ist eher kritisch. Vgl. Robson, Problems of Nationalized Industry 1952 S. 164ff.; Haynes, Nationalization in Practice 1953 S. 261ff.

142) Vgl. den oben in Anm. 1 mitgeteilten Fall Kuzych v. White.

143) Zum Kontrahierungszwang, zur Versorgungspflicht siehe Siebert a. a. O. S. 230ff.; Larenz, Lehrbuch des Schuldrechts Bd. I 1953 S. 35f.

144) Die französische Wissenschaft hat diese Wandlung der Freiheitsrechte in der Hand von Gruppen scharf bemerkt. Vgl. G. Burdeau, Manuel de droit public 1948 S. 19f., 175ff.

schaftlichen Eigentätigkeit des Staates vor sich gehenden Vorgänge stark vermindert, das Vordringen der indirekten Mittel der Lenkung, durch privatrechtliche Akte, durch innerdienstliche Weisungen[145]), durch Lenkungsmaßnahmen ganz allgemeiner und weite Kreise erfassender Art (Steuerpolitik, Währungspolitik), die vom einzelnen nur schwer zum Gegenstand rechtlicher Gegenwehr gemacht werden können. Ein Beispiel der Schwierigkeiten des rechtlichen Schutzes mag die Notlage der Exportgläubiger im Brasilienhandel bilden, die sich im Sommer 1952 herausgebildet hat. Der deutsche Exporteur erhält die Zahlung seines brasilianischen Abnehmers nicht unmittelbar, sondern über ein zwischen den beiden Staaten vereinbartes Clearingsystem. Die Gläubiger erhalten im Rahmen des Zahlungsabkommens erst mit der Durchführung der Verrechnung jeweils den bei der Bank des fremden Landes eingezahlten Betrag des Schuldners bei der eigenen Zentralbank gutgeschrieben. Tatsächlich zahlte indes die Bank deutscher Länder vor Verrechnung alsbald nach Zahlungseingang bei der brasilianischen Staatsbank aus. Diese Auszahlung stellte sie wegen des inzwischen angewachsenen brasilianischen Debetsaldos im September 1952 ein, woraus sich für die deutschen Exporteure lange Wartefristen, praktisch zugleich eine Entwertung ihrer ausstehenden Forderungen ergab. Die Entschließung der Bank deutscher Länder entzog sich — zumal sie währungspolitisch begründet war — jeder Anfechtung, bewirkte aber unmittelbare Schädigungen[146]). Gerade gegenüber Manipulationen auf dem Gebiete der Währung — und hier sind wir in Deutschland heute im Unterschied von den dreißiger Jahren, wo die deutsche Währungspolitik mit verschiedenen Valutatypen und Kursen arbeitete, das Opfer entsprechender Vorgänge in anderen Staaten — ist ein Schutz besonders schwer zu gewinnen.

Ein Vorgang, der in dieser Richtung einwirkt, ist auch die Verunklärung des Gesetzesbegriffes. Wenig mehr ist oft in unserer heutigen legislativen Tätigkeit mehr übrig von dem Gesetz als einer dauerhaften, die Allgemeinheit auch sittlich bindenden Norm. Gerade die Gesetzgebung auf dem Gebiete der Wirtschaft und der staatlichen Interventionen ist Tageswerk, befindet sich in steter Abänderung und Anpassung und löst den Gesetzesbegriff durch die Verwendung der Form des Gesetzes für ausführende Einzelheiten und für Maßnahmen vorübergehender Art auf[147]). Eine weitere hier nur anzudeutende Erscheinung ist die Überbürdung weitgehender Entscheidungsbefugnisse im wirtschaftspolitischen Gebiet auf den Richter. Wenn der Rahmen der wirtschaftspoli-

---

[145]) OVG. Münster DVBl. 1953 S. 25.

[146]) Eingehende rechtliche Erörterung der hier auftretenden Rechtsfragen bei Erler, Z. ausl. öff. R. und Völkerrecht 15, 1953 S. 1ff.

[147]) Vgl. Hans Huber, Festgabe f. Giacometti 1953 S. 74f.

tischen Gesetze des Staates durch eine starre Verfassung festgelegt ist, die aber keine präzisen, sondern nur sehr allgemeine und einen weiten Spielraum gebende Vorschriften gibt, so kann es nicht dem Richter auferlegt werden, aus diesen Bestimmungen genaue Richtlinien zu entwickeln. Wie lassen sich etwa aus Art. 2 oder 12 des Grundgesetzes für einzelne Materien ganz bestimmte Grenzen staatlicher Eingriffe aufstellen? Der Begriff der freien persönlichen Entfaltung ist ebenso unbestimmt wie der der Berufsausübung. Man wird daher recht tun, den in den Normen des Grundgesetzes gegebenen erheblichen Spielraum des Gesetzgebers nicht durch eine seine Bewegungsfreiheit immer mehr einengende Interpretation zu beschränken und nicht bestimmte Theorien und Wirtschaftssysteme in das Grundgesetz hineinzudeuten[148]).

7. Zuletzt mag noch auf die Gefahr hingewiesen werden, daß im Ringen der Wirtschaftsgruppen um Einfluß und Anteil sich die übergeordnete ausgleichende und gerecht zuteilende Stellung des Staates kompromittiert und gefährdet sehen könnte. Die Besorgnis vor der Herausbildung pluralistischer Auflösung der Staatseinheit wird heute häufig geäußert, gewiß manchmal übertrieben, aber doch nicht ohne begründeten Kern. Irgendwie bedürfen auch die wirtschaftlichen Konflikte und Gegensätze, wo die Einigung der Beteiligung ausbleibt oder dritte Gruppen beeinträchtigen kann, der höheren Verfügung des Staates. Im Gang interventionistischer Entscheidungen und der damit eintretenden Bindungen an Gruppeninteressen ist die Erhaltung dieses Abstandes und dieser Überlegenheit des allgemeinen Gesichtspunktes eine wichtige Aufgabe des Staates und seiner Organe. Sie wird vermutlich einem Parlament vorteilhafter noch anvertraut sein als einem ständischen Wirtschaftsrate.

V. Abschnitt

Rechtsschranken der staatlichen Einwirkungen und Rechtsschutz innerhalb der staatlichen Wirtschaftslenkung

1. Ein Grundanliegen jeder Untersuchung der staatlichen Intervention muß es sein, die rechtlichen Schranken aufzuzeigen, die ihr anhaften. Lassen sich diese Grenzen natürlich im einzelnen nur aus der jeweiligen positiven Rechtsordnung gewinnen, so können doch einige allgemeine Erkenntnisse gewonnen werden. Weisen wir zunächst hin darauf, daß das herkömmliche Bild

[148]) Hans Huber hat die hier vorliegende Neigung zu einer „Überanstrengung des Rechts" treffend gekennzeichnet, a. a. O. S. 79ff. Es droht hier die Gefahr einer ständig sich wandelnden beweglichen Interpretation, die gerade die durch jene höchsten Normen gewünschte Stetigkeit aufheben würde.

unseres Verwaltungsrechts, das den Schutz der Freiheit gegen den staatlichen Eingriff in den Mittelpunkt rückt, nur teilweise hier anwendbar ist. Es erweist sich als wirkungslos dort, wo das Gesetz selbst Maßnahmen trifft, und es versagt gegenüber der zuteilenden und fördernden Verwaltung. Schon früher hat jenes, in Deutschland zuerst von Otto Mayer entwickelte Schema mit seiner Entstehung ganze Teile des Verwaltungsrechts, für die es nicht paßte — etwa das Schulrecht oder das Recht der auswärtigen Verwaltung — dem Blick des Verwaltungsrechts ganz entrückt. Es wäre heute der Zeitpunkt gekommen, dies System, das etwa zwischen 1870 und 1890 geformt worden ist, einer Erneuerung zu unterziehen. Es wäre dabei ein Verwaltungsrecht der vorsorgenden Leistungen des Staates, der Berechtigungen im Bereich der austeilenden Verwaltung zu entwickeln. Es wäre zu ergänzen durch das Recht der wirtschaftslenkenden Einwirkungen des Staates und eine Durchdringung auch der Staatshandlungen in privatrechtlicher Form im Blick auf ihre öffentlichrechtlichen Elemente. Ich kann auf diese Aufgaben hier nur hinweisen.

Bei einer solchen Arbeit würde sich erweisen, daß im Gebiet der austeilenden Verwaltung und der Lenkung des Staates noch weniger als auf anderen Gebieten mit einem engen Begriff des subjektiven öffentlichen Rechts auszukommen ist[149]). Es würde sich ferner ergeben, daß hier der status negativus keine unwichtige, aber nur eine partielle Rolle spielt. Neben den Gedanken der Abwehr von Eingriffen treten andere Prinzipien auf, die hier dem Rechtsuchenden als materielle Grundlage seines Vorgehens zur Seite stehen. Es sind vor allem drei: das rechtsstaatliche Verfahren, die Gleichheit und die Verhältnismäßigkeit des Eingriffs. Gerade im Wirtschaftsrecht wird mit besonderem Nachdruck die Einhaltung eines geordneten, die Beteiligten zur Anhörung bringenden und offenen Verfahrens festzuhalten sein. Das amerikanische Recht hat in seiner Klausel des „due process of law" diesen Rechtsgedanken, gerade in seiner unlöslichen Verbindung mit dem materiellen Recht des Verbots einer Rechtsentziehung, eindrucksvoll ausgestaltet.

2. Der wichtigste Gesichtspunkt aber dürfte im Bereich der Wirtschaftslenkung die Gleichheit sein. Nur aus dem Gleichheitssatz lassen sich Hilfen gegen mangelnde Zuteilung, ungerechten Ausgleich oder ungleichmäßige Verteilung der Lasten gewinnen. Wo der Gleichheitssatz verletzt ist, hat auch das Ermessen seine rechtlichen Grenzen verletzt. Die deutsche Rechtsprechung hat den Gleichheitssatz herangezogen bei Beiträgen zu einer öffent-

---

[149]) Zu der Problematik des Begriffs des subjektiven öffentlichen Rechts im deutschen Verwaltungsprozeß siehe jetzt Bachof, ÖV. 1953 S. 421f.

lichen Versorgungseinrichtung[150]) oder bei dem Versuche eines deutschen Landes, durch eine wirtschaftslenkende Maßnahme die eigenen Bürger vor denen anderer deutscher Länder zu begünstigen[151]). Mehrere einprägsame Beispiele bietet die französische Judikatur. So hat der Staatsrat die vom französischen Rundfunk wegen einer bei einer Konzertgesellschaft erfolgten Entlassung ausgesprochene Sperre in der Beteiligung an den Rundfunkkonzerten (und damit an Einnahmen) wegen Verletzung des Prinzips der Gleichheit, die die Tätigkeit eines service public regiere, aufgehoben[152]). Ein zweiter Fall betrifft noch deutlicher eine wirtschaftslenkende Maßnahme. Die französischen Schwefelfabriken müssen bei der Verarbeitung französischen Schwefels einen Zusatz ausländischen Schwefels machen. Bei der Einfuhr dieses fremden Produkts gewährt ihnen der Staat einen Zuschuß in Höhe der Differenz zwischen Gestehungs- und Verkaufspreis. Dafür setzt dann der Staat einen Taxpreis fest. Verarbeitet eine Fabrik aber inländischen Schwefel ohne fremden Zusatz, so trägt der Staat ebenfalls die Differenz zwischen Erzeugungskosten und Erlös, aber der Betrieb kann den Verkaufspreis selbst festlegen. Die letztere Bedingung erfüllt eine einzige Fabrik, die dadurch den Vorteil hat — da sie die Differenz vom Staate ersetzt erhält —, die anderen unterbieten zu können. Der Staatsrat betont das Gebot der Gleichheit und sieht ein System des Ausgleichs der Preise in einem Wirtschaftszweige (d. h. des Ausgleichs der Gestehungskosten zwecks Erzielung eines einheitlichen Preises) bei besonderen Verhältnissen als zulässig an. Sie entspreche dem mehr und mehr vordringenden Gedanken einer „égalité de la répartition des charges publiques". In der Annahme einer Verletzung des Gedankens der gleichen Lastenverteilung aber ist er vorsichtig. Notwendig müssen solche Maßnahmen einzelne begünstigen, anderen weniger vorteilhaft erscheinen. Eine nur tatsächliche Ungleichheit genügt nicht, sofern sie nicht einem gesetzlichen Gebot widerspricht, und solange die Differenzierung durch ein öffentliches Interesse begründet erscheint[153]). Wenn also auch das französische Recht die Idee der Gleichheit nicht als ein leitendes Prinzip des Verfassungsrechts in seiner allgemeinen Form kennt, so dringt dieser Gedanke doch als Lastengleichheit, Steuergleichheit oder Gleichheit vor dem Gesetz auch in diesem Rechtssystem vor.

---

[150]) VGH. Württ.-Hohenzollern ÖV. 1952 S. 184. Vgl. auch Hess. VGH. DVBl. 1952 S. 671 und Württ.-Bad. VGH. DVBl. 1951 S. 770.

[151]) DOG. Bd. 3 S. 120.

[152]) Soc. des concerts du Conservatoire, Urteil vom 9. 3. 51, Sirey 1951, 3, 81.

[153]) Syndicat de la raffinerie de soufre française, Urteil vom 29. 6. 1951, Sirey 1952, 3, 33. Dazu Steindorff a. a. O. S. 30f., 120f.

3. Was den dritten Grundsatz, die Verhältnismäßigkeit, anlangt, so ist damit auf die Grenzen hingewiesen, die der staatlichen Intervention aus dem Grundgedanken der auf die Freiheit des Individuums und auf seine Selbständigkeit gegründeten Ordnung eines rechtsstaatlichen Systems erwachsen. Auch wo wir keine Verfassungsschranken haben, müssen die Interventionen begrenzt sein, wollen sie nicht jene freiheitlichen Grundlagen des Staates beeinträchtigen. Die staatliche Maßnahme bedarf einer Begründung, sie muß im öffentlichen Interesse nötig und geeignet sein. Die amerikanische Praxis zieht in diesem Zusammenhang den Gedanken der „reasonableness" heran[154]). Aus diesem Ansatz her würde es möglich sein, gewisse Grenzen etwa für staatliche Preisfestsetzungen oder Verwendungsverbote zu finden.

4. In den Formen, wie materiell die Begrenzung der staatlichen Aktivität gezogen wird, weichen die einzelnen Staaten weit voneinander ab. In den Vereinigten Staaten von Amerika ist es die übergeordnete Stellung der Verfassung und die weite Ausdehnung, die die beiden Gedanken des „due process" und des „eminent domain" gefunden haben, die hier nachprüfbare, von den Bundesgerichten auch gegenüber den Staaten gehandhabte Schranken gezogen haben. England dagegen kennt keine Verfassung, keine Schranke der gesetzgeberischen Freiheit. Hier müssen die Abhilfen entwickelt werden aus dem System der Prerogative Writs, die in einem gewissen Umfang erlauben, Verwaltungsentscheidungen zur richterlichen Nachprüfung zu bringen. Neben der Betonung eines geordneten Verfahrens (Prinzip der „natural justice")[155]), begegnen wir im weiteren britischen Bereich auch dem Maßstab der „reasonableness". So erklärt das Privy Council bei der Beurteilung einer vom australischen Bunde eingeführten monopolistischen Befugnis der Staatsbank, daß ein Bankmonopol dem in Art. 92 der Verfassung niedergelegten Grundsatz der „freedom of trade" widerstreite, gewisse Beschränkungen dieser Freiheit aber statthaft seien. Alles hänge von Zeit und Umständen ab[156]). Auch in Frankreich wird der Kreis grundrechtlicher Freiheiten und Prinzipien, den die Präambel zur Verfassung enthält, nicht als übergeordnetes und den Gesetzgeber begrenzen-

[154]) Siehe Steindorff S. 91f.

[155]) Zu diesem Gedanken siehe Sir Carleton Kemp Allen, Law and Orders 4. Druck 1950 S. 143ff; A. L. Goodhart, English Law and the Moral Law, 1953 S. 64.

[156]) Commonwealth of Australia v. Bank of New South Wales 1950 A. C. 235. Dort wird etwa betont (S. 311): „Every case must be judged on its own facts and in its own setting of terms and circumstances, and it may be that in regard to some economic activities and at some stage of social development, it might be maintained that prohibition with a view to state monopoly was the only practical and reasonable manner of regulation . . .".

des Recht angesehen[157]). Trotzdem beginnt auch hier die Rechtsprechung, nicht aus einzelnen Absätzen des Vorspruchs, aber aus seinem ganzen ideellen Gehalt gewisse allgemeine, in der Rechtsanwendung zur Geltung gebrachte Gedanken zu entwickeln. So hat das Tribunal civil de la Seine die Klausel des Testaments eines Franzosen, der seine Tochter enterbte, wenn sie einen Israeliten heiratete, für unwirksam erklärt, weil sie den Grundlagen der französischen Verfassung und ihrer Verkündigung der Gleichheit aller Menschen widerspreche[158]).

In Deutschland wird heute ein wesentlicher Teil der materiellen Bindung des wirtschaftslenkenden Staates nicht nur durch die Grundsätze des Rechtsstaates und die Gesetzesbindung dargestellt. Der Schutz der Garantien der Freiheit verlagert sich angesichts der zunehmenden Intervention durch den Gesetzgeber in die Prinzipien des Rechtsstaats und in die Grundrechte, institutionellen Garantien und Leitgrundsätze der Verfassung. Es ist die Überordnung der Verfassung, die aus ihr fließende Grenzziehung gegenüber dem Interventionismus, die dem deutschen Recht — in gewissem Sinne damit dem amerikanischen und auch dem schweizerischen verwandt — seine besondere Note verleiht.

5. Am Anfang meiner Ausführungen habe ich darauf hingewiesen, daß das Grundgesetz sich nicht zu einem bestimmten Modell oder System einer wirtschaftlichen Ordnung bekennt und auch keine Wirtschaftsverfassung im Sinne eines umfassenderen Kreises von wirtschaftlichen Normen enthält. Es zieht aber durch einige wesentliche grundrechtliche Vorschriften der wirtschaftlichen Entwicklung einen festen Rahmen. Es sind vor allem die Bestimmungen der Art. 2, 9, 12, 14 und 15 des Grundgesetzes, daneben auch der Gleichheitssatz (Art. 3 GG) und die Leitgrundsätze der sozialen Rechtsstaatlichkeit und des freiheitlichen Staates (Art. 20, 28 GG), die diese Basis ausmachen. Sie stellen in ihrer Gesamtheit kein geschlossenes, viel weniger ein ganz unwidersprüchliches System dar, aber sie geben doch ganz bestimmte Richtweisungen: Erhaltung einer privatrechtlichen Rechtsordnung mit Eigentum und individuellen Freiheiten, Gewähr einer wirtschaftlichen Bewegungsfreiheit im Rahmen des Gedankens der freien persönlichen Entfaltung (Art. 2 Abs. I GG), einen gesicherten Bereich beruflicher Freiheit in selbständiger wie unselbständiger Arbeit und Tätigkeit. Dazu tritt aber begrenzend der Gedanke, daß im sozialen Rechtsstaat individuelle Rechtssituationen eine stärkere Bindung gegenüber der Allgemeinheit aufweisen, tritt die Anerkennung des möglichen Miteinanderbestehens eines Bereiches privater Wirtschaftsdisposition mit gemeinwirtschaftlichen

---

157) Vgl. Maxime Mignon Dalloz 1951 S. 127ff.

158) Dalloz 1947 S. 126.

Formen, tritt endlich in Art. 2 Abs. I GG die Hervorhebung allgemeiner innerer Grenzen grundrechtlicher Positionen. Die nähere Ausführung dieser wenigen aber gehaltvollen Sätze ist Aufgabe einer entfaltenden Auslegung. Sie wird klar legen, daß neben den Freiheitsrechten der einzelnen (wie der Gruppen, die außer in Art. 21 GG auch in Art. 19 Abs. II GG eine gewisse Anerkennung erfahren) und vielfach in ihnen zugleich institutionelle Garantien und Gewährleistungen grundlegender Elemente der Rechtsordnung liegen, daß darüber hinaus das Grundgesetz richtunggebende Leitgrundsätze aufstellt[159]). Jede Auslegung dieser wirtschaftlichen Sätze des Grundrechtsteils muß eine zusammenfügende, d.h. die Widersprüche ausgleichende sein. Sie muß ferner eine konnexe, d. h. verknüpfende, sein, die niemals eine einzelne Vorschrift allein, sondern diese im allgemeinen systematischen Zusammenhang, vor allem aber in Verbindung mit den anderen verwandten Sätzen auslegt (z.B. Art. 12 nicht ohne Blick auf Art. 2 Abs. I GG, Art. 14 in Verbindung mit Art. 3 Abs. I GG). Sie wird heute, wie wir gesehen haben, bei einzelnen Grundrechtssätzen auch die Frage aufwerfen müssen, inwieweit sie über den Bereich des öffentlichen Rechts hinaus auch private Rechtsgeschäfte binden. Vor allem wird sich auch die Auslegung hüten müssen, den in den Vorschriften des Grundgesetzes in wirtschaftlicher Hinsicht dem Gesetzgeber eingeräumten Spielraum zu verkennen oder durch eine zu weit getriebene Interpretation einzuengen.

Im ganzen bedeuten die deutschen Bestimmungen mehr negative Schranken gesetzgeberischer und verwaltender Freiheit als eine präzise oder eingehendere wirtschaftliche Richtweisung. Wir haben solche Begrenzung des Gesetzgebers auch im französischen und sogar im britischen Recht[160]). Das Gewicht der Normen des Grundgesetzes geht aber erheblich über solche weiten Rahmenprinzipien hinaus, weil hinter ihnen einmal die in Deutschland üblich gewordene sehr verfeinerte Grundrechtsinterpretation steht und sodann auch die Möglichkeit der Anrufung gerichtlicher Entscheidung, letztlich bis zu dem Bundesverfassungsgericht. Man wird nur darauf zu achten haben, daß nicht allzusehr Fragen der Politik und wirtschaftlicher Zielsetzung durch jene Bindungen zu Problemen verfassungsrechtlicher Auseinandersetzung werden.

6. Die weittragendste unter den wirtschaftsrechtlichen Vorschriften des Grundgesetzes ist Art. 2 Abs. I GG. Dieser Satz der

[159]) Ich darf für diese Fragen verweisen auf meine Ausführungen in Recht-Staat-Wirtschaft Bd. 4, 1953 S. 88ff.

[160]) Auch in England wendet sich eine neuere Richtung gegen eine wörtliche Deutung der „Supremacy of Parliament" im Sinne rechtlicher Bindungslosigkeit. Wenn auch nicht durch die Gerichte angewendet (enforced), bestehen auch im englischen Verfassungsrecht, so sagt A. L. Goodhart (English Law and the Moral Law 1953 S. 55f.): „certain established principles which limit the scope of Parliament".

freien persönlichen Entfaltung, basierend auf einer bestimmten ideellen Sicht des Menschen als freien Geschöpfes[161]), umschließt auch die wirtschaftliche Betätigungsfreiheit[162]). Nicht im Sinne der Festlegung eines Wirtschaftssystems der Wettbewerbsfreiheit, aber in dem einer grundsätzlichen Bekräftigung der Wettbewerbsfreiheit und der selbständigen wirtschaftlichen Disposition des einzelnen Individuums und des einzelnen Unternehmens. Mit den Gedanken des Art. 2 wird sich auch die Vertragsfreiheit verbinden. Allerdings unterliegt diese Betätigungsfreiheit wie alle grundrechtlichen Freiheiten einer grundsätzlichen Gemeinschaftsbezogenheit und gewissen aus der geschichtlich-institutionellen Natur jedes spezifischen Grundrechts folgenden Schranken. Art. 2 Abs. I GG hat zwar nicht etwa die Bedeutung eines allgemeinen Obersatzes aller Grundrechte. Eine solche scheinlogische Deutung widerspricht durchaus der selbständigen historischen Entfaltung der einzelnen Grundrechte und ihrer teilweise weit und speziell über Art. 2 GG hinausgreifenden Richtung. Aber in Art. 2 Abs. I GG sind mit einer der Vorrangstellung dieses grundlegenden Artikels entsprechenden Kraft für alle Grundrechte gewisse Begrenzungen aufgewiesen, die sich jedenfalls bei den Freiheitsrechten überall als begrenzender Rahmen des Grundrechts zeigen. Art. 2 bindet die Grundrechte an das Sittengesetz, d. h. an die in der Volksgesamtheit lebendigen Grundlagen moralischer Anschauung[163]), an die „Rechte anderer", worunter nicht bloß individuelle Positionen anderer gemeint sind, sondern auch solche Rechtsgüter, die im Interesse aller wie Volksgesundheit und öffentliche Sicherheit[164]) gegenseitig zu respektieren sind[165]). Ferner aber werden die Grundrechte durch die Beachtung der „verfassungsmäßigen Ordnung" beschränkt. Darunter sind nicht bloß die eigentlichen Normen des Verfassungstextes oder die anderen Grundrechte, sondern die im Verfassungstext niedergelegten und vorausgesetzten allgemeinen Grundlagen der staatlichen und

---

[161]) Zur Grundlage des Art. 2 siehe Dürig, JR. 1952 S. 259ff.

[162]) So Nipperdey, DRZ. 1950 S. 193ff.; Hamann, BB. 1952 S. 342; ders., Rechtsstaat und Wirtschaftslenkung 1953 S. 62ff.; E. R. Huber, Wirtschaftsverwaltungsrecht Bd. I 1953 S. 660f.; Krüger, BB. 1953 S. 566; Patschke, BB. 1954 S. 2; Würdinger, Wirtsch. u. Wettbewerb 1953 S. 721ff. A. A. Peters, Festgabe Laun 1953 S. 674f. Hamburg OVG. DVBl. 1953 S. 617ff.

[163]) Peters a. a. O. S. 677. Vielleicht wird man hieraus den Gedanken des Verbots eines Mißbrauchs der Grundrechte im Verstoß gegen diese Prinzipien ableiten können. A. A. Krüger, DVBl. 1953 S. 97ff.

[164]) Nicht ohne weiteres fallen hierunter polizeiliche Gesichtspunkte im technischen Sinne. So auch Dürig, AÖR. 79, 1953 S. 63f., der die „Rechte anderer" nur als Individualrechte verstehen will. Ebenso Krüger, BB. 1953 S. 566f.; Hamann, Wirtschaftslenkung S. 64; BGH, Gutachten in Wirtschaft u. Wettbewerb 3, 1953 S. 64. Wie oben VGH Württ.-Bad. VerwRspr. 4 S. 490 und OVG. Lüneburg Entsch. Bd. 5 S. 412.

sozialen Ordnung und die Leitgrundsätze der Verfassung (Rechtsstaat, Gewaltenteilung) zu verstehen, also für unser Gebiet jene Grundlagen, die wir vorhin als den festen Rahmen gekennzeichnet haben, den das Grundgesetz dem wirtschaftlichen Leben zieht[166]. Keineswegs aber umfaßt diese Formel der „verfassungsmäßigen Ordnung" die gesamte Gesetzesordnung. Dieser Verweis ist also nicht auf die Kernsätze der Verfassung begrenzt, sondern umfaßt die Grundlagen der politisch-sozialen Ordnung; er ist eine normative Verweisung auf die Wert- und Rangordnungen der Verfassung.

Art. 9 Abs. III sichert mit umfassender Wirkung das soziale Vereinigungsrecht, ohne indes ausdrücklich das Streikrecht und die negative Vereinigungsfreiheit zu regeln. Dennoch gehört der Streik heute zum Bilde der Privilegierung eines gewissen sozialen Bereiches und der in ihm wirkenden Vereinigungen, und die negative Vereinigungsfreiheit wird man als mitgeschützt erachten dürfen. Jedenfalls sichert Art. 9 Abs. I und III die freie Bildung wirtschaftlicher Vereinigungen und schließt in diesem Bereich privaten Rechts Zwangsbildungen aus[167]. Das Verbot der Zuweisung hoheitlicher Aufgaben und Funktionen an private Verbände läßt sich dagegen nicht aus Art. 9 GG herleiten[168].

Art. 12 GG, der nicht bloß das Gewerbe, sondern auch die unselbständige Arbeit betrifft, setzt die Grundlage einer freiheitlichen Berufsordnung fest. Er bildet eine zusammenhängende Regelung grundlegender Fragen des Berufsrechts, nicht eine spezifische Verkündung der Gewerbefreiheit. Art. 12 GG wird durchaus mißverstanden, wenn man ihn in das für das Gewerberecht, also ein anderes und engeres Gebiet, herkömmliche Schema Berufszulassung—Berufsausübung zwängt[169]. Ebenso wie sozialpolitische Regelungen bei dem Zugang zum Arbeitsplatz begegnen (Schwerbeschädigteneinstellung), gestattet Art. 12 Abs. I auch gewisse Beschränkungen der Zulassung für Berufe an Hand des in der Tradition und der gesellschaftlichen Wirklichkeit entwickelten Berufsbildes[170]. Die Freiheit der Berufswahl findet ihre Grenze an diesen Berufsbildern, die Art. 12 Abs. I zuläßt, und an den Grenzen des Art. 2 Abs. I GG, die freilich eine freiheitliche Ordnung der Berufe belassen müssen. Aus Gründen der Sicherheit

---

[165]) Siehe auch Bad. VGH. DVBl. 1951 S. 636.

[166]) Mit Einschluß also wirtschaftsgestaltender Möglichkeiten siehe Huber a. a. O. S. 662; Dürig, JZ. 1953 S. 196. Zu weit aber geht Dürig, AÖR. 79, 1953 S. 57ff., der die allgemeine polizeiliche Generalermächtigung zur verfassungsmäßigen Ordnung rechnen will.

[167]) So Huber a. a. O. 252; Reuß, DVBl. 1953 S. 685.

[168]) A. A. Reuß, DVBl. 1953 S. 685.

[169]) Vgl. OVG. Lüneburg Entsch. Bd. 4 S. 158. Vgl. auch Naumann, JZ. 1951 S. 426.

[170]) OVG. Hamburg DVBl. 1951 S. 387; OVG. Lüneburg Entsch. Bd. 5 S. 281. Zu eng OVG. Münster VerwRspr. 5 S. 227.

und Gesundheit, aber auch aus einem überwiegenden öffentlichen Interesse an einem Berufe können nicht nur Beschränkungen der Ausübung, sondern auch des Berufseintritts und der gesamten Berufsgestaltung — immer im Gesamtrahmen freiheitlicher Regelung — gerechtfertigt werden. Eine Zulassung der Beschränkung des Berufszugangs und der Berufsgestaltung nur unter polizeilichen Gesichtspunkten ist daher zu eng, auch aus Art. 12 GG nicht zu entnehmen.

Die Bedeutung der Eigentumsgarantie des Art. 14 GG liegt in der Betonung einer privatrechtlichen Eigentumsordnung als gewährleisteter Lebensordnung und der über das bisherige Recht hinaus erfolgten Sicherung der Eigentumssubstanz durch die in jedem Falle bei Enteignung erforderte Entschädigung. Die Grenzen werden hier wieder durch die Betonung der Sozialpflichtigkeit und der Zulassung der gemeinwirtschaftlichen Ordnung begrenzter Gebiete hervorgehoben. Man wird aus den für Art. 14 und 15 GG entwickelten Grundsätzen auch Maßstäbe entnehmen können, um Fragen wie die Auferlegung von Leistungspflichten ohne Vergütung oder die nähere Ausformung des Prinzips der ausgleichenden Gestaltung im Wirtschaftsrecht zu entnehmen.

7. Wenn wir zum Schluß noch einen Blick auf die Probleme des Rechtsschutzes werfen, so kann zunächst festgestellt werden, daß unser so weit ausgebautes System verwaltungsgerichtlichen Schutzes nur einen Teil der im Bereich der Intervention des Staates anfallenden Fragen erfassen kann. Es vermag diejenigen Einwirkungen zu decken, die als unmittelbare Begrenzungen von Freiheitsrechten, als „Eingriffe" oder Verwaltungsakte im allgemeinen Sinn ergehen. Dagegen werden Maßnahmen in Gesetzesform und Verordnungen nicht gedeckt, soweit hier nicht wie in den süddeutschen Gesetzen abstrakte Normenkontrolle wenigstens gegen Verordnungen zugelassen ist. Vor allem werden aber nicht von dieser Gestaltung des Rechtsschutzes genügend ergriffen die indirekten Mittel staatlicher Lenkung, soweit sie privatrechtliche Formen benutzen, mittelbare Wirkungen anstreben, Begünstigungen und Zuteilungen enthalten, auf die man keinen festen Rechtsanspruch herstellen kann. Unser Verwaltungsrecht arbeitet hinsichtlich der materiellen Grundlage einer Verwaltungsklage mit dem Begriff des subjektiven Rechts. Es wird sich mit der Zeit — zumal heute bereits dieser Begriff immer mehr erweitert wird — als notwendig erweisen, statt seiner einen beweglicheren Rahmen in dem Gedanken des schutzwürdigen Interesses zum Ausgang zu nehmen. Auch dann wird es immer ohne weiteres möglich sein, zwischen rechtlich geschützten Positionen und bloßen faktischen Aussichten und wirtschaftlichen Vorteilen und Erwartungen zu unterscheiden. So hat auch das Reichsgericht früher solche wirtschaftlichen Chancen nicht als Rechtsstellungen

anerkannt[171]). Es mag zugegeben werden, daß in Einzelfällen Zweifel auftreten können. So hat der Internationale Gerichtshof im Haag den Anspruch eines englischen Staatsangehörigen Oscar Chinn gegen den belgischen Staat auf Entschädigung abgewiesen, der sich auf folgenden Tatbestand gründete: Chinn betrieb zugleich mit einer staatlichen Gesellschaft den Dampfertransport auf dem Kongo. In der Wirtschaftskrise um 1930 subventionierte der Staat seine Gesellschaft, die zu Verlustpreisen arbeitete und Chinn erhebliche Verluste zufügte. Das Gericht hat trotzdem hier keine Verletzung der in der Kongo-Akte festgelegten „völligen wirtschaftlichen Gleichbehandlung" in der Zulassung zur Schifffahrt gesehen, weil Chinn seine Tätigkeit unter Opfern fortsetzen konnte. Man wird hier wohl der heute in der internationalen Rechtslehre an dieser etwas formalen Deutung geübten Kritik zustimmen können; hier lag eine Verletzung der Gleichheit vor[172]).

Gegen Eingriffe durch Gesetze und Verordnungen gewährt das deutsche Recht die Verfassungsbeschwerde. Bei individuellen Maßnahmen wird es darauf ankommen, sich von dem engen Begriff des Rechts freizumachen, das heute leicht zur Schranke des Rechtsschutzes wird. Vielfach wird die Folgerung, daß man den Begriff des subjektiven Rechts weit fassen müsse, auch aus Art. 19 Abs. IV GG abgeleitet. Es mag doch wohl sein, daß bei den hier aufgeführten französischen Fällen oft ein formelles Recht des Klägers nicht anerkannt werden könnte. Schwerlich würde man der im Rundfunk beteiligten Konzertgesellschaft ein Recht auf regelmäßige Beteiligung an den bezahlten Darbietungen für den Rundfunk einräumen. Das französische Recht geht auch in zwei anderen Hinsichten noch weiter als das deutsche. Es läßt im allgemeinen auch weitherzig Klagen solcher Personen[173]) zu, die durch die Begünstigung einer anderen Nachteile erleiden, während das deutsche Recht hier im allgemeinen weder beim Nachbarn gegenüber dem errichteten Bau, noch beim Gewerbetreibenden gegen die Zulassung eines Mitbewerbers die Befugnis zur Klage anerkennt[174]). Ferner läßt das französische Recht die Wahr-

[171]) Vgl. RGZ. 139, 177 (Kühlhausbau in Hoffnung auf weitere Fleischimporte); RGZ. 129, 146 (Heilkundiger verliert Behandlung der Geschlechtskranken durch Geschlechtskrankengesetz).

[172]) Fall Oscar Chinn, Cour Perm. de Justice Internationale, Recueil A/B 63 (1934). Dazu kritisch im obigen Sinne Schwarzenberger, International Law Bd. I 2. Aufl. 1949 S. 117; S. Friedmann, Expropriation in International Law 1953 S. 54f.

[173]) Es genügt ein „interêt direct et personnel", etwa des Beamten bei Bevorzugung eines anderen in der Beförderung, vgl. Traité S. 368f.

[174]) Vgl. Hess. VGH. DVBl. 1951 S. 184 (Nachbar und Baudispens); OVG. Lüneburg DVBl. 1952 S. 369 (Notar gegen weitere Zulassung eines anderen Notars); OVG. Münster VerwRsp. 4 D. 846 (Milchhandelserlaubnis). Anders für eine Apothekenkonzession infolge Verbindung privaten und öffentlichen Interesses gegen Fernhaltung existenzbedrohender Eingriffe

nehmung der wirtschaftlichen Interessen des einzelnen durch Gruppen und Verbände als Kläger zu[175]), während die deutsche Praxis grundsätzlich nur dem Individuum, nicht aber einem es vertretenden Verbande eine Klagebefugnis gewährt[176]).

Als materielle Maßstäbe werden die Prinzipien der Gleichheit und der Verhältnismäßigkeit der staatlichen Maßnahmen dienen können. Die Rechtsprechung wird dabei freilich berücksichtigen müssen, daß sie nicht zu eigenen wirtschaftspolitischen Entscheidungen berufen ist, sondern nur die Überschreitung des äußeren Rahmens staatlicher Bewegungsfreiheit und behördlichen und gesetzgeberischen Ermessens zu prüfen hat. Gewisse Bevorzugungen und Benachteiligungen sind ein normales Element staatlicher Wirtschaftslenkung. Ein gewisses Maß an Risiko und an Bereitschaft zur Anpassung an die besonderen Bedingungen einer Lage darf von dem wirtschaftenden Unternehmen erwartet werden. Nur dort, wo rechtlich festgelegte staatliche Maßstäbe unter Verletzung des in sie in rechtlich begründeter Weise gesetzten Vertrauens geändert werden, wird man eine Rechtsververletzung feststellen können[177]).

Ein letztes und wichtiges Mittel des Rechtsschutzes mag auch in der Amtshaftung des Staates gelegen sein, die gerade dort, wo wirtschaftliche Dispositionen des Staates Schäden hervorrufen — Verderben einer Menge Kohls, der im Sommer auf staatliche Anordnung an einen Ort ohne hinreichenden Absatz versandt werden muß[178]) — einen Ausgleich gewähren kann. Die zunehmende Objektivierung, der dieses Rechtsinstitut der öffentlichen Haftung unter rechtlicher oder doch infolge Typisierung (und damit Normativierung) des Schuldmoments unterliegt, mag diese Entwicklung erleichtern[179]).

---

und für Erhaltung der wirtschaftlichen Leistungsfähigkeit LVG. Rheinland-Pfalz ÖV. 1953 S. 734. Siehe OVG. Berlin DVBl. 1952 S. 766 (bei Apotheken nur medizinalpolizeiliche Gesichtspunkte maßgeblich, jedoch darf hier wegen der Gesundheit der Bevölkerung die Lebensfähigkeit berücksichtigt werden).

[175]) Syndicat des photographes-filmeurs du Sud-Ouest Conseil d'Etat Sirey 1952, 3, 21 (Klage eines Verbandes gegen ein lokales Verbot, Passanten ohne Bestellung zu photographieren). Die Gruppen dürfen nur beim recours wegen excès de pouvoir für den einzelnen eintreten. Vgl. Laubadère a. a. O. S. 366f.; Duez-Debeyre, Traité S. 360ff.

[176]) LVG. Minden DVBl. 1951 S. 641 (Kreisverband der Kaufleute für Milch und Milcherzeugnisse kann nicht die einem Dritten erteilte Milchhandelserlaubnis anfechten); OVG. Hamburg DVBl. 1952 S. 667 (Verband des Personenverkehrsgewerbes und Anfechtung einer erteilten Erlaubnis); anders kraft positiven Rechts im Gaststättenrecht OVG. Münster VerwRspr. 3 S. 604.

[177]) Vgl. Erler, Z. ausl. öffentl. Recht u. Völkerrecht 15, 1953 S. 26f.

[178]) Ruel, Conseil d'Etat Sirey 1948, 3, 5.

[179]) Das deutsche Recht hält bei der Amtshaftung am Verschulden (höchst typisierter Art) fest, erweicht aber durch die Zulassung der Anwendung

Kein Rechtsschutz, aber ein Mittel der Sicherung von wirtschaftlichen Interessen liegt in der früher behandelten Mitwirkung wirtschaftlicher Gruppen an der Verwaltung. Sie gewinnen hier die Möglichkeit, für eine Berücksichtigung der verschiedenen beteiligten Interessen und den Ausgleich widerstreitender Gesichtspunkte zu sorgen. Sowohl die wirtschaftliche Selbstverwaltung im eigentlichen Sinne, wie das System der Anhörung, Mitarbeit in Verwaltungsräten und Ausschüssen, wie endlich auch die Betrauung von Einrichtungen der Wirtschaft mit öffentlichen Aufgaben vermögen diese Funktion zu erfüllen. Die Frage reicht dabei bis in den Kreis der Verfassung hinein. Hier erscheint die Frage einer Gesamtvertretung wirtschaftlicher Interessen, daneben aber das Problem der Relation zwischen Interessenverbänden und politischen Parteien, sowie der Grenzen des rechtlich geordneten wie des ungeregelten Einflusses der wirtschaftlichen Organisationen.

---

des § 75 ALR. für schuldlos-rechtswidrige Eingriffe diese Haltung. Das französische Recht bewahrt noch die faute, aber tendiert zu einer objektiven Lösung. Vgl. Waline, Traité élémentaire de droit administratif 6. Aufl. 1951 S. 580f.; Street, Government liability 1953 S. 61. Über ähnliche Tendenzen im schweizer. Recht de lege ferenda siehe Otto K. Kaufmann, Ztschr. f. schweiz. Recht, N. F. 72, 1953 S. 321aff.; Graff dort S. 429aff.

1a. Leitsätze des Berichterstatters über die staatliche Intervention im Bereich der Wirtschaft

Rechtsformen und Rechtsschutz

I. Staatliche Wirtschaftslenkung

1. *Als staatliche Intervention im Bereich der Wirtschaft ist eine Gestaltung der staatlichen Wirtschaftspolitik zu bezeichnen, die sich nicht mit einer polizeilich-überwachenden Funktion begnügt, sondern unter bestimmten politisch-sozialen Zielen der Förderung oder auch der Umgestaltung in Erzeugung und Verteilung wie auch in die rechtlichen und sozialen Grundlagen der Wirtschaft eingreift, ohne eine Aufhebung der freien wirtschaftlichen Bewegung zugunsten eines geschlossenen Systems zentraler Planung und Anordnung im wirtschaftlichen Leben zu erreichen oder auch nur anzustreben.*

2. *In den meisten Staaten der westlichen Welt stellt ein System begrenzter staatlicher Wirtschaftslenkung (Interventionismus, Dirigismus) die herrschende Form der gegenwärtigen Wirtschaftspolitik dar. Staatsintervention ist heute in vielen Fällen nicht mehr Übergangsstufe oder vorübergehende Aushilfe, sondern eine eigene Form des staatlichen Verhaltens zu den wirtschaftlichen Vorgängen. Die Ansicht ist abzulehnen, daß die Intervention im Sinne der neoliberalen Theorie eine notwendige Vorstufe zu einer umfassenden Zentrallenkung bilde. Die Intervention steht in zeitweiliger oder grundsätzlicher Abkehr von der liberalen Beschränkung des Staates auf Ordnungsfunktionen zwischen dem liberalen System individueller Freiheit und einer kollektivistischen Zwangswirtschaft.*

3. *Der Interventionismus kann je nach seinen ideologischen und verfassungsrechtlichen Grundlagen mehr die Form eines punktuellen staatlichen Einwirkens im Rahmen eines Systems grundsätzlicher wirtschaftlicher Freiheit oder die einer zusammenhängenden Planung und Formung eines grundlegenden Teiles der wirtschaftlichen Vorgänge, also einer Verbindung von Bestandteilen gelenkter und freier Wirtschaft annehmen. Diese beiden Formen werden häufig zusammenfallen mit dem Unterschiede eines mehr liberal-sozialen Interventionismus in Korrektur eines freien Systems von dem eines halbsozialistischen Systems der Vollbeschäftigung und der Kontrolle der Grundindustrien.*

4. *Ein System begrenzter Wirtschaftslenkung ist mit den Grundlagen eines demokratischen und rechtsstaatlichen Verfassungsrechts vereinbar. Angesichts der tiefgehenden Auswirkungen staatlicher Interventionen im Wirtschaftsleben ist dafür allerdings die wirksame Begrenzung und ein nachhaltiger Schutz der Grundlagen persönlicher und wirtschaftlicher Freiheit sowie der rechtsstaatlichen Prinzipien Voraussetzung.*

5. *Jede wirtschaftliche Ordnung wird getragen und maßgebend geformt durch die rechtliche Ordnung der Verfassung, der grundlegenden Institutionen des Privatrechts (Eigentum, Vertragsfreiheit, Erbrecht) und der Verwaltung sowie ihre Handhabung. Die Grundlagen, die man als Wirtschaftsverfassung bezeichnen kann, stehen mit der Staatsform und der politischen Verfassung in wechselseitigem Zusammenhang. Eine rechtsstaatliche Ordnung kann nicht mit einem System vollständiger kollektiver Zwangswirtschaft zusammengehen.*

6. *Die Festlegung eines bestimmten Systems der Wirtschaftsordnung gehört nicht zu den notwendigen Bestandteilen der Verfassung. Eine solche Festlegung kann sich, wie in der Rechtsordnung des späteren 19. Jahrhunderts, aus dem Gesamtaufbau der Rechtsordnung und der Verwaltungsgrundsätze ergeben. Das Grundgesetz begnügt sich in Art. 2, 9, 12, 14. 15 und 20 mit der Normierung bestimmter Freiheitsrechte, Institutionen und Leitgrundsätze, ohne ein bestimmtes Wirtschaftssystem festzulegen. Liberale Freiheitsrechte und Institutionen des Privatrechts stehen in ihm sozialen Grundsätzen gegenüber. Von grundlegender Bedeutung für das Verständnis der wirtschaftspolitischen Regelung des Grundgesetzes ist das Prinzip des sozialen Rechtsstaates (Art. 20, 28 GG); es steht einer Auslegung der Art. 2 und 12 GG im Sinne voller individueller Freiheit ebenso entgegen wie die Worte „verfassungsmäßige Ordnung" in Art. 2 GG.*

7. *Die Festlegung der obersten Grundsätze der Wirtschaftspolitik ist durch Art. 20, 28 und 73 Ziff. 4, 5, 9 sowie 74 Ziff. 1, 3, 7, 9, 10, 11, 12, 14, 15, 17, 18, 21 und 22 dem Bunde aufgetragen. Eine selbständige Wirtschaftspolitik der Länder auf allen Gebieten staatlicher Intervention ist durch den Vorrang des Grundgesetzes und des Bundesrechts, aber auch durch die Grundsätze des sozialen Rechtsstaates, der grundsätzlichen Aufrechterhaltung bestimmter freiheitlicher Positionen des Individuums wie umgekehrt der Zulassung von Maßnahmen der sozialen Umgestaltung in Art. 15 GG in enge Schranken gebunden.*

8. *Auch die Eingriffe des Staates zur Herstellung eines freien Wettbewerbes und zur Bekämpfung marktbeherrschender Unter-*

nehmen stellen interventionistische Maßnahmen dar. Da sie auf die Herstellung eines Wirtschaftsbildes abzielen, das der modernen Tendenz zur Konzentration und zur Gruppenbildung im Wirtschaftsleben entgegentritt, handelt es sich nicht um die Beseitigung von Störungen eines natürlichen „marktkonformen" Verhaltens, sondern um staatliche Gestaltung der wirtschaftlichen Ordnung. Daraus ergibt sich die Forderung, diese Eingriffe nach den gleichen Grundsätzen wie andere interventionistische Einwirkungen zu beurteilen und sie an strenge rechtsstaatliche Maßstäbe zu binden.

II. Formen der Intervention

9. *Innerhalb der Maßnahmen des Staates kann man die unmittelbaren durch Verbot und Gebot in die Rechtsstellung der einzelnen oder der Verbände eingreifenden Maßnahmen von den Mitteln indirekter Beeinflussung des Wirtschaftslebens unterscheiden. Die indirekten Methoden reichen von den Wirkungen der Steuer-, Währungs- und Kreditpolitik bis zu propagandistischer Einflußnahme (Verbrauchslenkung). Ihre rechtliche Form als Gesetze, Anweisungen und Ermessensakte entzieht gerade diese Maßnahmen vielfach rechtlicher Erfassung und führt zur Versagung von Rechtsschutz.*

10. *Unmittelbare Interventionen des Staates sind:*
   - *a) Verbote, Erlaubnisvorbehalt (Berufszulassung);*
   - *b) inhaltliche Gestaltung von Rechtsverhältnissen des öffentlichen und privaten Rechts (Satzungen, kollektive Vertragsbestimmungen, privatrechtsgestaltende Akte, Preisbindungen);*
   - *c) Leistungsgebote, Aufgabe von Herstellung, Lieferung, Verteilung, Qualitätsnormen, Heranziehung zur Sach- und Dienstleistungen, Verfügungsbeschränkungen;*
   - *d) Betrauung von Privatpersonen oder Verbänden mit öffentlichen Funktionen durch Verleihung, Monopole, öffentlich-rechtliche Vorrangstellungen, Befugnis zur Erhebung von Zwangsbeiträgen und die daraus fließenden Folgepflichten des Privat- und öffentlichen Rechts;*
   - *e) gestaltender wirtschaftlicher Ausgleich.*

11. *Indirekte Mittel der staatlichen Lenkung sind besonders die Steuer, die Gestaltung des Währungsrechts und die Kreditpolitik, die wesentlich als Aufgabe der Gesetzgebung und der Ausübung nicht kontrollierbaren Ermessens leitender Stellen erscheinen. Daneben kommen Subventionen, Vergünstigungen, Förderung des Außenhandels und Investitionsplanung in Betracht.*

12. *Einen Bereich besonderer rechtlicher Erscheinungen bildet das Gebiet, das der Staat vor allem im sozialen Felde der Selbstgestaltung der wirtschaftlichen und sozialen Kräfte (Sozialpartner) überläßt. In diesem Bereich treten regulierende und begrenzende Rechtsgrundsätze indes nicht völlig zurück. Der Raum, den der Staat den Sozialpartnern einräumt und in dem er ihnen in gewissem Umfang öffentliche Funktionen freigibt, ist sachlich begrenzt und unterliegt den leitenden Grundsätzen der Gemeinschaftsordnung. Die in ihm gewährten Mittel der Selbsthilfe (Streik) bleiben daher sachlich und hinsichtlich der Ausübung (Gewalt, Sittenwidrigkeit) gebunden. Neben den Kollektivverträgen erscheint in diesem Bereich als neue Form die Beteiligung der Sozialpartner an den Rechtsetzungsverfahren (qualifizierte Rechtsverordnung).*

13. *Ein anderer Bereich besonderer Gestaltung ist das Feld der wirtschaftlichen und sozialen Selbstverwaltung. Es stellt einen unentbehrlichen Bereich der Beteiligung freier Kräfte an der Wirtschaftsgestaltung dar. Die Selbstverwaltung ist ein wichtiges Mittel, neben den Individuen auch den Verbänden und sozialen Gruppen eine rechtlich geordnete Stellung und Mitwirkung zu eröffnen.*

14. *Die Gegenwart entwickelt neue Formen der Wirtschaftslenkung im internationalen Bereiche. Soweit sie in den gewohnten Formen des internationalen Rechts gehalten sind, wirken sie sich nur über staatliche Maßnahmen der Gesetzgebung und Außenhandelslenkung aus. Soweit sie indes, wie bei der Montanunion, internationalen Organen unmittelbare Zugriffe in den innerstaatlichen Bereich eröffnen, entsteht neben dem Problem des Rechtsschutzes die Frage der indirekten Auswirkung auf andere Bereiche des Wirtschaftslebens, für die keine rechtliche Abhilfe besteht. Auch hier können die individuellen Freiheitsrechte und Interessen nur durch Gruppen oder durch den Staat wirksam verteidigt werden.*

15. *Von den anderen Formen staatlicher Intervention unterscheidet sich die soziale Umgestaltung durch ihre Absicht, nicht nur lenkend und korrigierend, sondern umformend und verändernd auf das wirtschaftliche und soziale Geschehen einzuwirken. Ihre Mittel reichen von indirekten Einwirkungen (progressive Besteuerung, Kapitallenkung, Währungspolitik) zu unmittelbaren Veränderungen durch Entzug wirtschaftlicher Kontrollrechte (Mitbestimmung, Bekämpfung wirtschaftlicher Machtstellungen) und durch Sozialisierung (Gemeinwirtschaft). Auch dieses Gebiet unterliegt bestimmten materiellen Grundsätzen und kann rechtsstaatlich gebunden werden. Das gilt vor allem für das Verfahren von Entziehungen und die Prinzipien der Entschädigung.*

III. Auswirkungen und Probleme der Intervention im Verfassungs- und Verwaltungsrecht

16. *Der staatliche Interventionismus hat im Verein mit anderen Erscheinungen zu tiefen Wandlungen grundlegender Institutionen des Privatrechts geführt. Das Eigentum ist durch Sozialgebundenheit begrenzt, durch Herauslösen wichtiger Bestandteile (Mitbestimmung) und durch Aushöhlung durch die Steuergesetzgebung funktionalisiert. Die Vertragsfreiheit findet an Geschäftsbedingungen, Kollektivvereinbarungen und zunehmender Regelung des Vertragsinhalts wachsende Schranken.*

17. *Eine grundlegende Wandlung vollzieht sich darin, daß im wirtschaftlich-sozialen Bereich weithin nicht mehr allein der Gegensatz Staat—Individuum maßgeblich ist, sondern die Gruppen und Verbände eine entscheidende Rolle spielen. Damit erhebt sich sowohl einerseits das Problem der Freiheit der Gruppen und ihrer Sicherung vor Staatseingriffen, wie andererseits die Notwendigkeit, daß der Staat eingreift, um den Individuen vor der sozialen und wirtschaftlichen Macht der Gruppen Schutz zu gewähren. Die individuellen Freiheiten in der Hand von Gruppen (Vertragsfreiheit, Koalitionsfreiheit, Unterrichtsfreiheit) können gerade zu Mitteln der Machtausübung und Anlaß zu staatlichem Eingreifen werden.*

18. *Der Interventionismus erschüttert die rechtsstaatliche Ordnung von Gesetz und Gesetzesausführung. Seine Maßnahmen werden weitgehend unmittelbar durch Gesetz getroffen und lösen durch diese Verwendung der Rechtsetzung für vorübergehende Planungs- und Lenkungsmaßnahmen den Gesetzesbegriff auf. Andererseits begünstigt die Wirtschaftslenkung Formen der exekutiven Rechtsetzung oder auch der Gestaltung durch Verwaltungsanweisungen.*

19. *Die ausgedehnten Ermächtigungen an Verwaltungsbehörden, die Verwendung unbestimmter Begriffe mit weitem Spielraum, der unmittelbare Eingriff durch Individualgesetz sind weitere Abweichungen von den Gestaltungsformen des Rechtsstaates.*

20. *Im Bereich des Verfassungsrechts wirkt sich die Bildung sozial und politisch einflußreicher Gruppen und Verbände, sowie die laufende Befassung der Parlamente mit wirtschaftlichen Entscheidungen als Eindringen sozialer Kräfte in den Raum neutraler und übergeordneter staatlicher Leitung und Ausbalanzierung aus.*

21. *Mit den Gestaltungsmöglichkeiten des bisherigen deutschen Verwaltungsrechts, das am individuellen Freiheitsrecht und am*

staatlichen Einzeleingriff orientiert ist, lassen sich die Erscheinungen der Intervention nur teilweise erfassen. Es bedarf der ergänzenden Entwicklung eines Verwaltungsrechts der vorsorgenden Leistungen des Staates unter dem Gedanken der gerechten Beteiligung und des in der Personwürde begründeten Lebensrechtes und der gestaltenden (lenkenden, ausgleichenden und umformenden) Staatshandlungen unter dem Gedanken der Gleichheit und des gerechten Ausgleichs der Lasten.

22. *Angesichts der durch die Gesetzgebung erfolgenden interventionistischen Gestaltung verlagern sich die Garantien der Freiheit, des Rechtsstaates und der Gleichheit in den Bestand der Verfassung. Grundrechte, institutionelle Garantien und Leitgrundsätze der Verfassung bilden die Schranken. Im deutschen Grundgesetz kommen namentlich in Betracht die Art. 2, 9, 12 und 14 GG.*

a) *Art. 2 schützt in der Persönlichkeit auch die freie wirtschaftliche Entfaltung, mithin die Wettbewerbsfreiheit. Allerdings unterliegt diese Freiheit wie alle grundrechtlichen Freiheiten einer grundsätzlichen Gemeinschaftsbezogenheit und gewissen aus der Entwicklung einzelner Grundrechte immanent folgenden Schranken. Der Begriff der „verfassungsmäßigen Ordnung" ist nicht beschränkt auf die Kernsätze der Verfassungsordnung im Sinne des Verfassungsschutzes, sondern umgreift die in der Verfassung niedergelegten Grundsätze der wirtschaftlichen und sozialen Gestaltung. Andererseits bedeutet er nicht Aufrechterhaltung des bestehenden Rechts auf Einzelgebieten, sondern normative Verweisung auf die Wert- und Rangordnungen der Verfassung, in denen auch die „Rechte anderer" höheren Schutz genießen können als die volle individuelle Entfaltung.*

b) *Art. 9 Abs. III GG sichert mit umfassender Wirkung das soziale Vereinigungsrecht, ohne indes die negative Vereinigungsfreiheit und das Streikrecht zu regeln. Es privilegiert auch nach der Richtung der Beeinflussung sozialer und wirtschaftlicher Machtbildung die in ihm genannten Vereinigungen.*

c) *Die Freiheit der Berufswahl findet ihre Grenzen an der aus Art. 2 Abs. I und der immanenten Ordnung der Berufsordnung abzuleitenden Gestaltung fester und eingeführter Berufsbilder. Aus Gründen der öffentlichen Sicherheit und Gesundheit, aber auch aus einem überwiegenden öffentlichen Interesse an einem Berufe können nicht nur Beschränkungen der Ausübung, sondern auch des Berufseintritts und der gesamten Berufsgestaltung gerechtfertigt werden.*

d) Die Bedeutung der Eigentumsgarantie liegt trotz der starken Betonung der Sozialpflichtigkeit in der institutionellen Sicherung und in der Bindung der sozialen Umgestaltung an den Grundsatz rechtsstaatlichen Verfahrens und der Entschädigung. Diese Grundsätze dürften auch für andere Gebiete (Auferlegung von Leistungspflichten ohne Vergütung) wie für die Ausformung des Grundsatzes des Ausgleichs öffentlicher Lasten von Bedeutung sein.

IV. Rechtsschutz

23. *Der bestehende Rechtsschutz durch die verwaltungsrechtliche Generalklausel sichert ausreichend gegen unmittelbare Eingriffe in individuelle Rechtspositionen, wobei freilich der Begriff des subjektiven Rechts einer Fortbildung unter dem Gedanken des schutzwürdigen Interesses bedarf.*

24. *Gegen die Gesetzgebung und die generellen Anordnungen gewährt die abstrakte Normenkontrolle und die Verfassungsbeschwerde einen begrenzten Schutz, insbesondere in Verbindung mit grundrechtlichen Bestimmungen.*

25. *Für das Gebiet der wirtschaftlichen Intervention wird im besonderen der Grundsatz der Gleichheit wichtig. Er wird hier namentlich in der Richtung auf die Gleichheit auch gruppenweiser Lösungen, auf den neuerdings auch im französischen Recht entwickelten Gedanken der Lastengleichheit und auf die Unzulässigkeit individueller wie gruppenweiser Privilegierungen und Belastungen zu entwickeln sein.*

26. *So erwägenswert die erweiterte Zulassung von Verbänden und Gruppen zum Rechtsschutz ist, so darf nicht außer Acht gelassen werden, daß die Gerichte nicht zu wirtschaftspolitischen Entscheidungen im Wege der Auslegung unbestimmter Formeln berufen sein können und daß zu einem System voller oder teilweiser Wirtschaftsfreiheit ein Raum des Risikos und der Anpassung gehört.*

27. *Für den Schutz gegen staatliche Einwirkungen wird neben der zunehmend in ihren Maßstäben objektivierten Amtshaftung vor allem der Gedanke des finanziellen Ausgleichs (öffentlich-rechtliche Entschädigung) von Bedeutung sein.*

28. *In weiterem Sinne liegt ein Schutz der Wirtschaft in einer Erweiterung ihrer Mitwirkung an den staatlichen Entscheidungen. Hier kommen neben den in ihrer Anwendung begrenzten Formen eigentlicher körperschaftlicher Selbstverwaltung die Möglichkeiten der Beteiligung und Mitwirkung durch Anhörung, Teil-*

nahme an beratenden und entscheidenden Gremien, Betrauung von Verbänden und Kammern mit öffentlichen Aufgaben in Betracht. Bei den grundlegenden Fragen der Teilnahme der wirtschaftlichen und sozialen Verbände an der Gestaltung der Wirtschafts- und Sozialpolitik reicht die Frage in den Kreis der Verfassung hinein. Hier wird das Verhältnis der politischen Parteien zu den Interessengruppen und außerparlamentarischen Kräften ebenso berührt wie das Problem sachlicher und rechtlicher Grenzen politischen Einflusses der Verbände.

Die staatliche Intervention im Bereich der Wirtschaft

Rechtsformen und Rechtsschutz

2. Mitbericht von Professor Dr. Adolf Schüle, Heidelberg

A. Internationale Wirtschaftslenkung und nationale Lenkung der Außenwirtschaft[1])

I

Es wäre unvollkommen, wollte man die hoheitliche Lenkung der Wirtschaft nur als innerstaatliche Erscheinung, nur im Rahmen des Staates, beschränkt auf sein Gebiet und abgestellt auf das Verhältnis seiner Staatsgewalt zu seiner Wirtschaft, sehen. Wirtschaft ist, vor allem in ihrem heute wieder erreichten Zustand, nirgends nur Volkswirtschaft, sondern immer zugleich auch irgendwie und irgendwo Weltwirtschaft. Die wechselseitige Verflochtenheit zwischen den Nationalwirtschaften und den weltwirtschaftlichen Abläufen ist in den letzten hundert Jahren ungeheuer fortgeschritten. Andererseits stehen sich auf der völkerrechtlichen Ebene die einzelnen Staaten nicht in Isolierung gegenüber. Dies gilt besonders auch bezüglich ihrer wirtschaftlichen Beziehungen und deren rechtlicher Ordnung. Die Staaten unserer Welt haben sich im Laufe der Zeit zu einer unübersehbaren Zahl von zweiseitigen Abkommen, außerdem, vor allem seit dem letzten Krieg, zu mannigfachen weltumspannenden Vereinbarungen und darüber hinaus zu einer ganzen Reihe von internationalen bzw. überstaatlichen Organisationen zusammengefunden. Durch sie werden zunächst die äußeren Beziehungen zwischen den einzelnen staatlich organisierten Wirtschaften berührt. Es werden durch sie aber auch rechtliche und wirtschaftliche Wirkungen ausgelöst, welche die staatlichen Grenzen sozusagen von außen her durchdringen und in der Folge auch innerhalb des Staates Einflüsse auf die Wirtschaft ausüben — tief hinein bis zum letzten Betrieb. Es gibt daher heute schon einen beträchtlichen internationalen Dirigismus. Zum Teil handelt es sich dabei allerdings um innerstaatliche Maßnahmen, die nur durch einen außerstaatlichen Lenkungsmechanismus veranlaßt sind.

Die damit angeschnittenen Probleme sind, jedenfalls was die Nachkriegsentwicklung betrifft, juristisch noch wenig erforscht,

---

[1]) Dieser Abschnitt ist in nahezu gleichlautender Fassung in DÖV. 1952, S. 615ff. (W. Kohlhammer Verlag) zum Vorabdruck gekommen.

und zwar weder vom Völkerrecht[2]), noch vom internationalen Verwaltungsrecht oder vom Privatrecht. Die wirtschaftswissenschaftliche Betrachtung ist schon weiter gediehen. Für die publizistische Rechtswissenschaft liegt hier noch ein weites Feld offen, freilich auch ein sehr schwieriges. Wir müssen uns vorliegend darauf beschränken, das Thema des internationalen Dirigismus lediglich herauszustellen und einige wichtigere Erscheinungen auf diesem Gebiet anzuführen.

Sieht man von den Vereinten Nationen selbst ab, so ist vor allem auf die International Trade Organization (ITO) hinzuweisen. Sie ist zwar noch nicht errichtet, dürfte aber später in diesem Zusammenhang eine wesentliche Rolle spielen. Der sogenannten „Weltbank" sowie dem Internationalen Währungsfonds, beide gleichfalls Unterorganisationen der UN, ist die Bundesrepublik kürzlich beigetreten[3]); Geld und Kredit unseres Landes werden davon nicht unberührt bleiben. Die bedeutendste Erscheinung auf diesem Gebiet stellt gegenwärtig die Pariser Organisation über die wirtschaftliche Zusammenarbeit in Europa dar (OEEC)[4]), deren vollberechtigtes Mitglied die Bundesrepublik schon länger ist. (Bis vor kurzem) Mitwirkung bei der Festsetzung unserer Stahlquote in Überschreitung des besatzungsrechtlichen Plafonds, Bereitstellung von Investitionsmitteln für einzelne größere Unternehmen, Ausmaß der Liberalisierung unseres Außenhandels — das sind nur wenige Beispiele, welche die Einwirkung der OEEC auf das deutsche Wirtschaftsleben illustrieren. Kaum weniger wichtig ist die Europäische Zahlungsunion (EZU)[5]) mit ihrem Währungsausgleich zwischen den Mitgliedsstaaten. Marshallplan und ECA, heute zwar im wesentlichen der Vergangenheit angehörend und Westdeutschland gegenüber nicht ohne „Besatzungseinschlag", dürfen ebenfalls nicht vergessen werden. Das Internationale Weizenabkommen (IWA) mit seinem Weizenrat[6]) dient zunächst der Steuerung des internationalen Weizenmarktes, aber wer als deutscher Importeur im Rahmen des Abkommens einführt, bedarf einer besonderen behördlichen Einkaufsermächtigung mit einer IWA-Kontrollnummer[7]). Von der in Entstehung begriffenen Internationalen Zuckerkonvention wird ähnliches zu

[2]) Eine ausgezeichnete Einführung hierzu bietet Stödter, Völkerrecht und Weltwirtschaft. Ztschr. f. ausl. öff. Recht u. Völkerrecht, Bd. XIII, S. 67ff. — Die neuen Schriften des Frankfurter Instituts für Internationales Wirtschaftsrecht dürften hier eine Lücke ausfüllen.

[3]) Gesetz vom 28. 7. 1952, BGBl. II, S. 637ff.

[4]) Vgl. Der Europäische Wirtschaftsrat in Paris und seine Bedeutung für die Bundesrepublik, herausgeg. vom Bundesmin. für den Marshallplan.

[5]) Gesetz vom 14. 3. 1951, BGBl. II, S. 31.

[6]) Gesetz vom 12. 6. 1950, BGBl., S. 231.

[7]) BAnz. 1952, Nr. 134, S. 1.

gelten haben. Daß schließlich neuerdings die Montan-Union[8]) und künftig auch eine etwaige Europäische Agrar-Union die stärksten Einwirkungen — und zwar auch solche direkter, nicht erst durch die deutsche Staatsgewalt zu transformierender Art — auf die in Frage kommenden Wirtschaftszweige und darüber hinaus äußern werden, liegt auf der Hand. Die „Verfassung der Weltwirtschaft" unserer Zeit scheint an den kritischen Punkten nicht ohne internationale Lenkungsmaßnahmen auszukommen.

II

Das gedankliche Gegenstück zu dem eben Behandelten bilden die Maßnahmen des Staates, durch die er, sei es aus eigenem Antrieb, sei es auf Grund völkerrechtlicher Verpflichtungen, seinen Außenhandel reguliert. Hierfür kommen, was gegenwärtig die Bundesrepublik anbetrifft, vor allem vier große Instrumente in Frage: die Einfuhrzölle, die Handelsverträge, die Devisenbewirtschaftung und schließlich die Ein- und Ausfuhrregelung. Theoretisch kann jeder dieser Komplexe gesondert erfaßt werden; praktisch sind sie aber alle derart miteinander verzahnt, daß, jedenfalls wirtschaftspolitisch, eher von einem Ganzen gesprochen werden muß — vergleichbar einem Tisch mit vier Beinen, von denen keines fehlen darf, soll der Tisch nicht umfallen.

Daß die Festsetzung eines Einfuhrzolls für eine bestimmte Ware eine staatliche Lenkungsmaßnahme darstellt, sollte keinem Zweifel unterliegen. Ob Prohibitivzoll oder Einfuhrverbot — die Wirkung ist beidemal annähernd gleich. Das weite Thema der Zölle kann hier aber vernachlässigt werden, weil Zölle seit jeher ein geläufiges Steuerungsmittel der staatlichen Handelspolitik gewesen, also für die moderne Staatsintervention gegenüber der Wirtschaft nicht typisch sind. Außerdem bietet das neue deutsche Zollrecht in rechtlicher Hinsicht nichts grundsätzlich Neues. Anders liegt es bei den Handelsverträgen. Die Bundesrepublik hat gegenwärtig wieder mit etwa 50 auswärtigen Staaten vertraglich geordnete Handelsbeziehungen. Ihr Inhalt zerfällt im großen gesehen in zwei Teile. Einmal in die sozusagen klassischen Bestandteile; dazu gehören Meistbegünstigung, Niederlassungsrecht, Rechtsverfolgung, Gleichbehandlung gewerblicher Schutzrechte u. a. Jüngeren Datums und die gegenwärtige Situation beleuchtend sind dagegen diejenigen Klauseln, in denen die Einhaltung der beiderseitigen Einfuhr-, Ausfuhr- und Devisenbestimmungen zugesagt wird, und sodann vor allem die Festsetzung von Handels-

[8]) Insbesondere deren Hohe Behörde, vgl. etwa Mosler, Vertrag über die Europäische Gemeinschaft für Kohle und Stahl, Ztschr. f. ausl. öff. Recht u. Völkerrecht, Bd. XIV, S. 1 ff. (40), sowie H. Kraus, Betrachtungen über die rechtl. Struktur der Europäischen Gemeinschaft für Kohle und Stahl, in: Rechtsprobleme in Staat und Kirche, 1952, S. 189 ff.

kontingenten, abgestellt auf bestimmte Warengruppen sowie auf Werte. Durch die Kontingente werden die Ströme des Warenverkehrs zwischen der Wirtschaft des Bundesgebiets und derjenigen des betreffenden anderen Landes nach Volumen und Richtung in bestimmte Bahnen gelenkt. In der Gesamtheit dieser Handelsverträge offenbart sich die von deutscher Seite vorgenommene weltwirtschaftliche Steuerung unseres Außenhandels. Allerdings ist in den letzten Jahren durch die von der OEEC ausgehende Liberalisierung ein fühlbarer Abbau der zwischenstaatlichen Kontingentsbeschränkungen eingetreten, jedoch nur bezüglich bestimmter Warenkreise und mit räumlich begrenztem Geltungsbereich. Liberalisierung bedeutet außerdem nur Wegfall der mengenmäßigen Beschränkungen im Verhältnis von Staat zu Staat, nicht auch Befreiung von den Fesseln der Ein- und Ausfuhrregelungen oder Devisenbestimmungen für den einzelnen Handeltreibenden.

Das für Westdeutschland geltende Devisengesetz ist noch immer besatzungsrechtlicher Natur[9]), wenn auch seine Ausführung deutschen Stellen übertragen ist. Es trägt die bezeichnende Überschrift „Devisenbewirtschaftung und Kontrolle des Güterverkehrs". Da es einen von dem Güteraustausch losgelösten Geld- und Kapitalverkehr über die Grenzen der Bundesrepublik hinaus in nennenswertem Umfang noch nicht wieder gibt, läßt sich schon aus der Gesetzesbezeichnung ablesen, daß das Schwergewicht unserer gegenwärtigen Devisenbewirtschaftung bei dem Ein- und Ausfuhrhandel liegt. Sie hat von diesem her ihre Impulse und ihren Zuschnitt erhalten. Der Kern der Devisenbewirtschaftung liegt in der Erfassung der anfallenden Ausfuhrerlöse und der Bereitstellung der für die Bezahlung unserer Einfuhren erforderlichen Gegenwerte, jeweils in fremden Währungen.

Auch das Besatzungs-Devisengesetz ist, wie früher unser deutsches, ein großes Verbotsgesetz mit dem Vorbehalt genereller oder spezieller Ausnahmen. Die Ein- und Ausfuhrregelungen stellen daher nichts anderes dar als Ausnahmen, die man gemacht hat, um dem deutschen Importeur oder Exporteur Geschäftsabschlüsse mit seinen Partnern im Ausland rechtmäßig zu ermöglichen. Die beiden grundlegenden Runderlasse über die Außenwirtschaft[10]) stützen sich daher auch ausdrücklich auf das Devisenrecht.

Was die Ausfuhr betrifft, so ist zwischen genehmigungspflichtigen und nicht-genehmigungspflichtigen Waren zu unterscheiden. Der Kreis der ersteren ist bestimmt durch ein Gemisch von be-

---

[9]) MRG. Nr. 53 (Neufassung vom 19. 9. 1949, BAnz. vom 27. 9. 1949). — Einen Überblick gibt neuestens Fingel, JZ. 1952, S. 518ff., 549ff. mit weiteren Nachweisen.

[10]) Nr. 28/51 vom 20. 9. 1951 (mit nachfolgenden Änderungen) und Nr. 56/51 vom 15. 12. 1951.

satzungsrechtlichen Geboten und innerdeutschen Notwendigkeiten. Wer solche Waren ausführen will, bedarf einer Lieferungsgenehmigung, die von der Bundesstelle für den Warenverkehr der gewerblichen Wirtschaft bzw. der Außenhandelsstelle für Erzeugnisse der Ernährung und Landwirtschaft zu erteilen ist. Gegen die Versagung einer solchen Genehmigung war schon bisher die Möglichkeit einer verwaltungsgerichtlichen Klage gegeben[11]), außerdem Gegenvorstellung und Verwaltungsbeschwerde. Da die Erteilung einer Lieferungsgenehmigung aber vollauf in das Ermessen der genannten Behörden gestellt ist und nicht einmal die unbedingten Verbote der Besatzungsmacht bekanntgemacht sind, hätte die Einlegung eines der genannten Rechtsbehelfe in der Praxis kaum Aussicht auf Erfolg. — Von dem Vorigen abgesehen ist sodann bei allen Ausfuhrgeschäften den Zollstellen die Prüfung der Zulässigkeit der Ausfuhr und den Außenhandelsbanken die Überwachung des Zahlungseinganges übertragen. Interessanterweise finden wir an dieser Stelle reine Privatinstitute, wenn auch auf Grund besonderer Betrauung, mit hoheitlichen Befugnissen für die Zwecke der Devisenbewirtschaftung befaßt[12]).

Bei den Einfuhren ist die behördliche Kontrolle noch stärker ausgebildet. Zwar besteht auch hier grundsätzlich Vertragsfreiheit, aber der Kaufvertrag mit dem ausländischen Lieferanten darf erst abgeschlossen werden, wenn eine Einkaufsermächtigung erteilt ist. Weiterhin bedarf es für das Verbringen der Ware in das Inland einer Einfuhrbewilligung und für ihre Bezahlung einer Zahlungsbewilligung. Alle drei Hauptvorgänge, die eine Einfuhr mit sich bringt, sind also je besonders genehmigungspflichtig. Hinzu kommt das System der behördlichen „Ausschreibungen". Abgesehen von dem liberalisierten Bereich, kann der Kaufmann hiernach nur dann und nur insoweit im Ausland einkaufen, als die Behörden im Einzelfall die vorhandenen Einkaufsmöglichkeiten bekanntgegeben haben. Nur in diesem Rahmen ist ihm der Zugang zu den ausländischen Märkten offen. Schließlich darf heute nicht jedermann Einfuhrgeschäfte tätigen, sondern nur die wirklichen Importeure. Die Einfuhrkontrolle bewirkt also eine betriebliche Auslese und läuft damit praktisch auf eine Zulassung zum Importhandel hinaus.

Bei der Vielzahl der für die Abwicklung eines Einfuhrgeschäftes erforderlichen Genehmigungen könnte man sich vorstellen, daß hier das Rechtsschutzbedürfnis für den Fall der Versagung einer

---

[11]) Vgl. Eyermann-Fröhler, Verwaltungsgerichtsgesetz, Komm., 1950, S. 74f. (Ich muß damit meine Ausführungen in DÖV. 1952, S. 616/617, richtigstellen.) Nach dem neuen Gesetz über das Bundesverwaltungsgericht vom 23. 9. 1952 (BGBl. I, S. 625) ist die Klagemöglichkeit eindeutig klargestellt.

[12]) Dazu neuerdings E. R. Huber, DVBl. 1952, S. 458.

der Genehmigungen besonders dringend ist. Das Gegenteil ist aber richtig, wenn auch aus ungewöhnlichen Gründen. Wird nämlich etwa eine Einkaufsermächtigung nicht erteilt, so ist ein Rechtsmittelverfahren für den Importeur ohne jedes Interesse, weil die konkreten Marktchancen längst verpaßt sind, bis das Verfahren, gleichviel mit welchem Ergebnis, zum Ende käme.

B. Eingriffe der Besatzungsmächte

Unsere Wirtschaft ist in den hinter uns liegenden Jahren nicht nur einer gewissen Lenkung durch deutsche Instanzen, sondern in sehr großem Umfang auch Eingriffen seitens der Besatzungsmächte ausgesetzt gewesen. Es erscheint nicht möglich, diese Seite einfach als anormal zu übergehen[13]). Wie auf zahlreichen anderen Gebieten, so findet sich auch auf dem des Verhältnisses zwischen Staat und Wirtschaft jenes unsichere Gemenge zwischen deutschen Maßnahmen und solchen der Besatzungsmächte, ausgeübt auf Grund der Besatzungshoheit, und diese Lage ist sowohl für die Gesamtsituation als auch für das Recht unseres innerstaatlichen Lebens seit dem Zusammenbruch typisch. Das macht auch eine rechtliche Analyse dieser Situation und ihrer Einzelfragen vielfach so schwierig.

Maßnahmen einer Besatzungsmacht gegenüber einer ihr fremden Wirtschaft unterscheiden sich wesentlich von den „gewöhnlichen" Lenkungsmaßnahmen einer Staatsführung gegenüber der eigenen Wirtschaft. Diese haben überwiegend interne wirtschaftspolitische Zielsetzungen. Mit jenen dagegen wird beabsichtigt, bestimmte außenpolitische Zwecke, wie sie mit der Besatzung im ganzen verfolgt werden, zu erreichen. Sie sind also Ausfluß nicht einer innerstaatlichen Wirtschaftspolitik, sondern der Außenpolitik, und zwar in dem besonderen Gewande der Besatzungspolitik und auf dem wirtschaftlichen Feld des besetzten Landes. Bei strenger Abgrenzung gehört also dieses Kapitel nicht mehr zum Thema. Wenn es gleichwohl angeschnitten und mit einigen Hinweisen illustriert wird, so wegen der schon erwähnten rechtlichen Gemengelage. Echte besatzungsrechtliche Eingriffe wechseln ab oder treffen zusammen — letzteres, entsprechend dem Abbau der Besatzungsbefugnisse, mit wachsender Häufigkeit — mit nach Form und Inhalt deutsch-rechtlichen Regelungen, die durch Besatzungsanordnungen entweder geboten oder veranlaßt sind. Außerdem darf nicht verkannt werden, daß gerade diejenigen Wirkungen, die von Maßnahmen der Besatzungsmächte auf unsere Wirtschaft ausgegangen sind, ganz besonders vielfältig und tiefgreifend waren.

---

[13]) In gleichem Sinne Eichler, Wirtschaftsrecht, 1950, wie seine Ausführungen auf S. 12 und 69 zeigen.

Mit Beschlagnahmen, Requisitionen und Demontagen hat es angefangen. Die gewerbliche Tätigkeit konnte nach dem Zusammenbruch nur auf Grund besatzungsrechtlicher „Permits" begonnen werden. Zahlreiche Produktionsverbote wurden erlassen, die allerdings mit der Zeit aufgelockert und durch die Möglichkeit von deutschen Ausnahmegenehmigungen durchbrochen wurden[14]). Mengenmäßige Beschränkungen, wie z. B. bei der Stahlerzeugung, sind erst kürzlich wieder aufgehoben worden. Besonders bedeutsam waren die Entflechtungsmaßnahmen bei Kohle, Eisen und Stahl, Großbanken, Film und IG-Farbenindustrie, ebenso die Kartellverbotsgesetze. Der Außenhandel unterlag längere Zeit ausschließlich besatzungsrechtlicher Regelung und wurde durch die sattsam bekannte JEIA mehr stranguliert als reguliert. Daß unser heutiges Devisenrecht noch immer besatzungsrechtlicher Natur ist, wurde schon bemerkt. Zwangsexporte in Kohle und Schrott vervollständigen das nicht gerade erfreuliche Gesamtbild. Schließlich sind zur Deckung des enormen Besatzungsbedarfs zahllose „mandatorische Aufträge" ergangen, die mit Hilfe von Vorrangverpflichtungsscheinen notfalls erzwungen werden konnten[15]). Dieses System und manches andere, was soeben erwähnt wurde, wird hoffentlich bald der Vergangenheit angehören.

Zusammenfassend kann gesagt werden, daß die Eingriffe der Besatzungsmächte in unsere Wirtschaft diese nicht etwa nur an gewissen Stellen beeinflußt, sondern sie an entscheidenden Punkten wesentlich umgestaltet haben. Den hierbei gebrauchten Rechtsformen kann im einzelnen nicht nachgegangen werden. Sicher ist nur, daß nirgends, auch nicht in der jüngeren Zeit, förmliche Rechtsschutzmöglichkeiten für die betroffenen Unternehmen gegeben waren. Wenn das auch im Hinblick auf das Wesen eines Besatzungsregimes bis zu einem gewissen Grade verständlich erscheint, so ist hier doch, insbesondere nach dem Erlaß des Besatzungsstatuts, ein echtes Bedürfnis nach rechtsstaatlicher Sicherung gröblich vernachlässigt worden.

C. Hauptkapitel der staatlichen Intervention

I.

Unter den Grundprinzipien, die für unsere gegenwärtige Wirtschaftsordnung kennzeichnend sind, stehen die Gewerbefreiheit und die Wettbewerbsfreiheit an erster Stelle. Es ist darzulegen, welche Gestalt das heutige Recht ihnen gegeben hat.

---

[14]) Als Beispiel aus neuerer Zeit vgl. die Anordnung Chemie Nr. 1/52 vom 19. 4. 1952, BAnz. Nr. 97.

[15]) Vgl. VO. zur Sicherung des Besatzungsbedarfs vom 21. 3. 1951, BAnz. Nr. 59, und vom 5. 10. 1951, BAnz. Nr. 194.

1. Was zunächst die Gewerbefreiheit betrifft, so besteht eine Art von quantitativer Relation zwischen ihr und dem staatlichen Interventionismus. Je weiter sie ausgebildet, desto geringer der Interventionismus — bzw. umgekehrt. Einschränkungen der Gewerbefreiheit sind nämlich in der Regel interventionistischen Ursprungs. Das gilt vor allem von dem eigentlichen Widerpart der Gewerbefreiheit, den Beschränkungen in der Zulassung. Gewerbefreiheit und Zulassungsverbot sind jedoch nirgendwo in absoluter Weise verwirklicht. Vielmehr stellen sie die beiden äußersten Pole dar, zwischen denen der Staat den Zutritt zur Wirtschaft in mehr oder minder großem Umfang freigibt oder auch abschnürt. Daher die naheliegende Frage, wie es bei uns heute mit der Zulassungsfrage bestellt ist.

Ein historischer Rückblick zeigt eine sehr wechselvolle Rechtsentwicklung[16]). Bis 1933 — trotz zahlreicher Zulassungsbeschränkungen in Sondergesetzen[17]) — Aufrechterhaltung des in der Mitte des vergangenen Jahrhunderts erreichten, sich in der Folge tief einwurzelnden Freiheitsbestandes. Die zweite Periode bildet die nationalsozialistische Gesetzgebung mit ihren umfangreichen Gewerbesperren; ihre Zulassungsvorbehalte bedeuten wenig gegenüber der grundsätzlichen Sperrwirkung[18]). Nach dem Kriegsende löst sich das Zulassungsrecht in zahlreiche partikulare Rechtsvorschriften auf. Zunächst greift Besatzungsrecht ein, das, unter sich wieder verschieden, in den „Permit"-Verfahren der ersten Zeit seinen Niederschlag findet. Es folgen die Lizenzierungsgesetze der deutschen Länder — zu verschiedenen Zeitpunkten und in den Einzelheiten voneinander abweichend; doch werden die rechtspolitischen Linien aus der Zeit vor 1945 im großen und ganzen fortgesetzt, vor allem hinsichtlich der Bedürfnisprüfung, allerdings mit dem Unterschied, daß von den Zulassungsmöglichkeiten jetzt ein sehr viel stärkerer Gebrauch gemacht wird. Die letzte Periode beginnt mit der Proklamierung einer nahezu vollständigen Gewerbefreiheit durch die US-Militärregierung an der Wende 1948/49. Sie beseitigt in der amerikanischen Zone die Zulassungspflicht praktisch überall und wirkt auch auf die beiden anderen Westzonen hinüber, wo nunmehr die Bedürfnisprüfung ebenfalls beseitigt wird. Das geschieht freilich auch auf Grund des inzwischen in Kraft getretenen Art. 12 (1) BGG[19]). — Gegenwärtig muß die Lage als einigermaßen chaotisch

[16]) Hierzu Sieg, Das Recht der Gewerbezulassung, in: Gesetz und Recht, Hamburg 1949, S. 2561ff.

[17]) Landmann-Rohmer, Komm. z. GewO., 10. Aufl., 1952, Bd. 1, S. 84f.

[18]) H. Krause, Der deutsche Volkswirt, 1935, S. 2173, hat — für die damalige Zeit — den § 1 GewO. als eine „ehrwürdige Ruine" bezeichnet.

[19]) Landmann-Rohmer a.a.O., S. 70.

bezeichnet werden. Die verschiedenen „Rechtsschichten" lagern übereinander und erschweren die Rechtsfindung im Einzelfall ebenso wie die Feststellung des Grundsätzlichen; die Unsicherheit über den Gehalt der vorerwähnten Verfassungsbestimmung trägt dazu bei. Nur soviel erscheint sicher, daß die letzte Periode wieder einen Abbau der Zulassungsbeschränkungen gebracht hat und damit eine deutliche Tendenz zur Wiedergeburt der überkommenen Gewerbefreiheit. Der Bundesgesetzgeber wird nunmehr die Rechtsvereinheitlichung vornehmen und die richtige Mitte zwischen Freiheit und Beschränkung finden müssen. Der Generalvertrag gibt ihm die Kompetenz dazu wieder zurück, erlaubt jedoch keine Beeinträchtigung des nach 1945 erlangten „Besitzstandes" der seit dieser Zeit zugelassenen Betriebe[20]).

Ungeachtet dieser Rechtsverwirrung sei wenigstens auf zwei Einzelheiten hingewiesen, die uns für die juristische Seite des Zulassungsproblems wichtig erscheinen. Wir sehen zunächst in der Einführung eines neuartigen Rechtsinstituts, der generellen Kontingentierung von Gewerbegenehmigungen, einen grundsätzlich bemerkenswerten Vorgang. Es bedarf nicht nur der einzelne Güterfernverkehrsunternehmer einer individuellen Genehmigung, um seinen Betrieb beginnen zu können, sondern solche Genehmigungen dürfen seit einiger Zeit auch von den zuständigen Behörden nur insoweit erteilt werden, als sie im Rahmen der von dem Bundesverkehrsminister festgesetzten und auf die Länder aufgeteilten Höchstzahlen der Kraftfahrzeuge bleiben[21]). Hier wird also mit dem Mittel der Gewerbezulassung auf eine sehr massive Weise die Gesamtkapazität des betroffenen Wirtschaftszweiges gedrosselt.

Das Zweite betrifft die Bedürfnisfrage, die ja den Kern der ganzen Zulassungsproblematik bildet. Es ist bekanntlich sehr umstritten, in welchem Umfang es dem Gesetzgeber nach Art. 12 (1) BGG erlaubt ist[22]), als Voraussetzung für die Zulassung zu einem Gewerbe das Vorliegen eines wie immer gearteten Bedürfnisses zu machen. Dieses weitverzweigte Problem kann hier nicht im einzelnen erörtert, nur eine Frage soll aufgeworfen werden, nämlich die, ob es sich bei diesem „Bedürfnis" wirklich um einen unbestimmten Rechtsbegriff handelt, wie das häufig gelehrt wird. Die Bedürfnisfrage hat, wenn wir recht sehen, ihren modernen Ursprung im Gaststättenrecht. Es dürfte auch noch möglich sein,

[20]) Vgl. das Zusatzabkommen „Vertrag zur Regelung aus Krieg und Besatzung entstandener Fragen", Teil II, Art. 10.

[21]) § 7 des Güterfernverkehrs-Änderungsgesetzes vom 2. 9. 1949, WiGBl. S. 306, i. d. Fassung vom 27. 2. 1952, BGBl. I, S. 122 (und VO. über die Höchstzahlen der Genehmigungen für den Güterfernverkehr vom 17. 7. 1952, BAnz. Nr. 138) —, abgelöst durch § 9 des Güterkraftverkehrsgesetzes vom 17. 10. 1952, BGBl. I S. 697ff.

[22]) Landmann-Rohmer a.a.O. S. 24f.

im Bereich einer Stadt oder eines Landbezirks einigermaßen objektiv zu beurteilen, ob, vom Publikum aus gesehen, genügend oder zu wenig Schankstätten vorhanden sind. Es ist aber ausgeschlossen, auch nur einigermaßen überzeugend darzutun — und das gehört doch zu einem Rechtsbegriff —, ob z. B. neben sieben süddeutschen Knopffabriken noch eine achte zur Versorgung des Bedarfs erforderlich ist. Mit anderen Worten: es scheint uns eine Fiktion zu sein, hier noch von einem, wenn auch unbestimmten Rechtsbegriff zu sprechen. Soweit die Bedürfnisfrage als eine Rechtsfrage qualifiziert wird, hat das seinen wahren Grund in dem Bestreben, den verwaltungsgerichtlichen Schutz sicherzustellen. Das mag verständlich sein, aber man sollte es dann auch offen anerkennen. Daß im übrigen der Verwaltungsrichter nicht in der Lage ist, wirtschaftlich derart intrikate Fragen, wie sie eine Gewerbezulassung unter der Voraussetzung eines Bedürfnisses mit sich bringt, zuverlässiger zu entscheiden als die Verwaltungsbehörde, liegt für uns auf der Hand[23]).

Grundsätzlich ist es richtig, auch die Gewerbezulassung unter die Mittel der staatlichen Wirtschaftslenkung zu rechnen. Aber man muß im Einzelfall sehr genau prüfen, weil auch andere Motive, insbesondere solche gewerbepolizeilicher Art, mit hineinspielen, die mit Wirtschaftssteuerung nichts zu tun haben. In der gegenwärtigen Diskussion treten die gewerbepolizeilichen Gesichtspunkte wieder stärker in den Vordergrund; daneben solche berufspolitischer Art, wie sie sich vor allem in den Erfordernissen der Sachkunde und der persönlichen Zuverlässigkeit des Antragstellers dokumentieren. Ob die Gewerbezulassung ein besonders wirksames Mittel der Wirtschaftssteuerung darstellt, muß bezweifelt werden. Sie ist zu roh, weil sie zu wenig auf die besonderen Branchenverhältnisse abstellt und nur eine sehr allgemeine quantitative Beschränkung zur Folge hat. In der Praxis hat sie sich als wenig tauglich erwiesen. Sicherlich ist jedem Zulassungsverfahren eine gewisse abweisende und ebenso auch eine „Filter-Wirkung" eigen. Sie dürfen aber nicht zu hoch eingeschätzt werden. Wirtschaftspolitisch ist jedenfalls die Zulassungsfrage im Zusammenhang des staatlichen Interventionismus nicht annähernd so bedeutsam, wie sie zumeist hingestellt wird.

2. Weiter gehört die Freiheit des Wettbewerbs zwischen den Gewerbetreibenden zu den wesentlichen Prinzipien unserer gegenwärtigen Wirtschaftsverfassung. Wer in der Wirtschaft tätig ist, darf dabei seine Kräfte, sei es in Werbung, Preisstellung, Warenqualität oder in anderer Hinsicht, vom Staate ungehindert mit seinen Konkurrenten messen, sofern er sich nur lauter im Sinne des gesetzlichen Wettbewerbskodexes verhält und auch nicht gegen

---

[23]) In gleichem Sinne wie oben neuerdings Giese, JZ. 1952, S. 588.

sonstige Gesetze verstößt. Die Freiheit des Wettbewerbs ist nicht verfassungsrechtlich gewährleistet, auch nicht durch Art. 2 Abs. 1 BGG, denn die freie Entfaltung der Persönlichkeit und die freie Entfaltung des Geschäftes sind etwas grundsätzlich Verschiedenes. Die Wettbewerbsfreiheit gilt vielmehr lediglich als wirtschaftspolitische Maxime und hat als solche in programmatischer Form ihren gesetzgeberischen Niederschlag gefunden[24]).

Die Rechtslage ist hier, anders als bei den Einschränkungen der Gewerbefreiheit, einigermaßen geordnet. Sie ist aber gleichwohl in der Schwebe. Im Augenblick gelten noch die Kartellgesetze der Besatzungsmächte[25]), die, bestimmt durch die nordamerikanische Rechtsauffassung, von dem absoluten Verbot jeglicher Kartelle beherrscht sind und deren Ursprünge bis in das Potsdamer Abkommen zurückverfolgt werden können[26]). Die Besatzungsbestimmungen sollen nach Inkrafttreten des Generalvertrages durch ein entsprechendes Bundesgesetz abgelöst werden. Der Entwurf eines solchen „Gesetzes gegen Wettbewerbsbeschränkungen" liegt vor. Mit seiner Verabschiedung, und zwar vermutlich in den Grundsätzen unverändert, darf gerechnet werden.

Man hat die Frage aufgeworfen[27]), ob ein Gesetz, das sich gegen die Eingehung von privatrechtlichen Wettbewerbsbeschränkungen richtet und für die Erhaltung des freien Wettbewerbs einsetzt, als eine Maßnahme staatsinterventionistischen Charakters gegenüber der Wirtschaft aufgefaßt werden kann. Das wird z. T. verneint: nur was „Ausnahme" von der Gewerbefreiheit, was „Einbruch" in diese bzw. in die mit ihr zusammenhängende Wettbewerbsfreiheit sei, könne als Intervention angesehen werden. Diese Meinung hat etwas Richtiges an sich, sie ist aber dann nicht zutreffend, wenn, wie wir es tun, weniger auf den Begriff der „Intervention" (d. h. des Eingriffes, Einbruches, Eindringens usw.) als auf den der Lenkung abgestellt wird. Wo immer nämlich der seinen Eigengesetzlichkeiten folgende Wirtschaftsablauf vom Staat korrigiert wird, liegt „Lenkung" vor. In diesem Zusammenhang ist es gleichgültig, ob eine sich von eigenen Wettbewerbs-

[24]) Vgl. III der Anlage zu dem Gesetz über Leitsätze für die Bewirtschaftung und Preispolitik nach der Geldreform vom 24. 6. 1948, GVBl. WR. S. 59.

[25]) Vgl. Gesetz Nr. 56: Verbot der übermäßigen Konzentration deutscher Wirtschaftskraft vom 12. 2. 1947, RegBl. der Mil.Reg. Württ.-Baden vom 20. 3. 1947, S. 17; Ordinance Nr. 78 über das Verbot der übermäßigen Konzentration deutscher Wirtschaftskraft, Mil.Reg.Amtsbl. der brit. Zone, 1947, S. 412ff.; VO. Nr. 96 vom 9. 6. 1947 zur Verhinderung übermäßiger Machtanhäufung in der deutsch. Wirtschaft, Journ. Officiel vom 13.6.1948, S. 784.

[26]) Abschnitt III B Ziff. 12.

[27]) Hans Huber, Das Staatsrecht des Interventionismus, Ztschr. f. schweiz. Recht, N.F. Bd. 70, S. 175f., aber abstellend auf die dortige spezielle Verfassungssituation. — Gleicher Meinung wie wir Scheuner, DÖV. 1952, S. 609 Anm. 1.

beschränkungen freihaltende Wirtschaft in diesem Bezuge vom Staat kontrolliert wird, oder ob umgekehrt der Staat die von der Wirtschaft selbst angestrebten Wettbewerbsbeschränkungen verbietet und damit die Wirtschaft der vom Staat gewünschten Wettbewerbsfreiheit zuführt.

Von hier aus lassen sich die beiden Hauptereignisse qualifizieren, die in Westdeutschland auf dem Gebiet des Wettbewerbsrechts seit 1945 eingetreten sind bzw. eintreten werden. Die Aufhebung aller wettbewerbsbeschränkenden Abmachungen durch die alliierte Gesetzgebung bedeutete, von der Wirtschaft aus gesehen, eine hoheitliche Lenkungsmaßnahme großen Stils. Denn unsere Wirtschaft war bis zum Zusammenbruch weitgehend durchkartelliert; nunmehr ergaben sich wieder de iure völlig freie Wettbewerbsbedingungen. Eine ähnliche Bedeutung wird das kommende deutsche Gesetz gegen Wettbewerbsbeschränkungen haben. Es dürfte ebenfalls ein „Verbotsgesetz" werden, nur gemildert durch gewisse, freilich nicht unwichtige Ausnahmemöglichkeiten. Da indessen jede freie Wirtschaft die Tendenz in sich trägt, die gegenseitige Konkurrenz nicht ruinös werden zu lassen und damit zwangsläufig, vor allem in Krisenzeiten, zu autonomen Marktregelungen drängt[28]), beeinflußt das Verbot solcher Marktregelungen Struktur und Ablauf der Wirtschaft auf das empfindlichste. Daher muß auch das künftige deutsche Gesetz als eine wesentliche staatliche Lenkungsanordnung bezeichnet werden. Erfreulicherweise ist hier dem Rechtsschutzbedürfnis der Beteiligten große Sorgfalt gewidmet worden. Ein endgültiges Urteil in dieser Hinsicht kann aber im Augenblick noch nicht gefällt werden.

II

1. Wirtschaftslenkung darf man sich nicht nur in der Form hoheitlicher Maßnahmen vorstellen. Wenn mit der staatlichen Beeinflussung der Wirtschaftsvorgänge der Zweck verfolgt wird, bestimmte dem Staat wichtig erscheinende Ziele zu verwirklichen, so kann er sich dabei vielfältiger Mittel und Rechtsformen bedienen, praktisch aller, die ihm im konkreten Fall nützlich erscheinen und die legitim sind. Er tut das bekanntlich auch. Dabei kommt es nicht darauf an, ob er seinen Lenkungswillen der Wirtschaft zwangsweise aufoktroyiert oder nur mäßiger bzw. nur mittelbar wirkende Mittel gebraucht; auch nicht darauf, ob er nur sozusagen „von außen her" auf die Wirtschaft einwirkt, oder ob er sich selbst unter die Gewerbetreibenden mischt — manchmal offen, manches Mal in seltsame juristische Formen gekleidet, so daß man Mühe hat, den „Wolf im Schafspelz" zu erkennen. Damit schneiden wir das bekannte Thema der wirtschaftlichen Betätigung der

[28]) So mit Recht Marbach, Zur Frage der wirtschaftlichen Staatsintervention, Bern 1950, S. 95ff.

öffentlichen Hand an. Es kann, grundsätzlich gesehen, keinem Zweifel unterliegen, daß der Staat durch die von ihm oder von seinen Unterverbänden vorgenommene Betätigung in der Wirtschaft diese nicht nur mitträgt, sondern sie auch mitgestaltet[29]). Damit ist jeweils auch eine entsprechende wirtschaftspolitische Einflußnahme verbunden[30]). Das gilt überall, in größeren wie in kleineren Rahmen. Es gilt für das Riesenbeispiel der vollsozialisierten Wirtschaft der Sowjetunion, dessen fragwürdige Nachbildung, wenn auch in geringeren Ausmaßen, wir gegenwärtig in der deutschen Ostzone miterleben, wie auch etwa für den Bereich der Public Utilities in den angelsächsischen Ländern oder bei uns, wie schließlich für eine so bescheidene Angelegenheit, wie sie etwa der Behördenhandel einer beliebigen Amtsstelle darstellt. Die Entwicklung in diesem Zusammenhang seit dem Ausbruch des ersten Weltkrieges ist, gerade auch in Deutschland, dadurch gekennzeichnet, daß die hoheitliche Form des Verwaltungshandelns ganz allgemein zurückgetreten und die wirtschaftliche Betätigung der öffentlichen Hand entsprechend im Vordringen begriffen ist[31]).

2. Besondere Aufmerksamkeit auf diesem Gebiet hat seit jeher die Sozialisierung hervorgerufen. Einmal deswegen, weil es zu ihrem Wesen gehört, daß nicht nur einzelne Unternehmungen, sondern ganze Gruppen von solchen oder ganze Wirtschaftszweige zu ihrem Gegenstand gemacht werden[32]), wodurch jedem Sozialisierungsvorgang an sich schon eine besondere Tragweite zukommt; zum anderen wegen des damit verbundenen Einbruches in die Eigentümerstellung. Der letztere Gesichtspunkt hat unsere Wissenschaft bisher am meisten interessiert. In vorliegendem Zusammenhang steht dagegen im Vordergrund, daß trotz des durch die Sozialisierung eintretenden Wechsels in der Trägerschaft der „wirtschaftliche Standort" des Unternehmens und alles, was damit zusammenhängt, nicht geändert werden. Dagegen werden möglicherweise die Leitungsimpulse in den betreffenden Unternehmungen andere. Gleichgültig wer zum Träger des sozialisierten Unternehmens wird, der Staat selbst, eine „Sozialgemeinschaft"

---

[29]) Ballerstedt, Rechtsstaat und Wirtschaftslenkung, Arch.öff.R., Bd. 74, S. 132, weist auf die Bedeutung der wirtschaftlichen Betätigung des Staates für die „sachliche Integration" hin.

[30]) Die Beweggründe für die Aufnahme der betreffenden wirtschaftlichen Funktion durch den Staat können aber andere gewesen sein. Beispiele bei Forsthoff, Lehrbuch des Verw.Rechts, Bd. I, 1950 S. 378; zu der ganzen Frage vgl. auch S. 52ff., 60ff., 373ff., hier mit weiterer Literatur.

[31]) Dies ist schon für die Zeit nach dem ersten Weltkrieg festgestellt worden, etwa Köttgen, Die erwerbswirtschaftliche Betätigung der öffentlichen Hand und das öffentliche Recht, 1928, passim. — Für die heutige Zeit vgl. Forsthoff a.a.O.

[32]) Ipsen, Enteignung und Sozialisierung, Veröffentlichungen der Vereinigung der Deutschen Staatsrechtslehrer, Heft 10, 1952, S. 118, betont mit Recht die Unzulässigkeit von individuellen Sozialisierungen.

oder ein anderes Gebilde — in dem Verhalten des Unternehmens am Markte, d. h. den Lieferanten, Abnehmern und Konkurrenten gegenüber, werden die wirtschaftspolitischen Auffassungen derjenigen Kräfte zum Ausdruck kommen, die es nunmehr leiten. Damit verfügt der Staat unmittelbar oder mittelbar über wesentliche wirtschaftliche Einflußmöglichkeiten.

Im heutigen Westdeutschland ist, von einer Ausnahme abgesehen[33]), die Entwicklung auf dem Gebiet der Sozialisierung nicht besonders fortgeschritten. Zwar finden sich in nahezu allen neuen Länderverfassungen sowie im Bonner Grundgesetz Sozialisierungsbestimmungen. Nur Hessen hat bekanntlich davon Gebrauch gemacht. Im Ausland, jedenfalls in einigen europäischen Staaten (England, Frankreich, Österreich), sind dagegen seit dem letzten Kriege umfangreiche Sozialisierungen, übrigens auch im Bereich des Handels, vorgenommen worden, deren Auswirkungen auf Struktur und Ablauf der Gesamtwirtschaft bedeutend waren. Da bei uns der hessische Vorgang noch vereinzelt geblieben, er auch weder rechtlich noch wirtschaftlich ausgereift ist, braucht das Thema der Sozialisierung nicht weiter verfolgt zu werden.

3. Eine weitere Gruppe, bei welcher die öffentliche Hand als Träger wirtschaftlicher Funktionen hervortritt, bilden die Versorgungsbetriebe. Dieser Begriff sollte weitergefaßt werden, als es üblich ist. Man ist gewohnt, ihn im wesentlichen nur auf die Gemeinden zu beziehen. Öffentliche Unternehmen, wie die Bundesbahn und die Bundespost, gehören aber, ungeachtet ihrer besonderen Rechtsgestalt, gleichfalls in diesen Zusammenhang. Denn auch bei ihnen handelt es sich um wirtschaftliche Unternehmungen, die deswegen von der öffentlichen Hand betrieben werden, weil der breiteren Bevölkerung lebenswichtige Leistungen zu Bedingungen dargeboten werden sollen, wie dieses von privater Seite in der Regel nicht geschehen könnte.

Hier tritt die Frage auf, ob zu den bisherigen herkömmlichen Versorgungebetrieben seit 1945 neue hinzugetreten sind. Das ist auf überkommunaler Ebene, soweit wir sehen, nicht in nennenswertem Umfang der Fall, abgesehen von dem Bankensektor, auf den noch in der Folge zurückzukommen sein wird. Immerhin kann auf einzelne Erscheinungen hingewiesen werden. Die Staatliche Erfassungsgesellschaft für öffentliches Gut (STEG), eine wirtschaftlich dem Bund verantwortliche, zentrale Handelsgesellschaft in privatrechtlicher Form, zum Teil mit eigenem Filialsystem, hatte die Aufgabe, überschüssiges amerikanisches Heeres- und Beutegut verbilligt der Verwertung und dem Konsum zuzuführen; sie dürfte eine vorübergehende Erscheinung sein. Dagegen

[33]) Wir meinen Hessen. Für das — nicht durchgeführte — Berliner Sozialisierungsgesetz von 1948 vgl. Peters, Lehrbuch der Verwaltung, 1949, S. 503f.

wird die künftige Luftfahrtgesellschaft aller Wahrscheinlichkeit nach ein Unternehmen werden, das mit der Zeit den alten öffentlichen Verkehrsunternehmen an Rang gleichkommen wird. Sollte das neuerdings aufgetauchte Projekt der Gründung einer „Bank für Bundesunternehmen", die als Haus- bzw. Geschäftsbank für alle bundesmittelbaren Unternehmen dienen soll, zur Ausführung kommen, so würde das auf der gleichen Linie liegen[34]). — Auf der kommunalen Ebene ist dagegen auf eine hochbedeutsame Erweiterung des Kreises der Public Utilities hinzuweisen, die freilich bisher nur selten als solche erkannt wird. Es handelt sich um den sozialen Wohnungsbau der Gemeinden. Er wird fast durchweg in der Form gemeinnütziger privatrechtlicher Gesellschaften betrieben und bietet damit ein besonders gutes Beispiel für den Übergang der öffentlichen Hand zu wirtschaftlicher Betätigung im Gewande privatrechtlicher Unternehmungen. So wie bei Strom, Gas, Wasser und örtlichen Verkehrsbetrieben, so geht auch die Inangriffnahme des sozialen Wohnungsbaues durch die Gemeinden darauf zurück, daß diese Aufgabe von privater Seite nicht bewältigt werden konnte, wobei die Gründe, an denen der Staat mit seiner Mietpreisregelung nicht unschuldig ist, hier auf sich beruhen können. Von dem sozialen Wohnungsbau abgesehen, scheint auch bei den herkömmlichen kommunalen Versorgungsbetrieben eine allgemein expansive Entwicklung, besonders in der Elektrowirtschaft, vorzuliegen.

Außerdem hat sich hier eine weitere Sonderentwicklung ergeben, die zwar gesamtwirtschaftlich nicht zu wichtig genommen zu werden braucht die aber nicht uninteressant ist. Gemeindliche Versorgungsunternehmungen sind neuerdings in steigendem Maße dazu übergegangen, sich handwerkliche Hilfsbetriebe anzugliedern[35]) und neben ihren eigentlichen Versorgungsaufgaben Handel zu treiben, etwa mit Gas- und Elektrogeräten. Dieser Entwicklung gegenüber ist ein Eingreifen des Gesetzgebers verlangt worden[36]). In rechtlicher Hinsicht ist hier die wichtige Frage aufgetreten, ob auch der öffentlichen Hand das Grundrecht

[34]) Die Einfuhr- und Vorratsstellen der Ernährungswirtschaft — siehe unten S. 101 — wird man hier nur mit Einschränkungen nennen können, zumal sie als Nachfolger der Organisationen des Reichsnährstandes nicht völlig neu sind. Ihrer Rechtsform nach sind sie sämtlich Anstalten des öffentlichen Rechts. Sie stellen keine Wirtschaftsbetriebe und daher auch keine Versorgungsbetriebe dar. Aber sie nehmen als Zwischenkäufer, Kreditgeber und Auftraggeber für gewaltige Lagergeschäfte unzweifelhaft am wirtschaftlichen Verkehr teil, und sie besitzen ebenso unzweifelhaft auch Lenkungsfunktionen. Insofern mag ihre Anführung in diesem Zusammenhang nicht fehl sein.

[35]) Vgl. die Angaben von Nipperdey, Der Betriebsberater, 6. Jg., S. 593.

[36]) Vgl. Nipperdey wie zuvor und Drucksache Nr. 3133 des Deutschen Bundestags, 1. Wahlperiode 1949.

der Gewerbefreiheit zusteht; das ist mit Recht abgelehnt worden[37]. Wir erwähnen diesen Vorgang nur am Rande, gleichwohl aber deswegen, weil das Lenkungsproblem einen Ausschnitt aus dem allgemeineren Problem des Verhältnisses zwischen Staat und Wirtschaft darstellt und es daher nicht gleichgültig ist, wo die rechtlichen Grenzen der wirtschaftlichen Betätigung der öffentlichen Hand gezogen werden.

4. Abschließend zu diesem Punkte sei bemerkt, daß das vorliegende Thema eigentlich noch fortgesetzt werden müßte, und zwar auf das Gebiet der gemischtwirtschaftlichen Unternehmungen und auf die stark im Zunehmen begriffenen kapitalistischen Beteiligungen der öffentlichen Hand[38]. In beiden Formen sind weitere Einflußmöglichkeiten enthalten. Das ist jedoch ein weites Feld, auf dessen auch nur grundsätzliche Behandlung hier verzichtet werden muß.

III

Bei der Einsetzung einer Staatsaufsicht über bestimmte Wirtschaftszweige läßt der Staat die betreffenden wirtschaftlichen Unternehmen in der privaten Hand, unterwirft sie aber einer besonderen Verwaltungskontrolle. Das Unternehmen steht also „in der Mitte" zwischen Privat- und Staatswirtschaft. Es wird nicht vom Staat oder einem anderen öffentlichen Rechtsträger betrieben, doch ist es in seiner geschäftlichen Gebarung nicht ebenso frei wie die reinen Privatbetriebe. Es gehört nach Rechtsform und Tätigkeit nach wie vor der privatrechtlichen Sphäre an, nur unterliegt es gewissen öffentlich-rechtlichen Verpflichtungen, denen entsprechende Einwirkungsmöglichkeiten des Staates gegenüberstehen. Vor 1933 war diese Rechtsfigur seltener[39]. Seither hat sie sich weiter verbreitet, was sich noch fortsetzen dürfte. Das Institut des staatsbeaufsichtigten Wirtschaftsunternehmens verdient daher grundsätzliche Aufmerksamkeit. Solche Unternehmen bieten übrigens eine besonders günstige Gelegenheit zur Inanspruchnahme für öffentliche Verwaltungsaufgaben[40].

---

[37] Von Nipperdey a.a.O.

[38] Das Deutsche Industrieinstitut hat neuerdings Untersuchungen über den Umfang der wirtschaftlichen Betätigung der öffentlichen Hand eingeleitet, aus denen sich nach dem Stand von 1943 ergibt, daß damals etwa ein Drittel des Vermögens der gewerblichen Wirtschaft — soweit sie in den Formen der Kapitalgesellschaften organisiert war — direkt oder indirekt als Vermögen der öffentlichen Hand im weitesten Sinne bezeichnet werden kann. Für die heutige Zeit dürften die Verhältnisse kaum anders liegen.

[39] E. R. Huber, Wirtschaftsverwaltungsrecht, 1932, S. 112f., verzeichnet nur „wenige Fälle".

[40] Hierzu Ipsen, Gesetzliche Indienstnahme Privater für Verwaltungsaufgaben, Festgabe für Erich Kaufmann, 1950, S. 141ff.

Neben der Energiewirtschaft[41]) sind es im wesentlichen zwei Hauptgebiete, in denen sich eine Staatsaufsicht über wirtschaftliche Unternehmungen findet, nämlich im Geld- und Kreditwesen (im weiteren Sinne) sowie bei dem Verkehr. Das private Bankgewerbe, früher schon die Hypotheken- und die Schiffspfandbriefbanken, die öffentlichen Sparkassen, die Versicherungsunternehmen und Bausparkassen sind hier zu nennen[42]). Bei dem Verkehr sind es die Privateisenbahnen, die Binnenschiffahrt, die Personenbeförderung zu Lande und der Güterverkehr mit Kraftfahrzeugen[43]). Unwichtiger Art ist die private gewerbsmäßige Arbeitsvermittlung[44]). In allen diesen Fällen stehen die betreffenden Unternehmen in jenem Sonderverhältnis zum Staat[45]). Unter ihnen finden sich freilich auch solche der öffentlichen Hand. Das ist aber nicht wesentlich. Denn ergriffen von der Staatsaufsicht wird der ganze Wirtschaftszweig, gleichgültig von wem die ihm angehörenden Unternehmen betrieben werden. Die Unterwerfung der Privatunternehmen ist in unserem Zusammenhang das entscheidende Merkmal.

Die Staatsaufsicht wird ausgeübt entweder auf direktem oder indirektem Wege, letzterenfalls unter Zwischenschaltung besonderer Organisationen. Organisatorisch ist die Aufsicht verschieden geordnet. Teils sind es ordentliche Verwaltungsbehörden der Länder oder des Bundes, denen die Ausübung der in Frage stehenden Befugnisse obliegt, teils sind damit, insbesondere im Bank- und Versicherungswesen, Sonderbehörden betraut. Bei der indirekten Staatsaufsicht sind die Gewerbebetriebe (was heute

---

[41]) Gesetz zur Förderung der Energiewirtschaft vom 13. 12. 1935, RGBl. I, S. 1451, mit weiteren Ergänzungen.

[42]) RGesetz über das Kreditwesen vom 5. 12. 1934, RGBl. I, S. 1203, Hypothekenbankgesetz vom 13. 7. 1899, RGBl. S. 375, Gesetz über Schiffspfandbriefbanken vom 14. 8. 1933, RGBl. I, S. 583; für die Sparkassen: VO. des RPräs. vom 6. 10. 1931, RGBl. I, S. 537, Teil 5 Kap. I; Gesetz über die Beaufsichtigung der privaten Versicherungsunternehmen und Bausparkassen vom 6. 6. 1931, RGBl. I, S. 315 — jeweils mit weiteren gesetzlichen Ergänzungen.

In Hessen und Rheinland-Pfalz (Art. 41 Ziff. 2 bzw. Art. 62 der jeweiligen Verfassung) ist die staatliche Aufsicht über Banken und Versicherungen schon verfassungsrechtlich vorgesehen.

[43]) § 5 des Allgemeinen Eisenbahngesetzes vom 29. 3. 1951, BGBl. I, S. 225; Gesetz zur Bekämpfung der Notlage der Binnenschiffahrt vom 16. 6. 1933, RGBl. II, S. 317; Gesetz über die Beförderung von Personen zu Lande vom 4. 12. 1934, RGBl. I, S. 1217; Güterkraftverkehrsgesetz vom 17. 10. 1952, BGBl. I, S. 697 — zumeist mit zahlreichen gesetzgeberischen Ergänzungen.

[44]) Gesetz über Arbeitsvermittlung, Berufsberatung und Lehrstellenvermittlung vom 5. 11. 1935, RGBl. I, S. 1281, § 1 (3) bis (5).

[45]) Typisch in diesem Zusammenhang § 4 des Ersten Wohnungsbaugesetzes vom 24. 4. 1950, BGBl. I, S. 83. Hier wird die Bundesregierung ermächtigt, den Kapitalsammelstellen bestimmte Vorschriften über die Anlage langfristiger Gelder zur Finanzierung des Wohnungsbaues zu machen.

aber selten ist) zu Zwangsverbänden zusammengefaßt, wie bei den Schiffer-Betriebsverbänden der Binnenschiffahrt[46]) und früher bei dem Reichs-Kraftwagen-Betriebsverband, dem neuerdings sogar eine ganze Bundesanstalt öffentlich-rechtlichen Charakters gefolgt ist[47]). Hier sind die Zwischenorganisationen mit öffentlichrechtlichen Befugnissen gegenüber dem einzelnen Unternehmer ausgestattet und ihrerseits als ganzes wieder vom Staat beaufsichtigt.

Als Zweck der Aufsicht ist zumeist die Einhaltung der jeweiligen Gesetzesbestimmungen sowie der Konzessionsbedingungen vorgesehen — der letzteren deswegen, weil die einer Staatsaufsicht unterworfenen Unternehmen sämtlich zulassungsbedürftig sind. In der Sache wird man den Aufsichtszweck etwas anders umschreiben müssen: Fernhaltung oder Beseitigung unzuverlässiger Gewerbetreibender, Verkehrssicherheit in allgemeiner und in technischer Hinsicht, Sicherung der Geldanlagen des Publikums, Schutz der Sparer oder Versicherungsnehmer, Angemessenheit der zu zahlenden Entgelte — dies und ähnliches sind die Ziele, zu deren Verwirklichung die staatliche Aufsicht eingesetzt ist.

Die Aufsichtsmittel sind vielfältiger Art. Das praktisch wichtigste dürfte die Zurücknahme der Zulassung sein. Daneben finden sich Überprüfungen in geschäftlicher und in technischer Hinsicht, Besichtigungen, Büchereinsicht, Bilanzenvorlage, Teilnahme an Sitzungen und dergl. mehr; Ordnungsstrafen und polizeiliche Verfügungen, Ersatzvornahme usw. — das ganze Arsenal der aus dem Verwaltungsrecht geläufigen Aufsichtsmittel und ihrer Durchsetzungsmöglichkeiten müßte dargelegt werden, wollten wir vollständig sein.

Die entscheidende Frage liegt für uns darin, inwieweit hier vermittels der Staatsaufsicht eine wirtschaftspolitische Steuerung möglich ist und tatsächlich betrieben wird. Nach unserer Meinung ist sie möglich, aber es wird nur zurückhaltend davon Gebrauch gemacht. Die Dinge liegen auf den einzelnen Gebieten verschieden, und es kommt auf die jeweilige Gesamteinstellung des Staates zur Wirtschaft an. In der nationalsozialistischen Zeit ist mit dieser Staatsaufsicht zweifellos auch Wirtschaftsführung getrieben worden. Heute scheinen uns im ganzen die technischen Gesichtspunkte im Vordergrund zu stehen; das wirtschaftspolitische Moment spielt zwar hinein, ist aber nicht ausschlaggebend. Immerhin, wenn z. B. die Bankenaufsicht auch heute noch die Aufgabe hat, für die Beachtung allgemeinwirt-

---

[46]) Vgl. etwa VO. vom 15. 9. 1934, RuPr.Staatsanz. vom 19. 9. 1934.

[47]) Vgl. § 53 ff. des Güterkraftverkehrsgesetzes vom 17. 10. 1952, BGBl. I, S. 697 ff.

schaftlicher Gesichtspunkte in der allgemeinen Kredit- und Bankpolitik zu sorgen, wenn man sich bei dem Verkehr vor Augen hält, daß die Staatsaufsicht gerade deswegen eingerichtet ist, um eine gesamtwirtschaftliche Ordnung auf dem betreffenden Sektor zu gewährleisten, und wenn man schließlich die enge Verflechtung mit allen Tarif- und Entgeltsfragen berücksichtigt, dann werden unsere Fragestellung und unser Urteil verständlich sein. Es liegt auf der Hand, daß alle Einzelmaßnahmen einer solchen Aufsicht letztlich getragen sind von denjenigen wirtschaftspolitischen Auffassungen, deren Verwirklichung den aufsichtführenden Instanzen aufgegeben ist.

IV

1. Für die Wirtschaft im ganzen und für das einzelne Unternehmen ist die Form, in der von seiten des Staates der wirtschaftliche Ablauf in bestimmte Bahnen gelenkt wird, im Grunde unwesentlich, die Wirkung alles. Gewiß — eine geschlossene Planwirtschaft totalitären Charakters bedeutet für die Wirtschaft eine besonders tiefgreifende Reglementierung. Auch die Bewirtschaftung nur einzelner Grundstoffe oder Warengruppen bringt für den betroffenen Betrieb eine empfindliche Beeinträchtigung seiner Freiheitssphäre. Daneben gibt es aber noch eine Unzahl sonstiger Maßnahmen, die vom Standpunkt der staatlichen Lenkungsabsichten aus nicht weniger wirksam sind und die von der Wirtschaft auch entsprechend empfunden werden. Dazu gehört heute in allererster Linie das Steuergesetz. Daß die staatliche Lenkung auch durch den bloßen Erlaß von Gesetzen oder sonstigen Rechtsbestimmungen vor sich gehen kann, steht außer Zweifel[48]). Das Gesetz dürfte heutzutage sogar mit die wichtigste Form darstellen.

Wirtschaftslenkung durch steuerliche Gesetze ist selbstverständlich nichts Neues. Sie gehört, seit es überhaupt öffentliche Abgaben gibt, in das bewährte Arsenal auch der Wirtschaftspolitik. Denn kaum jemals in der Geschichte dürfte das berechtigte Bedürfnis der öffentlichen Hand, ihre Kassen mit den Steuergroschen des Volkes zu füllen, nicht auch zu außerfiskalischen Zwecken benutzt worden sein. Das Besondere an der heutigen Situation ist nur, daß niemals, weder in unserer Zeit noch wohl auch früher, derartig hohe Steuern erhoben worden sind, wie das gegenwärtig nicht nur in Deutschland, sondern auch in anderen Ländern der Fall ist. Das steuerliche Aufkommen stammt zwar nicht allein aus der Wirtschaft, es ist aber bei nahezu allen wichtigeren Steuern von deren Entwicklung wesentlich

---

[48]) Ballerstedt a.a.O. S. 138 zählt mit Recht auch Gesetze zu den Lenkungsmaßnahmen.

abhängig. Je vielseitiger das Steuersystem und vor allem je höher die Steuersätze, desto wuchtiger und schärfer ist das Schwert des Staates mit der Devise „Wirtschaftslenkung durch Steuergesetz“[49]).

Dafür bedarf es nur weniger Hinweise. Wer die Entwicklung etwa unseres Ertragssteuerrechtes in den letzten Jahren verfolgt hat, dem ist bekannt, wie nach der Währungsreform das Ruder der Steuerpolitik auf die „Selbstfinanzierung der Wirtschaft“ umgestellt worden ist. Sonderabschreibungen, Bewertungsfreiheiten, die Begünstigung nichtentnommener Gewinne u. a. m. — sie alle dienten dazu, den Betrieben die für den Wiederaufbau nötigen Mittel zu belassen. Diese Linie ist zwar 1951 wieder verlassen worden, aber die Wirkung war gleichwohl erheblich. Es darf auch erinnert werden an die steuerliche Förderung der Ausfuhr, an die Umsatzsteuer mit ihren besonderen Sätzen bei den sozialwichtigen Nahrungsmitteln, der geringeren Belastung des Großhandels und neuerdings etwa der Zusatzsteuer für mehrstufige Unternehmen; Förderung der Genossenschaften, Wiederherstellung des Kapitalmarktes, Tabaksteuerreform, Herabsetzung der Sektsteuer (als Hilfe für die Erzeuger) sind weitere Stichworte, aus denen sich ergibt, daß insoweit nicht Finanz-, sondern ganz eindeutig Wirtschaftspolitik mit steuerlichen Mitteln getrieben wird. Lastenausgleich und Investitionshilfe gehören ebenfalls in diesen Zusammenhang. Der erstere entspringt zwar allgemeinpolitischen Motiven, aber beide sind auf der Aufbringungsseite abgabenrechtlich gestaltet und bedeuten für die Wirtschaft eine große Kapitalentziehung bzw. — bei der Investitionshilfe — eine Kapitalumschichtung.

Wenn der vorliegende Punkt nicht in den Einzelheiten ausgesponnen wird, so nicht, weil wir ihn mit diesen wenigen Worten erschöpft hätten. Die Kürze unserer Ausführungen darf nicht dazu verleiten, sie gering zu werten. Das Anziehen bzw. das Lockerlassen der Steuerschraube ist vielmehr das entscheidende Mittel unserer gegenwärtigen Wirtschaftslenkung. Es hat die unerfreuliche Folge, daß der Unternehmer heute beinahe weniger in den seiner Aufgabe entsprechenden Kategorien des Wagnisses und der Rendite denkt, als daran, wie und wo er seine steuerliche Belastung mindern kann. Keine betriebliche Maßnahme, ohne daß zuvor nicht die steuerlichen Folgen bedacht werden!

2. Die finanzielle Unterstützung der Wirtschaft mit öffentlichen Mitteln gehört zu den charakteristischen Merkmalen unserer Entwicklung seit dem Kriegsende und in verstärktem Maße seit der Währungsreform. Bei einer Wirtschaftsordnung mit — dem Grundsatze nach — liberalen Zielen und Betonung der Unternehmerverantwortung könnte das erstaunen.

---

[49]) In gleichem Sinne Marbach a.a.O. S. 22f.

Aber der geschwächte Wirtschaftskörper war nach 1945 zunächst natürlich nicht in der Lage, aus eigener Kraft den ungeheuren Aufgaben gerecht zu werden. Nach der Währungsreform kam ein weiterer, überaus simpler volkswirtschaftlicher Vorgang hinzu: die finanzielle Decke der Wirtschaft war hoffnungslos zu kurz geworden; die konfiskatorisch wirkende Besteuerung machte die Anlegung betrieblicher Reserven, trotz der zeitweiligen Steuererleichterungen, weithin unmöglich und verhinderte vor allem die Entstehung eines Kapitalmarktes. Statt dessen sammelten sich sehr erhebliche Gelder in den öffentlichen Kassen, nicht zwar als Dauervermögen, aber doch geeignet, um für die Finanzierung der Wirtschaft ausgegeben oder ausgeliehen zu werden. Die Akkumulierung von Finanzmacht bei den öffentlichen Kassen[50]), im Verein mit der zum großen Teil vom Staat mitverursachten Finanznot der Wirtschaft, ist der reale Untergrund, auf dem sich gegenwärtig der weitverzweigte Prozeß der finanziellen Hilfegewährung des Staates an die Wirtschaft abspielt. Die fraglichen Gelder entstammen zahlreichen Quellen; sie werden gegeben in den verschiedensten Formen und eingesetzt zu allen nur denkbaren Zwecken. Als Gebender ist der Bund ebenso daran beteiligt wie die Länder, wenn auch das Schwergewicht bei dem Bund liegen dürfte — mit der natürlichen Folge einer zentralisierenden Wirkung. Daraus haben sich schwierige Probleme rechtlicher, insbesondere auch bundesstaatsrechtlicher Art, ergeben[51]), vor allem dort, wo die Finanzhilfe nicht nach bestimmten Gesetzesvorschriften[52]) oder nicht aus normalen Haushaltsmitteln gewährt wird, also (auf der Ausgabenseite) im Bereich der „gesetzesfreien Verwaltung". Was diese ganze Erscheinung so bedeutungsvoll macht, das ist die nicht zu bestreitende Tatsache, daß, wo immer öffentliche Gelder verteilt werden, auch staatlich gelenkt wird. Und es handelt sich dabei um außerordentlich große Summen[53]). Darlehen, Zuschüsse, Bürgschaften und Garantien sind die wichtigsten Formen bei der Verteilung der Gelder. Auch die Subventionen[54]) in der Gestalt von Preisverbilligungen sind in diesem Zusammenhang zu nennen. Wir halten diese finanziellen Unterstützungen für das dem Gewicht nach zweitwichtigste Instrument der staatlichen Wirtschaftslenkung unserer Tage.

---

[50]) Formulierung von Köttgen, Verfassungsrechtliche Grenzen der Ausgabenwirtschaft des Bundes, Städtetag, 1952, S. 3ff.

[51]) Hierzu Köttgen wie zuvor; für die Schweiz vgl. Dietrich Schindler, Die Bundessubventionen als Rechtsproblem, Züricher Beiträge zur Rechtswissenschaft, 1952, passim.

[52]) Vgl. etwa §§ 3, 13 bis 22 des Ersten Wohnungsbaugesetzes vom 24. 4. 1950, BGBl. I, S. 83.

[53]) Gast, Deutsche Steuer-Rundschau, 2. Mai-Heft 1952, schätzt sie von der Währungsreform bis zum Frühjahr 1952 auf 14 bis 15 Mrd. DM.

Was die Quellen betrifft, aus denen alle diese öffentlichen Mittel fließen, so bedürfte es einer finanzwissenschaftlichen Untersuchung, um zu klären, welcher Art und Bedeutung sie im einzelnen sind. Für unsere Zwecke ist wesentlich, daß es sich keineswegs nur um normale Haushaltsmittel (Steueraufkommen) des Bundes oder der Länder handelt, wenn diese auch einen erheblichen Teil davon ausmachen dürften. Beim Bund kommt vor allem weiter in Frage der ganze Komplex, der mit den amerikanischen Hilfeleistungen zusammenhängt, also die bekannten Gegenwertfonds aus ERP- und GARIOA-Einfuhren[55]), die innerdeutsch bezahlt, aber von Staat zu Staat zunächst noch nicht ausgeglichen werden, ferner die ECA-Mittel. In letzter Zeit bringen die aus den Gegenwertfonds gewährten Darlehen ihrerseits wieder Zinseinkünfte und Tilgungsbeträge, die revolvierend ausgeliehen werden. Die aus dem amerikanischen Hilfeleistungskomplex bei dem Bund angereicherte Finanzmacht ist beachtlich. Auch die Mittel, die bei dem Bund aus den Verkaufserlösen der STEG aufkommen, spielen eine Rolle. Die Bundesanstalt für Arbeitslosenvermittlung usw. ist ein weiterer, zunehmend wichtiger werdender Geldgeber. Schließlich ist auf die Soforthilfe- bzw. künftig die Lastenausgleichsmittel hinzuweisen, aus denen gleichfalls viele Hunderte von Millionen unmittelbar oder mittelbar der Wirtschaft zufließen. Auch das Sondervermögen auf Grund des Investitionshilfegesetzes darf in diesem Zusammenhang nicht vergessen werden, wenn auch die hieraus vergebenen Mittel mit gesellschaftsrechtlichen Beteiligungen abgedeckt werden sollen. Man hat neuerdings nicht weniger als 12 große „zentralgesteuerte Kreditprogramme" auf Bundesebene gezählt, unter sich natürlich von verschiedenem Gewicht, aber im ganzen sowohl staats- wie volkswirtschaftlich von beträchtlichem Ausmaß. Daneben sind noch die entsprechenden Aktionen der Länder zu berücksichtigen, die niemand zu übersehen vermag. Nach alldem kann man sich unschwer vorstellen, welche Machtfülle und welche Möglichkeiten der Wirtschaftslenkung dem Staat bei der Verteilung dieser außerordentlichen Summen in die Hand gefallen sind und welche politische An-

---

[54]) Beispiele: Gesetz über die Festsetzung und Verrechnung von Ausgleichs- und Unterschiedsbeträgen für Einfuhrgüter der Land- und Ernährungswirtschaft vom 22. 8. 1949, WiGBl. S. 291, verlängert durch Gesetz vom 27. 2. 1950, BGBl. I, S. 33; VO. über Verbilligung von Dieselkraftstoff für die Große Hochsee- usw. Fischerei vom 6. 6. 1951, BGBl. I, S. 376, i.d.F. vom 13. 6. 1952, ferner die entsprechende VO. für die Landwirtschaft vom 28. 7. 1951, BGBl. I, S. 482. — Schindler a.a.O., passim, zieht den Begriff der „Subvention" weiter, sachlich nicht ganz zu unrecht, aber es entspricht das nicht dem gegenwärtigen deutschen Wortgebrauch.

[55]) Art. IV f. des Abkommens über die wirtschaftliche Zusammenarbeit zwischen der Bundesrepublik Deutschland und den Vereinigten Staaten von Amerika vom 5. 12. 1949, BGBl. S. 10.

ziehungskraft die geldverteilenden Stellen ausüben. Nur die weitgehende organisatorische und verfahrungsmäßige Aufsplitterung, die auf diesem Gebiet vorhanden ist, bannt einigermaßen die Gefahren, die durch einen Mißbrauch solcher wirtschaftlichen Machtstellung etwa eintreten könnten.

Von besonderem Interesse ist die Art und Weise, in welcher die öffentliche Hand die verschiedenen Gelder der Wirtschaft zuführt. Hier ergeben sich organisatorisch und in bezug auf die Rechtsformen wichtige Feststellungen. Zunächst einmal die, daß die Kredite, Zuschüsse, Bürgschaften usw. nur zum geringeren Teil von Verwaltungsbehörden vergeben werden. Es ist das z. B. der Fall bei den Soforthilfe- bzw. Lastenausgleichsmitteln, bezüglich deren eine eigene Verwaltungsorganisation eingerichtet worden ist. Auch die Länder scheinen ihre Förderungsmittel überwiegend durch Behörden ihrer Wirtschaftsverwaltung vergeben zu lassen, bei größeren Summen unter Mitwirkung der Finanzausschüsse der Landtage. Hiervon abgesehen, ist es mehr und mehr zur Regel geworden, daß ein deutlicher Trennungsstrich gezogen wird zwischen der Bereitstellung der Mittel und ihrer Vergebung im einzelnen. Das erstere liegt im öffentlichen Bereich, das zweite ist weitgehend privatisiert und damit kommerzialisiert. Man hat inzwischen eingesehen, daß etwa bei einem Staatsdarlehen und bei einem Bankkredit jedenfalls eines völlig gleich liegt, nämlich das Interesse an einer ordnungsmäßigen Rückzahlung. Staatsdarlehen oder Staatsbürgschaften sind eben Kreditgeschäfte, wie sie in gleicher Weise auch im privatwirtschaftlichen Bereich vorkommen. Das ist der Grund, warum in breitem Umfange zwischen den Staat und den privaten Empfänger Kreditinstitute eingeschoben worden sind. Ihre Erfahrungen bieten sehr viel größere Sicherheit, als wenn die Verwaltung selbst mit ihrer bürokratischen Einstellung und bankmäßigen Unerfahrenheit die Gelder vergeben würde.

Als hervorragendste Neuschöpfung auf diesem Gebiete ist die Kreditanstalt für Wiederaufbau zu nennen, eine Körperschaft des öffentlichen Rechts[56]). Ihr sozusagen „nachgeordnet" findet sich die Industriekreditbank, eine Aktiengesellschaft, aber unter gewissem Einfluß von seiten des Bundes. Die Landwirtschaftliche Rentenbank darf mit ihr verglichen werden. Weitere Banken auf dem Agrarsektor mit ähnlichen Aufgaben stellen die Deutsche Rentenbank-Kreditanstalt, die Deutsche Siedlungsbank und andere dar. Die Vertriebenenbank A. G. wickelt einen Teil der Soforthilfekredite ab. Dazu kommen die Banken des Genossenschaftsbereiches, voran die Deutsche Genossenschaftskasse. Bei

[56]) Gesetz über die Kreditanstalt für Wiederaufbau i. d. F. vom 22. 1. 1952, BGBl. I, S. 65. Interessant: die Ausstattung einer öffentlich-rechtlichen Körperschaft mit Kapital!

den Saatenkrediten des Bundes fungiert ein Münchener Privatbankhaus als „führendes Geldinstitut"[57]). Diese Reihe ließe sich noch fortsetzen, vor allem auch auf Landesebene, wo es z. B. Landeskreditanstalten für Wohnungsbau und ähnliches gibt. — Ein Teil dieser Bankinstitute besitzt öffentlich-rechtlichen Charakter[58]). Andere, wie das eben genannte Münchener Bankhaus, haben keinen öffentlich-rechtlichen Status, sind aber bezüglich bestimmter Funktionen mit öffentlichen Aufgaben betraut. Zumeist unterstehen sie einer Aufsicht durch den Staat[59]). Die staatlichen Stellen sichern sich ihren Einfluß auch durch das Recht, die Vergebungspläne entweder selbst aufzustellen oder doch zu bestätigen, oder es werden die Richtlinien hierzu vom Staat erlassen. Auch staatliche Treuhänder oder Kommissare finden sich bei diesen Banken. Schließlich ist die öffentliche Hand weitgehend in den Verwaltungsräten dieser Institute vertreten.

Was schließlich die Hingabe des Darlehens, die Übernahme der Bürgschaft usw. im Einzelfall betrifft, so ist dieser Vorgang, wie gesagt, vollständig privatisiert. Das ist ja der Zweck der Einschaltung der Kreditinstitute; weitaus der größte Teil der öffentlichen Gelder wird auf diesem Weg vergeben. Nur bei den verlorenen Zuschüssen ist es anders. Aber auch dort, wo die Einzelvergebung nicht durch Kreditinstitute, sondern durch Verwaltungsbehörden geschieht, schließt sich an den gewährenden Verwaltungsakt ein bürgerlich-rechtliches Geschäft an, und zwar in Gestalt eines gewöhnlichen Darlehens- oder Bürgschaftsvertrages, abgeschlossen zumeist mit der zuständigen Schuldenverwaltung. Er unterscheidet sich rechtlich kaum von einem entsprechenden Vertrag aus Anlaß eines privaten Bankgeschäftes, nur daß vielleicht die Bedingungen, vor allem die Sicherungen, die verlangt werden, noch schärfer sind, weil hier das persönliche Vertrauensverhältnis, das eigentliche Element eines jeden Kredits, natürlicherweise fehlen muß.

3. Mit dem nächsten Punkt, der Bewirtschaftung, gelangen wir zu dem Kerngebiet unseres Themas. Das gilt jedenfalls für eine rechtliche Betrachtung. Denn die Bewirtschaftung ist unzweifelhaft das Musterbeispiel einer staatlichen Intervention. Hier tritt der staatliche Eingriff in die lebendigen wirtschaftlichen

---

[57]) III der Richtlinien zur Durchführung des Gesetzes über eine Bundesbürgschaft zur Abwicklung von Saatenkrediten für die Ernten bis zum Jahre 1949 vom 25. 9. 1951, BAnz. Nr. 194.

[58]) Soweit sich das nicht schon aus ihren Organisationsbestimmungen ergibt, läßt es sich auch aus der Befreiung von der Körperschafts- und Vermögenssteuer ablesen, vgl. etwa § 3 (1) Ziff. 1 des Vermögenssteuergesetzes von 1934 i.d.F. vom 16. 1. 1952.

[59]) Vgl. z. B. § 12 des in Note 56 zit. Gesetzes; auch § 11 des Gesetzes über die Deutsche Genossenschaftskasse i.d.F. vom 3. 2. 1951, BGBl. I. S. 131.

Vorgänge am augenfälligsten in Erscheinung. Freilich, gemessen an der Bedeutung für die Gesamtwirtschaft oder verglichen mit anderen Lenkungsmitteln oder unter dem Gesichtspunkt der Auswirkungen in der Praxis, steht das Instrument der Bewirtschaftung heute bei uns keineswegs mehr an vorderster Stelle. Zwei Tendenzen kreuzen sich bekanntlich in unserer Wirtschaftsordnung und laufen zum Teil in einer merkwürdigen Mischung durcheinander: das Prinzip der freien Wirtschaft einerseits und der staatliche Interventionismus andererseits. Im Bereich der gewerblichen Wirtschaft ist die Bewirtschaftung auf bestimmte, mehr oder minder wichtige Ausschnitte beschränkt — mit der Tendenz zu weiterer Lockerung. Bei der Ernährungswirtschaft liegt es anders. Hier ist die gesamte Grundordnung weitgehend staatlich gelenkt, und zwar in besonders gearteten Bewirtschaftungsformen; Wirtschaftsfreiheit und Marktfunktion kommen demgegenüber nur sekundär zur Geltung.

Für die Bewirtschaftung, diese nunmehr als Ganzes genommen, ist es wesentlich, daß sie ein Mittel der direkten verwaltungsmäßigen Lenkung darstellt. Direkt deswegen, weil das einzelbetriebliche Geschehen davon unmittelbar berührt wird. Die geschäftlichen Dispositionen des Unternehmers, sei es in Bezug auf Erzeugung oder Absatz, auf Warenart und -qualität, sei es in bezug auf die Auswahl seiner Lieferanten oder Abnehmer, sind nicht mehr frei. Verwaltungsmäßig deswegen, weil zur Durchführung der Bewirtschaftung nicht nur mit — meist allzu vielen — generellen Anordnungen gearbeitet wird, sondern darüber hinaus auch mit Einzelverfügungen genehmigenden, verbietenden oder sonstwie bestimmenden Inhalts, die von den Bewirtschaftungsbehörden zur konkreten Gestaltung einzelner Betriebsvorgänge erlassen werden. Typisch für die Bewirtschaftung ist weiter das hoheitliche Moment. Allerdings finden sich unter den Bewirtschaftungsorganen auch seltsame Erscheinungen in Form privatrechtlicher Gesellschaften, die an sich, wie man denken sollte, auch nur privatrechtlich tätig werden. Aber sie sind zumeist noch irgendwie mit öffentlich-rechtlichen Funktionen ausgestattet, weil das zur Durchführung ihrer Aufgaben erforderlich ist. Ferner wirkt jede Bewirtschaftungsmaßnahme ihrer Natur nach nicht fördernd oder anregend, sondern im Gegenteil negativ, d. h. verhindernd; entweder vollständig oder jedenfalls doch im Sinne einer Lenkung in andere Bahnen, als sie sich aus den natürlichen Tendenzen des Wirtschaftsablaufs ergeben würden. Unsere heutige Bewirtschaftung erstreckt sich schließlich nur auf Erzeugung und Absatz; bei diesem trifft sie den Einzelhandel kaum mehr[60]) und

[60]) Ausnahmen z. B. in Bekanntmachung über den Kleinhandel mit Garnen vom 10. 4. 1918, RGBl. Nr. 51, und § 18 der Butter-VO. vom 2. 6. 1951, BAnz. Nr. 110.

den Letztverbraucher, d. h. die weite Konsumentenschicht, überhaupt nicht[61]). Damit dürften die wichtigeren allgemeinen Merkmale aufgezeigt sein.

Von der Verschiedenartigkeit der Situation bei der gewerblichen Wirtschaft und bei der Ernährungswirtschaft wurde schon gesprochen. Bei der ersteren sind es Teilausschnitte (Eisen, Schrott, Kohle, Nichteisen- und Edelmetalle, außerdem Besatzungsbedarf und dringliche Ausfuhren)[62]); auf dem Agrarsektor sind es dagegen die großen Hauptgebiete (Getreide und Futtermittel, Vieh und Fleisch, Fette und teilweise auch noch Zucker)[63]), die der Bewirtschaftung unterliegen. Die Verschiedenheit hat ihren Grund in den Besonderheiten der jeweiligen Aufgabe, die mit der Bewirtschaftung erfüllt werden soll. Bei der gewerblichen Wirtschaft handelt es sich um eine der bekannten Mangel-Bewirtschaftungen, wie wir sie vor der Währungsreform in breitestem Umfang gehabt haben. Dort, wo Lücken in der Versorgung gegeben sind, setzt die staatliche Hand an, sucht den Bedarf zu beschränken und die knappen Güter gesamtwirtschaftlich zu verteilen; daher (heute) der Ausnahmecharakter und die Beschränkung auf ganz bestimmte Teilgebiete[64]). Die Bewirtschaftung auf der Ernährungsseite ist anders geartet. Hier könnte man vielleicht von einer marktordnenden Bewirtschaftung sprechen. Sie dient sowohl der Bedarfsdeckung im Interesse des ganzen Volkes, wobei die Einfuhr eine besondere Rolle spielt, als auch dem Erzeugerschutz im Interesse der Landwirtschaft. Nationale Versorgungspläne und Vorratshaltung durch den Bund auf der einen Seite, Mindestpreise, Qualitätsverbesserung der Erzeugnisse, Absatzsicherung durch Ordnung des Marktes auf der anderen Seite, bezeichnen die wichtigsten Mittel dieser zweiten Art von Bewirtschaftung. Die grundsätzlichen Unterschiede wirken sich sowohl organisatorisch als auch rechtlich in vielfältiger Hinsicht aus.

Was die Organisation anbetrifft, innerhalb derer sich die gegenwärtige Bewirtschaftung vollzieht, so bietet sich ein sehr

---

[61]) § 1 des Gesetzes für Sicherungsmaßnahmen auf einzelnen Gebieten der gewerbl. Wirtschaft vom 5. 5. 1951, BGBl. I, S. 299, mit nachfolgenden Änderungen.

[62]) Rechtsgrundlage ist das in der vorigen Note zit. Gesetz. Ein Verzeichnis der hierzu erlassenen zahlreichen Verordnungen findet sich in Das Deutsche Bundesrecht, Loseblatt-Gesetzessammlung, Teil III G 20, S. 17ff.

[63]) Rechtsgrundlagen: Getreidegesetz vom 4. 11. 1950, BGBl. S. 721; Vieh- und Fleischgesetz vom 25. 4. 1951, BGBl. I, S. 272; Milch- und Fettgesetz vom 28. 2. 1951, BGBl. I, S. 135 — jeweils mit Abänderungsgesetzen und zahlreichen Durchführungsbestimmungen. Die Zuckerbewirtschaftung (Zuckergesetz vom 5. 1. 1951 — BGBl. I, S. 47, 852) ist weitgehend abgebaut.

[64]) § 1 des „Sicherungsgesetzes" (oben Anm. 61) hat enumerativen Charakter, worauf mit Recht Hamann, Wirtschaftslenkung und Grundgesetz, Betriebsberater, 1951, S. 341, hinweist.

buntscheckiges Bild. In oberster Instanz ist jeweils eines der großen Bundesministerien zuständig, für Wirtschaft bzw. für Ernährung und Landwirtschaft. Zweckmäßigerweise hat man unterhalb von ihnen gewisse Bundesoberbehörden errichtet, in denen die Lenkungsfunktionen verwaltungsmäßig konzentriert sind, wenn auch nur als Durchführungsaufgabe. Es sind dieses vor allem die Bundesstelle für den Warenverkehr der gewerblichen Wirtschaft[65]), sodann — mehr mit dem Schwergewicht nach der Außenwirtschaft — die Außenhandelsstelle für Erzeugnisse der Ernährung und Landwirtschaft[66]), außerdem die Bundesstelle für Besatzungsbedarf[67]). Aber das war auf dieser Ebene noch nicht ausreichend, um so mehr als die Landesbehörden jeweils nur mit nachgeordneten Funktionen betraut sind[68]), die nicht allzu sehr ins Gewicht fallen. Eine Bewirtschaftung drängt immer zur Zentralisation. Als Lenkungsorgane sind ferner eingeschaltet und in ihrem Bereich besonders wichtig die vier großen Einfuhr- und Vorratsstellen der Ernährungswirtschaft (für Getreide und Futtermittel, für Vieh und Fleisch, für Fette und für Zucker), wozu noch die Mühlenstelle kommt [69]). Sie sind sämtlich rechtsfähige Anstalten des öffentlichen Rechts, also Bestandteil der öffentlichen Verwaltung, wenn auch mit einem Eigenleben. In ihren Organen finden sich Ministerialvertreter mit solchen der beteiligten Wirtschaftskreise zusammen. Selbstverwaltung im echten Sinne liegt bei ihnen nicht vor[70]). — Weniger bekannt sind andere Erscheinungen, wie etwa die vor kurzem errichtete Schrottvermittlungs-GmbH.[71]). Sie ist, ungeachtet ihrer privatrechtlichen Verfassung, an entscheidender Stelle der Schrottbewirtschaftung eingesetzt und dürfte als eine Art von Vermittlungssyndikat monopolartigen Charakters angesprochen werden; daß sie insoweit öffentlich-rechtliche Funktionen ausübt, steht außer Zweifel. Was die Kohle anbetrifft, so sind hier die Dinge noch im Fluß. Die bisherige „Deutsche Kohlenbergbauleitung" ist ebenso wie der „Deutsche Kohlenverkauf" in privatrechtlicher Form errichtet worden, aber auf Grund Besatzungsrechts[72]). Als Außenstellen des DKV wirkten bisher die Tochtergesellschaften

---

[65]) Gesetz vom 29. 3. 1951, BGBl. I, S. 216.

[66]) Gesetz vom 17. 12. 1951, BGBl. I, S. 967.

[67]) Vgl. VO. Besatzungsbedarf II/51 vom 5. 10. 1951, BAnz. Nr. 194.

[68]) Bei Kohle etwa § 5 (2) der VO. Kohle I/51 vom 22. 3. 1951, BAnz. Nr. 59.

[69]) § 7ff. des Getreidegesetzes, § 16ff. des Vieh- und Fleischgesetzes, § 14ff. des Milch- und Fettgesetzes, § 8ff. des Zuckergesetzes (siehe die Nachweise oben Anm. 63).

[70]) Gleicher Meinung wohl auch Scheuner, DÖV, 1952, S. 612.

[71]) VO. Schrott I/52 vom 30. 7. 1952, BAnz. Nr. 147.

[72]) Vgl. E. R. Huber, DVBl. 1952, S. 458, mit weiteren Nachweisen; auch Isay, Deutsches Kohlenwirtschaftsrecht im Rahmen des Schumanplans, 1952, S. 33ff.

der früheren Zwangssyndikate, reine Handelsgesellschaften mit öffentlichen Verteilungsaufgaben. Für die kommende Zeit ist die Ruhrkohle GmbH. in Essen „zur Wahrnehmung kohlenwirtschaftlicher Aufgaben" errichtet worden, der eine Anzahl von dezentralisierten Verkaufsbüros beigegeben werden soll. Die Vermengung öffentlich-rechtlicher Aufgaben mit privaten Handelsfunktionen bringt Gefahren wegen der Interessenkollision mit sich. Derartige Organisationen sollten daher künftig juristisch besser durchgearbeitet, und es sollte dabei auf eine saubere Scheidung der Funktionen geachtet werden.

Über Rechtsnatur nnd Inhalt der Verwaltungsakte zur Durchführung der Bewirtschaftung können ebenfalls nur Andeutungen gemacht werden. Als erster und wichtigster Akt kommt die Aufstellung der jährlichen Versorgungspläne in Frage, wie sie vor allem auf dem Ernährungsgebiet[73]), aber auch im gewerblichen Sektor vorgesehen sind[74]). Hierbei handelt es sich um Interna der obersten Lenkungsorgane, die noch keine Wirkungen nach außen haben, jedoch für alles Weitere von folgenschwerer Bedeutung sind. Denn anhand dieser Programme wird die Bewirtschaftung im einzelnen abgewickelt. Die Durchführungsmaßnahmen selbst ergehen vielfach in Form von „Lenkungsverfügungen". Man hat sie in vier Gruppen eingeteilt: Herstellungsgebote, Verarbeitungsverbote und -gebote, Liefergebote und Kontingentierungen, d. h. mengenmäßige Beschränkungen[75]). So wertvoll dieser Einteilungsversuch ist — er wird der „Fülle der Gesichte" nicht gerecht. Hinzu kommen noch die Anordnungen über die Vorratshaltung, die Festlegung von Bezugs- und Absatzwegen, Andienungs- und Anbietungspflichten, Schlußscheinzwang u. a. m. Sie werden ergänzt durch eine Reihe von Nebenverpflichtungen: zu einzelnen Meldungen, zu umfassenden statistischen Angaben, zur Erteilung von Auskünften, zur Führung von Geschäftsbüchern oder besonderen Lagerbüchern. Dieses dürften die wichtigsten Mittel zur Durchführung der Bewirtschaftung sein. Ihre weitverstreuten Rechtsgrundlagen ergeben sich aus den jeweiligen gesetzlichen Bestimmungen. Sie bedürfen aber noch häufig der konkretisierenden Verwaltungsverfügung.

Bei alledem liegt es nahe, nach den Rechtsschutzmöglichkeiten zu fragen. Wir haben dabei nicht die straf- oder ordnungsstrafrechtliche Seite im Auge; hier ist alles in Ordnung. Vielmehr in-

[73]) Vgl. § 2 des (oben zit.) Getreidegesetzes, des Vieh- und Fleischgesetzes und des Zuckergesetzes.

[74]) Etwa das Herstellungsprogramm des Bundeswirtschaftsministers auf dem Eisengebiet, hierzu Hamann, Zweifelsfragen der EisenlenkungsVO. (Westz.), Betriebsberater, 1952, S. 245ff.

[75]) Rink, Formen und verfassungsmäßige Grenzen der Bewirtschaftung, MDR. 1952, S. 524, ein verdienstvoller, leider vereinzelter Beitrag.

teressiert der Schutz durch Verwaltungsgerichte. Soweit die Bewirtschaftungsverfügungen von Landesbehörden ausgehen, boten und bieten die Landes-Verwaltungsgerichtsgesetze mit ihren Generalklauseln genügend Möglichkeiten, um dem Betroffenen zu seinem Recht zu verhelfen. Merkwürdig, es gehört aber nach unserer Kenntnis zu den Seltenheiten, daß der Versuch gemacht wird, in Bewirtschaftungsangelegenheiten eine verwaltungsgerichtliche Klage anzubringen. Das dürfte im wesentlichen auf zwei sehr verschiedenartigen Gründen beruhen. Einmal fehlte es, soweit die Lenkungsverfügungen von einer Bundesbehörde oder einer bundesunmittelbaren Körperschaft ausgehen, bisher an einer in die Augen fallenden verwaltungsgerichtlichen Zuständigkeit[76]). Mit der Errichtung des Bundesverwaltungsgerichtes wird das erfreulicherweise anders werden[77]), obwohl sich der Sitz in Berlin als für die Praxis nachteilig erweisen wird. Zum anderen aber bietet die Anrufung eines Verwaltungsgerichtes vielfach nicht diejenigen Möglichkeiten, die den Bedürfnissen der Wirtschaft entsprechen. Wird z. B. bei der Zuteilung eines Kohlenkontingentes vorschriftswidrig eine zu geringe Menge festgesetzt, so fehlt es dem Betrieb entsprechend an Kohle; er muß sich entweder so behelfen oder nach einem anderen Ausweg suchen. Vorsprache bei der erlassenden Behörde, Ansetzung der Verbandsmacht, Mobilisierung eines befreundeten Abgeordneten — alles dies hilft weiter (und vor allem schneller) als das Klagerecht. Bei den belastenden Verfügungen, etwa einem Herstellungsgebot, ist die Lage etwas anders, weil hier die Strafdrohung befürchtet wird und im Streitfalle die Sache im strafgerichtlichen Verfahren ausgefochten werden kann. Im ganzen kann es also nicht wundernehmen, wenn bisher nur verhältnismäßig wenige Bewirtschaftungssachen verwaltungsgerichtlich anhängig geworden sind. Nur Gebührenstreitigkeiten und ähnliches sind häufiger. Hiervon abgesehen verfehlt aber der materielle verwaltungsgerichtliche Schutz überall dort seinen Zweck, wo infolge des raschen Wechsels der betrieblichen Verhältnisse auch ein obsiegendes Urteil uninteressant ist. Mit anderen Worten: die überkommene Form des verwaltungsgerichtlichen Schutzes erweist sich als unzureichend gegenüber den Eigenarten der modernen Wirtschaftsverwaltung. Gegenvorstellung,

---

[76]) Es ist richtig, daß auch schon vor Erlaß des Gesetzes über das Bundesverwaltungsgericht (s. folgende Anm.) Verwaltungsakte von Bundesbehörden vor den Landesverwaltungsgerichten angefochten werden konnten, vgl. Eyermann-Fröhler a.a.O., S. 74/75 mit weiteren Nachweisen. Aber sozusagen „prozeßpolitisch" macht es einen Unterschied, vor allem vom Standpunkt des Rechtsuchenden aus, ob eine in die Augen fallende oder nur eine mittelbar deduzierte Gerichtszuständigkeit gegeben ist.

[77]) Vgl. § 9 (1)a des Gesetzes über das Bundesverwaltungsgericht vom 23. 9. 1952, BGBl. I, S. 625 ff.; hierzu Ule, Das Bundesverwaltungsgericht, DVBl. 1952, S. 519 Anm. 13.

Einspruch und Beschwerde, obwohl schwächere Rechtsbehelfe, scheinen für die Wirtschaft wichtiger zu sein als die Klage. Ihre bekannte Abneigung gegen das Prozessieren vor staatlichen Instanzen dürfte dabei eine Rolle spielen.

4. Mit dem Preisrecht wird ein weiteres bedeutsames Gebiet staatlicher Einwirkungsmöglichkeiten auf die Wirtschaft betreten. Zwar gilt im ganzen wieder das Prinzip freier Preisbildung, d. h. einer Preisbildung, die sich allein innerhalb der Wirtschaft vollzieht und vom Staat nicht beeinflußt wird. Dieses Prinzip ist aber an zahlreichen Stellen durchbrochen. Dabei handelt es sich nicht um vereinzelte Einsprengsel oder unwesentliche Reste aus der Zeit der totalen Preiskuratel. Es sind vielmehr wichtige Güter und gewerbliche Leistungen, zum Teil ganze Wirtschaftszweige, bei denen die Preise noch staatlich reguliert sind. Gleichwohl verläuft die Entwicklung, ausgehend von der bekannten Preisstoppverordnung von 1936 über den großen Wendepunkt der Freigabe-Anordnung vom Juni 1948[78]) und viele spätere Preisvorschriften bis auf unsere Tage, weiter in Richtung auf völlige Freigabe der Preise. Besonders in den letzten Jahren sind die Preise bedeutsamer Grundstoffe — wie Holz, Nichteisenmetalle, Rohöle, Schrott und neuerdings Eisen — sowie einer Reihe sonstiger Waren freigegeben worden.

Was aber noch immer preislich gebunden ist, ist wichtig genug. Aus dem Bereich der Landwirtschaft: entscheidende Grundnahrungsmittel wie Milch, Getreide und Brot, ferner Branntwein und Handelsdünger; aus dem Bereich der gewerblichen Wirtschaft: Kohle, Strom, Wasser, Gas, Edelmetalle, um nur die wichtigsten anzuführen; aus dem Verkehr: Güternah- und -fernkraftverkehr, Seehafenspedition, Binnenschiffahrtsfrachten und anderes. In diesen Zusammenhang gehören auch die Tarife der Bundesbahn und Bundespost, die, wenngleich mittelbar staatseigen betrieben, einen wesentlichen Teil der allgemeinen Verkehrswirtschaft ausmachen. Bei der starken Bautätigkeit der öffentlichen Hand ist auch auf die VO über die Baupreisbildung für öffentlich finanzierte Aufträge[79]) hinzuweisen, von der natürlich das Baugewerbe am stärksten unmittelbar berührt ist.

Das Preisrecht als Ganzes gliedert sich in zwei große Teile, die staatliche Bildung und die staatliche Überwachung von Preisen. Die letztere kann hier beiseite bleiben; sie ist reiner Gesetzesvollzug und besitzt keinen Lenkungscharakter. Anders natürlich bei der Preisbildung, diese im weiteren genommen. Hier setzt der Staat — überwiegend der Bund — durch Gesetz

---

[78]) AO. über Preisbildung und Preisüberwachung nach der Währungsreform vom 25. 6. 1948, WiGBl., S. 61.

[79]) Baupreis-VO. vom 11. 5. 1951 — VO. Pr. Nr. 32/51, BAnz. Nr. 92

oder Rechtsverordnung Preise generell fest. Es geschieht dieses, um bestimmte wirtschaftliche oder sozialpolitische Ziele zu erreichen; das tritt besonders hervor bei den „Anreizpreisen", etwa für vorzeitige Ablieferungen (Frühdruschprämie) oder für Mehrförderungen (Kohle), auch bei den Preisvergünstigungen aus sozialen Gründen. Oder der Staat will gewissen, aus den allgemeinen Preistendenzen entstehenden Übeln steuern. Alle diese Preisfestsetzungen erfolgen — theoretisch — autonom, d. h. ohne Mitwirkung der Wirtschaft. Freilich kann er dabei die Lage des jeweiligen Marktes nicht unberücksichtigt lassen, wie er auch nicht umhin kann, sich des Rates der betreffenden Wirtschaftskreise zu bedienen — mit der Folge meist erheblicher Auseinandersetzungen zwischen diesen und den Fachressorts bis hinauf zu dem Minister. Solche Kämpfe zeigt die Praxis jeden Tag, nicht nur bei neuen Preisfestsetzungen, sondern auch bei umstrittenen Preisfreigaben. — Die eben behandelte Form könnte man rechtssatzmäßige Preisfestsetzungen nennen. Sie findet sich nahezu als Regel. Daneben gibt es andere Formen, wie etwa die staatlich anerkannten Preise. Nach einer Anordnung aus dem Jahre 1948[80]) können industrielle Hersteller und Einführer eigene Verbraucherpreise bilden, die dann der Preisbehörde gemeldet, von ihr genehmigt und damit staalich anerkannt werden[81]). Praktisch ist diese Möglichkeit nicht von Belang, dogmatisch aber von Interesse. Denn hier übernimmt der Staat einen marktwirtschaftlich gebildeten Preis, während es bei den üblichen rechtsatzmäßigen Preisfestsetzungen sein Wille ist, der den Preis bestimmt, zumeist gegen die Markttendenzen. Als weitere Form darf auf die individuelle Preisbeanstandung hingewiesen werden, die sich, soweit wir sehen, nur noch bei den Grundstückspreisen findet. Der einzelne Kaufvertrag muß der Behörde vorgelegt werden. Eine Beanstandung des Preises hat die Nichtigkeit des Vertrages zur Folge, es sei denn, daß er zu dem zulässigen Preis aufrechterhalten wird. Die Unbedenklichkeitsbescheinigung dagegen wirkt entweder als Bestätigung der Zulässigkeit des Preises oder als Bewilligung einer Ausnahme von dem Preisstopp.

In den juristischen Einzelheiten stützt sich das gegenwärtige Preisrecht auf den herkömmlichen Bestand. Höchstpreise, die nicht über-, aber unterschritten werden dürfen; Festpreise, von denen keine Abweichung gestattet ist; Mindestpreise, die nicht unterboten, wohl aber überboten werden dürfen; Rahmenpreise („von . . . bis"), die dem einzelnen Geschäftsabschluß einen

[80]) PR. 130/48 vom 27. 12. 1948 über Verbraucherpreise, VfWMBl. II, S. 196.

[81]) Ähnlich die Festsetzung von Binnenschiffahrtsfrachten durch die Frachtenausschüsse, vgl. VO. vom 25. 9. 1935, RVerkehrsBl. 1935, S. 203ff. — mit nachfolgenden Änderungen.

gewissen Spielraum lassen — dies alles ist uns geläufig. Nur ist der wirtschaftspolitische Zweck dieser einzelnen Arten von Preisfestsetzungen verschieden. Dem Festpreis liegt der Sinn zu Grunde, daß sowohl der Käufer nicht zu sehr belastet werden, als auch der Verkäufer zu einem ausreichenden Erlös kommen soll. Höchstpreise dagegen dienen nur dem Käufer, letztlich dem Verbraucher, wohingegen die Mindestpreise, vor allem in der Landwirtschaft, eindeutig zum Schutze der Erzeuger bestimmt sind. So zeigen sich schon in den rechtlichen Formen der Preisfestsetzungen ganz bestimmte Ziele, auf die das wirtschaftliche Geschehen hingelenkt werden soll.

Das ganze Ausmaß der preisrechtlichen Lenkung tritt aber erst hervor, wenn man sich anhand der konkreten Wirtschaftsvorgänge und der hieran beteiligten Wirtschaftsstufen vergegenwärtigt, wo die Preisregelung überall einsetzt und was dabei alles einbezogen wird. Es sind nicht etwa nur „die" Erzeugerpreise oder nur „die" Verbraucherpreise, die durch staatlichen Hoheitsakt festgelegt werden. Handels- und Bearbeitungsspannen, Rabatte, Skonti, Verpackungszuschläge, Qualitätsmaßstäbe, Zahlungs- und Lieferungsbedingungen, Frachtbasen, Ortsklassen u. a. m. finden sich — teils allein, teils miteinander verbunden, teils in völliger Lückenlosigkeit — als Inhalt staatlicher Preisregelungen. Bei der ungeheuren Verflochtenheit der Produktions- und Absatzvorgänge hätte es auch keinen Sinn, einfach nur den nackten Preis einer Wirtschaftsstufe zu erfassen. Mit anderen Worten: das Bild, das eine konkrete Preisnormierung bietet, spiegelt die ganze Fülle der kaufmännischen Usancen und Absprachen wieder, die ohne eine staatliche Preisregulierung Gegenstand der freien vertraglichen Abmachungen sein würden.

Was den Rechtsschutz auf dem Gebiet des Preisrechtes anbetrifft, so haben sich die Dinge völlig verschoben. Die bekannte Ausnahmegenehmigung, d. h. die behördliche Erlaubnis, von einer Preisnorm abzuweichen, war während der nationalsozialistischen Zeit ebenso häufig wie wichtig. Zwischen Zusammenbruch und Währungsreform ist sie wegen der damaligen chaotischen Umstände kaum gebraucht worden. Sie ist heute, nachdem die Freigabe der Preise zunehmend fortschreitet, zu einer Seltenheit geworden. Daher kann die Frage, wie der Ablehnung eines Antrages auf Ausnahmegenehmigung verfahrensrechtlich begegnet werden kann, auf sich beruhen. Für die Wirtschaft als dem Objekt der staatlichen Intervention konzentriert sich vielmehr das ganze Interesse auf den Erlaß bzw. die Aufhebung der Vorschriften des Preisrechts, mit anderen Worten auf das bekannte Ringen zwischen den Organisationen der Wirtschaft und den Fachressorts bzw. den politischen Instanzen im vorparlamentarischen sowie im parlamentarischen Raum. Hierbei handelt es sich aber um wirtschaftspolitische Auseinandersetzungen. Die Frage des Schutzes der Wirtschaft gegenüber dem Staat tritt hier nicht in der spezifischen Form des Rechtsschutzbedürfnisses auf.

Bei der Preisüberwachung ist dagegen auf einen neuralgischen Punkt aufmerksam zu machen, nämlich die Auskunftspflicht. Sie spielt bei der behördlichen Aufklärung etwaiger Preisverstöße, sei es auf dem Gebiet der gebundenen, sei es auf dem der freien Preise, eine beachtliche Rolle. Die Offenlegung interner Betriebsvorgänge, unter Umständen verbunden mit Büchereinsicht und Durchsuchung von Betriebsräumen, ist in jedem Fall — nicht nur im Steuer- und Devisenrecht, wo sie am stärksten ausgebildet ist — eine sehr einschneidende Angelegenheit. Leider wird weithin verkannt, daß es sich dabei, gleichviel ob die private Sphäre eines Menschen oder die nicht minder schutzwürdige eines Betriebes betroffen wird, um einen der schwersten staatlichen Eingriffe handelt. Daß als Rechtsgrundlage hierfür nur die schlecht redigierte, in den Wirren der ersten Inflationszeit erlassene VO. über Auskunftspflicht[82]) zur Verfügung steht, ist ein Mißstand, zumal die auf diese VO. gestützten Befugnisse nicht nur in Fällen konkreten Verdachts, sondern manchmal auch ohne einen solchen, d. h. zu allgemeinen Überprüfungszwecken angewendet werden. Die Anfechtung von Auskunftsersuchen ist zwar nach den landesrechtlichen Gesetzen, letztlich auch vor dem Verwaltungsrichter, zulässig. Nichts aber ist kennzeichnender für die ganze Situation, als daß es in der Praxis kaum jemals zu derartigen Rechtsmittelverfahren kommt, weil die Behörde, der Unsicherheit ihrer Rechtslage bewußt, zumeist von der Durchsetzung eines Auskunftsersuchens abläßt, falls der Betrieb sich weigert, einem solchen zu entsprechen.

Im übrigen liegen die entscheidenden Rechtsschutzprobleme bei der Ahndung von Preisverstößen, also nicht auf der verwaltungsrechtlichen Seite. In Frage kommt hier sowohl die Verletzung einer einzelnen Preisnorm als auch die uns seit langem geläufige „Preistreiberei", nämlich dort, wo es keine besonderen Preisvorschriften gibt, sondern nur das allgemeine Gebot gilt, auch bei freier Preisbildung keine unangemessenen Entgelte zu fordern oder zu gewähren. Seit dem Erlaß des Wirtschaftsstrafgesetzes[83]) und des Gesetzes über Ordnungswidrigkeiten[84]) kann in diesem Zusammenhang nicht mehr über mangelnden Rechtsschutz geklagt werden. Allerdings ist der Tatbestand der Preistreiberei nach wie vor derart kautschukartig gefaßt und seine Anwendung, auch soweit Richtpreise bekanntgegeben sind, für

[82]) RGBl. I, S. 723.
[83]) Vom 26. 7. 1949 i.d.F. vom 25. 3. 1952, BGBl. I, S. 190.
[84]) Vom 25. 3. 1952, BGBl. I, S. 177.

alle Beteiligten im Einzelfall derart schwierig, daß er immer noch nicht als objektiv befriedigend angesehen werden kann. Das liegt aber im Wesen der Materie und kann hier nicht weiter verfolgt werden.

V.

Schließlich muß der arbeitsrechtliche Bereich noch behandelt werden. Denn für die praktische Wirtschaft sind Arbeitskräfte ebenso wichtig wie Rohmaterial, Hilfsstoffe oder Handelsware, und die Aufwendungen, die einerseits in Gestalt von Löhnen und Gehältern, andererseits in Gestalt von Anschaffungspreisen den Betrieb, einen Wirtschaftszweig oder die ganze Volkswirtschaft belasten, fallen mit gleicher Schwere ins Gewicht. Davon abgesehen, kennen wir aus der eigenen Vergangenheit zahlreiche Beispiele dafür, wie auf arbeitsrechtlichem Gebiet und mit den hier zur Verfügung stehenden Mitteln nicht nur Sozialpolitik, sondern gerade auch Wirtschaftslenkung[85]) betrieben worden ist.

Überblickt man in dieser Hinsicht unsere gegenwärtige Situation[86]), so sind zwei grundsätzliche Feststellungen vorweg zu treffen. Einmal die, daß unser geltendes Arbeitsrecht überwiegend von dem Gedanken des Sozialschutzes beherrscht ist — gemäß Art. 20 (1) BGG, nach welchem die Bundesrepublik auch ein sozialer Staat sein will. „Dirigistische" Möglichkeiten, zumal zu wirtschaftspolitischen Zwecken, finden sich nur in geringem Umfang, und wenn, dann nur in Verbindung mit sozialpolitischen Zielsetzungen. Die weitere Feststellung betrifft die Tatsache, daß in unserem heutigen Recht zwei überaus wichtige Einrichtungen nicht mehr vorhanden sind: eine Lenkung des Arbeitseinsatzes, wie sie vor allem in der VO. über die Beschränkung des Arbeitsplatzwechsels von 1939 niedergelegt war, findet nicht mehr statt (entsprechend Art. 12 Abs. 1 Satz 1 BGG); ferner gibt es keine staatliche Zwangsschlichtung kollektiver Lohnkonflikte mehr, wie das in der Weimarer Zeit der Fall war. Mit dem ersteren Mittel war der Staat Herr über die gesamten Arbeitskräfte, und mit der Zwangsschlichtung konnte er die Lohnentwicklung entscheidend beeinflussen.

Die heutigen Eingriffsmöglichkeiten des Staates in den sozialpolitischen Verlauf sind demgegenüber sehr viel beschränkter. Eine direkte Arbeitsmarktpolitik vermag er nicht zu betreiben. Er bedient sich einer bundesunmittelbaren Körperschaft, der kürzlich wiedererrichteten Bundesanstalt mit Parität und ausgebildeter Selbstverwaltung, und diese Anstalt ist beschränkt auf bloße Arbeitsvermittlung, die sie sich freilich allein vorbehalten

---

[85]) In gleichem Sinne Ballerstedt a.a.O., S. 137.

[86]) Vgl. auch A. Hueck, Freiheit und Zwang im deutschen Arbeitsrecht, in: Staat und Wirtschaft, Festgabe f. H. Nawiasky, 1950, S. 187ff.

hat. Der Chef der Bundesanstalt kann allerdings Anweisungen geben, daß bestimmte Personengruppen bevorzugt in Arbeit zu vermitteln sind, wenn „staatliche Notwendigkeiten dazu vorliegen". Diese Weisungsbefugnis stellt eine, möglicherweise auch wirtschaftspolitisch verwendbare Lenkungsmöglichkeit dar; sie ist aber wenig wirksam und wird kaum gebraucht. Das Wesentliche ist: der Arbeitnehmer ist dem Staat gegenüber frei, welches Beschäftigungsverhältnis er eingehen, der Arbeitgeber ebenso frei, wen er einstellen will. Vollzogene Einstellungen müssen vom Betrieb der Behörde angezeigt werden, sie sind aber nicht erlaubnispflichtig. Anders liegt es nur bei der Beschäftigung ausländischer Arbeitnehmer[87]), deren Einstellung von einer behördlichen Genehmigung bzw. einer Arbeitserlaubnis abhängig ist. Bei der Erteilung solcher Genehmigungen sind u. a. „die Bedürfnisse der inländischen Wirtschaft" und „die Lage des inländischen Arbeitsmarktes" zu berücksichtigen, also Gesichtspunkte der Arbeitsmarkt- und Wirtschaftspolitik, jedoch ohne Einschlag von Sozialschutz. Dagegen steht im Schwerbeschädigtenrecht der Sozialschutz im Vordergrund und hat hier zu den bekannten Pflichteinstellungsquoten der Betriebe geführt. — Bezüglich Kurzarbeit und Entlassungen ist dem Unternehmer ebenfalls weitgehend Freiheit gewährt. Die Einführung von Kurzarbeit ist lediglich anzeigepflichtig, und nur zur Vermeidung von Massenentlassungen bedarf sie unter Einschaltung einer Sperrfrist behördlicher Genehmigung. Diese Regelung, wenngleich spürbar für den Unternehmer, geht jedoch lange nicht so weit, wie dieses nach der alten „Stillegungsverordnung" von 1920/23 der Fall gewesen ist.

Was die Arbeitsentgelte betrifft, so erfolgt deren Festlegung grundsätzlich in freier Vereinbarung zwischen den Tarifparteien. Dieser grundlegende Satz, der schon aus der GewO. von 1869 stammt (§ 105), der aber auch heute wieder für die Distanzierung des Staates gegenüber der Entwicklung der Löhne und Gehälter kennzeichnend ist, findet sich gegenwärtig merkwürdigerweise nicht im Tarifvertrags-Gesetz, sondern in dem über die Festsetzung von Mindestarbeitsbedingungen. Nur dort, wo es infolge unzureichendem Aufbau der Organisationen der Sozialpartner nicht zu tarifvertraglichen Abschlüssen kommen kann, greift der Staat durch die Festsetzung von Mindestarbeitsbedingungen ein. Der Schutz der betreffenden Arbeitnehmergruppen hat hier wiederum Pate gestanden. Wie sehr unser Arbeitsrecht dem frei ausgehandelten Tarifvertrag den Vorzug gibt, geht schon daraus hervor, daß bei einer etwaigen Kollision

---

[87]) BAnz. Nr. 43 vom 1. 3. 1952.

zwischen Tarifvertrag und staatlichen Mindestarbeitsbedingungen der erstere den Vorrang hat.

Ist ein Tarifvertrag geschlossen, so bedarf es seiner Registrierung bei der Behörde. Dieser Akt hat aber regelmäßig nur deklaratorische Bedeutung, und ein nichtregistrierter Tarifvertrag ist, von wenigen landesrechtlichen Ausnahmen abgesehen, gleichwohl gültig. In der Folge besteht dann die Möglichkeit, daß er von der Arbeitsbehörde für allgemeinverbindlich erklärt wird. Bezeichnend ist hier aber, daß der Inhalt des Tarifvertrages schon vorliegt — als Ergebnis der Verhandlungen zwischen den Sozialpartnern —, und der Staat kann sich nur überlegen, ob er auf Antrag einer der Partner den Anwendungsbereich des Tarifvertrages maximal ausweitet, ihn also allgemeinverbindlich macht. Neben anderen Voraussetzungen muß hierfür ein öffentliches Interesse vorliegen. Darin wird man aber kein durchgreifendes und kein eigenständiges Mittel für eine staatliche Lohnpolitik sehen können, vor allem wegen des nur akzessorischen Charakters einer solchen Erklärung. Die Voraussetzungen für eine Allgemeinverbindlichkeits-Erklärung sind übrigens recht schwer, so daß man sich wundern muß, daß in den letzten Jahren doch relativ häufig davon Gebrauch gemacht worden ist.

Als Schlußstück einer kollektiven Lohnauseinandersetzung bleibt die Frage, wie der Staat es bei fehlender Einigung der Sozialpartner irgendwie doch zu einem Abschluß und damit zur Beendigung des tariflosen Zustandes bringen kann. Dafür steht gegenwärtig nur ein relativ wenig ausgebautes Ausgleichs- und Schiedsverfahren zur Verfügung[88]). Staatliche Schiedsausschüsse (ohne Erscheinungszwang!) sollen zunächst vermitteln. Ein etwaiger Schiedsspruch ist aber nicht verbindlich, es sei denn, die Parteien haben sich ihm im vorhinein unterworfen oder sie nehmen ihn nachträglich an. Ist beides nicht der Fall, so hat der Staat heute keine rechtliche Möglichkeit, einen bestehenden Arbeitskampf zum Ende zu bringen. Nur ein Zwangstarif alten Stiles könnte insoweit helfen. Daß diese Einrichtung fehlt, wurde schon als bedeutungsvoll hervorgehoben. Wenn unser Staat aber den Grundsatz der Nichteinmischung in den einzelnen Lohnkampf aufrechterhalten will, wie sich das mindestens aus der gegenwärtigen Rechtslage ergibt, sollte es bei dieser verbleiben. Sonst werden die Arbeitskämpfe, mindestens die größeren, noch mehr politisiert, als sie es ohnehin schon sind.

(Abgeschlossen im November 1952)

---

[88]) Kontrollratsgesetz Nr. 35 vom 20.8.1946, KRABl. 1946, Nr. 10, S. 174.

2a. Leitsätze des Mitberichterstatters über:

Die staatliche Intervention im Bereich der Wirtschaft

Rechtsformen und Rechtsschutz

1. *Wirtschaftslenkung ist nicht nur eine innerstaatliche Erscheinung. Es gibt heute auch schon einen beachtlichen inter- bzw. übernationalen Dirigismus.*

2. *Kennzeichnend für die deutsche Nachkriegssituation ist der doppelte Interventionismus, einmal von seiten der Besatzungsmächte, zum anderen von deutscher Seite. Die ersteren Maßnahmen, wenngleich anderen als wirtschaftspolitischen Zielen entsprungen, haben die westdeutsche Wirtschaft tiefgreifend umgestaltet.*

3. *Das Ausmaß der Gewerbefreiheit ist ein Prüfstein für das Vorliegen von staatlichem Interventionismus. Trotz deutlicher Tendenz zum Abbau der Zulassungsbeschränkungen ist die Rechtslage im grundsätzlichen nicht geklärt. Die Gewerbezulassung kann zu den Mitteln der staatlichen Wirtschaftslenkung gerechnet werden. Ihre Bedeutung als Lenkungsinstrument wird überschätzt.*

4. *Kartellgesetze mit Verbotsgehalt besitzen einer freien Wirtschaft gegenüber Lenkungscharakter, weil eine solche Wirtschaft zur Kartellierung drängt. Die alliierte Kartellgesetzgebung nach 1945 sowie das kommende deutsche Kartellgesetz stellen, wenn der Entwurf des letzteren Wirklichkeit wird, Lenkungsmaßnahmen großen Stils dar.*

5. *Die wirtschaftliche Betätigung der öffentlichen Hand bedeutet Mitgestaltung der Wirtschaft durch den Staat. Bei der Sozialisierung tritt das am stärksten hervor, daneben auch bei den Versorgungsunternehmen. Als neuer großer Zweig ist bei diesen der gemeinnützige Wohnungsbau der Gemeinden hinzugekommen.*

6. *Das Institut der Staatsaufsicht über ganze Wirtschaftszweige hat sich weiter ausgebreitet. Es ist möglich, daß mit seiner Hilfe Wirtschaftssteuerung getrieben wird; in der gegenwärtigen Zeit scheint die Überwachung in technischer Hinsicht im Vordergrund zu stehen.*

7. *Das entscheidende Lenkungsinstrument des Staates stellt heute das Steuergesetz dar.*

8. *Die Förderung der Wirtschaft mit öffentlichen Mitteln gehört zu den charakteristischen Merkmalen unserer jüngsten Entwicklung. Die zentralgesteuerten Kreditprogramme sind insgesamt von sehr erheblichem Ausmaß, entsprechend groß die damit verbundenen Lenkungsmöglichkeiten. Die Einschaltung zahlreicher öffentlicher oder halböffentlicher Kreditinstitute bei der Einzelvergebung der Gelder stellt ein Novum dar.*

9. *Die Bewirtschaftung ist die augenfälligste Erscheinung des staatlichen Interventionismus. Sie besitzt in Westdeutschland wesentliche Bedeutung nurmehr auf dem Ernährungsgebiet als marktordnende Bewirtschaftung. Die Mangel-Bewirtschaftung auf dem gewerblichen Sektor ist in zunehmendem Abbau begriffen. Bei der Organisation finden sich neben öffentlichen Behörden oder Körperschaften auch der Form nach privatrechtliche Träger der Bewirtschaftung. Die verwaltungsgerichtliche Klagemöglichkeit erweist sich gegenüber den Bedürfnissen der Wirtschaft vielfach als unzureichend.*

10. *Trotz grundsätzlich freier Preisbildung finden sich noch zahlreiche staatliche Preisfestsetzungen. Ihre Rechtsformen lassen wirtschaftspolitische Zielsetzungen erkennen. Ausnahmegenehmigungen sind selten geworden. Bei dem Rechtsschutz steht die straf- bzw. ordnungsstrafgerichtliche Seite im Fall von Preisverstößen im Vordergrund.*

11. *Der arbeitsrechtliche Bereich ist heute überwiegend vom Sozialschutz bestimmt. Obwohl an vereinzelten Punkten möglich, wird hier kaum mehr staatlich gelenkt. Dieses gilt insbesondere bezüglich des Arbeitseinsatzes und der Höhe der Arbeitsentgelte.*

Die staatliche Intervention im Bereich der Wirtschaft

Rechtsformen und Rechtsschutz

3. Aussprache

Spanner-Graz: Die beiden Hauptreferate des Vormittags haben in so ausgezeichneter Weise nicht nur die allgemeinen Fragen der staatlichen Intervention im Bereich der Wirtschaft beleuchtet, sondern darüber hinaus zu zahlreichen Einzelfragen in außerordentlich instruktiver Weise Stellung genommen, so daß es schwer fällt, hierzu noch einige ergänzende Bemerkungen zu machen.

Was ich hierzu zu sagen habe, kann von vornherein nur eine kurze Randbemerkung, eine kleine Ergänzung aus dem österreichischen Rechtskreise sein, eine Ergänzung, die dazu bestimmt sein mag, einige Probleme zu beleuchten, die sich bei uns speziell in der Praxis ergeben haben.

Ich möchte eingangs darauf hinweisen, daß schon in den beiden Referaten des Vormittags darauf aufmerksam gemacht wurde, daß wir Maßnahmen, die wir unter dem Titel Intervention des Staates in der Wirtschaft erfassen, nicht nur in der jüngsten Zeit antreffen, sondern daß wir auch schon in der älteren Gesetzgebung Beispiele hierfür finden. Auch aus dem österreichischen Rechtskreis mag hier auf das Gewerberecht hingewiesen werden, dann aber scheint es mir wichtig, den Bereich des Baurechtes zu erwähnen, in dem ja verhältnismäßig früh schon über bloß polizeiliche Gesichtspunkte hinaus eine planende Tätigkeit des Staates in Erscheinung tritt. Das gleiche gilt etwa für den Bereich des Forstrechtes, für den Bereich des Wasserrechtes, wobei das Wasserrecht im Zusammenhang mit dem Energierecht wesentlich an Bedeutung gewonnen hat. Ferner sei erwähnt der weitere Bereich der Bodenreform, die in Österreich seit der Bauernbefreiung im Jahre 1848 stets eine Rolle gespielt hat und spielt. Die älteren Maßnahmen im Bereich der Staatsintervention sind allerdings im wesentlichen noch lenkende Maßnahmen ohne wesentlichen Zwang, die neuere Zeit zwischen den beiden Weltkriegen und während der Kriege brachte den dichten Bereich von Zwangsmaßnahmen, wie wir sie heute auf diesem Gebiet in weitem Umfang sehen. Es sind natürlich die Maßnahmen der Intervention des Staates nicht nur bedingt durch die kriegerischen Entwicklungen, sondern sie sind wesentlich wohl auch bedingt durch andere ökonomische Vorgänge, etwa vor allem durch die Ausweitung der Industrialisierung, die Zusammenballung großer

Menschenmassen in den Städten, also durch Umstände, die wohl durch die Kriege eine Verschärfung erfahren haben, die aber vielleicht auch ohne die Kriegswirtschaft zu einer stärkeren Staatsintervention geführt hätten.

Wie schon die Hauptreferenten gezwungen waren, weite Bereiche von der Erörterung auszuschließen, so gilt das natürlich umso mehr für einen Diskussionsbeitrag, der sich in noch stärkerem Ausmaß darauf beschränken muß, nur einige und wichtige Dinge hervorzuheben. Ich möchte daher von vornherein von der Erörterung ausschließen die finanzpolitischen Maßnahmen und die Maßnahmen der Arbeitslenkung. Ich möchte im folgenden schlagwortartig einen Überblick geben über die wichtigsten Lenkungsmaßnahmen im engeren Sinn und daran eine Darstellung einiger Rechtsprobleme anknüpfen, die vielleicht am Vormittag noch nicht näher berührt worden sind, insbesondere Rechtsprobleme vom organisatorischen Standpunkt aus und soweit sie auch zusammenhängen mit der bundesstaatlichen Organisationsform.

Was zunächst die Sachgebiete anlangt, auf denen wir in Österreich von einer staatlichen Intervention im Bereich der Wirtschaft sprechen können, so sind es selbstverständlich mehr oder weniger die gleichen oder fast die gleichen Sachgebiete, wie sie sich überall in größerem oder kleinerem Ausmaß vorfinden. Ich möchte hier nach dem historischen Werdegang an erster Stelle erwähnen die Maßnahmen der Bodenreform, die ja in ihrer gesetzlichen Festlegung ein eindrucksvolles Spiegelbild der jeweiligen wirtschaftspolitischen Auffassungen zu geben vermögen. Unter den Maßnahmen der Bodenreform sind jene Maßnahmen auf dem Gebiet der Landeskultur zu verstehen, welche die gegebenen Besitz-, Benützungs- oder Bewirtschaftungsverhältnisse den geänderten sozialen oder wirtschaftlichen Anschauungen oder Bedürfnissen entsprechend, einer planmäßigen Neuordnung oder Regulierung unterziehen wollen. Dies ist der Begriff der Bodenreform, wie er der österreichischen Verfassungslage und Gesetzgebung entspricht und wie er in der Rechtsprechung des Verfassungsgerichtshofes (Sammlung der Erkenntnisse des Verfassungsgerichtshofes, Nr. 1390) herausgearbeitet wurde. Zu diesem Bereich der Bodenreform sei — ohne daß natürlich in irgendeiner Weise auf Einzelmaßnahmen eingegangen werden kann — erwähnt, daß hier Sonderverwaltungsbehörden (Agrarbehörden) eingerichtet sind, wobei den kollegialen Landesagrarsenaten und dem obersten Agrarsenat eine besondere Bedeutung zukommt. Ergänzend zu diesen Maßnahmen treten dann einschränkende Maßnahmen über den Verkehr mit Grundstücken in dem Grundverkehrsgesetz (BGBl. Nr. 251/37, 123/46), wonach zu bestimmten Rechtsgeschäften über land- und forstwirtschaftliche Grundstücke die Zustimmung besonderer Kommissionen (Grundverkehrskommissionen) erforderlich ist. Dazu kommen dann weiter — das Reichserbhofgesetz ist aufgehoben — die Vorschriften des sogenannten Anerben- und Höferechtes in einigen Ländern, Vorschriften, welche den Zweck verfolgen, im Rechtsverkehr unter Lebenden und zum Teil beim Eigentumsübergang von Todes wegen für die Erhaltung des mittleren und kleineren landwirtschaftlichen Besitzes zu sorgen.

Im Anschluß an diese Maßnahmen der Bodenreform seien erwähnt die eine erhebliche Rolle spielenden Maßnahmen im Bereich der Wohnraumwirtschaft, Maßnahmen, die im besonderen Ausmaß durch die Kriegsereignisse notwendig geworden sind. Hier sind zwei große Gruppen von Bestimmungen zu unterscheiden, nämlich einmal die Vorschriften, welche sich eine Förderung des Baues von Wohnhäusern zum Ziele gesetzt haben, eine Förderung des Baues von Wohnhäusern durch die private Hand und in Form des sozialen Wohnhausbaues, also vor allem des kommunalen Wohnhausbaues, und zweitens die Bestimmungen zur Verteilung des allenfalls zur Verfügung stehenden Wohnraums. Für den Aufbau des durch den Krieg zerstörten Wohnraumes gelten in erster Linie die Bestimmungen des Wohnhauswiederaufbaugesetzes (BGBl. 130/48 mit Novellen), die eine finanzielle Förderung dieses Wiederaufbaues und ebenfalls eine finanzielle Hilfe zur Wiederbeschaffung zerstörten Hausrates geben. Eine sehr unbefriedigende Rechtslage ergibt sich — das liegt in der Natur der Sache — im Bereich der Wohnungsanforderung, also des Wohnungsanforderungsgesetzes (BGBl. Nr. 204/49, 101/52), eines Gesetzes, das die Aufgabe hat, solchen Wohnraum, der im Sinne des Gesetzes nicht entsprechend ausgenützt ist, anzufordern und an Bedürftige zuzuweisen, eine unbefriedigende Rechtslage vor allem deshalb, weil die damit befaßten Behörden — es sind das in erster Linie die Gemeinden — die Aufgabe haben, etwas verteilen zu sollen, was praktisch nicht vorhanden ist, nämlich verfügbaren Wohnraum.

Im Zusammenhang mit dem Wasserrecht wäre darauf hinzuweisen, daß wir in Österreich nach wie vor zum großen Teil das deutsche Energiewirtschaftsgesetz von 1935 in Geltung haben, so daß ich diesbezüglich an das erinnern darf, was bereits heute vormittag zu diesem Gesetz gesagt worden ist.

Im Zusammenhang mit der Elektrizitätswirtschaft ist ein besonderes österreichisches Gesetz zu erwähnen, nämlich das zweite Verstaatlichungsgesetz (BGBl. Nr. 81/1947). Dieses zweite Verstaatlichungsgesetz befaßt sich mit der Verstaatlichung der Energiewirtschaft, und zwar mit der Verstaatlichung der Energiewirtschaft nicht nur im Sinne einer Überführung der Energiewirtschaft auf die öffentliche Hand im weiteren Sinn — es wurden auch im Gemeindeeigentum stehende Elektrizitätswerke verstaatlicht —, so daß „verstaatlicht" bedeutet, in das Eigentum des Bundes oder in das Eigentum der Länder übergeführt. Die Verstaatlichung erfolgte hier in der Weise, daß das Eigentum der Elektrizitätswerke übergeführt wurde einmal auf sogenannte Landesgesellschaften, Aktiengesellschaften, deren Anteile im Eigentum der Länder stehen, und zweitens für gewisse große Energieanlagen — denken Sie etwa an die Illwerke, deren Leistung bekanntlich ja auch für die deutsche Industrie eine große Rolle spielt — in Sondergesellschaften, an denen der Bund mit mindestens 50% beteiligt sein muß. Gerade die Verstaatlichung, soweit es sich um die Überführung von schon in Gemeindeeigentum, also schon in der öffentlichen Hand stehenden Werke handelt, gab zu ziemlichem Widerstand Anlaß: die Gemeinden erhoben zum Teile heftige Gegenvorstellungen, über die das letzte Wort wohl noch nicht gesprochen ist. Ein besonders unerfreulicher Umstand aber gerade im Zusammenhang mit der Verstaatlichung der Elektrizitätswerke liegt hier noch in folgendem Punkt: sowohl dieses zweite Verstaatlichungsgesetz als auch das erste Verstaatlichungsgesetz, von dem noch später kurz zu sprechen sein wird, sehen nämlich vor, daß die Enteignung und Überführung auf den Staat bzw. auf solche im Eigentum des Staates stehende juristische Personen gegen Entschädigung erfolgen soll. Hinsichtlich dieser Entschädigung beschränken sich aber die beiden Verstaatlichungsgesetze darauf zu verfügen: „Das Nähere regelt ein Bundesgesetz". Diese Bundesgesetze sind bis heute noch nicht ergangen. Der Verfassungsgerichtshof hatte schon wiederholt Anlaß, sich mit dieser Frage zu beschäftigen, und er hat ausgesprochen, daß die beiden Gesetze grundsätzlich eine Entschädigung vorsehen; es bestehe kein Anlaß anzunehmen, daß der Bundesgesetzgeber sich dieser Verpflichtung entziehen wolle (z. B. Erk.-Slg. 1854). Es will allerdings scheinen, daß mit jedem vergehenden Tag doch eigentlich der Anlaß hierzu im Zunehmen begriffen ist, denn es wäre doch an der Zeit, auch diese Entschädigungsfrage anzugehen. Im Zusammenhang mit der Elektrizitätswirtschaft darf noch darauf hingewiesen werden, daß auch hinsichtlich der Stromverteilung besondere Vorschriften bestehen, die den nicht klaren Namen Lastverteilungsgesetz (BGBl. Nr. 255/49, 117/52) führen, also etwas ganz anderes unter dieser Bedeutung erfassen, als man etwa hier unter dem Lastenausgleich zu verstehen hat.

Von besonderer praktischer Bedeutung im Zusammenhang mit den Kriegsereignissen sind natürlich alle jene Vorschriften, die der Sicherung des Bedarfs an Lebensmitteln und anderen Bedarfsgegenständen dienen. Das gilt vor allem von den Maßnahmen zur Sicherung der Erzeugung und Lenkung des Absatzes der landwirtschaftlichen Erzeugnisse, wobei hier vor allem drei Gesetze aus dem Jahre 1950 besondere Aufmerksamkeit verlangen, nämlich das Milchwirtschaftsgesetz, das Getreidewirtschaftsgesetz und das Viehverkehrsgesetz (BGBl. Nr. 167—169 aus 1950). Diese drei Gesetze sind nämlich deshalb von besonderer Bedeutung, weil sich aus der dort getroffenen Regelung verschiedene Probleme und Fragen ergeben, die heute bereits erwähnt worden sind. In allen diesen drei Gesetzen sind nämlich zur Durchführung der dort vorgesehenen Maßnahmen in weitestem Ausmaß besondere juristische Personen, nämlich besondere Fonds, der Viehverkehrsfonds, der Milchwirtschaftsfonds und der Getreidewirtschaftsfonds vorgesehen. Alle diese Fonds sind als selbständige juristische Personen eingerichtet, die von besonderen Verwaltungskommissionen verwaltet werden. Diese Verwaltungskommissionen sind paritätisch zusammengesetzt aus Vertretern der Landwirtschaftskammern, aus Vertretern des das ganze Bundesgebiet umfassenden Arbeiterkammertages und endlich aus Vertretern der Bundeskammer der gewerblichen Wirtschaft. Auch bei der Zusammensetzung dieser paritätischen Verwaltungskommission ist der Grundsatz des organisierten Mißtrauens wieder sorgsam durchgeführt. Diese Fonds haben auch die Aufgabe, Verwaltungsakte zu setzen, die, je nachdem ob sie sich an einen Einzelnen oder an eine Mehrheit von Personen wenden, als Verordnungen oder als Bescheide anzusehen sind. Die Fonds stehen unter der Aufsicht der sachlich zuständigen Bundesministerien, wobei auch bei diesen Bundesministerien, also Bundesministerium für Handel und Wiederaufbau, Landwirtschaftsministerium, Innen- und Finanzministerium, wiederum dafür gesorgt ist, daß diese Stellen im Einvernehmen miteinander vorgehen.

Dann wäre der Vollständigkeit halber zu erwähnen das Lebensmittelbewirtschaftungsgesetz (BGBl. Nr. 183/52), weiter das Außenhandelsverkehrsgesetz (BGBl. Nr. 105/51, 113/52), das Preisregelungsgesetz (BGBl. Nr. 194/50, 116/52) und Devisengesetz (BGBl. Nr. 162/46). Was die ersten drei erwähnten Gesetze anlangt, nämlich Lebensmittelbewirtschaftungsgesetz, Außenhandelsverkehrgesetz, das übrigens noch ergänzt wird durch das Rohstofflenkungsgesetz (BGBl. Nr. 106/51, 114/52) und das Preisregelungsgesetz, so enthalten diese drei Gesetze im wesentlichen Verordnungsermächtigungen für die sachlich in Betracht kommenden Zentralstellen, deren Aufgabe es dann ist, auf Grund dieser Verordnungsermächtigungen die in der Praxis erforderlichen Maßnahmen zu treffen. Was das Devisengesetz anlangt, so ist die Aufgabe des Devisengesetzes die allgemein den Devisengesetzgebungen zukommende Aufgabe. Bemerkenswert scheint hier, daß zur Durchführung des Devisengesetzes im weitesten Ausmaße die österreichische Nationalbank, also ein vom Staat getrennter selbständiger Rechtsträger, der beim

Handelsgericht Wien protokolliert ist, herangezogen ist, so daß also hier die Rechtsform des beliehenen Unternehmens in Erscheinung tritt. Die österreichische Nationalbank hat hier funktionell behördliche Aufgaben zu erfüllen, insoweit als sie Einzelgenehmigungen (Bescheide) oder generelle Festlegungen (Verordnungen) zu erlassen hat. Soviel als kurzer Überblick über die wichtigsten in Frage kommenden Gesetze und nun im Anschluß daran noch ein paar Worte über einige Rechtsprobleme, die bei der Durchführung eine Rolle spielen.

Zunächst einmal wurde heute schon sehr zutreffend darauf hingewiesen, daß natürlich jedwede Lenkungs- und Planungsmaßnahme im Bereich der Wirtschaft eine gewisse Zentralisierung voraussetzt und notwendig macht. Eine solche Zentralisierung ist nun organisatorisch gerade in einem Bundesstaat besonders schwierig infolge der Verteilung der in Betracht kommenden Kompetenzen zwischen Bund und Ländern. Eine wesentliche Erleichterung in dieser Hinsicht bietet in Österreich die Kompetenzbestimmung des Art. 10 Ziff. 15 der Bundesverfassung. Danach ist der Bund zuständig in Gesetzgebung und in Vollziehung, soweit es sich um Maßnahmen handelt, welche aus Anlaß eines Krieges oder im Gefolge eines solchen zur Sicherung der einheitlichen Führung der Wirtschaft notwendig erscheinen, insbesondere auch, soweit es sich um Maßnahmen zur Sicherung der Versorgung der Bevölkerung mit Bedarfsgegenständen handelt. Durch diese Bestimmung ist der Bundesgesetzgebung die Möglichkeit gegeben, hier die notwendigen einheitlichen Maßnahmen zu treffen und zwar auch auf solchen Gebieten, die ansonsten nach den allgemeinen Kompetenzbestimmungen in den Aufgabenkreis der Länder fallen. Das gilt z. B., soweit der Bund Vorschriften getroffen hat über die früher erwähnte Lastverteilung auf dem Gebiet der Elektrizitätswirtschaft, also zur Verteilung des zur Verfügung stehenden Stromes. In dieser Hinsicht hat sich die Frage ergeben, in welchem Verhältnis dann solche Bundesvorschriften gegenüber landesgesetzlichen Bestimmungen stehen, die vielleicht schon früher sich mit solchen Fragen befaßt haben. Hierzu hat der Verfassungsgerichtshof (Erk.Slg. Nr. 1882/49) dahingehend Stellung genommen, daß die landesrechtlichen Vorschriften in einem solchen Fall nicht auf die Dauer außer Kraft treten, sondern lediglich für die Zeit der Geltung der bundesrechtlichen Vorschriften verdrängt werden; sie treten dann automatisch wieder in Kraft, wenn die bundesrechtlichen Vorschriften ihre Geltung verloren haben.

Ein besonders vielfältiges Bild bietet auch in Österreich die Abstufung des staatlichen Eingreifens im Bereich der Wirtschaft, eine Abstufung, die sich ja zum Teil schon erkennen ließ aus der vorhergehenden Übersicht über die wichtigsten in Frage kommenden Gesetze. Am weitesten geht der Staat natürlich im Falle der Verstaatlichung, wobei zwei Arten unterschieden werden können, nämlich die unmittelbare Verstaatlichung in dem Sinne, daß hier irgendwelche Unternehmungen oder Sachgüter auf den Staat selbst als Rechtsträger übergehen oder aber eine mittelbare Verstaatlichung in der Form, daß zunächst die Überführung auf vom Staate formell getrennte juristische Personen erfolgt, die ihrerseits wieder im Eigentum des Staates stehen, wie das bei den beiden Verstaatlichungsgesetzen der Fall ist, — ich darf daran erinnern, daß wir im Bereich der Elektrizitätswirtschaft von Landesgesellschaften und Sondergesellschaften gesprochen haben —, auf welche das Eigentum an den Werken übergeht, und die dann erst ihrerseits wiederum mit ihren Anteilen in Staatseigentum stehen. Die volle Verstaatlichung oder unmittelbare Verstaatlichung in dem Sinn, daß der Staat selbst Eigentümer wird, ist ja eigentlich auch nichts neues, sondern schon von früher her bekannt — ich denke etwa an die verschiedenen Systeme des Eisenbahnwesens, wo wir auch einen Wechsel zwischen Staatsbahn- und Privatbahnsystem haben und wo der Staat unmittelbar als Unternehmenseigentümer in Erscheinung trat. Die beiden Verstaatlichungsgesetze, das erste und zweite Verstaatlichungsgesetz, wählten die Form der mittelbaren Verstaatlichung in dem angegebenen Sinn. Das erste Verstaatlichungsgesetz von 1946 (BGBl. Nr. 168) verstaatlichte in weitem Ausmaß Bankinstitute und auch Industrien, und zwar insbesondere die Grundindustrien. Hier wurden zum Teil durch eine besondere Verordnung (BGBl. Nr. 199/46) sogenannte Auffanggesellschaften gegründet, auf die die betreffenden Unternehmungen übergegangen sind. Die Gesellschaften ihrerseits stehen dann im Eigentum des Staates. Neben dieser weitestgehenden Form staatlicher Intervention gibt es dann eine Fülle von Abstufungen, wie sie heute schon in weitem Ausmaß erwähnt worden sind, Abstufungen besonders in der Form, daß für bestimmte Geschäfte eine Genehmigung einer staatlichen Behörde notwendig wird, oder daß bestimmte Geschäfte nur gegen Anmeldung zulässig sind, daß Verbote ausgesprochen werden können und dergleichen mehr. In diesem Zusammenhang der Genehmigungspflicht für bestimmte Geschäfte möchte ich noch zwei Rechtsfragen erwähnen, die mitunter auch zu größeren Schwierigkeiten führen und geführt haben. Das sind vor allem jene Fälle, in denen die Nichterteilung einer Erlaubnis oder ein ausgesprochenes Verbot die zivilrechtliche Nichtigkeit des betreffenden Rechtsgeschäftes zur Folge hat. Eine solche Nichtigkeitsfolge für den Bereich des Zivilrechtes hängt dann wieder zusammen mit dem schwierigen Problem der Bindung der Zivilgerichte an rechtskräftige Verwaltungsakte, ein Problem, mit dem sich ja auch die Zivilrechtslehrertagung und die gemischte Kommission in Heidelberg im Frühjahr dieses Jahres befaßt haben. Weiterhin möchte ich in diesem Zusammenhang darauf hinweisen, daß in den Bewirtschaftungsgesetzen wiederholt die Verwaltungsbehörden berechtigt sind, Verwaltungsstrafen, und zwar sehr erhebliche Verwaltungsstrafen zu verhängen. Es zeigt sich hier eine außerordentliche Ausweitung des Verwaltungsstrafrechts, die vom Standpunkt des Rechtsstaates, vom Standpunkt des Rechtsschutzes aus als sehr bedenklich bezeichnet werden muß. Wenn wir auch gerade in Österreich durch die Verwaltungsverfahrensgesetzgebung und im Verwaltungsstrafrecht Bestimmungen haben, die in weitestem Ausmaß rechtsstaatlichen Prinzipien entsprechen, so läßt sich jedoch nicht verkennen, daß ein Verwaltungsstrafverfahren bei weitem nicht die Rechtsschutzgarantien zu gewähren vermag, die ein gerichtliches Strafverfahren bietet. Es kommt also mitunter vor, daß für eine kleine Übertretung der ganze Apparat der ordentlichen Gerichtsbarkeit in Bewegung gesetzt wird, der Betreffende bekommt dann womöglich drei Tage Arrest, während umgekehrt dort, wo es sich um die Entziehung einer Berechtigung handelt, die die Grundlage für die wirtschaftliche Existenz des Betroffenen bildet, einfach das Verwaltungsstrafverfahren mit seinen weniger wirksamen Rechtsschutzgarantien wirksam wird. Es ist richtig, der Betroffene kann dann gegen den Verwaltungsbescheid den Weg an das Verwaltungsgericht — Österreich hat nur einen Verwaltungsgerichtshof — beschreiten. Aber der Weg an den Verwaltungsgerichtshof, der verwaltungsgerichtliche Weg überhaupt, ist, worauf gleichfalls heute schon sehr zutreffend hingewiesen worden ist, gerade in wirtschaftlichen Belangen oft nicht ausreichend, vor allem deshalb nicht, weil infolge der Überlastung des Verwaltungsgerichtshofes es ein bis zwei Jahre dauern kann, bis dessen Erkenntnis vielleicht unter Aufhebung des verwaltungsbehördlichen Bescheides folgt.

Eine weitere wichtige Rechtsfrage, die wiederum zusammenhängt mit der schon erwähnten Zentralisierung der Wirtschaftslenkung, hat in Österreich eine erhebliche Rolle gespielt und spielt noch eine erhebliche Rolle. Sie haben schon früher vielleicht aus meinen Ausführungen entnommen, daß in vielen Fällen der Bewirtschaftung verschiedene Zentralbehörden, verschiedene Bundesministerien, tätig zu werden haben. Es liegt auf der Hand, daß es hier zweckmäßig erscheinen mochte, für eine Koordinierung dieser in Frage kommenden Zentralstellen zu sorgen. Mit dieser Aufgabe wurde durch ein Bundesgesetz (BGBl. Nr. 104/1951) das Wirtschaftsdirektorium der Bundesregierung betraut, ein Kollegium, das sich zusammensetzt aus den Mitgliedern der Bundesregierung mit Ausnahme des Bundesministers für Justiz und für Unterricht als stimmberechtigten Mitgliedern. Diesem

Gremium gehören dann mit beratender Stimme auch noch andere Vertreter außerstaatlicher Interessenvertretungen an. Dieses Wirtschaftsdirektorium der Bundesregierung, das sich also als Ausschuß der Bundesregierung, soweit es sich um die stimmberechtigten Mitglieder handelt, darstellt, hat die Aufgabe, die Tätigkeit der mit Lenkungsvorschriften befaßten Bundesministerien zu koordinieren. In den einzelnen Bewirtschaftungsgesetzen, z. B. im Außenhandelsgesetz, ist dann vorgesehen, daß die im einzelnen Fall sachlich zuständigen Bundesministerien nach diesen Richtlinien vorzugehen haben. Im Sommer dieses Jahres, im Juni 1952, kam diese Bestimmung des Außenhandelsverkehrsgesetzes vor den Verfassungsgerichtshof, nämlich die Bestimmung, wonach das Bundesministerium für Handel und Wiederaufbau nach den Richtlinien dieses Wirtschaftsdirektoriums vorzugehen hat. Der Verfassungsgerichtshof (Erk. v. 17. 6. 1952, Zl. G. 7/52) hat die bezüglichen Bestimmungen aufgehoben und darauf hingewiesen, daß nach den Bestimmungen der Bundesverfassung die einzelnen Bundesminister als oberste Bundesbehörden nicht an die Weisungen eines solchen, wenn auch aus den meisten Bundesministern bestehenden Gremiums gebunden werden dürfen. Ebenso hat der Gerichtshof in diesem Erkenntnis ausgesprochen, daß Beiräte in Bewirtschaftungssachen ausschließlich eine beratende Aufgabe haben dürfen, nicht aber in irgendeiner Weise eine Bindung für die obersten Zentralstellen bedeuten dürfen.

Im Zusammenhang mit der bundesstaatlichen Organisationsform möchte ich noch besonders darauf hinweisen, daß grundsätzlich nach den Bestimmungen der österreichischen Bundesverfassung auch bei solchen Bewirtschaftungsmaßnahmen in der Landesstufe der Landeshauptmann in Form der mittelbaren Bundesverwaltung eingeschaltet ist, in denen etwa besondere juristische Personen — etwa die früher erwähnten Fonds im Bereich des landwirtschaftlichen Bewirtschaftungsrechtes — tätig werden. Hier geht der Rechtszug von diesen Fonds an den Landeshauptmann und dann erst gegebenenfalls an das zuständige Ministerium.

Schließlich noch eine weitere Rechtsfrage, die sich häufig ergibt im Zusammenhang mit Bewirtschaftungsbestimmungen: ich habe früher schon darauf hingewiesen, daß eine Reihe von Bewirtschaftungsgesetzen im wesentlichen Verordnungsermächtigungen enthalten, was selbstverständlich praktisch notwendig ist, weil ja der Zeitpunkt oder das Ausmaß solcher Lenkungsvorschriften sich nicht schon auf weite Sicht immer im Vorhinein festlegen läßt. Hier ergibt sich nun häufig eine Schwierigkeit daraus, daß nach den Bestimmungen des österreichischen Verfassungsrechtes auf der Grundlage einfacher Bundesgesetze nur

Durchführungsverordnungen zulässig sind (Art. 18/2 B.-VG.). Es sind wiederholt von den Bundesministerien erlassene Bewirtschaftungsvorschriften in Form von Verordnungen aufgehoben worden, weil sich eben gezeigt hat, daß die gesetzliche Ermächtigung nicht ausreichte, daß es sich vielmehr um selbständige Verordnungen gehandelt hat.

Was schließlich die Frage des Rechtsschutzes anlangt, so bestehen besondere Rechtsvorschriften in dem behandelten Bereich nicht. Es gelten vielmehr die allgemein in Frage kommenden Rechtsschutzbestimmungen des Verwaltungsrechtes, die Schutzbestimmungen, die sich aus dem Verwaltungsverfahrensrecht ergeben, welche in weitem Ausmaß auch dort anwendbar sind, wo etwa juristische Personen, wie die genannten Fonds, tätig werden. Daß der Verwaltungsgerichtsweg in Wirtschaftssachen häufig ein völlig unzulängliches, praktisch oft überhaupt nicht in Frage kommendes Rechtsmittel ist, habe ich schon gesagt, und das wurde auch heute vormittag schon nachdrücklich erwähnt. Das gleiche gilt wohl zum Teil auch für die amtshaftungsrechtlichen Bestimmungen — wir haben in Österreich ein neues Amtshaftungsrecht von 1948/49 (BGBl. Nr. 19 u. 20/49) —, so daß der Rechtsschutz im Bereich der Wirtschaft noch wesentlich auszubauen wäre.

Damit hoffe ich, Ihnen wenigstens an ein paar Beispielen Probleme gezeigt zu haben, die sich in Österreich im Bereich des Wirtschaftslenkungsrechtes ergeben haben.

Huber-Bern: Der Haupteindruck, den ein Schweizer heute morgen von der bunten Musterkarte der Interventionsformen sowohl in ihrer mehr juristischen als in ihrer wirtschaftlich praktischen Einteilung gewinnen mußte, war sicher der, daß diese Formen auch in unserem Lande bis in alle kleinsten Einzelheiten, z. B. der Bewirtschaftung, wiederkehren, auch wiederkehren im Organisationsrechtlichen bei jenen halbamtlichen Körperschaften und bei jenen Institutionen, die aus der Ämterhierarchie ausgenommen sind und zum Auftrage haben, besondere Bewirtschaftungsgebiete zu behandeln. Wir nennen in der Schweiz diese nicht in der Ämterhierarchie stehenden Funktionäre Delegierte, Delegierte für Handelsverträge, Delegierte für Arbeitsbeschaffung, Delegierte für das Problem Schiene und Straße und so fort. Ich will mich deshalb bemühen, nicht zu wiederholen, und einige schweizerische Besonderheiten hervorkehren. Die rechtliche Möglichkeit, Interventionismus zu treiben, ist in der Schweiz im Jahre 1947 konstitutionalisiert worden durch die sogenannten neuen Wirtschaftsartikel, und zwar in der Weise, daß daraus eine Ausnahme von der Handels- und Gewerbefreiheit gemacht wurde, gleichzeitig aber auch eine ausschließliche Rechtsetzungskompetenz des Bundes. Ich muß beifügen, daß die Handels- und Gewerbefreiheit im Jahre 1874 — heute morgen hat Herr Scheuner mit Recht gesagt, das sei die Zeit des wirtschaftlichen Hochliberalismus gewesen — in der Schweiz zu einem echten Grundrecht wurde. Sie begreift in sich das, was Sie nach der deutschen Gewerbeordnung als Gewerbefreiheit auffassen. Sie ist aber viel weiter, sie wird aufgefaßt als Wettbewerbsfreiheit. Die Frage, die bei Ihnen zum Teil mit widersprechenden Ansichten diskutiert wird, ob der Staat zugleich mit der Verfassung ein Bekenntnis für eine bestimmte Wirtschaftsform abgelegt habe, muß in der Schweiz entschieden bejaht werden, wegen dieses Grundrechtes der Wettbewerbsfreiheit, obwohl diese nicht das einzige Element dieser Wirtschaftsverfassung ist. Nach unseren Erfahrungen beruht es jedoch — ich will mich vorsichtig ausdrücken — auf einer falschen Ausgangskonzeption, wenn das Interventionsrecht als Ausnahme dieses Grundrechtes aufgefaßt wird, denn es scheint, daß die Gewerbefreiheit nicht zufällig, sondern notwendig durch dieses Interventionsrecht in ihrem Wesensgehalt angetastet werde. Heute morgen ist ja auch die Rede davon gewesen, daß die Interterventionsvorschriften und Maßnahmen eine chaotische Natur hätten, eine Ausnahmebestimmung von einem Grundrecht sollte nicht zu chaotischen Bestimmungen und Maßnahmen führen. Der Art. 31b Abs. 3 unserer Bundesverfassung, der eigentliche Interventionsartikel, verwendet zur Umschreibung diese Ausnahme vom Grundrecht und zugleich zur Umschreibung dieser ausschließlichen Bundeszuständigkeit Formeln, die weitgestreckte Zielsetzungen sind. Es heißt in diesem Verfassungsartikel nicht, der Bund darf Zwangskartelle einführen, einen Bewilligungszwang einen numerus clausus, Kontingentierungen usw. einführen, sondern es heißt, er soll in ihrer Existenz gefährdete Wirtschaftszweige schützen. Er soll wirtschaftlich bedrohte Landesteile schützen, er soll einen gesunden Bauernstand erhalten, eine leistungsfähige Landwirtschaft herbeiführen, für Kriegszeiten Vorsorge treffen, also lauter weitgestreckte Zielsetzungen. Zum Teil sind die Mittel dazu deshalb nicht angegeben worden, weil ja bei uns die Verfassungsrevision und die Gesetze dem Referendum unterliegen. Wenn die Mittel mit diesen etwas abschreckenden Termini gebraucht worden wären, so hätten solche Vorlagen riskiert, verworfen zu werden; wenn man dagegen so hehre Zielsetzungen verwendet, hat man eher Chance, damit die Mehrheit für sich zu gewinnen. Heute morgen hat namentlich Herr Schüle darauf hingewiesen, daß entscheidend ja eigentlich die Wirkung der Interventionsvorschriften und der Interventionsmaßnahmen sei. Ich würde sagen, in unserem Verfassungsartikel kommen die erhofften Wirkungen alleine zum Ausdruck. Allerdings scheint es, daß daneben der Interventionismus überhaupt nicht anders durchkommt als mit solchen Zielsetzungen, mit möglichst weitgestreckten Zielsetzungen. Es dürfte nicht möglich sein, sich auf der Verfassungsstufe auf die konkreten Mittel festzulegen für den Interventionismus. Mit der Vorstellung von der Intervention verbindet sich in der Schweiz die andere Vorstellung, daß die Einmischung in die Wirtschaft etwas Außergewöhnliches sei und in der Regel zu unterbleiben habe. Die diskriminierende Note, von der heute morgen auch schon gesprochen wurde, zeigt sich etwa daran, daß in der Schweiz die interventionistischen Gesetze in der Regel befristet werden, auf drei, auf fünf, auf acht Jahre, sogar dann, wenn eigentlich die Absicht besteht, sie dauernd beizubehalten, um sie dann später zu verlängern. Auf diese Weise wird die nun schon seit geraumer Zeit bestehende heterogene Zusammensetzung des modernen Verwaltungsrechtes, etwa die Gegensätzlichkeit von Polizeirecht, das mit der Gewerbefreiheit als vereinbar gilt, und Wirtschaftsverwaltungsrecht übersehen. Daß die gestaltende Verwaltung, wie Herr Forsthoff in seinem Lehrbuch dargelegt hat, unter Bedingungen arbeitet, die sich der Technik der Freiheitsverwirkung und Rechtskontrolle — ich möchte einen Vorbehalt machen — weitgehend nicht vollständig entziehen, das erweist sich am Interventionsrecht als richtig. Ich sage weitgehend — ein Gegenbeispiel wäre etwa der Grundsatz der Verhältnismäßigkeit der Eingriffe, der sich sehr wohl vom Polizeirecht auf das Interventionsrecht übertragen läßt.

Hervorzuheben sind etwa die Verwandlung des Ermessensbegriffes, die Unentbehrlichkeit von reinen Ermächtigungsformeln und im Zusammenhang damit die Aufhebung des Unterschiedes zwischen Rechtsetzung und Rechtsanwendung, zwischen allgemeiner Regel und Einzelverfügung, dann die Verzahnung von öffentlichem Recht und Privatrecht, von Verfügung und Vertrag, soziologisch von Herrschaft und Paktieren, von Rechtsunterworfenheit und privater Machtausführung.

Jellinek-Heidelberg: Goethe mit seinem Hymnus auf die Persönlichkeit hätte seine helle Freude an dem, was die Juristen aus Artikel 2 des Grundgesetzes gemacht haben. Auch verdanken wir diesem Artikel 2 die schöne Abhandlung über die Freiheit des Berufs von Uber, einem Schüler des Kollegen Ipsen. Aber was zuviel ist, ist zuviel. So hat sich in einem gegenwärtig anhängigen Rechtsstreit der Rechtsbeistand der Firma Henkel für die Zulässigkeit der Anbringung eines Reklameschildes: „Zum Saubermachen Henkelsachen" auf das Recht der freien Entfaltung der Persönlichkeit berufen. Ich glaube, viele werden Herrn Schüle Dank wissen, daß er vor solchen Übertreibungen eindrucksvoll gewarnt hat.

Herr Schüle hat dann auf den Verwaltungsrechtsstreit eines Münchener Verlegers gegen den staatlichen Bayerischen Schulbuch-Verlag angespielt. Dieser Prozeß wurde aber nur dadurch möglich, daß die Bayerische Landesverfassung im Art. 153 eine Bestimmung enthält, wonach der Mittelstand vor Aufsaugung zu schützen ist. Herr Schüle hat weiter die Einfuhr- und Vorratsstellen des Bundes erwähnt. Vielleicht äußert er sich im Schlußwort darüber, ob diese Stellen auch auf eigene Rechnung Importe tätigen dürfen oder ob irgendeine Bestimmung des Grundgesetzes dem im Wege steht.

Herr Scheuner hat die wichtige Frage angeschnitten, wieweit die Einführung von Monopolen gestattet ist, und dabei die Unterscheidung zwischen Finanz- und Wirtschaftsmonopolen gemacht. Worin liegt der Unterschied zwischen diesen beiden Monopolen? Das Branntweinmonopol ist sicher ein Finanzmonopol, aber kann man dies auch noch vom Zündwarenmonopol angesichts seiner kümmerlichen Erträgnisse behaupten? Wenn beide Arten von Monopolen rechtlich verschieden behandelt werden müssen, ist eine Klärung des zwischen ihnen bestehenden Unterschiedes unerläßlich.

Von Wichtigkeit bei dem ganzen Fragenkomplex ist natürlich die Frage des Rechtsschutzes. Herr Schüle meinte, der verwaltungsgerichtliche Rechtsschutz komme zu spät. Wir haben es aber in Karlsruhe erlebt, daß ein auf den Montag angesetzter Damenringkampf am Sonnabend verboten wurde und daß dies Verbot am Montag Vormittag vom — unteren — Verwaltungsgericht und am gleichen Nachmittag vom Verwaltungsgerichtshof aufgehoben wurde, so daß die Vorstellung am Montag Abend möglich war.

Etwas, was uns sehr interessiert mit Rücksicht auf die gestrigen Beratungen der Gemischten Kommission von Zivilprozessualisten und Verwaltungsrechtslehrern, ist die Frage, ob die künftigen Kartellgerichte den bürgerlichen Gerichten oder den Verwaltungsgerichten angegliedert werden sollen. Vielleicht äußert sich Herr Schüle in seinem Schlußwort auch zu dieser Frage.

Herr Scheuner führte aus, daß gegen unmittelbare Eingriffe durch ein Gesetz der gerichtliche Rechtsschutz ungenügend ausgestaltet sei. In der hoffentlich bald verabschiedeten Verwaltungsgerichtsordnung des Bundes ist aber die abstrakte Normenkontrolle vorgesehen, und Herr Scheuner wird sich von einer Streitsache her, in der er als Gutachter tätig war, daran erinnern, daß gegen ein Gesetz unter Umständen auch die Verfassungsbeschwerde möglich ist. Es gibt daher heute in Westdeutschland kaum einen staatlichen Eingriff, gegen den der Betroffene nicht ein Gericht anrufen könnte.

Klein-Münster: Wir haben heute morgen in zwei Referaten von „selten erlebter" Sachkunde und Eindringlichkeit — um mit Herrn Schüle zu sprechen — die Interventionsmöglichkeiten und Interventionswirklichkeiten des Staates im Bereich der Wirtschaft aufgezeigt erhalten. Beide Redner haben in höchst anschaulicher Weise ein ganzes Arsenal solcher Möglichkeiten und Wirklichkeiten vor uns ausgebreitet. Ich glaube nicht zu übertreiben, wenn ich der Vermutung Ausdruck gebe, daß unser hochgeschätzter Bundeswirtschaftsminister Erhard, hätte er hier sein können, angesichts einer solchen Instruktionsstunde auf die Juristen etwas böse geworden wäre, die ihm sein unter nationalökonomischen Gesichtspunkten so verhältnismäßig reines Bild der sogenannten freien oder sozialen Marktwirtschaft mit einer Unzahl größerer und kleinerer schwarzer Kleckse verziert oder — richtiger — verunziert haben.

Mußte schon die Ankündigung des ersten Themas unserer diesjährigen Tagung: Intervention des Staates in einer angeblich doch freien, daher auch interventionsfreien Wirtschaft gewissermaßen als Fanal empfunden werden, so haben die beiden Referate meines Erachtens mit aller Schärfe die grundsätzliche Frage aufgedeckt und zur Beantwortung aufgenötigt: Haben wir ein Staatswesen mit einer wirklich freien Wirtschaft, einer echten sozialen Marktwirtschaft? Es ist gewiß verständlich, daß die beiden Herren Referenten nicht den Versuch einer Antwort auf diese Frage unternommen oder sie gar eindeutig und abschließend beantwortet haben, und es liegt mir gewiß nichts ferner, als die beiden Herren deswegen der Unterlassung zu zeihen. Gleichwohl ist es nach meinem Dafürhalten schade, daß von keinem der beiden eine abschließende Stellungnahme gegeben worden ist. Vielleicht kann man aber zu ihr gar nicht gelangen, und zwar allein schon deswegen nicht, weil Juristen und Nationalökonomen vermutlich sehr verschiedener Meinung darüber sein werden und vom Standpunkt ihrer jeweiligen Betrachtungsweise aus wohl auch sein müssen.

Immerhin hat Herr Scheuner in seinen einleitenden Betrachtungen einige Bemerkungen gemacht, die — wenn ich sie richtig verstanden habe — einschlägig genannt werden dürfen. Er hat in dem Abschnitt, in dem er sich mit den Fragen „Was ist unter Intervention des Staates in der Wirtschaft zu verstehen?" und „Was ist Staatsinterventionismus beziehungsweise -dirigismus in diesem Sinne?" des näheren befaßt hat, in wörtlicher Formulierung bemerkt: „Interventionismus ist eine Form eigener Art"; „Interventionismus steht in der Mitte zwischen kollektiver oder umfassend gelenkter Zwangswirtschaft und der freien Marktwirtschaft"; „Interventionismus ist im Unterschied zum autoritären Staatsbild undogmatisch". Ich weiß nicht, ob Herr Scheuner damit so verstanden werden wollte, als ob er neben die beiden eigenständigen Hauptformen der geschlossenen Planwirtschaft totalitären Charakters und der freien Wirtschaft eine dritte eigenständige Wirtschaftsform und Wirtschaftsverfassung des Interventionismus setzen will. Ich möchte das allerdings nicht annehmen, denn es ist ja eine auch ihm gewiß bekannte Binsenwahrheit, daß selbst eine freie Wirtschaft ganz ohne Lenkungs-, Planungs-, Steuerungs-, Eingriffs-, Direktions- und Interventionsmaßnahmen des Staates nicht auskommt und nicht auskommen kann.

Bezeichnend ist ja auch, daß Herr Scheuner unter den von ihm nach Art einer „bunten Musterkarte“, wie Herr Huber formuliert hat, aufgeführten zahlreichen unmittelbaren und mittelbaren Formen der Intervention die Steuerpolitik gebührend hervorgehoben hat. Herr Schüle hat — darin stimme ich ihm grundsätzlich zu — das Anziehen und Lockerlassen der Steuerschraube als das „entscheidende Mittel unserer gegenwärtigen Wirtschaftslenkung“ bezeichnet. Es ist ebenfalls eine Wahrheit, daß die Lenkung durch Steuern beziehungsweise durch „das Steuergesetz“, wie Herr Schüle sich ständig ausgedrückt hat, in das bewährte Arsenal nicht nur der staatlichen Finanzpolitik, sondern auch und gerade der modernen Wirtschaftspolitik gehört. Und zwar machen davon in diesem Sinne und zu diesem Zwecke nicht nur die geschlossenen Planwirtschaften totalitären Charakters, insbesondere diejenigen der Union der Sozialistischen Sowjetrepubliken und ihrer Trabanten- und Satellitenstaaten, sondern auch und nicht zuletzt die Staaten mit freier Wirtschaft Gebrauch; die Unterschiedlichkeiten in diesem Punkte sind nicht grundsätzlicher, sondern nur gradmäßiger Art.

Wenn es aber so ist, daß das entscheidende, zumindest aber ein stark mitentscheidendes Mittel der gegenwärtigen Wirtschaftslenkung von Staats wegen, nämlich die Besteuerung, sowohl in der einen als auch in der anderen der beiden Grundformen der Wirtschaftssysteme und Wirtschaftsverfassungen eine maßgebende Rolle spielt, dann erweist sich, daß der darin in Erscheinung tretende Staatsinterventionismus nicht eine selbständige dritte Größe, sondern eine in beiden Wirtschaftssystemen und Wirtschaftsverfassungen anzutreffende, eine sie beide, wie ich sagen möchte, gewissermaßen überwölbende Erscheinung ist.

Vielleicht ist der Herr Erstreferent so liebenswürdig, in seinem Schlußwort eindeutig klarzustellen, ob beziehungsweise daß er so verstanden werden wollte, und darüber hinaus zu versuchen, das deutsche Wirtschaftssystem, die deutsche Wirtschaftsverfassung der Gegenwart in der fraglichen Hinsicht noch etwa genauer zu charakterisieren.

Merk-Tübingen: Die beiden Vorträge von heute morgen haben deutlich gezeigt, daß nach dem BGG zwar der Ausgangspunkt die Anerkennung des Wertes der Einzelpersönlichkeit ist, wie dies in den Grundrechten und in den rechtsstaatlichen Sicherungen zutage tritt, aber daß man dabei nicht stehengeblieben ist, wie dies äußerlich schon in der Bezeichnung „Sozialer Rechtsstaat" sich kundgibt. Das Rad der Geschichte läßt sich eben nicht auf den Stand vor 1933 zurückdrehen, infolge der Veränderungen, die seitdem eingetreten sind. Im übrigen hat man bei uns ja bekanntlich auf dem Gebiete des Wirtschaft- und Arbeitsrechts gegenüber einer bis dahin vorwiegend liberalen Gestaltung die Wende zu einer sozialen Gestaltung schon Ende der siebziger und Anfang der achtziger Jahre des vorigen Jahrhunderts vorgenommen. Jetzt sehen wir so, daß neben den Grundrechten, wie insbesondere der Art. 2, 4 und 14 BGG, die Bestimmung des Art. 15 die Möglichkeit der Vergesellschaftung von Grund und Boden, Naturschätzen und sachlichen Güterherstellungsmitteln vorsieht; im übrigen aber ist in Art. 74 das Recht der Wirtschaftsgesetzgebung einfach der mitwerbenden Gesetzgebung des Bundes zugewiesen. Ob und wie davon Gebrauch gemacht wird, ist in der Verfassung nicht bestimmt. Es besteht so die Möglichkeit, sich jeweils den vorhandenen Verhältnissen und Bedürfnissen der Volksgemeinschaft anzupassen. Es ist also eine Zweckmäßigkeitsfrage, nicht eine Weltanschauungsfrage, ob und inwieweit eine Vergesellschaftung durchgeführt wird. Dies steht im Gegensatze zu einer Gesamtplanung, wie wir sie in der östlichen Staatenwelt unter der Führung Rußlands sehen. Eine völlige Gesamtplanung in diesem Sinne würde aber auch nicht mehr den Grundlagen des BGG mit dessen Ausgangspunkt von der Würde des Menschen und seiner Freiheit, wie sie in den Grundrechten zum Ausdruck kommt, entsprechen. Im übrigen haben wir gehört, wie weit heute schon die Einmischung des Staates in das Wirtschaftsleben unmittelbar oder mittelbar reicht. Ich möchte in einer solchen Gestaltung ihrer ganzen Art nach — was sich also nicht auf Einzelheiten zu beziehen braucht — nicht einen Übergangszustand erblicken, son dern einen goldenen Mittelweg zwischen den beiden äußersten, einander entgegengesetzten Polen, einer rein einzeltümlichen und einer rein gemeinschaftsmäßigen oder sozialistischen Gestaltung. Bemerkenswert ist noch, wie sehr auf dem Gebiete des heutigen Wirtschaftsrechts öffentliches und bürgerliches Recht sich auf das engste durchdringen, was wieder weitere Auswirkungen, z. B. hinsichtlich der Zuständigkeit der Verwaltungsbehörden oder der ordentlichen Gerichte, zur Folge hat, worauf hier nicht weiter eingegangen werden kann.

Nur auf einen Punkt möchte ich noch hinweisen: schon der Altmeister der deutschen Finanzwissenschaft, Adolf Wagner, ist s. Zt. dafür eingetreten, die Art der Besteuerung als Mittel zu einer Einkommensverteilung unter sozialen Gesichtspunkten zu verwenden.

Ipsen-Hamburg: Der Interventionismus, dessen Bild die Herren Referenten uns so anschaulich gezeichnet haben, wirft täglich konkrete, immer wiederkehrende Rechtsfragen auf. Sie können in Ermangelung positiver Spezialregelungen aus dem geltenden, überdies meist ungeschriebenen allgemeinen Verwaltungsrecht nur mühselig beantwortet werden. Es kommt hinzu, daß ihre Lösung eine besondere, vom Zivilrecht abweichende Methodik verlangt, die jedenfalls (aber keineswegs nur) der Zivilgerichtsbarkeit, die vor solche Fragen gestellt wird, schwer zugänglich ist und dort nicht selten zu unbefriedigenden Ergebnissen führt. Als Beispiele solcher konkreten, auf den verschiedensten Interventionsgebieten vorkommenden Rechtsfragen, die mir insbesondere in der Wirtschaftsberatung und der Tätigkeit am Oberverwaltungsgericht entgegengetreten sind, darf ich die folgenden aufführen:

1. Planende Wirtschaftsintervention führt zur Annahme einer Pflicht des Staates, der von der Planung betroffenen und zu bestimmten Risiken veranlaßten Wirtschaft gegenüber für eine Innehaltung, Durchführung und ordnungsgemäße Abwicklung des Planes einzustehen. Man mag diese Pflicht als eine Art „Plangewährleistung" bezeichnen. Aus ihr folgt, daß bei Widerruf, Änderung oder unvorhergesehener Beendigung der Planung „Planungsschäden" zu ersetzen sind — ein Tatbestand, der z. B. nach der Liberalisierung der Fettwirtschaft für die bis dahin gelenkte Margarine-Industrie eingetreten ist. Diese Plangewährleistung entspringt der Erkenntnis, daß jede Lenkung und Planung ein zweiseitiges Rechtsverhältnis entstehen läßt, dem auf beiden Seiten Rechte und Pflichten entwachsen. Hierher gehört auch die gegenwärtig gerade bei uns in Hamburg intensiv erörterte Frage, ob nicht der Bank Deutscher Länder gegenüber den deutschen Exporteuren eine Transfer-Gewährleistungspflicht im Rahmen des Brasilienhandels obliegt, nachdem die Handelsvertragsregelung zwischen der Bundesrepublik und Brasilien den deutschen Exporteur verpflichtet hat, seine in Brasilien erworbenen Zahlungsansprüche aus Verkäufen über ein Verrechnungskonto abwickeln zu lassen, das zwischen der BdL und der brasilianischen Staatsbank geführt wird. Wenn der deutsche Exporteur keinen Einblick in den Stand der hin- und hergehenden Güterbewegungen hat, kann ihm schwerlich das Transferrisiko eines deutschen Guthabenüberhangs in Brasilien dadurch aufgebürdet werden, daß seine überseeischen Guthaben dort von hoher deutscher Hand eingefroren werden. Vielleicht können anerkannte Regelungen der Widerrufslehre, so der Satz vom „Inswerksetzen" oder vom Anspruch auf Vertrauensschaden bei unzulässigem Widerruf, hier Hilfe leisten.

2. Wenn Interventionsmaßnahmen den Einzelnen zu Leistungen an Dritte zwingen, wird der Staat für die Gegenleistung des Dritten an den Pflichtigen einzustehen haben Das kann heute allenfalls aus dem Rechtsgedanken der §§ 26, 27 des Reichsleistungsgesetzes abgeleitet werden. Für die umstrittene Investitionshilfe, die den einen nötigt, einem anderen Kredit zu geben, läßt sich ein entsprechendes Ergebnis, dem der Gesetzgeber ausgewichen ist, etwa mit Hilfe des Rechtsgedankens des § 778 BGB (Kreditauftrag) oder auch aus dem Enteignungsrecht begründen. Näheres hierzu hoffe ich in Kürze an anderer Stelle darlegen zu können.

3. Wenn der Staat im Rahmen von Wirtschaftsinterventionen, was immer häufiger vorkommt, unmittelbar kraft Gesetzes Dienste des Einzelnen zur Erfüllung von Verwaltungsaufgaben in Anspruch nimmt — ich nenne als Beispiel die Durchführung von Aufgaben der Wertpapierbereinigung, früher die Einschaltung der Kreditinstitute bei der Durchführung der Währungsumstellung —, so muß der Staat dort, wo er nicht nur allgemeine öffentliche Lasten aufbürdet, als vergütungspflichtig angesehen werden. Ich habe das in meinem Beitrag zur Kaufmann-Festschrift zu begründen versucht.

4. In immer größerem Ausmaß interveniert der Staat mit seinen „Wohltaten", indem er einzelnen Wirtschaftszweigen Kredite, Subventionen, Bürgschaften oder dergl. zuwendet. Meist handelt der Staat hier nicht, wiewohl er es möchte, als Privatbankier, da er den Interventionsvorgang als öffentliche Aufgabe qualifiziert — wie z. B. in der Filmwirtschaft, wo der Bundestag entsprechende Maßnahmen im öffentlichen Interesse durch Bereitstellung von Haushaltsmitteln ermöglicht hat, ferner etwa im Gebiet des sozialen Wohnungsbaues, der Außenhandelsförderung, der Schiffbaufinanzierung usw. Hier sind die behördlichen Entscheidungen über das „ob" oder „ob nicht" der Wohltat-Gewährung, d. h. die Antragsgenehmigungen oder -ablehnungen, als Akte der öffentlichen Hoheitsverwaltung, als Verwaltungsakte, anzusehen, und die Verwaltung muß insoweit ihr Verhalten nach dem Prinzip der Gesetzmäßigkeit, nach dem Gleichheitssatz, nach den Grenzen des Ermessens, der Widerruflichkeit, der Verhältnismäßigkeit des Mittels, also, allgemeiner gesprochen, nach den anerkannten Rechtsgrundsätzen des Verwaltungshandelns ausrichten, während nur das nachfolgende sogenannte „Erfüllungsgeschäft", also die Bürgschaftsübernahme, die Darlehenshingabe usw. zivilrechtlich qualifiziert werden darf. Das Gefühl dafür, daß zwischen diesen beiden Vorgängen rechtlich unterschieden werden muß, daß der wohltätig intervenierende Staat sich eben nicht in der Rolle des Privatbankiers befindet, den keine Ermessensgrenzen, kein Gleichheitssatz binden, dieses

Verständnis für die Öffentlichkeit der hier wahrgenommenen Aufgabe und der daraus resultierenden Bindungen und Verpflic tungen wird manche, auch höchste Verwaltungsbehörde erst noch erwerben müssen.

Daß diese wenigen Beispiele konkreter Rechtsregeln, die die staatliche Intervention in rechtsstaatliche Ordnung bringen müssen, keinen Anfang eines „Allgemeinen Teils" des Interventionsrechts bilden können, sei abschließend bemerkt. Er vermöchte nur Steine statt Brot zu geben, und jeder Interventionsvorgang muß die ihm immanenten Rechtsgrundsätze aus seiner Eigenart heraus entwickeln.

Naumann-Hamburg: Ich darf mich auf einige Bemerkungen zum Problem des Rechtsschutzes im Bereich der Wirtschaftsintervention des Staates beschränken. Der Leitsatz Nr. 23 von Herrn Scheuner lautet: „Der bestehende Rechtsschutz durch die verwaltungsrechtliche Generalklausel sichert ausreichend gegen unmittelbare Eingriffe in individuelle Rechtspositionen, wobei freilich der Begriff des subjektiven Rechts einer Fortbildung unter dem Gedanken des schutzwürdigen Interesses bedarf." Das hat wohl in erster Linie die herkömmliche Klage vor dem Verwaltungsgericht, nämlich die Anfechtungsklage, im Auge, wo allerdings in der Regel ein subjektives Recht rechtswidrig verletzt sein muß, damit der Kläger mit seiner Klage Erfolg haben kann. Diese Grundvoraussetzung des verwaltungsgerichtlichen Schutzes — Verletztheit in subjektiven Rechten — gilt nach der bisherigen Auffassung aber auch für die sogenannte Verpflichtungs- oder Vornahmeklage. Solche Klagen können vielleicht gerade bei den zuletzt von Herrn Ipsen in der Diskussion genannten Beispielen eine größere Bedeutung haben als die Abwehrklagen (Anfechtungsklagen) gegenüber nachteilig interventionistisch eingreifenden Hoheitsmaßnahmen.

Beim staatlichen Dirigismus der Wirtschaft ist im Hinblick auf den verwaltungsgerichtlichen Rechtsschutz noch etwas zu bedenken: Man kann in erheblichem Umfang eine „Flucht aus der Hoheitsgewalt" beim wirtschaftsdirigierenden Staat beobachten. Ob diese Flucht immer gelingt, die Flucht aus dem Verwaltungsakt ins zivilrechtliche Rechtsgeschäft, ist allerdings fraglich; denn man wird z. B. den Ausführungen von Herrn Ipsen durchaus folgen müssen, daß die Ablehnung einer Bürgschaft durch den Staat ein Hoheitsakt sein kann. Ebenso wird z. B. die von einer Landsiedlungsstelle auf Grund eines Bodenreformgesetzes erklärte vorzeitige Kündigung eines Pachtvertrages ein Hoheitsakt sein und nicht eine rechtsgeschäftliche Willenserklärung des Privatrechts, so daß weder Zivilgericht noch Pachtschutzgericht, sondern nur das allgemeine Verwaltungsgericht mit Anfechtungsklage angerufen werden kann. Ob also die scheinbare Verwendung bürgerlich-rechtlicher Mittel unter Vermeidung öffentlich-rechtlicher Wege, wie man sie nicht selten beim Dirigismus auch in der Einschaltung von Kreditinstituten beobachten kann, wirklich dazu führen kann, daß verwaltungsgerichtlicher Rechtsschutz ausgeschlossen oder vermindert wird, ist zu bezweifeln. Ich möchte im übrigen nicht der Auffassung Ausdruck geben, es handele sich bei der „Flucht aus dem Hoheitsakt ins Privatrecht" um einen bewußt eingeschlagenen Weg, um den verwaltungsgerichtlichen Rechtsschutz zu vermeiden; alle Erfahrungen sprechen gegen solche Annahme, denn der in die Wirtschaft intervenierende Staat hat bisher sicherlich nicht unter der Generalklausel „gelitten".

Soweit nun Verwaltungsakte erlassen, abgelehnt oder unterlassen werden, möchte ich an dem subjektiven Recht als Voraussetzung für eine verwaltungsgerichtliche Anfechtungs- und Verpflichtungsklage im Prinzip festhalten. Ich habe mich schon vor zwei Jahren in Frankfurt auf dem Juristentag dafür eingesetzt, man solle am subjektiven Recht festhalten, habe allerdings gleichzeitig empfohlen — das betont auch der Leitsatz Nr. 23 von Herrn Scheuner —, den Begriff des subjektiven Rechts heute im sozialen Rechtsstaat genauer unter die Lupe zu nehmen. Wenn man die Fülle und Eigenart der Entwicklungen und Erscheinungen auf dem Gebiet des Wirtschaftsverwaltungsrechts sieht, wie sie uns heute hier vorgeführt worden sind, dann muß man gegenüber dem althergebrachten Begriff des subjektiven Rechts ganz besonders nachdenklich werden. Ich teile daher die Auffassung von Herrn Scheuner, daß man den Begriff des subjektiven Rechts weiterhin kritisch fortentwickeln muß, möchte aber wegen der möglichen Gefahr der Popularklage davor warnen, ohne weiteres zu dem Gedanken des schutzwürdigen Interesses überzugehen. Allerdings habe ich in scherzhafter Weise bei der Besprechung eines Urteils vor kurzem einmal geschrieben, der Hinweis auf die Gefahren der Popularklage werde mitunter offenbar als eine Art Kinderschreck für überlastete Verwaltungsgerichte verwendet. Aber es ist etwas Richtiges daran: Wenn man jedes schutzwürdige Interesse genügen läßt, das sich etwa auch in organisierten Interessen-Verbänden der Industrie oder des Handels darstellen kann, käme man vielleicht zu einer Ausweitung des verwaltungsgerichtlichen Rechtsschutzes, die nicht immer erfreulich wäre. Ich würde aber einen anderen Weg zur sinnvollen Gestaltung des Verwaltungsrechtsschutzes noch vorschlagen:

Der Gesetzgeber möge sich doch bei der Einführung bestimmter dirigistischer Maßnahmen jeweils die Frage vorlegen, ob er Prozeßführungsbefugnisse oder Prozeßstandschaftsrechte auch bestimmten Verbänden zubilligen sollte. Ich empfinde es als einen Anachronismus, wenn heute beispielsweise auf Grund des § 19 des Gaststättengesetzes die Vereinigung der Gastwirte zwar dagegen klagen kann, daß eine neue Schankwirtschaft konzessioniert wird, daß aber in einer wirtschaftspolitisch höchst bedeutsamen Frage, z. B. im Kampf Schiene — Straße, einem Personenbeförderungsverband oder einem großen Verband von Liniengüterfernverkehrsunternehmen die sogenannte Aktivlegitimation vom Verwaltungsgericht versagt wird und eine Klage des Verbandes schon im Vorfeld der Prüfung zusammenbricht, weil der Verband nicht in eigenen subjektiven Rechten betroffen wird, das Gesetz es aber bisher versäumt hat, dem Verband ohne Rücksicht hierauf ein Prozeßführungsrecht zur Geltendmachung seiner Interessen klar zu verleihen. Es sind vielleicht nicht zuletzt unter dem Eindruck von Erscheinungen, wie wir sie auch im Wirtschaftsverwaltungsrecht antreffen können, neuerdings noch andere Stimmen laut geworden, die an die Grundkonzeption des verwaltungsgerichtlichen Rechtsschutzes aufbauende Kritik ansetzen. Man hat nämlich folgendes gesagt: Bisher hat der verwaltungsgerichtliche Rechtsschutz in Gestalt der Anfechtungs- und Verpflichtungsklage immer an eine hoheitliche Einzelmaßnahme angeknüpft. Es wird ein Verwaltungsakt verlangt, d. h. ein Einzeleingriff bzw. die rechtswidrige Unterlassung eines begünstigenden Einzelaktes; der Staatsbürger, der dadurch betroffen ist, kann den Akt erzwingen oder ihn aufheben lassen. Hiergegen sind Bedenken aufgetreten, wohl allerdings nicht zuerst im Bereich des Wirtschaftsverwaltungsrechts, wo die Neigung der betreffenden Kreise in der Wirtschaft bisher sowieso nicht sonderlich groß gewesen ist, die Verwaltungsgerichte anzurufen. Aber man hat z. B. auf dem Gebiet des Bauverwaltungsrechtes gefragt, warum der Staatsbürger, der etwa durch einen willkürlichen oder ungleich verfahrenden Fluchtlinienplan oder einen offensichtlich unsinnigen Neuaufbauplan betroffen wird, nicht von vornherein diesen Plan sollte anfechten können, statt abwarten zu müssen, bis auf Grund des Planes ein Einzelakt gegen ihn ergeht oder abgelehnt wird. Ob sich das heute schon in den bisherigen Begriff der Allgemeinverfügung einfangen läßt, ist jedenfalls zweifelhaft. Jedenfalls hat man ernstlich angeregt, man möge doch in der künftigen Bundesverwaltungsgerichtsordnung den Begriff des Verwaltungsakts nicht mehr wie bisher als Einzelmaßnahme der öffentlichen Gewalt definieren, um zweckmäßige Möglichkeiten eines erweiterten, aber gleichzeitig auch vereinfachenden Rechtsschutzes zu eröffnen. Man könnte sich dann vorstellen, daß vielleicht ein verwaltungsgerichtlicher Schutz mit Anfechtungs- oder Vornahmeklage z. B. auch gegenüber sogenannten Verteilungsplänen auf dem Gebiet des Wirtschaftsverwaltungsrechts zulässig ist.

Richtig ist, wenn ich zum Leitsatz Nr. 24 von Herrn Scheuner kommen darf, daß die abstrakte Normenkontrolle, die in Zukunft entsprechend dem bewährten süddeutschen Vorbild auch im bundeseinheitlichen Verwaltungsprozeßrecht vorgesehen ist, einen wesentlichen lückenausfüllenden Platz im Rechtsschutz bieten kann. Allerdings bleiben dann immer noch Lücken übrig; denn soweit es sich nicht um abgeleitete Rechtsnormen, sondern um generelle Maßnahmen oder Dirigierungsmaßnahmen nicht normenrechtlicher Art handelt, würde man als Betroffener auch mit der Normenkontrolle schwerlich zum Zuge kommen. Hier kann in einigem Umfang die Verfassungsbeschwerde helfen. Ich muß offen gestehen, daß man in der Praxis der Verwaltungsgerichtsbarkeit die „Superrechtsbeschwerde" in Gestalt der Verfassungsbeschwerde nach § 90 des Bundesverfassungsgerichtsgesetzes zuerst oft als eine Hypertrophie des Rechtsschutzes angesehen hat. Wenn man sich aber nach den heutigen so besonders eindrucksvollen Referaten das Gebiet des Wirtschaftsverwaltungsrechts modernster Prägung ansieht, dann muß man anerkennen, daß in der Verfassungsbeschwerde in der Tat ein außerordentlich wirksamer Rechtsschutz für die Staatsbürger liegen kann, vor allem in solchen Fällen, in denen ein verwaltungsgerichtlicher Prozeß nicht vorausgehen kann. Voraussetzung ist nur, daß über die Verfassungsbeschwerden schnell entschieden werden kann.

Ich darf noch zum Leitsatz Nr. 8 von Herrn Schüle Stellung nehmen. Ich weiß nicht, ob ich ihn ganz recht verstanden habe. Er sagt dort im vorletzten Satz dieses Leitsatzes, der verwaltungsgerichtliche Schutz sei bisher zum Teil unvollständig gewesen. Ich möchte dem etwa aufkommenden Irrtum zu begegnen suchen, als habe das Gesetz über das Bundesverwaltungsgericht den verwaltungsgerichtlichen Rechtsschutz gegenüber Verwaltungsakten der Bundesministerien oder der Bundesoberbehörden überhaupt erst eröffnet. Den Rechtsschutz auch gegen höchste Bundesbehörden hat es bereits in vollem Umfang vor diesem Gesetz gegeben. Nach süddeutschem Recht waren in erster und letzter Instanz die Verwaltungsgerichtshöfe zuständig, nach norddeutschem Recht die Landesverwaltungsgerichte, auf Berufung die Oberverwaltungsgerichte. Neu ist durch das Bundesverwaltungsgerichtsgesetz nur, daß jetzt — abgesehen von der Revision — in gewissen Fällen eine erst- und letztinstanzliche Zuständigkeit des Bundesverwaltungsgerichts gegenüber Verwaltungsakten der obersten Bundesbehörden eingeführt und daß die örtliche Zuständigkeit bei Klagen gegen Akte von Bundesbehörden neu geregelt ist. Daß sich die eininstanzliche Zuständigkeit des Bundesverwaltungsgerichts im Sinne der Beschleunigung des Rechtsschutzes günstig auswirken kann, zumal dort kein Vorverfahren vorausgeht, und daß diese schnellere Möglichkeit von den beteiligten Wirtschaftskreisen vielleicht eher ergriffen wird als die bisher gegebene Möglichkeit, mag sein. Alles hängt aber, wie auch bei den Verwaltungsgerichten bisher, davon ab, daß diese Rechtsschutzeinrichtung in ausreichendem Maße personell besetzt wird, sonst hat, zumal noch unter den Erschwerungen des Sitzes des Bundesverwaltungsgerichts und den dadurch bedingten langen Ladungsfristen nach dem Gesetz, auch die qualitativ beste Gerichtsbarkeit wenig Sinn.

Ich kann aus der Praxis der Verwaltungsgerichtsbarkeit über eine Anzahl von Wirtschaftsverwaltungsprozessen berichten, die in Hamburg geschwebt haben; so darf ich an die zahlreichen Prozesse nach dem Importausgleichsabgabengesetz erinnern, wo es sich um manche grundsätzliche Fragen des Importausgleichs handelte. Neuerdings haben Klagen der Margarineherstellungsbetriebe geschwebt, die zu einem Frachtausgleich herangezogen oder durch ihn begünstigt werden sollten. Von beiden Seiten ist gegen den Staat vor den Verwaltungsgerichten vorgegangen worden, nämlich von der einen Gruppe, die sich gegen Heranziehung zum Frachtausgleich wehrt und geltend macht, die Voraussetzungen dieses Frachtausgleichs seien entfallen; die andere Gruppe aber verfolgt ihren Anspruch, den sie angeblich aus den Frachtausgleichsregelungen bekommen hat, und verklagt den Staat vor dem Verwaltungsgericht auf Durchführung des Frachtausgleichs. Wenn solche Prozesse gleichzeitig zum Teil in Karlsruhe, zum Teil in Düsseldorf und zum Teil in Hamburg anhängig gemacht würden, dann wäre das Prozeßbild naturgemäß unerfreulich. Man hat es wohl zum Teil dadurch mildern können, daß man z. B. in Hamburg in einem Prozeß der den Frachtausgleich verlangenden Betriebe sämtliche deutschen argarinefabriken, die in dem Frachtausgleichsverfahren auf der anderen Seite als möglicherweise Betroffene in Betracht kommen, beigeladen hat. So hat man einen Gesamtprozeß von etwa 65 deutschen Margarinefabriken, die um das Rechtsverhältnis des Frachtausgleichs streiten: die einen gegen Heranziehung zum Frachtausgleich, die anderen auf Durchführung des Frachtausgleichs. Ob Urteile in solchen Prozessen immer voll befriedigen können, ist gelegentlich bezweifelt worden. Es tauchen hier die Schwierigkeiten auf, die auch in den Referaten angedeutet worden sind: Ob man es den Verwaltungsgerichten zumuten kann, etwa auf dem Umweg über die Auslegung sogenannter unbestimmter Rechtsbegriffe oder bei der Rechtsanwendung überhaupt in Wahrheit wirtschaftspolitische Entscheidungen zu fällen.

Zum Abschluß möchte ich noch auf eine Möglichkeit hinweisen, die, wie ich immer wieder glaube, im verwaltungsgerichtlichen Rechtsschutzverfahren immer noch viel zu wenig ausgeschöpft wird: die Feststellungsklage. Ein angenommene Beispiel:

Nehmen wir an, eine Bundesstelle oder der Bundeswirtschaftsminister benützte die Ausschreibung nach den devisengesetzlichen Bestimmungen dazu, um bei der Zuteilung der Devisen für ein ausgeschriebenes Gut bestimmte Importeure oder Industrien durch Ausschluß vom Devisenkontingent niederzuhalten, die Devisenbewirtschaftungsmöglichkeit also zu benutzen, um eine bestimmte Produktionssteuerung im Inland vorzunehmen. Angenommen das geschähe womöglich auch noch im sogenannten Bankenverfahren, wo also ein Hoheitsakt außer dem ferneliegenden dirigierenden Anweisungsakt des Ministeriums kaum greifbar ist, dann kommt man mit einer Anfechtungsklage wohl ebensowenig zurecht wie mit einer Verpflichtungsklage, aber auch nicht mit der Normenkontrolle. Es ist aber die Frage, ob nicht der Betroffene auch zwecks Klärung des künftigen gleichmäßigen oder verhältnismäßigen oder gesetzmäßigen Verhaltens der obersten Dirigentenstelle eine Klage vor dem Verwaltungsgericht anstrengen kann, mit dem Antrag festzustellen, daß bei Ausschreibung so und so verfahren werden muß. Daß hier ein subjektives Recht überhaupt erforderlich ist, wird zu verneinen sein. Mit der Feststellungsklage könnte man die Gefahr vermindern, daß der Kläger vor Klageerhebung oder jedenfalls vor der Entscheidung über die Klage das wirtschaftliche Interesse an dem inzwischen längst überholten, in der Vergangenheit liegenden Verfahren des Einzelfalls (etwa einer einzelnen Ausschreibung oder Zuteilung) verliert. Die Verwaltungsgerichte sollten sich mehr darauf besinnen, welche Möglichkeiten in der Feststellungsklage liegen. Man sollte nicht so engherzig, wie oft bisher — worauf Herr Jellinek schon 1925 hingewiesen hat — und nicht so ängstlich an dem Feststellungsinteresse oder an dem Begriff des Rechtsverhältnisses herumdeuteln und die Klagen nicht dadurch als unzulässig zu Fall bringen. Wenn es gelänge, aus der Feststellungsklage auch die gewissermaßen vorbeugende Feststellungsklage hinsichtlich bestimmter Fragen künftigen Verhaltens innerhalb eines Dirigentenplanes zu entwickeln, dann könnte man vielfach den verwaltungsgerichtlichen Rechtsschutz sowohl im Interesse der Wirtschaftskreise wie im Interesse des rechtsstaatlich dirigierenden Staates sinnvoll intensivieren.

Stanka-Wien: Ich möchte kurz darauf hinweisen, daß die Tatsache der großen Zahl der Staatsbediensteten dazu führt, daß eine gewisse Konsumentenschicht entsteht, deren Kaufkraft durch das Gehaltsgesetz und das darin enthaltene Gehaltsschema reguliert erscheint. Wir wissen, daß die Gehaltsschemen unwillkürlich auf die Lohnverhältnisse der Privatwirtschaft immer abfärben. Ein jedes Gehaltsschema hat auch zugleich gewisse Wertungen der geleisteten Arbeit und eine jede Änderung in diesen Wertungsverhältnissen — das Verhältnis geistige Arbeit und manuelle Arbeit usw. — führt auch in der Privatwirtschaft zu gewissen Änderungen der Lohnverhältnisse, was jedenfalls auch als eine Art staatliche Einflußnahme auf die Lohnverhältnisse in der Privatwirtschaft anzusehen ist.

Krüger-Hamburg: Aus der Fülle dessen, was uns beide Referenten heute morgen geboten haben, möchte ich das Problem der Formen der staatlichen Wirtschaftsintervention herausgreifen. Herr Scheuner hat sich bemüht, die Formen zu gliedern in direkte und indirekte, und Herr Schüle hat einen Lösungsversuch gegeben in der Richtung, daß man es auf die Art der Wirkung der betreffenden Maßnahme abstellen solle.

Nicht zuletzt aus meiner Kenntnis der Praxis scheint es mir vor allen Dingen notwendig, zu unterscheiden zwischen den herkömmlichen befehlenden Akten mit der Aussicht auf Zwang und Strafe einerseits und den Wohltaten des Staates andererseits, also hier der Benutzung von Wohltaten zur Wirtschaftslenkung. Ich glaube, diese letztere unjuristischere, unherrschaftlichere Form ist diejenige, die uns heute besonders interessieren muß. Dieses Interesse ist von ganz allgemeiner Bedeutung, weil die Wohltat bekanntlich eine wichtige Möglichkeit ist, Herrschaft zu begründen oder auszuweiten. Dies geschieht einmal in beträchtlichem Maße in der Außenpolitik. Man kennt dieses Mittel aber auch aus dem Staatsrecht, insbesondere aus der Fonds-Wirtschaft der Weimarer Zeit. Dieses Mittel findet aber in reichem Maße auch im Verwaltungsrecht Anwendung, und zwar nicht nur in Deutschland, sondern vor allem auch in den Vereinigten Staaten. Roscoe Pound hat diese Sachverhalte sehr eindrucksvoll beschrieben.

Diese Möglichkeit einer Begründung und Ausweitung von Herrschaft tritt einmal auf in der juristischen Form des begünstigenden Verwaltungsaktes, den man mit einer Auflage versieht, die wirtschaftslenkenden Charakter hat. Die juristische Begründung für die Zulässigkeit eines solchen Vorgehens ist scheinbar einleuchtend: Wenn die Behörde einen begünstigenden Verwaltungsakt grundsätzlich nicht zu erlassen braucht, dann kann sie ihn offenbar auch als Minus, d. h. mit einer Auflage erlassen. Ich war frappiert über die Mitteilung von Herrn Huber, daß irgendeine Konnexität zwischen dem begünstigenden Verwaltungsakt und der Auflage, die dieser Verwaltungsakt mit durchzieht, in der Schweiz nicht zu entdecken ist. Ich kann nur bestätigen, daß etwas derartiges auch bei uns vielfach vorkommt, und zwar gilt das nicht nur für begünstigende Verwaltungsakte, sondern für alle anderen, unherrschaftlicheren Formen der staatlichen Wirtschaftsintervention und Wirtschaftsförderung erst recht, insbesondere naturgemäß für die Kreditgewährung. Die Kreditgewährung wird nicht allzu selten dazu benutzt, um eine vollständige Herrschaft über dasjenige Unternehmen auszuüben, das sich in die Notwendigkeit versetzt sah, diesen Kredit aufzunehmen. Es läßt sich also auf diesen Wegen Beträchtliches erreichen. Das aber, was uns an diesem Vorgang besonders interessiert und was vielleicht anstößig sein müßte, ist die Tatsache, daß hier der Staat seine Herrschaft begründet oder ausweitet ohne jede gesetzliche Grundlage. Angesichts dieser Entwicklung muß ernsthaft die Frage aufgeworfen werden, ob die Lehre noch haltbar ist, daß nur belastende, nicht aber begünstigende Verwaltungsakte einer Grundlage im Gesetz bedürfen. In dieses Problem hinein spielt auch die Frage der Kontrolle der Volksvertretung über die Verwaltung, die naturgemäß dann eine erhebliche Lücke aufweist, wenn die Verwaltung ohne gesetzliche Grundlage begünstigen und über die Begünstigung Herrschaft ausüben kann. Solange man jedoch hier noch nicht zu anderen Auffassungen gekommen ist, stellt sich umso dringlicher die Frage des Rechtsschutzes in diesem Bereich.

Die Referenten sind der Frage nachgegangen, warum in diesem Bereich von den Betroffenen nur in verhältnismäßig geringem Umfange versucht wird, Rechtsschutz zu erlangen. Mir scheint die Antwort hierauf darin zu liegen, daß man es der Wirtschaftsverwaltung gegenüber oft gar nicht riskieren kann, die Gerichte anzurufen. Es ist keinerlei Wagnis, eine polizeiliche Verfügung anzufechten, die sich gegen das nächtliche Bellen eines Hundes richtet. Wenn der Betroffene durch eine erfolgreiche Anfechtung die Polizei davon abhält, in Zukunft ähnliche Verfügungen zu erlassen, dann kann ihm das nur recht sein. Wenn man aber versucht, durch Inanspruchnahme der Gerichtsbarkeit eine Wohltat zu erzwingen, und wenn man sich dadurch auf jeden Fall die Wohltaten spendende Behörde vergrämt, dann kann man ziemlich sicher sein, daß man bei der zukünftigen Vergebung von Wohltaten nicht gerade bevorzugt behandelt wird. Es wird daher in den meisten Fällen untunlich sein, sich Wohltaten mit Hilfe des Gerichts zu erkämpfen. Aber selbst wenn man annimmt, daß eine Person hierauf keine Rücksicht zu nehmen braucht und sich daher an das Verwaltungsgericht wendet, dann wird sich hinderlich bemerkbar machen die Tatsache, auf die hier schon mehrfach hingewiesen wurde — die Tatsache nämlich, daß nicht nur offenbar unser System des Verwaltungsrechts, sondern insbesondere auch die Systematik des Rechtsschutzes im Grunde genommen immer noch abgestellt ist auf den befehlenden und zwingenden Staat, nicht aber auf den Wohltaten gewährenden Staat. Diese These möchte ich auf die Gefahr hin, mich ins Detail zu verlieren, an einigen Beispielen aus meinen Erfahrungen veranschaulichen. So kann z. B. die Wohltat, die dem einen gewährt wird, von höchstem

Nachteil für einen anderen sein. Man stelle sich folgenden Fall vor: Jemand hat eine befristete Erlaubnis zum Betrieb eines Omnibusverkehrs erhalten. Während des Laufs dieser Frist erhalten gleichartige Unternehmen eine unbefristete Erlaubnis. Es entsteht die Gefahr, daß die Verlängerung der befristeten Erlaubnis deswegen versagt werden könnte, weil angesichts der neu eingetretenen Unternehmer ein Bedürfnis nicht mehr bestehe. Die Klage wegen der Erteilung der Erlaubnis an die neuen Unternehmer wird jedoch aus dem prozessualen Grunde abgewiesen, daß niemand ein Recht darauf habe, daß einem anderen eine Erlaubnis nicht erteilt werde. Der Klage kann sich aber auch ein anderes prozessuales Hindernis in Gestalt eines zu eng verstandenen Begriffes des Verwaltungsaktes entgegenstellen, und dies vor allem dann, wenn man den Begriff der Amtshandlung bei der Untätigkeitsklage gleichfalls als Verwaltungsakt versteht. Es erweist sich nach alledem als notwendig, den Begriff des subjektiven Rechtes, der Voraussetzung sowohl für den Erfolg einer Anfechtungs- wie einer Untätigkeitsklage ist, nicht allzu dogmatisch zu verstehen. Diese Notwendigkeit ergibt sich vor allem aus der Tatsache, daß die Gewährung von Wohltaten durchweg in das Ermessen der Behörde gestellt ist und infolgedessen ein Recht auf derartige Wohltaten grundsätzlich nicht besteht. Ich sehe also letztlich — allerdings befinde ich mich damit im Widerspruch zu Herrn Naumann — keine andere Möglichkeit, als daß man das subjektive Recht sowohl aus der Anfechtungsklage wie der Untätigkeitsklage verschwinden und im Rechtsschutzbedürfnis aufgehen läßt. Die Prüfung des Rechtsschutzbedürfnisses reicht meiner Auffassung nach aus, um die Gefahr einer Popular-Klage abzuwehren. Weiter wäre es mit Rücksicht darauf, daß die Gewährung von Wohltaten durchweg in das Ermessen gestellt ist, notwendig, das System der Ermessensfehler feiner auszubauen, insbesondere die Frage der Sachwidrigkeit einer Auflage als Problem zu erkennen und zu lösen. Die von Herrn Naumann gekennzeichnete Gefahr, daß der Richter wirtschaftspolitische Entscheidungen trifft, wird sich ohne besondere Schwierigkeiten vermeiden lassen.

Und schließlich noch etwas, was sich, wie ich glaube, weitgehend deckt mit dem, was Herr Ipsen als Plangewährleistung bezeichnet hat. Wenn man die Formen der staatlichen Wirtschaftspolitik kennzeichnen will, dann muß man außer den bereits beschriebenen Merkmalen feststellen, daß sie weitgehend nicht mehr subordinationsrechtlicher, sondern koordinationsrechtlicher Natur sind. Wirtschaftspolitische Ziele werden heute vielfach nicht mehr in der Weise verfolgt, daß der Staat den Weg festlegt und die Bürger zur Mitwirkung hoheitlich heranzieht. Immer mehr wird vielmehr in der Weise verfahren, daß sich Staat und Bürger gewissermaßen gemeinsam an einen Tisch setzen und sich über Ziel und vor allem

Weg verständigen. Wenn dann der Bürger den ihm absprachegemäß zufallenden Teil der Aufgabe vielfach mit erheblichen finanziellen Risiken ins Werk setzt, dann muß er sich darauf verlassen können, daß auch der Staat den ihm zugefallenen Teil der Aufgabe durchführt und insbesondere etwa in Aussicht gestellte Hilfen gewährt. Dieser koordinationsrechtlichen Wandlung des Wirtschaftsverwaltungsrechts ist unsere Dogmatik noch nicht gefolgt. Hier gilt immer noch, daß der Staat mit dem Bürger nur in der Form des einseitigen Befehls spricht, aber nicht paktiert. Solange solche Auffassungen vertreten und praktiziert werden, ist eine moderne Wirtschaftsverwaltung ebensowenig möglich wie eine freie Mitwirkung der Bürger an ihr. Auch in diesem Falle bestätigt sich wieder die These, daß das System des Verwaltungsrechts und vor allem auch die Systematik des Verwaltungsrechtsschutzes diesen neuartigen Dingen, die wir in irgendeiner Form auch meiner Überzeugung nach immer behalten werden, noch nicht entspricht. Es gibt heute zwei rechtsleere Räume. Der eine stammt aus der Tradition und ist das sogenannte besondere Gewaltverhältnis. Es gibt daneben einen neuen rechtsleeren Raum. Das ist der Raum der Wirtschaftsverwaltung. Ich glaube, man kann von einem Rechtsstaat und erst recht von einem sozialen Rechtsstaat erst dann sprechen, wenn diese beiden rechtsleeren Räume von Recht und Rechtsschutz durchdrungen sind.

Abendroth-Marburg: Es ist zunächst zu erwähnen, daß Herr Scheuner in seinem Referat die Auffassung vertreten hat, die Interventionen, die wir heute hätten, seien undogmatisch. Ich möchte sagen, es sind ad hoc-Interventionen der Staatsgewalt. Umfassende Planung aber sei nach seiner Meinung mindestens, wenn sie zur Zentralverwaltungswirtschaft führt, mit dem Charakter eines demokratischen Rechtsstaates unvereinbar. Ich möchte hier nur andeutend sagen, daß mir diese These in dieser Form doch ergänzungsbedürftig scheint. Ganz sicher, eine zentrale Verwaltungswirtschaft im Extremfalle, die den Bürger seiner Rechtssubjektivität völlig entkleidet, wäre mit dem Gedanken des demokratischen Rechtsstaates nicht mehr vereinbar. Aber führt umfassende Planung, Koordinierung also der ad hoc-Interventionen zu einer systematischen Umplanung der Gesellschaft notwendig in dieses Gleis? Das ist doch zum mindesten fragwürdig, und ich würde Herrn Scheuner bitten, im Schlußwort vielleicht mit wenigen Worten hier seine Auffassung klarzustellen.

Nun zur Lage in unserem konkreten westdeutschen Verfassungssystem. Herr Scheuner hatte mit vollem Recht betont, daß das Grundgesetz sich in bezug auf die Wirtschaftsverfassung ganz einfach nicht entschieden hat; höchstens hat es das insoweit, daß das Grundgesetz seiner Struktur nach der Option für eine zentrale

Verwaltungswirtschaft, die jede Rechtssubjektivität des Bürgers verneint, entgegensteht. Aber insoweit nicht, als das Grundgesetz, wie mir scheint, doch jede andere Möglichkeit offenhält und bewußt offengehalten hat. Denn auch der Gedanke umfassender Umplanung der Gesellschaft, vermittelt durch staatliche Willensbildung, ist ja keineswegs gesperrt. Art. 15 ist keineswegs das einzige Einfallstor in dieser Richtung, und ich bin überzeugt, daß ich mit Herrn Scheuner auch in dieser Beurteilung der Dinge übereinstimme, weil etwa die innere Umdeutung des Eigentumsbegriffs, die Art. 14 durchaus offen hält, noch weitere Möglichkeiten erschließt, die im einzelnen bewußt vom Verfassungsgeber nicht klargestellt worden sind, weil sie sich apriori auch gar nicht klarstellen sondern nur situationsmäßig konkretisieren lassen. Es hat mich gefreut, daß sowohl von Herrn Schüle als auch von Herrn Jellinek dabei dem Versuch entgegengetreten wurde, Art. 2 des GG. aus einer Garantie für die menschliche Persönlichkeit umzudeuten in eine Garantie des homo oeconomicus der liberalen Wirtschaftsordnung. In dieser Überspitzung hätte ja auch zweifellos Herr Scheuner das Ergebnis nicht gewollt, aber immerhin ließen manche seiner Formulierungen hier Zweifel zu. Und von hier aus scheint es mir fragwürdig, ob der These Herrn Scheuners zugestimmt werden kann, daß die Neuerrichtung staatlicher Monopole in unserem heutigen System unmöglich sei. Ich glaube nicht, daß, wenn — man denke etwa an die Entfaltung der Atomenergie oder dergleichen Möglichkeiten mehr — plötzlich neue technische und vom Technischen ins Ökonomische hineinragende Möglichkeiten auftauchen, hier der Betätigung des Staates eine Schranke gesetzt ist, und ich glaube auch nicht, daß bei gegenwärtig bereits bestehenden Produktionszweigen jeder Möglichkeit hier Tür und Tor verbaut ist. Die eine Möglichkeit, die aus Art. 15 — allerdings mit der Auflage der Entschädigungspflicht — folgt, wird ja auch Herr Scheuner nicht in Frage stellen wollen.

Die Diskussion hat — wie mir scheint — ein Thema bereits in den Vordergrund gerückt, das in beiden Referaten zu kurz gekommen ist, das Thema nämlich des Einfallstors staatlicher Intervention aus dem Grenzbereich der innerstaatlichen Wirtschaft nach außen, aus jenem Grenzbereich, der sich in der Devisenbewirtschaftung wie in Außenhandelsregelungen irgendwelcher anderer Art sehr deutlich zeigt. Ich würde es wünschen, daß in den Schlußworten wenigstens andeutend von den beiden Referenten die Möglichkeiten, die sich hier auftun, auch nach der rechtlichen Seite hin etwas erörtert werden.

Und endlich noch eine letzte Bemerkung zur Diskussion. Von Herrn Ipsen wurde — klug begründet — der Plangewährleistungsgedanke und der Gedanke der Vergütung bei Inpflichtnahmen behandelt. Diese Gedanken sind natürlich sehr erwägenswert. Aber ist es nicht erforderlich, hier sehr deutlich zu scheiden zwischen dem, was unser Verfassungsrecht und unser Gesetzesrecht gebietet, und dem, was eventuell de lege ferenda erwägenswert erscheinen mag? Jch würde es für äußerst bedenklich halten, wenn — seien es die Verwaltungsgerichte, sei es das BVG. — hier qua Judikatur Entscheidungen vorwegzunehmen trachten würden, die nicht durch die Judikatur gefällt werden können.

Leibholz-Göttingen: Ich glaube, daß etwas heute noch nicht diskutiert worden ist, was auch diskutiert werden sollte, nämlich die Frage des verfassungssystematischen und verfassungstheoretischen Standortes des staatlichen Interventionsrechtes. An sich ist der Interventionsbegriff ein formaler Begriff, der mit einem beliebigen Inhalt gefüllt werden kann, und Herr Huber hat uns heute gesagt, daß in der Schweiz z. B. vom Staate das Interventionsrecht gebraucht wird, um bestimmte liberale Machtpositionen zu halten und zu festigen. Im Grunde genommen dient aber heute das staatliche Interventionsrecht anderen Zwecken. Es dient dazu, den sozial schwächeren Schichten zu helfen. Insoweit fügt es sich in den allgemeinen Entwicklungsprozeß ein, der in den letzten hundert Jahren, zu der vielleicht bedauerlichen, aber als Faktum nicht bestreitbaren Entliberalisierung und radikalen Egalisierung und Demokratisierung des gesamten Lebens geführt hat. Man denke nur etwa an die Entwicklung des Wahlrechts im Laufe des letzten Jahrhunderts, insbesondere auch die Einführung des Frauenwahlrechtes, die Egalisierung der Wahlkreise, soweit man am Mehrheitswahlsystem festgehalten, den Siegeszug des Verhältniswahlrechts und jetzt vor allem die weitgehende Egalisierung des wirtschaftlichen und sozialen Lebens. In diesem Zusammenhang scheint mir das Interventionsrecht das Vehikel zu sein, mit dessen Hilfe man versucht, die einmal begonnene radikalegalitäre Demokratisierung auf den nicht politischen Gebieten weiter zu treiben. Die diesem Prozeß innewohnende Dynamik und Eigengesetzlichkeit bedient sich der Formen der staatlichen Intervention, um ihre Ziele zu erreichen.

Damit sei zugleich noch auf etwas Weiteres hingewiesen. Die von Röpke, Hayek und anderen vertretene These, daß die weitgehende Planung und Lenkung, vor allem der Wirtschaft mit Hilfe der staatlichen Intervention oder gar ihrer Sozialisierung, die westeuropäischen Demokratien letzten Endes in totale Staaten transformiert, verzeichnet die Situation. Man mag mit dieser These persönlich sympathisieren. Realitätsgebunden ist dieser Neoliberalismus aber nicht. Denn in Wirklichkeit hängt der Bestand der heutigen westlichen Demokratien davon ab, ob es gelingt, die unentbehrlich gewordenen staatlichen Planungs- und Lenkungsmaßnahmen so zu gestalten, daß der liberale Grundcharakter der heutigen parteienstaatlichen Massendemokratie nicht in Frage gestellt wird.

Schüle-Heidelberg (Schlußwort): Bei der Fülle der Gesichtspunkte, die in der Diskussion vorgetragen wurden, ist es verständlicherweise nicht möglich, auf alle diese Fragen einzugehen. Ich bitte daher um Ihre Nachsicht, wenn ich nur auf diejenigen Punkte zu sprechen komme, von denen ich glaube, daß sie eine besondere Beziehung zu meinem Referat haben oder die mir allgemein wichtig erscheinen.

Was mir zunächst an den weitgreifenden Darlegungen der beiden Herren aus Österreich und der Schweiz aufgefallen ist und Ihnen wahrscheinlich auch, das ist die internationale Parallelität in der grundsätzlichen Problemstellung, in den konkreten Formen der Intervention und ebenso in den verfassungsrechtlichen Fragen. Das mag bei Österreich zu einem Teil mit seiner jüngeren geschichtlichen Entwicklung zusammenhängen; bei der Schweiz ist das aber nicht so. Gleichwohl sehen wir, daß jedenfalls in diesen drei mitteleuropäischen Staaten eine Entwicklung festzustellen ist, die im Großen gesehen eine gewisse Gleichartigkeit aufweist. — Eine wichtige prinzipielle Frage, die besonders von Herrn Kollegen Huber behandelt worden ist, ist die, ob man die Intervention heute noch als Ausnahme gegenüber dem sozusagen normalen Zustand der freien Wirtschaft betrachten darf. Der Ausdruck „Intervention" (er gefällt mir gar nicht sehr) hat ja eine gewisse diskriminie ende Note, und wir müssen überlegen, ob das begründet ist. Sicher ist, wenn wir die Situation des ausgehenden 19. Jahrhunderts ins Auge fassen, daß ihm damals zu Recht eine solche Note anhaftete. Ich glaube aber, daß wir uns dazu durchringen müssen — insbesondere nach den Ausführungen unseres Kollegen Leibholz —, daß die staatliche Intervention gegenüber der Wirtschaft heute so etwas wie einen Normalbestandteil unserer gegenwärtigen demokratischen Verfassungsordnungen darstellt. Das ergibt sich aus der Tatsache, daß der heutige Staat gegenüber den außerordentlichen sozialen Problemen, verstärkt durch Kriegsfolgen und die allgemeine Unordnung, nicht mehr untätig zusehen kann, wie das früher einmal der Fall gewesen ist. Er hält es vielmehr für seine selbstverständliche Pflicht, hier und da und dort mit den ihm zur Verfügung stehenden Mitteln einzugreifen, und es sind wahrhaftig nicht wenige.

Herr Kollege Jellinek hat mir zu meiner großen Freude darin zugestimmt, daß man den Art. 2 Abs. (1) des Grundgesetzes nicht auch ausdehnen darf auf die Frage der wirtschaftlichen Freiheit. Die freie Entfaltung der Persönlichkeit ist nämlich etwas völlig anderes als die freie Entfaltung der geschäftlichen Tätigkeit. Diese aus dem Sinn der Begriffe geschöpfte Meinung wird durch die

Stellung von Art. 2 Abs. (1) innerhalb der Grundrechte gestützt. Art. 2 folgt dem Art. 1, in welchem die Unantastbarkeit der Würde des Menschen an die Spitze gestellt ist, und wenn Sie sich etwa den weiteren Gehalt von Art. 2 ansehen (Recht auf Leben, körperliche Unversehrtheit, Freiheit der Person), so dürfte dieses ebenfalls für die von mir dargelegte Ansicht sprechen. Herr Abendroth hat sich, wenn ich mich recht erinnere, gleichfalls in diesem Sinne geäußert, ebenso eine Anzahl weiterer Diskussionsredner.

Herr Klein hat eine Frage aufgeworfen, die mit dem eben Behandelten nahe zusammenhängt, nämlich, vereinfachend gesprochen, ob wir in Deutschland eigentlich eine freie Wirtschaft oder ob wir keine freie Wirtschaft haben? Meines Erachtens ist unser gegenwärtiges Wirtschaftssystem nicht wirklich frei, sondern wir haben eine Wirtschaft, die nur insoweit frei ist, als sie nicht staatlicher Intervention unterliegt. Welche Mittel und Möglichkeiten hierfür in Frage kommen, ist heute schon lang und breit auseinandergesetzt worden.

An den Ausführungen von Herrn Ipsen hat mich eines besonders interessiert, nämlich der Gedanke einer Art von allgemeiner öffentlich-rechtlicher Gewährleistung als Gegenstück zu den öffentlich-rechtlichen Verpflichtungen, denen die Wirtschaft im allgemeinen Interesse unterworfen ist. Das möchte ich noch durch ein Wort ergänzen. Nach meinem Urteil ist die Wirtschaft heute aus der privaten Sphäre herausgewachsen und im Grunde zu einer mehr oder minder öffentlichen Funktion geworden. Das mag Ihnen vielleicht seltsam erscheinen. Ich möchte nicht gerade behaupten, daß sie schon eine volle öffentliche Funktion darstellt, aber entscheidend ist, daß sie eben keine rein private Funktion mehr ist. Wer z. B. heute ein großes Unternehmen leitet, der steht derart im Gesamtzusammenhang des sozialen Lebens, seiner Mitmenschen, seiner Mitarbeiter, seiner Gemeinde usw., daß er sich den daraus entspringenden Pflichten gar nicht entziehen kann und etwa sagen könnte, das Schicksal seiner Bilanz sei ihm wichtiger als das Schicksal seiner Arbeiterschaft. Tatsächlich ist das auch so. — Mit dem Gedanken einer allgemeinen öffentlich-rechtlichen Gewährleistungspflicht ist ein sehr wichtiges Thema angeschnitten. In den ganzen Bewirtschaftungsanordnungen ist leider immer nur davon die Rede, was von der Wirtschaft getan, erfüllt und wie gelenkt werden soll, und fast nirgends auch davon, wie den Betroffenen dabei ein Rechtsschutz gewährt wird. Bei jeder Normierung dieser Art sollte ganz automatisch das Problem des Rechtsschutzes auftauchen; daran sollten diejenigen denken, denen die Aufgabe gestellt ist, Bewirtschaftungsanordnungen zu formulieren und zu erlassen.

Bei dem weiteren Thema, ebenfalls von Herrn Ipsen berührt und in der Folge von Herrn Krüger ausführlich besprochen, nämlich der staatlichen Finanzhilfe bzw. den staatlichen „Wohltaten" (um den Ausdruck von Herrn Krüger zu gebrauchen) bin ich der Meinung, daß scharf zu unterscheiden ist zwischen dem Verwaltungsakt der Gewährung und dessen sozusagen geschäftlicher Ausführung, d. h. der Übernahme der Bürgschaft, der Hingabe des Darlehens usw. Gegen einen etwa ablehnenden Verwaltungsakt kann Verwaltungsklage erhoben werden, sofern die erforderlichen Voraussetzungen (subjektives öffentliches Recht und anderes) gegeben sind. Aber das Rechtsschutzproblem ist in diesem Zusammenhang nur dann richtig gestellt, wenn die „Wohltaten" unmittelbar von Behörden ausgehen. Ich habe heute morgen darzulegen versucht, daß, insbesondere auf Bundesebene, die Einschaltung von Kreditinstituten das Symptomatische an unserer ganzen neueren Entwicklung ist. Wenn aber nicht Verwaltungsbehörden, sondern Kreditinstitute die Entscheidung über die Gewährung z. B. von Darlehen treffen, so muß der übliche Weg des verwaltungsgerichtlichen Rechtsschutzes versagen. Hier taucht, weitergedacht, die Frage auf, wie den Kreditinstituten gegenüber ein Rechtsschutz im Falle von Ablehnungen erreicht werden kann.

Herr Naumann hat, ausgestattet mit vielseitigen Erfahrungen aus der Praxis, über Möglichkeiten einer eventuellen Reform des verwaltungsgerichtlichen Schutzes gesprochen. In der Diskussion sind ja erfreulicherweise die Probleme des Rechtsschutzes sehr viel stärker hervorgetreten, als dieses Herrn Scheuner und mir in den Referaten möglich gewesen ist. Ich möchte hierzu eine höchst unjuristische, aber praktisch vielleicht richtige Bemerkung machen. Es ist mir bekannt, daß auch schon bisher, d. h. vor Errichtung des Bundesverwaltungsgerichtes, verwaltungsgerichtliche Möglichkeiten zur Anfechtung von Akten von Bundesverwaltungsbehörden vorhanden waren. Von der Praxis her gesehen bedarf es aber einer augenfälligen Zuständigkeitsnorm, d. h. einer solchen, an die man ohne weiteres denkt. Schwierige Zuständigkeitsfragen führen dazu, daß von der Wirtschaft gesagt wird: bis wir das überhaupt juristisch ermittelt und dann hinterher durchgepaukt haben, das kostet uns zuviel Mühe; und die können wir uns zeitlich, geldlich oder aus sonstigen Gründen gar nicht leisten. Ich halte es daher für einen großen Fortschritt, daß durch § 9 des Gesetzes über das Bundesverwaltungsgericht, vor allem auf dem Gebiet der hoheitlichen Wirtschaftsverwaltung, eine eindeutige und, wie ich auch denke, augenfällige Zuständigkeitsnorm geschaffen worden ist. Wenn man außerdem noch durch eine ausgiebigere Richterbesetzung ein schnelleres Arbeiten der Verwaltungsgerichte erreichen könnte, so würde das nach meinem Urteil die Situation auf dem Gebiet des Verwaltungsrechtsschutzes der Wirtschaft sehr erleichtern. In diesem Zusammenhang ist mir, sowohl heute früh als auch besonders heute nachmittag, klar geworden, daß es entscheidend darauf ankommt, Rechtsbehelfe zu schaffen, die der Eigenart und der Interessenlage der Wirtschaft adäquat sind. Das mag eine allgemeine und wohl auch etwas billig erscheinende Formulierung sein, aber ich glaube, die Diskussion hat ergeben, daß die bisherige Gestaltung des verwaltungsgerichtlichen Schutzes mit ihrer Abstellung auf den Verwaltungsakt im alten Sinne, auf die Verfügung, auf das subjektive öffentliche Recht usw. — daß das alles heute nicht mehr ausreicht. Ich verstehe natürlich, daß diesen Fragen bei der bisherigen Gestaltung des verwaltungsgerichtlichen Verfahrens noch nicht Rechnung getragen werden konnte. Aber als Ergebnis unserer Diskussion sollte es festgehalten, und es sollten bei der Verfahrensgerichtsordnung in Verwaltungssachen die zuvor dargelegten Gesichtspunkte berücksichtigt werden.

Daß die Möglichkeiten der abstrakten Normenkontrolle stärker ausgebildet werden müssen, erscheint mir sicher. In den Angelegenheiten der Bewirtschaftung steht die Form des Gesetzes und die Form der Verordnung derartig im Vordergrund, daß die Wirtschaft in den meisten Fällen ihre praktische Durchführung gar nicht erst abwarten kann. Schon mit dem Erlaß etwa einer Verordnung ist das Gravamen da. Man wird versuchen, es auszuräumen, und dafür gibt es in diesem Stadium nur die abstrakte Normenkontrolle.

Ein kleines „Steckenpferd" von mir möchte ich nochmals hervorheben. Die Verwaltungsbeschwerde ist, so primitiv sie unter Rechtsschutzgesichtspunkten erscheinen mag, doch eine ganz ausgezeichnete Einrichtung. Ich weiß selbst noch nicht, wie man die Verwaltungsbeschwerde vielleicht rechtlich noch besser ausbilden könnte. Aber in der Praxis ist es jedenfalls so, daß, vor allem wenn man es mit einer örtlich nahen Verwaltungsbehörde zu tun hat, man zu ihr geht und ihr auseinandersetzt, was man selbst denkt und ihr klar zu machen versucht, daß und warum sie daneben gegriffen hat. In Bewirtschaftungsangelegenheiten sind die Verwaltungsbehörden auch gar nicht so uneinsichtig, vor allem, wenn man erst einmal Gegenvorstellungen macht, dann eine Verwaltungsbeschwerde in Aussicht stellt und erst zuletzt mit dem schweren Geschütz der verwaltungsgerichtlichen Klage droht und sie am Ende auch einmal durchführt.

Herr Kollege Jellinek hat eine Frage gestellt wegen des Rechtsschutzes im Entwurf des deutschen Kartellgesetzes. Nach meinem Urteil bestehen gewisse Bedenken gegen die Übertragung des Rechtsschutzes an Zivilgerichte. Der verwaltungsgerichtliche Schutz, früher beim Reichswirtschaftsgericht, hat meines Erachtens gezeigt, daß der wirtschaftlich zumeist besser geschulte Verwaltungsrichter mit den Fragen des Kartellrechtes besser fertig wird als der Zivilrichter. Ich kenne die schwierigen organisatorischen und verfahrensmäßigen Überlegungen, die in dem neuen Entwurf des deutschen Kartellgesetzes zu berücksichtigen waren, aber, allgemein gesprochen, bin ich der Meinung, daß es im Prinzip zweckmäßiger wäre, man würde in Kartellsachen den Rechtsschutz durch Verwaltungsgerichte gewähren und nicht durch Gerichte der ordentlichen Gerichtsbarkeit. —

Meine Damen und Herren, dieses war das Wichtigste, was mir an den Diskussionsbeiträgen aufgefallen ist, und ich bitte um Entschuldigung, wenn ich darauf nur sehr kursorisch eingehen konnte. Abschließend möchte ich nur noch eine Bemerkung machen. Es ist bekanntlich im Bonner Grundgesetz davon Abstand genommen worden, einen Katalog von Wirtschaftsartikeln aufzunehmen. Man hat sich dazu aus dem einfachen Grunde entschlossen — Herr von Mangoldt hat uns das bestätigt —, um nicht „schlafende Hunde aufzuwecken" und damit die Beratungen im Parlamentarischen Rat mit einem weiteren sehr schwierigen Fragenkomplex zu belasten. Die Wirtschaft hat diese Auslassung seinerzeit begrüßt. Aber was mich persönlich betrifft, so habe ich noch ein zweites Herz in mir, nämlich das Herz des Verfassungsjuristen, und insoweit muß ich sagen, daß das Fehlen von Wirtschaftsartikeln andererseits auch einen großen Nachteil hat. Wenn wir heute das Problem der staatlichen Intervention gegenüber der Wirtschaft kennengelernt und uns seine Mittel vor Augen geführt haben, so bleibt darüber hinaus noch ein ganz entscheidendes Problem übrig, nämlich die Frage nach dem verfassungstheoretischen Sinn der staatlichen Intervention und ebenso nach ihren rechtlichen Grenzen. Beides muß aus der höheren Ebene, die Herr Leibholz uns in so bemerkenswerter Weise aufgezeigt hat, gelöst werden. Aber eine solche Lösung wird außerordentlich schwierig, wenn man versucht, sie mit den Begriffen des Verfassungsrechtes einzufangen und zu Papier zu bringen. Wir können feststellen, daß es eine sehr beachtliche und vielseitige Intervention des Staates gegenüber der Wirtschaft gibt und daß sie nach unserer geltenden Verfassung zulässig ist. Wo aber ihre Grenzen liegen, ist ungewiß. Es wird Aufgabe der Zukunft sein, entweder im Wege der gerichtlichen Praxis oder durch gesetzgeberische Einzelentscheidungen in Bezug auf die Grenzen der staatlichen Intervention die erforderliche Klarheit zu schaffen.

Scheuner-Bonn (Schlußwort): Man pflegt gewöhnlich am Schlusse einer Debatte auszusprechen, daß man sich durch die Diskussion bereichert fühlt, aber heute bezeugt es die Wahrheit, dies auszusprechen. Die Debatte ist heute auf einer ungewöhnlichen Höhe gestanden, weil sie in eine solche Fülle dringender und wichtiger Probleme hineingeführt hat, daß wir sie in keiner

Weise haben erschöpfen können. Ich will mich daher in meinen abschließenden Bemerkungen auch mit einer Auswahl begnügen.

Zunächst möchte ich eingehen auf die Frage, die Herr Klein an mich gestellt hat. Sie ist zu einem Teil schon von Herrn Leibholz von einem sehr viel weiter ausgreifenden Gesichtspunkt aus beantwortet worden. Ich teile seine Auffassung, daß die zweifellos von bedeutender Gelehrsamkeit getragenen Auffassungen von Röpke und Hayek nicht dem wirklichen tieferen Zuge unserer Zeit entsprechen. Ich bin wie er der Überzeugung, daß das liberale Bild ein hohes und in gewissen Grundsätzen, soweit es nämlich die elementaren Grundwerte der Persönlichkeit enthält, bleibendes Bild darstellt. Aber für ein Massenzeitalter der abhängigen Menschen vermag es nicht mehr das Notwendige hinreichend auszusagen. Die Kritik hieran läuft schon durch das ganze 19. Jahrhundert, wo Anatole France ironisch von der Freiheit, unter den Bogen der Seinebrücken zu schlafen, gesprochen hat. Dieses etwas bittere Wort enthält eine Einwendung, die man doch nicht ganz überhören kann. Ich habe ferner in meinem Vortrag darauf hingewiesen: Freiheit können wir heute nicht mehr nur als Freiheit vom Staate verstehen. Zur Freiheit gehört nun auch die Sicherung der elementaren Lebensbedürfnisse. Als der Präsident Roosevelt sein Wort von den vier Freiheiten aussprach, tat er einen Ausspruch, der ernste Anliegen und Bedürfnisse unseres Zeitalters zur Geltung brachte. Für den Arbeiter ist die Sorge um die Erhaltung seiner Arbeitskraft und der Schutz vor dem Alter wohl wichtiger geworden als das Eigentum oder manche der traditionellen Freiheiten. Dem ist allerdings eines hinzuzufügen:

Ich habe nicht ohne Absicht an den Beginn meines Referates jene Münchener Eingabe gestellt. Sie verrät uns eine Problematik des 19. Jahrhunderts. Viele Kreise haben in dem Durchdringen der hochliberalen Wirtschaftsfreiheit nicht unbedingt einen Gewinn gesehen. Wir können das Erbe des 19. Jahrhunderts nur dann würdigen, wenn wir uns seine nahe Verbindung mit der Zeit seit 1750, mit der Ära des spätabsoluten Beamtenstaates und seiner Verwaltungsleistung vor Augen halten, die so viele unserer Grundanschauungen geprägt hat. Diese spätabsolute Periode war zweifellos von stärkeren sozialen Rücksichten bewegt als die ihr folgende des liberalen Denkens. Nicht mit Unrecht hat in diesem Zusammenhange Herr Merk auf Adolf Wagner hingewiesen; man darf hier auch den Namen Schmoller mitanfügen. Und man darf ferner hinweisen auf den berühmten preußischen Statistiker Hoffmann, dessen Werk über die Gewerbefreiheit von 1841 von großem Einfluß auf die preußische Gewerbeordnung von 1845, die Vorstufe der heutigen Gewerbeordnung, gewesen ist. Hoffmann, einer der Altersfreunde des Freiherrn vom Stein, hat gerade sehr deutlich auch die sozialen Probleme bei der Einführung der Gewerbefreiheit erkannt. Auf diese Komponente unserer Vergangenheit greift in manchem die moderne Entwicklung bei uns wieder zurück. Freilich tritt heute auch eine Erscheinung auf, die nicht ungefährlich ist. Es ist die Möglichkeit, daß sich in den Gruppen und Verbänden Mittelstellungen zwischen Individuum und Staat ausbilden, die den einzelnen in Abhängigkeit überführen. In der immer weiter greifenden Einordnung eines großen Teiles unserer Mitbürger in kollektive Zusammenhänge, in betriebliche Abhängigkeiten und Vorteile, schließlich auch in eine unleugbare geistige Massenformung liegen nicht unbedenkliche Tendenzen. Könnte sich etwa eine neue ständisch-feudalistische Machtbildung hier entwickeln? Das führt auf das Problem des übergeordneten, des ausgleichenden und sichernden Staates, der dem Individuum auch vor der Macht dieser Gruppen Schutz gewährt.

Wenn man mir die Gegenüberstellung von Zentralverwaltungswirtschaft und freier Marktwirtschaft entgegen gehalten hat, so muß ich bekennen, daß ich mit Absicht den Gebrauch dieser Worte vermieden habe. Ich kann mich der mit dieser modellartigen Kontrastierung arbeitenden Theorie nicht anschließen, weil sie das eigene Recht gerade des besonderen Typus unserer gegenwärtigen interventionistischen Wirtschaft mit partiellen Lenkungen leugnet.

Was die Kartellfreiheit anlangt, so gebe ich zu, daß die Frage, ob ein Vorgehen gegen Kartelle Schutz der Freiheit ist oder aber interventionistischer Eingriff, nicht logisch beantwortet werden kann, sondern eine Sache der Überzeugung ist. Sie hängt mit dem soeben erwähnten Punkte zusammen. Ist man der Auffassung, daß allein die freie Marktwirtschaft eine natürliche Ordnung darstellt, dann gehört hierzu auch die Bekämpfung solcher Entwicklungen, die sie von innen her aufzulösen drohen. Das ist die in der Theorie von Eucken und Böhm vertretene These. Ich erkenne gern an, daß eine freiheitliche Wirtschaftsordnung in der Gegenwart, unzweifelhaft wirksame Kräfte entfaltet, die eine stark gebundene nicht aufzubringen vermag. Aber ich sehe in ihr kein naturgegebenes System. Daher sind für mich jene Eingriffe eine Intervention, in der man das Idealbild freien Wettbewerbes auch entgegen andersgerichteten Tendenzen der Wirtschaft verteidigt. Die Eingriffe zur Herstellung dieses Bildes idealen freien Wettbewerbes bergen große Gefahren in sich. Man könnte sich nämlich vorstellen, daß der zunächst gegen die Kartelle auftretende Staat allmählich dazu gelangt, sie doch als Ausnahmen zu genehmigen und schließlich sich mit ihnen teilweise verbündet. In jedem Falle aber wird eine staatliche Kartellbekämpfung zu fortwährenden neuen Einwirkungen und Umgestaltungen im Wirtschaftsablauf genötigt.

Was die Frage von den Standards der Wirtschaftsverwaltung anlangt, die Herr Ipsen aufgeworfen hat, so scheinen mir seine Beispiele sehr glücklich gewählt und sehr bedeutsam. Es wird in der Tat notwendig sein, unsere Lehre von den Ermessensfehlern und von den Mängeln staatlicher Interventionen durch anschauliche, konkret gefaßte Standards und Muster zu beleben. Gerade die ausländische Rechtsprechung bietet uns höchst lehrreiche Beispiele der Herausarbeitung solcher Hilfsmaßstäbe der Bewertung und Begrenzung staatlicher Maßnahmen unter dem Gesichtspunkt der Verhältnismäßigkeit oder der „reasonableness". Nur darf man, darin stimme ich Hern Abendroth zu, mit der hierdurch bewirkten Bindung des Gesetzgebers und der Verwaltung nicht zu weit gehen. Dem Wirtschaftenden darf der Staat ein gewisses Risiko überlassen, das von ihm zu tragen ist. Nur dort, wo der Staat selbst zur Ursache eines Risikos wird, wie in einem französischen Falle, wo er aus politisch-sozialen Rücksichten die weitere Fortführung einer Fabrik herbeiführt, die wegen Verlusten geschlossen werden soll und dadurch neue Verluste hervorruft, wird der Staat zu einer Verantwortung herangezogen werden können[1]). Hier liegt für uns die Anregung, unter Ausblick auf die so interessante und lebendige französische Theorie des risque exceptionnel, auch unsere Lehre der öffentlichrechtlichen Entschädigung weiterzuentwickeln.

Ob dagegen, wie Herr Ipsen meint, die Widerrufslehre mit ihren Konsequenzen ohne weiteres auf die Planänderung des Staates zu übertragen ist, ist mir zweifelhaft.

Zur Frage des Rechtsschutzes hat Herr Naumann sehr wertvolle Ergänzungen zu meinem Referate gebracht, für die ich ihm ganz besonders dankbar bin. Trotzdem bleibe ich bei meinen Thesen, daß der Begriff des subjektiven Rechts als in gewissem Sinne veraltet angesehen werden kann. Er ist ein seinerzeit aus Übernahme zivilrechtlicher Begriffsbildung aufgenommener Begriff, der seine Funktion erfüllt hat, heute aber keine klare und befriedigende Abgrenzung mehr gewährt. Viele der angeführten Rechtsmittel aus dem französischen Recht, in denen der einzelne einen Schutz gefunden hat, würden an der Handhabung des deutschen Rechts im Hinblick auf das subjektive Recht nicht durchgedrungen sein.

Ich darf das noch an einem in seiner Tatsächlichkeit farbigen Falle beleuchten. Es handelt sich um den Anspruch auf den Gemeingebrauch, der nach deutscher Auffassung — nur Herr Forsthoff nimmt einen abweichenden Standpunkt ein — keinen recht-

[1]) Société Boulanger et Cie. Conseil d'Etat Sirey 1948, 3, 21. Die Haftung des Staates ergibt sich nicht aus faute, sondern aus dem Nachteil, den der Unternehmer erleidet und der nicht als „une charge lui incombant normalement" angesehen wird.

lichen Anspruch gewährt. Ein französischer Kunstschriftsteller hat wiederholt die Restaurationsarbeiten der französischen Verwaltung an der Kathedrale von Chartres fachlich als Verunstaltung kritisiert. Ich darf hinzufügen, die französischen Kathedralen sind seit der Trennung von Staat und Kirche und der Einziehung des Kirchengutes Staatseigentum, bleiben aber ihrer Widmung erhalten, also kirchlichen Zwecken weiter bestimmt. Als unser Autor eines Tages nach Chartres kommt und einen der Türme ersteigen will, bedeutet ihm der Wächter, ihm sei das Betreten des Turmes verboten, nur ihm, nicht anderen Leuten. Der empörte Besucher erhebt Klage, und nach sieben Jahren — inzwischen ist der zweite Weltkrieg über Frankreich hinweggegangen — entscheidet der Staatsrat, hebt das Verbot der Besteigung auf und billigt — ein seltener Fall im französischen Recht — sogar dem Verletzten eine kleine Geldentschädigung zu. Denn das Verbot des Zutritts beruhte auf einer Weisung der ministeriellen Direktion der schönen Künste, die sich über die Kritiken des Schriftstellers geärgert hatte. Ihre Entscheidung, dem Besucher den Zutritt zu denjenigen Teilen der Kathedrale, in denen kein Gottesdienst stattfindet — denn zu den Kulthandlungen muß natürlich der Besucher zugelassen werden — zu versagen, ist ungesetzlich[2]).

Ich möchte auch in einem zweiten Punkte bei meiner Ansicht beharren. Ich halte die Annahme des rechtlichen Interesses als Maßstab nicht aus dem Grunde für bedenklich, weil man damit einer Popularklage Vorschub leisten würde. Es ist durchaus möglich, auch hier eine feste Grenze zu finden. Ich möchte auch der Meinung sein, daß in bestimmten Fällen es angebracht wäre, auch Gruppen, die für ihre Mitglieder eintreten, als Klagberechtigte anzuerkennen. Ich halte den Vorschlag von Herrn Naumann, das gesetzlich auszusprechen, für wohl gangbar.

Ein anderes Problem hat Herr Krüger berührt. Er hat auf die mancherlei Gefahren hingewiesen, die aus einer häufigen An-

[2]) Carlier, Conseil d'Etat Sirey 1950, 3, 49. Inzwischen ist mir zu der kirchenrechtlichen Seite des Falles eine britische Entscheidung bekannt geworden, die die Frage des Zutritts nicht aus dem Gesichtspunkt des domaine public und des freien und gleichen Zugangs hierzu löst, sondern aus religiösen und staatskirchlichen Gründen. Das Kapitel von Westminster verweist einen Fremdenführer aus der Kirche, der beim Gottesdienst mit einem Schilde „Cole's Sightseeing Tours Guide" herumgeht. Die Maßnahme wird gebilligt nicht wegen ungebührlichen Benehmens des Klägers, sondern deshalb, weil jeder Engländer zwar das Recht des Zutritts zu seiner Pfarrkirche hat, in der er noch heute verpflichtet ist, den Gottesdienst zu besuchen — es entsprechen sich also Pflicht zum Besuch des Kults und Zutrittsrecht zur eigenen Pfarrkirche —, aber die Westminsterkirche nicht Pfarrkirche, sondern eine besondere Kollegiatkirche ist, in der es keine Pfarrzugehörigen gibt. Vgl. Urteil von King's Bench in Cole v. P. C. (1936) 3 All E. R. 107.

wendung der Subventionen und anderer Förderungen erwachsen können. Zweifellos kann auf diesem Wege ein großer Einfluß erobert werden; gerade deshalb wird dies Mittel innerhalb unserer bundesstaatlichen Ordnung mit so großem Mißtrauen betrachtet, weil es dem Bunde hier Gelegenheit zu weitreichender Gewinnung von Einfluß geben könnte. Ich glaube, mit Verboten wird hier weniger zu gewinnen sein als mit rechtlicher Festlegung von Maßstäben und mit Aufsicht. Natürlich liegt in einer parlamentarischen Aufsicht auch die Gefahr, daß sie zu Tauschgeschäften untereinander führt, indem man seinen Freunden gegenseitig staatliche Hilfen zuwendet. In den Vereinigten Staaten ist dies sogenannte pork-barrel System nicht unbekannt.

Endlich eine Antwort auf die Frage einer umfassenden Planung, die Herr Abendroth aufgeworfen hat. Ich räume hier ein, daß ich gegenüber einer umfassenden nationalen Planung noch keinen ganz festen Standpunkt gewonnen habe. Man kann der Meinung sein, daß auch eine weitergreifende wirtschaftliche Planung noch nicht in ein System totaler Kontrolle der Wirtschaft hineinführt. Die totalitäre Wirtschaft, die unter dem Namen Zentralverwaltungswirtschaft hier als Schreckbild entgegengehalten wird, ruht doch in ihren so tief bedenklichen Erscheinungen nicht allein auf den wirtschaftlichen Ursachen. In ihr ist doch auch das Menschenbild zerstört, auf dem die Freiheit aufgebaut ist, sie überschreitet doch auch in ihrer Rechtsanschauung die Grenzen, die wir dem Staate ziehen. Ich möchte es daher für möglich halten, auch eine umfassendere Planung mit dem demokratischen Staate zu vereinen. Es gibt aber auch einen Punkt — das ist der richtige Kern in jener Lehre von den beiden extremen Möglichkeiten —, von dem ab das wirtschaftliche System voller Lenkung auch die rechtlichen und verfassungsrechtlichen Freiheiten verkürzt und erschüttert. Dann kann in der Tat eine Bindung am Arbeitsplatz, eine durch währungspolitische Maßregeln drohende Eigentumsumschichtung, eine Lähmung der wirtschaftlichen Energien eintreten. Im Zusammenhang hiermit steht die Frage der Monopole. Die Zulässigkeit von Finanzmonopolen steht nach dem Wortlaut des Grundgesetzes außer Zweifel. Andere Monopole halte ich für begrenzt statthaft. Der richtige Maßstab könnte vielleicht im Blick auf Art. 2 GG darin gefunden werden, daß — von fiskalischen Motiven abgesehen — nur solche Monopole zulässig sind, wo die bestehende Ordnung mehrerer Unternehmen das vorhandene Bedürfnis nicht befriedigen kann und das öffentliche Interesse eine Zusammenfassung gebietet.

Zum Schluß noch einmal den aufrichtigen Dank an alle Diskussionsredner.

II. Zweiter Beratungsgegenstand:

Die Gegenwartslage des Staatskirchenrechts

1. Bericht von Professor Dr. Werner Weber, Göttingen

I

Staatskirchenrechtliche Probleme sind aus der aktuellen Diskussion, das Staatskirchenrecht als Ganzes ist aus den Bereichen akademischen Interesses nahezu verschwunden. Das wird besonders dem deutlich, der sich aus den Jahren nach 1919 und überhaupt aus der Zeit der Weimarer Republik noch der starken politischen und wissenschaftlichen Anteilnahme erinnert, deren sich das Staatskirchenrecht damals erfreute. Man wird den Grund für den Wechsel der Lage schwerlich darin sehen können, daß die früheren Probleme des Verhältnisses von Staat und Kirche sämtlich gelöst seien. Auch würde der Vorwurf, die verantwortlichen Vertreter der Rechtswissenschaft hätten das Staatskirchenrecht unter Mißachtung seiner Aktualität vernachlässigt, wohl kaum den Kern der Sache treffen. Ebensowenig kann davon die Rede sein, daß eine fortschreitende Säkularisierung des öffentlichen Lebens den Gegenstand bis zur Bedeutungslosigkeit abgewertet hätte. Eher könnte man meinen, in dem Verhältnis von Staat und Kirche sei der eine Partner, nämlich der Staat, noch so gelähmt, oder er sei vielleicht so sehr in den Einflußbereich der Kirchen geraten, daß er eine eigene Position gegenüber den Kirchen nicht mehr oder noch nicht habe beziehen können. Man muß aber auch die Möglichkeit in Betracht ziehen, daß das Verhältnis von Staat und Kirche sich grundlegend geändert hat, und zwar in einer Weise, die die alten staatskirchenrechtlichen Vorstellungen, soweit sie um die Ausübung der jura circa sacra kreisten, hat hinfällig werden lassen. Es würde sich dann fragen, ob etwa die früher vom Staatskirchenrecht in bestimmten traditionellen Institutionen und Denkformen erfaßten Probleme zwar nicht verschwunden sind, uns heute aber in einem anderen Gewande und auf anderem Felde begegnen. Das wiederum läßt die weitere Frage entstehen, ob die Änderung in den Kirchen oder im Staat ihren Ausgangspunkt hat. Man wird mit der Vermutung nicht zurückhalten, daß der Umschwung vor allem in der Erschütterung des Staates zu suchen ist.

Die Weimarer Republik hatte ungeachtet des Wegfalls des protestantischen Summepiskopats und des „hinkenden Trennungssystems" der Kirchenartikel ihrer Verfassung[1]) das überlieferte System der staatlichen Kirchenhoheit weithin fortgesetzt. So wie unter dem Mantel der Weimarer Verfassung der Staat der konstitutionellen Monarchie im Behörden- und Ämterwesen und in der Bürokratie kraftvoll fortlebte, so beharrte er vor allem in der Kirchenpolitik auf dem überlieferten Wesen. Wie stark hier die Tradition wirkte, wird nur der ermessen können, der selbst in der geheimrätlich-konstanten Welt der kirchenpolitischen Referate der Länderministerien, besonders der Geistlichen Abteilung des Preußischen Kultusministeriums, einmal beheimatet war. Daß es einen Staat gab und daß dieser Kirchenhoheit zu betätigen hatte, war selbstverständlich. Auch die der Ministerialbürokratie wesensverwandte und dem überkommenen „Staat" ebenfalls tief verhaftete Bürokratie der evangelischen Kirche bestritt das im Grunde nicht. Die zwiespältigen Kirchenartikel der Weimarer Verfassung boten überdies in ihren Bestimmungen über die öffentliche Körperschaftsqualität der Kirchen für den Juristen, der sich hier der sog. Korrelatentheorie bediente, genügend Anhaltspunkte, den Fortbestand der alten staatlichen Kirchenaufsicht (= Körperschaftsaufsicht), wenigstens im Prinzip, zu behaupten. Die Praktiken dieser Kirchenaufsicht wurden mit einigen Abstrichen und Lockerungen einfach fortgesetzt, und in unablässig erstatteten Voten und Denkschriften und in Erklärungen vor dem Parlament wurde mit esoterischen Kenntnissen nachgewiesen, daß das so sein müsse. Neben der in der Praxis herrschenden Theorie des Staatskirchenrechts unter Führung von Wilhelm Kahl[2]) kam die politische Konstellation der Ministerialbürokratie zu Hilfe. Der Konservatismus der Deutschnationalen, das innere Desinteressement der Deutschen Volkspartei, das freisinnige Mißtrauen der Demokraten und die Kirchengegnerschaft der damaligen Sozialdemokratie vereinigten sich darin, die fortdauernde Inanspruchnahme einer staatlichen Kirchenhoheit zu legitimieren. Selbst das Zentrum lieh ihm Unterstützung, jedenfalls insofern, als in ihm nicht unbedeutende Kräfte wirksam waren, die in der ihrem Einfluß zugänglichen Kirchenhoheit des Staates ein Gegengewicht gegen Bestrebungen des kurialen Zentralismus sahen. Dazu gesellte sich das gegenseitige Paritätsmißtrauen der beiden

---

[1]) Die geläufig gewordene Formel „hinkende Trennung von Staat und Kirche" stammt von Ulrich Stutz, Das Studium des Kirchenrechts an den deutschen Universitäten, Deutsche Akademische Rundschau Bd. VI (1924), 12. Semesterfolge Nr. 5, S. 2; Die päpstliche Diplomatie unter Leo XIII. nach den Denkwürdigkeiten des Kardinals Domenico Ferrara. Abhandl. d. Preuß. Akad. d. Wiss. Jahrg. 1925, Phil.-histor. Kl. Nr. 3/4 (Berlin 1926) S. 54 Anm. 2.

[2]) Über die Rolle der staatskirchenrechtlichen Theorie in diesem Zusammenhang unterrichtet anschaulich der polemische Bericht von G. J. Ebers, Staat und Kirche im neuen Deutschland (1930) S. 299ff.

großen Konfessionen, die vom Staat erwarteten, daß er den jeweils Anderen in den gebotenen Grenzen halte. Man würde die Ministerialbürokratie unterschätzen, wenn man annehmen wollte, sie hätte die Chancen dieser Lage nicht genützt, um ihre eigene Position und mit ihr den Fortbestand einer aus altstaatlicher Verantwortlichkeit wirkenden Kirchenhoheit zu wahren.

Später bröckelte diese Selbstsicherheit und Standfestigkeit ab. Der Abschluß der Konkordate und Kirchenverträge zeigt das Mürbewerden und Zurückweichen an. Die Notstandsmaßnahmen des Staates in den Jahren von 1930 bis 1932 ließen, besonders auf finanziellem Gebiet, die staatliche Überlegenheit — etwas krampfhaft — noch einmal von neuem deutlich werden. Jedenfalls hat bis zum Beginn des nationalsozialistischen Regimes der Anspruch des Staates, Herr der öffentlichen Ordnung zu sein, sich noch durchgesetzt, auch soweit die Kirchen an dieser Ordnung partizipierten.

Die staatskirchenrechtliche Theorie der Weimarer Republik hat es schwer gehabt, aus den zwiespältigen Sätzen der Weimarer Verfassung, die sich zwischen Trennung und Verbindung von Staat und Kirche nicht klar entschieden hatten, und angesichts der skizzierten staatskirchenrechtlichen Praxis ein überzeugendes staatskirchenrechtliches System zu entwickeln. Zu unbestrittenen Ergebnissen ist es nicht gekommen. Formulierungen wie „hinkendes Trennungssystem“ oder „System der abgeschwächten staatlichen Kirchenhoheit“[3]) zeigen die Schwierigkeiten an, die aus mancherlei realen Komponenten sehr konkret gestaltete staatskirchenrechtliche Lage der Weimarer Republik theoretisch zu erfassen[4]).

II

Nach dem Zusammenbruch des nationalsozialistischen Regimes trat eine ebenso rasche wie entschiedene Wiederherstellung des positivgesetzlichen Staatskirchenrechts der Weimarer Republik ein. Beschränkungen des kirchlichen Wirkens in der Kulturkammergesetzgebung, im Recht der nationalsozialistischen Staatsjugend und in weit verstreuten staatspolizeilichen Anordnungen fielen sofort in sich zusammen. Die Gesetzgebung, die den evangelischen Kirchenkampf teils entzündet, teils begleitet und zu liquidieren versucht, jedenfalls aber die evangelische Kirche in

---

[3]) Vom „hinkenden“ Trennungssystem spricht Ulrich Stutz (s. Anm. 1); von einer bloßen „Abschwächung der Staatskirchenhoheit“ etwa Friedrich Giese (in Koeniger-Giese, Grundzüge des katholischen Kirchenrechts und des Staatskirchenrechts, 3. Aufl., 1949, S. 246; vorher schon ähnlich in der 1. Aufl., 1924, S. 206 und im JöR. 13/1925, S. 257).

[4]) Einen gerafften Überblick hierüber vermittelt, nächst dem in der Anmerkung 2 zitierten Werk von G. J. Ebers, verbunden mit einer Übersicht über das Schrifttum, Johannes Heckel, Das staatskirchenrechtliche Schrifttum der Jahre 1930 und 1931, VerwArch. 37 (1932) S. 280ff.

starke Abhängigkeit vom Staate gebracht hatte, erwies sich gleichfalls als erledigt. Der Alliierte Kontrollrat hob sie dann durch die Gesetze Nr. 49 vom 20. 3. 1947 (Amtsbl. d. KR. S. 265) und Nr. 62 vom 20. 2. 1948 (Amtsbl. d. KR. S. 313) noch ausdrücklich auf. Versuche des sowjetrussischen Mitgliedes des Kontrollrates, auch das Reichskonkordat in diese Aufhebung einzubeziehen, kamen nicht zum Ziele.

Damit war die reichsrechtliche Überlagerung des älteren Landesstaatskirchenrechts wieder beseitigt. Die Vermögensverwaltungs- und Kirchenaufsichtsgesetze der Länder, die niemals aufgehoben, sondern nur partiell suspendiert gewesen waren, konnten also wieder ihre frühere Kraft entfalten. Daß die Kirchenartikel der Weimarer Verfassung (Art. 135—141), deren grundsätzliche Weitergeltung auch im nationalsozialistischen Regime offen nicht in Frage gestellt worden war, wieder Respekt heischten, war niemandem zweifelhaft. Eine gewisse Unsicherheit herrschte nur gegenüber der Frage, ob der Fortbestand der Konkordate und Kirchenverträge anzuerkennen sei. Das Reichskonkordat schien dadurch mit einem Makel behaftet, daß es von der Regierung Hitler abgeschlossen worden war; außerdem konnte seine Gültigkeit durch den Wegfall der Reichsgewalt als bedroht erscheinen. Bei den Konkordaten und Kirchenverträgen der Länder war, von Bayern r. d. Rh. abgesehen, durch die besatzungsrechtliche Auflösung und Umgliederung der Länder, also der bisherigen Vertragspartner auf der staatlichen Seite, eine Erschütterung eingetreten. Aber nach anfänglichen Zweifeln trat bald auf kirchlicher wie staatlicher Seite der erklärte Wille hervor, an den Verträgen festzuhalten. Bayern hatte dies schon in Art. 182 seiner Verfassung von 1946 bekräftigt. Im Jahre 1948 entsprach die Fortgeltung der Konkordate und Kirchenverträge einer weit verbreiteten Überzeugung[5]). Auf dieser Grundlage hat Art. 123 Abs. 2 GG., wenn auch in einer sehr verklausulierten Form, die die Unentschiedenheit der einschlägigen Verhandlungen des Parlamen-

[5]) Vgl. die näheren Darlegungen bei Werner Weber, Die Ablösung der Staatsleistungen an die Religionsgesellschaften (Stuttgart 1948) S. 25ff.; ferner etwa Eichmann-Mörsdorf, Lehrbuch des Kirchenrechts Bd. I (6. Aufl. 1949) S. 58; Siegfried Reicke, Kirchenrecht in: Einführung in die Rechtswissenschaft, herausg. von Rudolf Reinhardt (1950) S. 391; Adalbert Erler, Die gegenwärtige Konkordatslage in Deutschland, SJZ. 1946, S. 197ff.; Derselbe, Kirchenrecht (1949) S. 122ff.; Figge, Die Bedeutung des Reichskonkordats von 1933 für die praktische Rechtspflege, DRZ. 1948, S. 12f.; Koeniger-Giese, Grundzüge des katholischen Kirchenrechts und des Staatskirchenrechts (3. Aufl. 1949) S. 217; Joseph H. Kaiser, Die politische Klausel der Konkordate (1949) S. 90ff.; Eduard Kern, Staat und Kirche in der Gegenwart (1951) S. 88f.; Kern (a.a.O. S. 93ff.) meint allerdings, die Schulartikel des Reichskonkordats seien für die Bundesrepublik und die Länder nicht bindend.

tarischen Rates spiegelt[6]), die fortdauernde Verbindlichkeit des Reichskonkordats und der von ihm umschlossenen Länderkonkordate anerkannt. Jedenfalls hat der deutsche Episkopat in der förmlichen „Erklärung der deutschen Bischöfe zum Grundgesetz der Bundesrepublik" vom 23. 5. 1949 (Kirchl. Anzeiger f. d. Erzdiözese Köln 1949, S. 214f.) die Bestimmung in diesem Sinne mit Genugtuung akzeptiert. Nordrhein-Westfalen hat sich in Art. 23 Abs. 1 seiner Verfassung von 1950 für das preußische Konkordat und den preußischen evangelischen Kirchenvertrag mit einer ausdrücklichen Bestätigungserklärung angeschlossen. Heute werden das Reichskonkordat und die Länderkonkordate sowie die evangelischen Kirchenverträge der Länder, mindestens soweit darin Rechte der Kirchen verbrieft sind, überall in der Bundesrepublik als verbindliches Recht praktiziert, und nur die Schulartikel des Reichskonkordats sehen sich in mehreren Ländern ernsteren Vorbehalten ausgesetzt.

Inzwischen hatten die vor dem Inkrafttreten des Grundgesetzes erlassenen Länderverfassungen — mit Ausnahme der Vorläufigen Verfassung Hamburgs — die kirchenpolitischen Artikel der Weimarer Verfassung im wesentlichen wörtlich in das Landesrechtssystem übernommen, ein Vorgehen, das der merkwürdige Artikel 140 GG., dieses „Verlegenheitsergebnis verfassunggebender Parlamentsarbeit", wie Rudolf Smend ihn charakterisiert hat[7]), durch die förmliche Rezeption der Artikel 136 bis 139 und 141 WRV. in das Bundesverfassungsrecht abschloß. Ferner wurde durch die Landesgesetzgeber das frühere Feiertagsrecht in allen entscheidenden Punkten wiederhergestellt; ebenso wurden die reduzierten Steuervergünstigungen der Religionsgesellschaften wieder aufgefüllt und die Beschränkungen des kirchlichen Sammlungswesens rückgängig gemacht.

Auf diese Weise ist das positive Staatskirchenrecht der Weimarer Republik teils wieder freigelegt, teils restituiert worden. Auch das Reichskonkordat vom 20. 7. 1933 kann man hier dem Staatskirchenrecht jener Zeit zurechnen, weil es zeitlich und sachlich in ihm seinen Ursprung hat. Damit wäre, so scheint es, die Rückkehr zu dem früheren staatskirchenrechtlichen System vollzogen, dessen Zusammenhänge im Schrifttum der Jahre von 1919 bis 1932 genugsam ausgebreitet sind.

III

Nur eine sehr vordergründige Betrachtung aber könnte sich mit dieser Feststellung begnügen; denn der grundlegende Wandel

---

[6]) Vgl. den Bericht über die Entstehungsgeschichte der Artikel des Bonner Grundgesetzes JöR.NF. 1 (1951) S. 841f., 902ff.

[7]) Rudolf Smend, Staat und Kirche nach dem Bonner Grundgesetz, ZevKR. 1 (1951) S. 11.

der Verhältnisse liegt, worauf auch Rudolf Smend und Arnold Köttgen hingewiesen haben[8]), offen zutage. Dem Grund der Veränderung nachzuspüren und sie nach Art und Ausmaß zu fixieren, ist nicht leicht.

Zunächst wird man daran denken, daß die Kirchen aus dem Zusammenbruch als Einrichtungen von hohem Rang, starkem Einfluß und ansehnlicher organisatorischer Festigkeit hervorgegangen sind, während der Staat zerschlagen war und unter dem Besatzungsregime in den Ländern und im Bund nur mühsam wieder Form gewann. In diesen ersten Jahren staatlicher Reorganisation in Westdeutschland haben sich die Kirchen von den Bindungen der staatlichen Kirchenhoheit innerlich und äußerlich emanzipiert. Hierin nach Konsolidierung des politischen Gemeinwesens einfach zum früheren Zustand zurückzukehren, wäre ein vergebliches Unterfangen. Denn die staatliche Kirchenhoheit der Weimarer Republik beruhte, wie angedeutet, auf dem konkreten Vorhandensein eines staatsbewußten Behörden- und Ämterwesens, auf der fortgeführten Tradition eines beamtenmäßig bestimmten Obrigkeitsstaates, dessen institutionelle Zusammenhänge sich in den kirchenpolitischen Ministerialabteilungen und deren Bürokratie am kräftigsten erhalten hatten. Davon ist heute nichts mehr vorhanden. Man tritt der politischen Leistung, die mit der Wiedererrichtung des deutschen Staatswesens in Bund und Länder vollbracht wurde, nicht zu nahe mit der Feststellung, daß jedenfalls jene alte, einfach aus der Überlieferung lebende Staatlichkeit monarchischen Ursprungs in den neu begründeten politischen Ordnungen nicht wieder Gestalt gewonnen hat. Schon damit ist die Möglichkeit entfallen, für eine Bindung und Beaufsichtigung der Kirchen durch die in den heutigen Länderregierungen wirkenden Kräfte eine überzeugende Legitimation in Anspruch zu nehmen. Mit dieser Entwicklung geht Hand in Hand das nachhaltige Wirksamwerden eines neuen Selbstverständnisses der evangelischen Kirche, dessen Einfluß auf die Umwertung der staatskirchenrechtlichen Beziehungen besonders Rudolf Smend hervorgehoben hat[9]). Von staatlicher Kirchenhoheit zu sprechen, hat im heutigen Staatsgefüge keinen Sinn mehr und wird

---

[8]) Rudolf Smend, Deutsches evangelisches Kirchenrecht und Ökumene, in: Verantwortung und Zuversicht, Festgabe für Otto Dibelius (1950) S. 184ff.; Derselbe, Staat und Kirche nach dem Bonner Grundgesetz, ZevKR. 1 (1951) S. 4ff.; Arnold Köttgen, Kirche im Spiegel deutscher Staatsverfassung der Nachkriegszeit, DVBl. 1952 S. 485ff. Für die hier nicht erörterten Verhältnisse in der sowjetischen Besatzungszone äußert sich im gleichen Sinne Erwin Jacobi, Staat und Kirche nach der Verfassung der DDR., ZevKR. 1 (1951) S. 113ff. (S. 125ff.).

[9]) Rudolf Smend, Festgabe für Otto Dibelius S. 184ff.; ferner in ZevKR. 1 (1951) S. 184ff. In ähnlichem Sinne Erwin Jacobi, ZevKR. 1 (1951) S. 125ff.

auch nicht durch die aus der Weimarer Verfassung übernommenen Normierungen gerechtfertigt. Es fehlt überdies zur realen Exekutierbarkeit einer staatlichen Kirchenhoheit in der Gegenwart an allen wesentlichen Voraussetzungen. Man wird in keinem Ministerium des Bundesgebietes einen Amtsträger mehr finden, der die schwierigen Zusammenhänge des Staatskirchenrechts auch nur intellektuell beherrscht, noch weniger solche, die die Position des Staates gegenüber den Kirchen aus sicherer Vertrautheit mit dem Werden und Wesen der staatskirchenrechtlichen Institutionen zu wahren wissen[10]). Was in der Weimarer Republik gerade für den Bereich des Staatskirchenrechts das Element des „Staatlichen" im politischen Ordnungsbereich repräsentierte und von dorther das liberal verstandene Trennungssystem des Verfassungstextes noch mit den wesentlichen Bestandteilen eines Systems reservierter staatlicher Kirchenhoheit überzog, existiert nicht mehr. Die damals noch überaus zäh wirksame Kontinuität zur staatskirchenrechtlichen Welt der konstitutionellen Monarchie ist endgültig abgerissen.

Von hier aus könnte man zu dem Schluß gelangen, daß nunmehr — endlich — dem kirchenpolitischen System der Weimarer Verfassung der Weg zu seiner eigentlichen Entfaltung freigelegt sei, daß jedenfalls die Trennung von Staat und Kirche und die religionsgesellschaftliche Autonomie keiner Behinderung mehr gegenüberstehe. Doch darin erschöpft sich die sichtbar gewordene Wendung nicht.

IV

Wer tiefer eindringen will, muß zunächst noch einigen Erscheinungen der positiven Rechtsschöpfung nachgehen. Denn die Staatspraxis hat sich nicht mit der einfachen Rückkehr zum vornationalsozialistischen Staatskirchenrecht begnügt, sie hat daneben auch Neues gestiftet, und man wird annehmen dürfen, daß sich hieran gewisse Züge der Entwicklung ablesen lassen.

1. Das Grundgesetz selbst hat die Weimarer Verfassung in unserer Frage nicht genau kopiert; eine dem Art. 10 Nr. 1 WRV. entsprechende Vorschrift, wonach das Reich die Grundsatzgesetzgebung über „die Rechte und Pflichten der Religionsgesellschaften" besaß, kehrt im Grundgesetz nicht wieder. Der Bund hat also im Gegensatz zum Reich keine Kompetenz zur staatskirchenrechtlichen Gesetzgebung. Er hat auf diesem Gebiet auch nur eine in dem Maße geringere Bundesaufsicht, als die „abhängige" Bundesaufsicht des Art. 84 Abs. 3 GG. hinter der „selbständigen" Reichsaufsicht des Art. 15 WRV. zurückbleibt. Er hat schließlich nach

[10]) Lebhafte Klagen nach dieser Richtung hatte Ulrich Stutz schon 1924 in dem in Anm. 1 zitierten Aufsatz in der „Deutschen Akademischen Rundschau" (S. 1f.) geäußert.

dem Grundgesetz keine Möglichkeit, staatskirchenrechtliche Verwaltungskompetenzen in Anspruch zu nehmen. Dieser Verzicht auf eine über die Länder hinausgreifende Gesetzgebungs- und Verwaltungszuständigkeit fällt um so mehr ins Gewicht, als auch die zusammenfassende Kraft Preußens nicht mehr vorhanden ist. Der Staat ist, soweit es sich um die Wahrnehmung seiner Position gegenüber den Kirchen handelt, mit allen Konsequenzen einer solchen Schwächung zerniert worden.

Auf der anderen Seite wäre es falsch, der Bundesregierung jegliche staatskirchenrechtliche Kompetenz zu bestreiten. Soweit es sich um die Ausführung des Art. 140 GG. und mit ihm der Artikel 136 bis 139 und 141 WRV., ferner etwa der Art. 4 Abs. 1 u. 2, 7 Abs. 2 u. 3 und 33 Abs. 3 GG durch die Länder handelt, steht der Bundesregierung die Bundesaufsicht zu. Abgesehen hiervon ist bezeichnend, daß eine Apostolische Nuntiatur bei der Bundesregierung eingerichtet ist, der jetzt auch ein „Beauftragter des Rates der Evangelischen Kirche in Deutschland am Sitz der Bundesrepublik Deutschland" gegenübersteht. Die Wahrnehmung der staatlichen Rechte gegenüber der katholischen Kirche, soweit sie sich durch den Nuntius oder die Fuldaer Bischofskonferenz als Ganzes zur Geltung bringt, kann in der Tat nur von der Bundesregierung ausgehen. Ihr allein obliegt es auch, den Staat gegenüber den übergeordneten, von den Ländern nicht erfaßbaren Zusammenschlüssen der evangelischen Kirche, d. h. der Evangelischen Kirche in Deutschland und der Vereinigten Evangelisch-Lutherischen Kirche Deutschlands, zu repräsentieren. Es handelt sich hier um natürliche Bundeszuständigkeiten, bei denen die Konkurrenz der Länder ins Leere stößt. Es hat den Anschein, als habe die Bundesregierung von dieser Aufgabe noch nicht voll Besitz ergriffen; ihre Befugnis und Verpflichtung dazu ist jedoch unbestreitbar[11]).

Freilich taucht hier sofort die Frage auf, auf welche Rechtsgrundlagen sich die Bundesregierung dabei soll stützen dürfen. Sie verfügt über entsprechende Handhaben in Wahrheit nicht. Denn das Reichskonkordat faßt als Subjekte oder Objekte konkreter staatskirchenrechtlicher Beziehungen nur die Diözesen ins Auge, denen wiederum nur die Länder als Partner gegenüber-

---

[11]) Schon die „Empfehlungen des Organisationsausschusses der Ministerpräsidenten-Konferenz über den Aufbau der Bundesorgane" (1949) hatten unter den „notwendigen Aufgabengruppen" des Bundesministeriums des Innern (A) zu Nr. 4 „kirchliche Angelegenheiten" vorgesehen. Dazu war erläuternd bemerkt: „Bezüglich der kirchlichen Angelegenheiten bleibt die Entwicklung abzuwarten. Gegebenenfalls sind hierfür später besondere Referate in der kulturellen Abteilung vorzusehen. Im gegenwärtigen Zeitpunkt hält es der Ausschuß für ausreichend, die Bearbeitung etwa schon jetzt anfallender Fragen mit den vorstehend bezeichneten Aufgaben zusammenzufassen" (Empfehlungen S. 28).

stehen. Die Evangelische Kirche in Deutschland und die Vereinigte Evangelisch-Lutherische Kirche Deutschlands anderseits haben sich vor der Errichtung der Bundesrepublik ohne Zutun des Staates konstituiert[12]), und es ist weder ein Gesetz noch das in Art. 3 Abs. 2 der Grundordnung der EKD. vorbehaltene Übereinkommen zur Regelung des Verhältnisses zwischen diesen Gesamtkirchen und dem Staat ergangen. Die so vorhandene Lücke mit Grundsätzen ungeschriebenen Staatskirchenrechts auszufüllen, ist nur in engsten Grenzen möglich. Außerdem muß man bedenken, daß die beiden evangelischen Gesamtkirchen sich auf die Bundesrepublik und die sowjetische Besatzungszone gleichermaßen erstrecken. Der Bund als solcher ist gegenüber der katholischen und der evangelischen Kirche also mehr oder weniger auf die Pflege von Beziehungen diplomatischen Stils zwischen Gleichgeordneten angewiesen.

2. Überaus bezeichnende Entwicklungen anderer Art haben sich auf dem Gebiet des kirchlichen Hochschulwesens vollzogen[13]). Mehrere Länderverfassungen (Bayern Art. 138 Abs. 1, 150 Abs. 1; Hessen Art. 60 Abs. 3; Nordrhein-Westfalen Art. 16 Abs. 2; Rheinland-Pfalz Art. 42) räumen den Kirchen ausdrücklich das Recht ein, Hochschulen zur wissenschaftlichen Ausbildung ihres theologischen Nachwuchses zu unterhalten. Dieses Recht besaßen einige katholische Diözesen schon seit langem, aber in staatsgesetzlich oder konkordatsrechtlich genau abgesteckten Grenzen; die evangelischen Kirchen hatten es nicht, vielmehr waren sie sogar durch die Kirchenverträge obligatorisch auf die Ausbildung ihrer Geistlichen an den theologischen Universitätsfakultäten verwiesen. Im Bereich der katholischen Kirche hat sich der Besitzstand an kircheneigenen Hochschulen im Prinzip nicht verändert. Hier ist nur die erstaunliche Tatsache hervorgetreten, daß der Hl. Stuhl am Bischöflichen Priesterseminar in Trier eine „Theolo-

---

[12]) Allerdings war bei der Reorganisierung der Evangelischen Kirche in Deutschland (EKD.) der Alliierte Kontrollrat beteiligt. Ihm hatte der Rat der EKD. in einem Schreiben vom 10. 10. 1945 von den Neuordnungsbeschlüssen der Kirchenkonferenz in Treysa Kenntnis gegeben. Diese Anzeige war mit einem Schreiben des Alliierten Kontrollrats vom 18. 12. 1945 billigend bestätigt worden. In einer Erwiderung vom 31. 1. 1946 hatte der Vorsitzende des Rates der EKD. klargestellt, daß die EKD. mit der früheren Deutschen Evangelischen Kirche (DEK.) identisch sei. Die Schreiben sind im Verordnungs- und Nachrichtenblatt der EKD. Nr. 9 vom März 1946 abgedruckt. Später hat das Kontrollratsgesetz Nr. 49 vom 20. 3. 1947 (Amtsbl. d. KR. S. 265) in Art. II bestimmt, daß es den zuständigen deutschen Kirchenbehörden überlassen bleibe, die Verfassung der DEK. vom 4. 7. 1933 als eine innere kirchliche Angelegenheit ganz oder teilweise aufrechtzuerhalten oder aufzuheben.

[13]) Dazu im einzelnen Werner Weber, Der gegenwärtige Status der theologischen Fakultäten und Hochschulen, Tymbos für Wilhelm Ahlmann (1951) S. 309ff.; derselbe, Rechtsfragen der kirchlichen Hochschulen, ZevKR. 1 (1951) S. 346ff.

gische Fakultät" eingerichtet und diese durch Dekret vom 5. 6. 1950 mit dem Recht der Promotion zum Lizentiaten und Doctor theol. ausgestattet hat. Auf der evangelischen Seite aber sind vier kirchliche Hochschulen (Neuendettelsau-Heilsbronn, Wuppertal, Bethel und Berlin) in Konkurrenz zu den theologischen Universitätsfakultäten neu entstanden[14]. Im Zusammenhang damit haben sich einige Landeskirchen von dem kirchenvertraglich festgelegten Triennium, d. h. dem mindestens dreijährigen Studium der künftigen Geistlichen an einer Universitätsfakultät, losgesagt. Auch der Anspruch, ex auctoritate ecclesiae promovieren zu können, ist von einigen dieser Hochschulen zwar noch nicht effektuiert, aber angemeldet worden[15]. Neuerdings sind die kirchlichen Hochschulen in Neuendettelsau-Heilsbronn, Wuppertal und Berlin (auch die Hochschule in Hamburg vor ihrer Auflösung) ferner dazu übergegangen, ihren Lehrkräften die Bezeichnung „Professor" beizulegen.

Ob diese Vorgänge mit dem geltenden Recht der Konkordate, Kirchenverträge und Staatsgesetze in Einklang steht, ist in vieler Hinsicht zweifelhaft, doch davon soll hier nicht die Rede sein[16]. In diesem Zusammenhang kommt es vielmehr darauf an zu erkennen, daß hier neben dem des Staates ein eigenes kirchliches Hochschulwesen entsteht, das im Prinzip den gleichen öffentlichrechtlichen Status in Anspruch nimmt, der bisher den Hochschuleinrichtungen des Staates vorbehalten war.

3. Eine ähnliche Entwicklung hat im Schulwesen Platz gegriffen. Art. 7 Abs. 4 und 5 des Grundgesetzes haben die Privatschulfreiheit großzügig wiederhergestellt. Nun ist bekannt, daß die weit überwiegende Zahl der sogen. Privatschulen Einrichtungen kirchlicher Rechtsträger sind; die Privatschulfreiheit ist also in Wahrheit ein kirchliches Privileg. Man darf ferner den „privaten" Charakter dieser Schulen nicht falsch deuten. „Privat" sind diese Schulen nur insofern, als sie nicht dem staatlich-kommunalen Schulsystem angehören; sonst stehen sie den öffentlichen Schulen im Prinzip gleich[17]. Durch die Verleihung der Eigenschaft einer „anerkannten Privatschule" kann diese Gleich-

---

[14]) Zunächst war auch in Hamburg eine kirchliche Hochschule geschaffen worden. Sie ist jedoch in der durch das Gesetz vom 24. 10. 1952 (HambGVBl. S. 231) errichteten Evangelisch-theologischen Fakultät an der Universität Hamburg aufgegangen.

[15]) Dazu kritisch Herbert Wehrhahn, Vom Kampf ums Promotionsrecht, JZ. 1952 S. 156.

[16]) Die Erörterung dieser Frage findet sich in den in der Anm. 13 zitierten Abhandlungen des Verfassers. Dazu auch die Rezensionsbemerkungen von Heinrich Schlier, ZevKR. 1 (1951) S. 419ff. und — für die Vorgänge in Trier — Hubert Junker, Die Errichtung der Theologischen Fakultät Trier und das deutsche Hochschulrecht, Trierer Theolog. Zeitschrift 1951 S. 146ff.

[17]) Darüber im einzelnen Hans Heckel, Grundbegriffe und Grundfragen des Privatschulrechts, DVBl. 1951, S. 495ff.

stellung auch förmlich erklärt werden[18]). Bezeichnenderweise ist neuerdings die Auffassung vertreten worden, Art. 7 Abs. 4 GG. gewährleiste nicht nur ein Recht auf Errichtung von Privatschulen, sondern zugleich den Anspruch an den Staat, mit Zuschüssen aus der Staatskasse in gleichem Maße finanziert zu werden, wie die Privatschule den Staat von eigenen Schulausgaben entlaste[19]). In der Tat wird dieser Forderung durch namhafte Leistungen an die Träger der sogen. Privatschulen entsprochen. Art. 8 Abs. 4 der Verfassung von Nordrhein-Westfalen spricht ihnen, soweit sie „genehmigt" sind, die Gleichstellung mit den Staats- und Gemeindeschulen und das Recht auf öffentliche Zuschüsse ausdrücklich zu[20]). Die Folge ist, daß auf breiterer Grundlage als früher ein kirchliches Privatschulwesen entsteht, das, mit staatlichen Zuschüssen gestützt, dem staatlichen Schulwesen mit einem im wesentlichen gleichartigen öffentlich-rechtlichen Status konkurrierend zur Seite tritt.

Im Bereich der staatlichen Volksschulen hat das Prinzip der Konfessionsschule an Ausdehnung gewonnen. Damit wird nicht nur die nationalsozialistische Praxis der Gemeinschaftsschule, sondern auch das Schulsystem der Weimarer Republik revidiert. Art. 146 Abs. 1 WRV. hatte die Gemeinschaftsschule zur Regelschule erklärt. Die Vorschrift war allerdings wegen des Ausbleibens eines Reichsschulgesetzes dank der Sperrvorschrift in Art. 174 WRV. über die Bedeutung einer bloßen Proklamation nicht hinausgediehen. Immerhin hatten beide Bestimmungen den Fortbestand der Gemeinschaftsschule in den Ländern, in denen sie überliefert war, garantiert. Das Grundgesetz trifft über die Schulsysteme keine Bestimmung. Die Länder sind also verfassungsrechtlich nicht gehindert, die Konfessionsschule nicht nur dort wieder einzuführen, wo sie vor dem nationalsozialistischen Regime heimisch war, sondern sie auch an die Stelle angestammter Gemeinschafts-

[18]) Vgl. § 5 der Vereinbarung der Unterrichtsverwaltungen der Länder über das Privatschulwesen vom 10./11. 8. 1951 (Kirchl. Anz. f. d. Erzdiözese Köln 1952, S. 342).

[19]) So der Tendenz nach Hans Heckel, DVBl. 1951 S. 498 und A. Süsterhenn, Zur Frage der Subventionierung von Privatschulen, JZ. 1952, S. 474f.

[20]) § 10 der in der vorletzten Anmerkung zitierten Vereinbarung wehrt allerdings einen Anspruch auf finanzielle Unterstützung ab, überläßt es aber den Ländern, „die Privatschulen unmittelbar oder mittelbar zu fördern und ihnen die gleichen Vergünstigungen zu gewähren wie den öffentlichen Schulen". Die verfassungsrechtliche Zulässigkeit der Anspruchsgewährung durch Art. 8 Abs. 4 der Verfassung von Nordrhein-Westfalen hat Richard Thoma (Die Subventionierung der Privatschulen im Rahmen des Art. 7 des Grundgesetzes, JZ. 1951, S. 777ff.) nachdrücklich bestritten. Gegen ihn Süsterhenn (a.a.O. JZ. 1952, S. 474f.) und Hans Heckel (Ist Art. 8 Abs. 4 der Verfassung des Landes Nordrhein-Westfalen rechtsgültig? DVBl. 1952 S. 207f.). In dieser Auseinandersetzung ist das stärkere Bewußtsein der eigentlichen Sinnzusammenhänge bei Richard Thoma spürbar.

schulen zu setzen. Dieser Prozeß ist unter Berufung auf das Elternrecht, das sich in diesem Zusammenhang als eine Position weniger der Eltern als der Kirchen erwiesen hat, auf breiter Front im Gange. Die Lehrerausbildung und Lehrerpersonalpolitik muß ihm folgen[21]). Auf diese Weise wird auch das System der staatlichen Volksschulen stärker an den Wirkungsbereich der Kirchen herangeführt.

Das zeigt sich nicht zuletzt an der Gestaltung des Religionsunterrichts. Der obligatorische Religionsunterricht an sich (Art. 7 Abs. 3 GG.) bedeutet gegenüber dem Rechtszustand der Weimarer Republik (Art. 149 WRV.) und den Vereinbarungen der Konkordate (vgl. besonders Art. 21 des Reichskonkordats) keine Neuerung. Er ist aber jetzt, obwohl der Schulträger auch weiterhin die materiellen Vorkehrungen dafür bereitzustellen hat, ausgesprochenermaßen in die Verantwortung der Kirchen gestellt. Nach den Verfassungen von Baden (Art. 28 Abs. 2 Satz 4), Bayern (Art. 136 Abs. 4), Nordrhein-Westfalen (Art. 14 Abs. 1 Satz 2), Rheinland-Pfalz (Art. 34), Württemberg-Baden (Art. 39) und Württemberg-Hohenzollern (Art. 115 Abs. 4) bedürfen die Religionslehrer einer Bevollmächtigung der Kirche, kanonistisch gesprochen also der missio canonica. Die allgemeine Wendung in Art. 149 Abs. 1 Satz 3 WRV. und Art. 7 Abs. 3 Satz 2 GG., daß der Religionsunterricht unbeschadet des staatlichen Aufsichtsrechts „in Übereinstimmung mit den Grundsätzen der Religionsgemeinschaften" zu erteilen sei, wird in den Verfassungen von Baden (Art. 28 Abs. 2), Nordrhein-Westfalen (Art. 14 Abs. 2 und 3), Rheinland -Pfalz (Art. 34) und Württemberg-Baden (Art. 39) dahin ergänzt, daß der Kirche ein Inspektionsrecht zusteht; teilweise (Nordrhein-Westfalen, Rheinland-Pfalz) wird noch hinzugefügt, daß Lehrbücher und Lehrpläne im Einvernehmen mit der Kirche zu bestimmen sind. Diese Fragen waren mindestens gegenüber der evangelischen Kirche bisher streitig[22]). Sie sind nunmehr zugunsten der Kirche entschieden.

Andere Perspektiven eröffnet das Kirchensteuerrecht. Mit Ausnahme der evangelischen Kirche in Württemberg sind in den letzten Jahren alle Länder und Kirchen in der Bundesrepublik dazu übergegangen, die Kirchensteuer in der Hauptsache um das Lohnabzugsverfahren und um Zuschläge zur Einkommensteuer zu gruppieren, die von den Finanzämtern erhoben werden. Gleichzeitig ist eine starke Verschiebung vom System der vorherrschen-

---

[21]) Besonders ausgeprägt in diesem Sinne Art. 36 der Verfassung von Rheinland-Pfalz. Etwas schwächer Art. 15 der Verfassung von Nordrhein-Westfalen.

[22]) Im Reichskonkordat (Art. 21 f.), im bayerischen Konkordat (Art. 4, 5, 7, 8) und in den bayerischen Kirchenverträgen (Bayern r.d.Rh. Art. 3, 4, 5, 6, 8; Pfalz Art. 2, 3, 4, 7) war allerdings die hier dargestellte Regelung schon anerkannt.

den Ortskirchensteuer auf das der Landeskirchen-(Diözesan-) steuer vorgenommen worden[23]). Die innerkirchliche Problematik dieses Vorgehens kann hier dahingestellt bleiben; mit ihr hat sich Herbert Wehrhahn auseinandergesetzt[24]). Um so größeres Interesse verdienen die staatskirchenrechtlichen Auswirkungen, und diese sind in der Tat von größter Tragweite.

Die geschilderte Neuordnung führt den Kirchen mit Hilfe staatlicher Tätigkeit und staatlichen Zwanges ein bedeutendes Steuermehraufkommen zu, das sie sonst niemals erzielt hätten. Ein Betrag von mindestens 8 v. H. des ganzen Einkommensteueraufkommens fließt heute als sichere Einnahme in ihre Kassen. Das gibt ihnen einen starken finanziellen Rückhalt und eine große Selbständigkeit. Nicht weniger wichtig ist jedoch folgendes: Früher mußten die Kirchengemeinden Steuerbeschlüsse, die höheren kirchlichen Verbände (Kirchenkreise, Diözesen, Landeskirchen) Steuer- oder Umlagebeschlüsse fassen, die der staatsaufsichtlichen Genehmigung unterlagen. Hier setzte wiederum die entscheidende staatsaufsichtliche Kontrolle der kirchlichen Haushaltsgebarung und des kirchlichen Finanzausgleichs an[25]). Davon ist im wesentlichen nur noch die summarische Festsetzung oder Genehmigung des allgemeinen Kirchensteuersatzes durch den Staat übrig geblieben, die angesichts der Konstanz dieses Satzes eine reine Formalität darstellt; weithin ist auch sie entfallen. Das neue Kirchensteuersystem hat also nicht nur den Kirchen eine bedeutende Finanzkraft zugeführt, sondern zugleich den zentralen kirchlichen Stellen zuungunsten der Kirchengemeinden die freiere Verfügung über die aufkommende Finanzmasse eingeräumt, die oft zentralistischer ist als die Finanzgewalt des Staates gegenüber den politischen Gemeinden und Gemeindeverbänden, und es hat schließlich die staatsaufsichtliche Finanzkontrolle — das natürliche Korrelat zur Gewährung des kirchlichen Besteuerungsrechts und der staatlichen Finanzhilfe — gegenüber den Kirchengemeinden und -kreisen, den Diözesen und Landeskirchen in sich zusammenfallen lassen. Die Emanzipation der Kirche von der staatlichen Körperschafts- und Finanzaufsicht ist hier am radikalsten vollzogen worden. Es gibt kein Glied der öffentlichen Ordnung Deutschlands, dem aus dem traditionell-staatlichen Organisations- und Funktionssystem so große Vorteile und Zwangsrechte in Verbindung mit so viel verantwortungsfreier Selbständigkeit abgezweigt sind.

[23]) Eine eingehende Darstellung hierüber liefert Heinz Gefaeller, Die Kirchensteuer seit 1945, Zeitschr. f. evang. KR. 1 (1951) S. 80ff., 382ff.

[24]) Herbert Wehrhahn, Zur Kirchensteuerpflicht der Protestanten in Deutschland (Tübingen 1952). Einiges zu dieser Frage auch in der vorher zitierten Abhandlung von Gefaeller passim.

[25]) Johannes Heckel, VerwArch. 37 (1932) S. 292, hat das schon 1932 kritisiert. Neuerdings im gleichen Sinne Gustav Adolf Vischer, ZevKR. 1 (1951) S. 174.

5. Aus dem Recht der Länderverfassungen wurden einige neben Art. 140 GG. bedeutsame Beiträge zur heutigen staatskirchenrechtlichen Gesamtlage schon erwähnt. Über andere ist noch zu berichten. So erkennen die Verfassungen Badens (Art. 35 Abs. 1), Bremens (Art. 63) und von Rheinland-Pfalz (Art. 46) die von den Religionsgemeinschaften unterhaltenen sozialen Einrichtungen und Schulen als gemeinnützig an, und sie bestätigen damit, wie Arnold Köttgen hervorgehoben hat[26]), die Religionsgemeinschaften als mitverantwortliche Träger der Daseinsvorsorge. Nordrhein-Westfalen (Art. 6 Abs. 3) und Rheinland-Pfalz (Art. 26) gewährleisten ein Mitwirkungsrecht der Kirchen in der Familienpflege und Jugendfürsorge. Die Tendenz der Weimarer Verfassung zu einem vom Staat monopolisierten Jugenderziehungs-, Schul- und Volksbildungswesen ist in den Verfassungen von Bayern (Art. 127, 133 Abs. 1 Satz 2), Nordrhein-Westfalen (Art. 17 Abs. 2), Rheinland-Pfalz (Art. 26, 28 Satz 3, 37 Satz 2), Württemberg-Baden (Art. 36 Abs. 2) und Württemberg-Hohenzollern (Art. 106) ausdrücklich zugunsten gleichberechtigter Betätigung der Kirchen aufgegeben. Die Verfassungen von Württemberg-Baden (Art. 29 Abs. 1), Württemberg-Hohenzollern (Art. 120) und Rheinland-Pfalz (Art. 41) stellen allgemein den Koordinationscharakter der kirchlichen Aufgaben, auch innerhalb des weltlichen Bereichs, deutlich heraus, am prägnantesten das südliche Württemberg mit dem Satz (Art. 120 Satz 3): „Als Träger des sittlichen Lebens des Volkes wirken sie neben dem Staat". Es ist bemerkenswert, wenn auch nicht auffallend, daß die Verfassungen besonders von Rheinland-Pfalz und Nordrhein-Westfalen, sodann die von Bayern, der beiden Württemberg und Baden in allen diesen Fragen eine im wesentlichen übereinstimmende Grundhaltung bezeugen. Doch ist das öffentliche Leben nicht nur in ihrem Geltungsbereich, sondern im ganzen Bundesgebiet im wesentlichen von den gleichen Grundsätzen beherrscht. Bayern schließlich (Art. 35) — hier tritt eine Besonderheit hervor — hat in seinem ständisch strukturierten Senat unter 60 Mitgliedern auch fünf Vertretern der Religionsgemeinschaften einen Sitz eingeräumt.

6. Damit zerfließt das Bild schon in mancherlei Einzelheiten und in scheinbar divergierende Tatbestände. Aber es müssen noch einige Daten hinzugefügt werden, die das Ganze vervollständigen. So hat Hessen die Emanzipation der Kirchen dadurch gefördert, daß es sie von dem Genehmigungszwang der Amortisationsgesetze bei der Annahme von Schenkungen, letztwilligen Zuwendungen und beim Grundstückserwerb freigestellt hat[27]). Dem ist der Bundesgesetzgeber gefolgt. Das Gesetz zur Wiederherstellung der

---

[26]) Arnold Köttgen a.a.O. S. 487.

[27]) §§ 3 und 7 des Gesetzes über Erwerbsbeschränkungen für juristische Personen und Ausländer vom 13. 8. 1948 (GVBl. S. 96).

Gesetzeseinheit auf dem Gebiete des bürgerlichen Rechts vom 5. März 1953 (BGBl. I S. 33) hat der alten Überlieferung der Amortisationsgesetze überhaupt ein Ende bereitet und in Art. 2 Abs. 2 seines zweiten Teiles die Erwerbsbeschränkungen der juristischen Personen, vornehmlich also der Kirchen, im ganzen Bundesgebiet völlig beseitigt.

Nicht weniger einschneidend ist die Herausnahme des öffentlichrechtlichen Waltens der Kirchen aus dem staatlichen Rechtsschutzsystem. § 25 Abs. 2 der VO. Nr. 165 hat diese Herausnahme aus der Verwaltungsgerichtsbarkeit in der britischen Zone ebenso summarisch wie entschieden vollzogen. Auch die bayerische VO. Nr. 85 zur Ausführung des Verwaltungsgerichtsbarkeitsgesetzes vom 27. 9. 1946 (GVBl. S. 291) i. d. Fassung der Verordnung vom 30. 9. 1949 (GVBl. S. 260) kennt in der exemplifikativen Aufzählung ihrer Art. 4 (Nr. 33, 34) und 5 (Nr. 11 bis 15) nur verwaltungsgerichtliche Zuständigkeiten für bestimmte, mehr dem staatlichen Recht als dem Kirchenrecht angehörende Außenverhältnisse, vorwiegend abgabenrechtlichen Charakters[28]). Die Generalklausel der staatlichen Verwaltungsgerichtsbarkeit dringt also in das eigentliche Verwaltungssystem der Kirchen nicht ein. In demselben Rahmen ist ebensowenig Art. 19 Abs. 4 GG. auf die Kirchen anwendbar[29]). Nun ist das insofern nichts Neues, als es vor der Einführung der erwähnten Generalklauseln ebenfalls keine staatliche Gerichtsbarkeit in kirchlichen Verwaltungssachen gab. Aber die Neuordnung des Rechtsschutzsystems, die in ihrer Universalitätstendenz sonst keinen Bereich des öffentlichen Lebens ausläßt, hat indem sie vor den Kirchen haltmacht, die exemte Stellung der Kirchen innerhalb der öffentlichen Ordnung in neuer Beleuchtung sichtbar gemacht. Wieweit das, vor allem nach der evangelischen Seite, auch das prozessuale Schicksal der vermögensrechtlichen Ansprüche der Geistlichen und Kirchenbeamten und der Amtshaftungsansprüche gegen kirchliche Rechtsträger verändern muß, bedürfte einer gesonderten Prüfung. In engem Zusammenhang mit diesen Rechtsschutzfragen steht das neuerdings auch auf evangelischer Seite stärker hervortretende Bemühen, das Personal-

[28]) Dazu im einzelnen Gustav Adolf Vischer, Verwaltungsgerichtsbarkeit und Kirchenrecht (1948). In diesen Fällen wird man übrigens auch nach § 25 Abs. 2 der VO. Nr. 165 die Verwaltungsgerichtsbarkeit nicht für ausgeschlossen erachten können. Für die Kirchensteuer ist das zutreffend anerkannt von Dernedde, DVBl. 1950, S. 146 und Hans Klinger, Die Verwaltungsgerichtsbarkeit in der britischen Zone (1950) S. 124, ferner in dem Urteil des LVG. Hannover vom 10. 4. 1951 (ZevKR. 1/1951 S. 430).

[29]) In diesem Sinne auch das Urteil des VG. Kassel vom 20. 9. 1951 ZevKR. 1 (1951) S. 323ff. Dazu zustimmend Werner Kalisch, Grund- und Einzelfragen des kirchlichen Dienstrechts, ZevKR. 2 (1952) S. 46ff. Ein interessantes älteres Beispiel für die Exemtion der Kirchen von der staatlichen Jurisdiktion liefert RGZ. 113 S. 125ff.

wesen der Kirche aus dem Zusammenhang mit dem allgemeinen (staatlichen) Beamten-, Dienst- und Arbeitsrecht herauszulösen[30]).

Auf der anderen Seite — um das als letztes zu nennen — hat sich eine starke Heranführung der Kirchen an die Aufgaben des öffentlichen Lebens dadurch vollzogen, daß sie neben den politischen Parteien, Gewerkschaften und Wirtschaftsorganisationen in die erste Reihe derjenigen Einflußgruppen des Soziallebens eingetreten sind, die in den Rundfunkräten die Kontrolle des Rundfunkwesens und in ähnlicher Weise die sogen. Selbstkontrolle des Films zu verantworten haben[31]).

V

Der aufmerksame Beobachter der Gesamtsituation wird auch in allen diesen Einzelzügen ein bestimmtes Entwicklungsprinzip sich verwirklichen sehen. Charakteristisch ist, daß die Ausübung der jura circa sacra offenbar nicht mehr auf der Tagesordnung der Rechtspolitik des Staatskirchenrechts steht; sie treten in allen neuen Regelungen allenfalls auf der Verlustseite auf. Die Erneuerung des Kirchensteuerrechts, insbesondere die Einführung des Lohnabzugsverfahrens hat, wahrscheinlich von den Regierungen und Gesetzgebern gar nicht bedacht, einen radikalen Abbau der staatlichen Finanz- und Vermögensaufsicht gebracht. Der eben erwähnte Verzicht Hessens und jetzt der ganzen Bundesrepublik auf die Genehmigungserfordernisse der Amortisationsgesetze gehört in den gleichen Zusammenhang. Im Verhältnis zwischen dem Bund einerseits, der katholischen Kirche insgesamt und den beiden evangelischen Gesamtkirchen anderseits klafft staatskirchenrechtlich ein völliges Vakuum. Die Evangelische Kirche in Deutschland und die Vereinigte Evangelisch-Lutherische Kirche Deutschlands, die beiden Hauptrepräsentanten evangelischen Kirchentums, stehen überhaupt ohne jede staatskirchenrechtliche Bindung da. Demgegenüber finden sich nirgendwo Neubegründungen oder Präzisierungen staatlicher Aufsichtsrechte oder sonstiger Bindungen der Kirche gegenüber dem Staat. Im Gegenteil wird man mit Sicherheit annehmen dürfen, daß das höchst feinnervige System staatlicher Genehmigungs-, Einspruchs-, Aufsichts- und Beanstandungsrechte des Staates auch in seinen an sich unbestreitbar fortgeltenden Teilen teils aus mangelnder Beherrschung, teils aus Interesselosigkeit, teils aus mangelndem politischen Willen und Vermögen allgemein nur höchst unvollkommen gehandhabt wird. Die Gleichgültigkeit der Länderregierungen gegenüber der Aufgabe, legitime staatliche Positionen zu behaupten, ist an den er-

---

[30]) In diesem Sinne vor allem charakteristisch Werner Kalisch, Grund- und Einzelfragen des kirchlichen Dienstrechts, ZevKR. 2 (1952) S. 24ff.

[31]) Für den Rundfunk vgl. hierzu Werner Weber, Zur Rechtslage des Rundfunks, in der Denkschrift des NWDR. „Der Rundfunk im politischen und geistigen Raum des Volkes“ (1952) S. 63ff.

wähnten Erscheinungen im kirchlichen Hochschulwesen mit unverkennbarer Deutlichkeit hervorgetreten. Wenn man von hier aus auf die Praxis in den übrigen Bereichen der körperschaftlichen Kirchenaufsicht schließen darf, dann ist von einer effektiv betätigten staatlichen Körperschaftshoheit nicht viel übrig geblieben. In der Beschränkung auf den Provinzialismus der heutigen Ländersysteme hätte sie sowieso keinen Stil und keine Durchschlagskraft. Das alles ist aber nicht nur das Ergebnis eines Verfallsprozesses, sondern wohl mehr der Ausdruck dafür, daß die Probleme der Stellung der Kirche im Staat nicht mehr von den jura circa sacra her zu erfassen sind.

Jedenfalls ist die Selbständigkeit der Kirchen innerhalb der Ordnung des öffentlichen Lebens bedeutend vertieft worden. Man könnte daran denken, daß die Kirchen jetzt wirklich die Autonomie gewonnen hätten, die ihnen in Preußen schon 1850 verheißen und in der Weimarer Verfassung verbürgt war. Aber was sich 1850 und 1919 als Autonomie darstellte, hat heute ein anderes Gesicht. Die Autonomievorstellung nämlich hatte darin ihren Ausgangspunkt, daß der „Staat" unbestrittener Herr der öffentlichen Ordnung sei, innerhalb derer er den Kirchen ähnlich wie den politischen Gemeinden, wenn auch entschiedener und im Bewußtsein des nicht von ihm stammenden Auftrages der Kirchen, einen Raum freier Entfaltung aussparte. Heute ist dieser Gedanke nicht mehr vollziehbar, weil sich ein über den politisch-sozialen Machtgebilden als Drittes stehender „Staat", der über die öffentliche Ordnung souverän verfügt, jedenfalls im Verfassungssystem der Bundesrepublik nicht mehr verwirklicht. Bei den der Verwaltung zugeordneten politischen Gemeinden mag man noch von Autonomie sprechen. Die Selbständigkeit der Kirchen aber ist nicht mehr ausgesparte Autonomie, sondern von anderer Art.

Man könnte ihre Wesensbestimmung in der Gedankenwelt der Trennung von Staat und Kirche suchen. Doch erweist es sich bald als unmöglich, in den Verhältnissen der Bundesrepublik eines der historischen Trennungssysteme nachgebildet zu sehen. Die Bundesrepublik ist kein laizisierter Staat, der die Kirche aus der öffentlichen Ordnung in die Sphäre privatrechtlicher Gestaltungsmöglichkeiten und damit in die Risiken und Chancen der liberalen Selbstbehauptung verweist. Sie erkennt den Kirchen vielmehr einen öffentlich-rechtlichen Status von außerordentlicher Dichte zu. Sie steht aber ebenso fern den Trennungspraktiken totalitärer Regime, wie sie sich in der zweiten Phase der nationalsozialistischen Kirchenpolitik verwirklicht fanden[32]) und in den Satelliten-

[32]) Dazu näher Werner Weber, Die staatskirchenrechtliche Entwicklung des nationalsozialistischen Regimes in zeitgenössischer Betrachtung (Rechtsprobleme in Staat und Kirche, Festschrift für Rudolf Smend, 1952) S. 365ff. (383ff.).

staaten Sowjetrußlands einschließlich der sowjetischen Besatzungszone Deutschlands ihre Wiederholung erfahren. Diese Praxis nämlich drängt die Kirchen zwar ebenfalls aus dem Bereich des öffentlichen Lebens ab, aber nicht um ihnen dafür die Öffentlichkeitschancen und Entwicklungsmöglichkeiten der liberalen Freiheiten zu eröffnen, sondern um sie zum Verkümmern und Absterben zu bringen. Daß sich damit Gleichschaltungsaktionen im Stile des Staatskirchentums verbinden können, ist durch uns naheliegende Erfahrungen belegt. Der totalitäre Staat kann die Kirchen als eine im öffentlichen Leben wirkende eigene Kraft sowohl dadurch unschädlich machen, daß er sie sich unterwirft oder sie zerstört oder auf beiden Wegen zugleich.

Die gegenwärtige staatskirchenrechtliche Lage in der Bundesrepublik ist vielmehr dadurch charakterisiert, daß die Kirchen zugleich aus den historischen Bindungen an die Reste der staatlichen Kirchenhoheit entlassen und trotzdem stärker als bisher in die öffentliche Ordnung des politischen Gemeinwesens hineingezogen worden sind.

Ihr öffentlich-rechtlicher Status ist zunächst durch ihre Qualifikation als Körperschaften des öffentlichen Rechts bestimmt. Wir haben seit langem erkannt, daß sich das nicht in der Subsumtion unter einen Allgemeinbegriff der Körperschaft des öffentlichen Rechts oder in der Gleichstellung mit den staatsmittelbaren öffentlichen Körperschaften der Verwaltungsordnung erschöpft. Darin liegt vielmehr eine sehr komplexe, wenn auch mehr deklaratorische als konstitutive Aussage. Vorab die Anerkennung des öffentlich-rechtlichen Status der Kirchen überhaupt. Dem schließt sich nach Wortlaut und Sinn des Art. 137 WRV. die Bestätigung des hoheitlichen Individualstatus, der konkreten öffentlich-rechtlichen Gerechtsame an, die den Kirchen aus der historischen Überlieferung eignen. Und weiter ist darin beschlossen eine Meistbegünstigungsklausel in dem Sinne, daß den Kirchen alle Aktivrechte — ohne die Pflichten — zustehen, die den im Bereich der mittelbaren Staatsverwaltung beheimateten Körperschaften des öffentlichen Rechts eingeräumt sind.

Von diesem umfassenden Gesamtstatus aus dringt der Aktionsbereich der Kirchen auf breiter Front in weitere Territorien der öffentlichen Lebensordnung vor. Sie partizipieren unmittelbarer als früher am staatlichen Steuerrecht, sie haben eine eigene kirchliche Hochschulfähigkeit okkupiert. Sie sind, wenn auch teilweise noch unter dem Titel des Privatschulwesens, als grundsätzlich gleichberechtigte Träger des Höheren und des Fachschulwesens anerkannt. Sie sind paritätisch an der Einflußnahme auf den Rundfunk beteiligt. Sie sind in den Ausschüssen und Beiräten des Schulwesens, der Jugenderziehung und des Wohlfahrtswesens vertreten. Sie verfügen personell und sachlich über den Religionsunterricht an den öffentlichen Schulen und nehmen darüber hinaus kraft des Bekenntnisschulprinzips auf das Volksschulsystem und die Lehrerbildung wenigstens einen mittelbaren Einfluß. Sie haben überdies alle grundrechtsgesicherten Freiheiten zur Verfügung. Unter deren Schutz hat sich wieder ein verzweigtes System privatrechtlicher Trabantenorganisationen der Kirchen entwickelt, vor allem auf dem Gebiete des Wohlfahrtswesens, der Erwachsenenbildung und der Jugendpflege, das über seinen privatrechtlichen Ausgangspunkt hinaus als ansehnliche Wirkungskraft weit in das öffentliche Leben ausstrahlt[32a]). Bei alledem besteht keine Unterordnung unter einen anderen Herrn.

Dazu kommt der Einfluß der Kirchen in der Sphäre der Politik. Er bringt sich zum Teil kraft der Autorität der Kirchen unmittelbar gegenüber den Regierungsstellen, Behörden und Ämtern und mit den Mitteln der öffentlichen Meinungsbildung zur Geltung, zum anderen Teil findet er seinen Weg über politische Parteien, bis zu einem gewissen Grade auch über die Gewerkschaften. Alles das bedarf hier keiner Ausbreitung, weil es bekannt ist. Man darf diese Zusammenhänge aber auch nicht übergehen, weil die Realität des deutschen Staatslebens der Gegenwart von dorther entscheidend bestimmt wird.

Die Kirchen haben also Teil an der öffentlichen Ordnung; sie haben sogar einen großen Teil daran, der überdies besonders stark institutionell fundiert ist. Hierauf deshalb Vorstellungen eines Trennungssystems anzuwenden, weil den Kirchen im Weltlichen keine übergeordnete Kraft mehr entgegentritt, die den Namen des Staates in Anspruch nimmt, wäre unangebracht. Die Position der Kirchen innerhalb der gegenwärtigen politischen Ordnung muß vielmehr anders gedeutet werden.

VI

Daß dies nicht mit exakten juristischen Begriffen geschehen kann, wird man nicht mangelndem Denkvermögen zuschreiben dürfen, sondern mit dem unklaren Übergangscharakter des deutschen Staatswesens in Verbindung bringen müssen. Übrigens ist auch in der Vergangenheit die Analyse der staatskirchenrechtlichen Situation über Umschreibungen von vorsichtiger Allgemeinheit nicht hinausgediehen.

1. Immerhin lassen sich einige unproblematische Feststellungen vorausschicken: Es handelt sich heute nicht mehr darum, das Verhältnis der „Religionsgesellschaften" zum Staat zu untersuchen. Der Versuch des Art. 137 WRV., die geschichtliche Bedeu-

---

[32a]) Zur Bedeutung dieser Nebenorganisationen kann für die evangelische Kirche auf die demnächst in Göttingen erscheinende Arbeit von Günter Wasse, Die Werke und Einrichtungen der evangelischen Kirche, verwiesen werden.

tung der beiden großen christlichen Kirchen durch den nivellierenden Allgemeinbegriff „Religionsgesellschaften" und weiter durch die Gleichstellung der „Weltanschauungsvereinigungen" mit ihnen zu neutralisieren, ist verbraucht. Der Status der Religionsgesellschaften außerhalb der beiden Kirchen, auch soweit sie die Rechte öffentlicher Körperschaften genießen, mag manche interessanten Betrachtungen anregen, und gewiß soll das in diesen Religionsgemeinschaften verkörperte religiöse Anliegen nicht bagatellisiert werden. Mit den eigentlichen Verfassungsproblemen, die das Staatskirchenrecht stellt, hat ihre Stellung jedoch nichts zu tun. Die großen Umschichtungen, von denen die Rede war, haben den auch von der Weimarer Verfassung vergeblich geleugneten Trennungsstrich zwischen den Kirchen und den kleinen Religionsgesellschaften wieder aufs stärkste nachgezogen. Der Sprachgebrauch einiger Länderverfassungen, der die Kirchen wieder hervorhebend ausdrücklich nennt, zeugt davon[33]). Wir fragen deshalb, um konkret zu sein, nach der Position der Kirchen im politischen Gemeinwesen und lassen diese Frage nicht durch das Operieren der Verfassungstexte mit religionsgesellschaftlichen Allgemeingebilden verwirren[34]).

Als feststehendes Faktum wird man ferner annehmen müssen, daß der Status der beiden großen Kirchen vor dem Forum der verfassungsrechtlichen oder staatskirchenrechtlichen Betrachtung nahezu der gleiche geworden ist. Eine Annäherung hatte schon das staatskirchenrechtliche System der Weimarer Republik angestrebt und herbeigeführt; jetzt ist sie zum Abschluß gebracht. Den Grund hierfür wird man allerdings weniger darin sehen können, daß die evangelische Kirche dem übernationalen Organisationsgefüge der katholischen Kirche mit einem ökumenischen Zusammenschluß zur Seite getreten ist. Denn das sind doch nur Entsprechungen von höchst zweifelhafter Vergleichbarkeit. Auch Rudolf Smend will seinen Hinweis auf die umbildende Kraft der ökumenischen Entwicklung so nicht verstanden wissen. Dagegen dürfte entscheidend sein, daß die evangelische Kirche in den Ereignissen der nationalsozialistischen Kirchenpolitik von ihrem Verhaftetsein mit dem überlieferten Staat endgültig gelöst und ganz

[33]) Baden Art. 34, Bayern Art. 142, Bremen Art. 59, Hessen Art. 49, Nordrhein-Westfalen Art. 19, Rheinland-Pfalz Art. 41, Württemberg-Baden Art. 29.

[34]) In gleichem Sinne Johannes Heckel, Melanchthon und das heutige deutsche Staatskirchenrecht, Festgabe für Erich Kaufmann: „Um Recht und Gerechtigkeit" (1950) S. 84f.; Derselbe, Kirchengut und Staatsgewalt (Rechtsprobleme in Staat und Kirche, Festschrift für Rudolf Smend, 1952) S. 107ff., und Arnold Köttgen, DVBl. 1952 S. 486, 488. Ob es allerdings richtig ist, wie Johannes Heckel (Festschrift für Smend S. 132f.) andeutet, auch hinsichtlich der besonderen Vermögensgarantie (Art. 138 Abs. 2 WRV.) zwischen Kirchen und sonstigen Religionsgesellschaften des öffentlichen Rechts zu differenzieren, dürfte als sehr fraglich erscheinen.

auf ihre eigenen Kräfte zurückgeführt wurde. Die Kulturkampfentfremdung der katholischen Kirche hat sie in diesen Jahren nachgeholt, begleitet und kirchlich motiviert von einer starken Bewegung theologischer Selbstbesinnung. Nachdem die Anlehnung an das staatliche Autoritäts- und Organisationssystem einmal gelöst war, ließ sie sich nicht wieder herstellen, auch wenn man es gewollt hätte. Denn es handelte sich hier um einen historischen Zusammenhang, der, einmal abgebrochen, nicht rekonstruierbar war. Das deutsche Staatswesen der Gegenwart zeigt überdies nicht mehr die spezifischen Züge, kraft derer die evangelischen Landeskirchen einstmals dem Staatssystem ihres Landes, besonders Preußens, nach Trabantenart folgten.

Die hinkende konfessionelle Parität der Weimarer Verfassung ist auf diese Weise zu einer echten Gleichstellung geworden. Ob und inwieweit sich auch im inneren Wesen der beiden Kirchen eine Annäherung vollzogen hat, steht hier außer Erörterung. Ihre Beziehungen zum politischen Gemeinwesen aber sind heute gleich fremd und gleich nah und grundsätzlich auch von gleicher Art.

2. Innerhalb der Bundesrepublik und ihren Ländern sind die beiden Kirchen als öffentliche Institutionen anerkannt. Sie stehen in einem politischen Gemeinwesen, in dem nicht mehr eine Kraft, nämlich der „Staat", den Bereich der öffentlichen Ordnung beherrscht, in dem diese öffentliche Ordnung vielmehr aufgegliedert ist und mehrere oder viele Herren hat. Wenn man sich über die Lage rasch verständigen und sich dazu an einem bekannten historischen Vorbild orientieren will, so wird man am ehesten im Ständestaat verwandte Züge finden. Auch dort hatten die Stände einen vielfältig abgestuften Status; auch dort gelang es, das politische Gemeinwesen trotz aller Aufgliederung als Einheit zur Darstellung zu bringen. Die Stände hatten ferner ihren abgesonderten eigenen Bereich und ihre gliedschaftliche politische Teilhabe am Ganzen zugleich. In ihrem System schließlich hatte, wie nicht zu vergessen ist, schon einmal auch die Kirche ihren Platz.

Wenn man sich alles das vergegenwärtigt, wird man durch die Einheit der Bundesrepublik den Vergleich mit dem Ständestaat nicht widerlegt sehen. Und wenn man die politischen Parteien, die Gewerkschaften, die Wirtschaftsverbände und die Kirchen als die wesentlichsten „Stände" unserer Zeit nennt, so wird man dem nicht deshalb widersprechen können, weil es sich hier um Gebilde von sehr verschiedener Art und variierendem Status handelt. Im übrigen kommt es hier nicht darauf an, eine Wesensbeschreibung oder Theorie des gegenwärtigen deutschen Staatssystems zu liefern, in dem sich traditionelle Staatsvorstellungen und neue Kräftebildungen unentwirrbar vermengen, am wenigsten, dieses Staatswesen in die Zwangsjacke alter Schemata zu pressen, sondern tastend an Hand geläufiger Vorstellungen den heutigen Standort der Kirchen wenigstens annähernd zu bestimmen.

Die beiden Kirchen verstehen sich, wie der Stand des Ständestaates, als öffentliche Institutionen aus eigenem, nicht verliehenem, abgezweigtem oder konzediertem Recht. Sie nehmen unbestrittenermaßen einen Teil der öffentlichen Ordnung für ihre selbständige Sachwalterschaft in Anspruch und entfalten hier sogar einen öffentlichen Status, der dem aller anderen „Stände" überlegen ist. Ihr theologisch verstandener Öffentlichkeitsanspruch und ihre von der kirchlichen Aufgabe her legitimierte Freiheit fließen mit ihrer öffentlich-rechtlichen Privilegierung als eines unabhängigen und selbständigen Gliedes der politischen Gesamtordnung zu einer untrennbaren Einheit zusammen[35]). Darin liegt, wie mir scheint, das Hintergründige, vielleicht könnte man auch sagen: das Abgründige ihrer gegenwärtigen Lage.

Der Öffentlichkeitsanspruch ihres Wirkens in der Wortverkündigung und Sakramentsverwaltung ist voll anerkannt. Soweit sie darüber hinaus in die Bereiche der Erziehung, Schule, Volksbildung, Hochschule, der Jugendpflege und des Wohlfahrtswesens vordringen, steht ihnen ein breiteres Feld offen als früher, begegnen sie aber doch entgegengesetzten Prätentionen ihrer Partner. Es ist nicht wie früher der „Staat", der ihnen hier begrenzend entgegentritt, obwohl in diesem Zusammenhang weithin noch mit dem „Staat" als einer feststehenden Größe operiert wird, sondern es sind in Wahrheit die anderen „Stände"· die Parteien, Gewerkschaften und ähnliche Einflußgruppen. Sie, oder jedenfalls einige von ihnen, machen den Kirchen die Grenzzonen teils in direkter Konkurrenz, teils in der Weise streitig, daß sie in den Parlamenten und Regierungen entsprechende Kollektivbeschlüsse zustande bringen, kraft derer das, was den Kirchen nicht zufallen soll, einer immer noch als „staatlich" bezeichneten Gemeinschaftsverwaltung der beschließenden Gruppen vorbehalten oder jedenfalls gegenüber den Kirchen neutralisiert wird. Man braucht sich nur die sehr verschiedenartigen Verhältnisse in den deutschen Ländern des Nordens, Westens und Südens zu vergegenwärtigen, um, obwohl sicher nirgendwo offener Kampf und im Gegenteil meist befriedigender Kontakt mit den Kirchen besteht, die Wirkung dieser zwischenständischen Auseinandersetzungen zu erkennen.

In diese gegliederte Ordnung des politischen Gemeinwesens als wesentliche und sogar überragende Teilordnungen hineingestellt, haben die Kirchen auch Anteil an der Verantwortung für das politische Gesamtschicksal. Sie können sich dieser Ver-

[35]) Dazu auch einige staatskirchenrechtsgeschichtliche Bemerkungen bei Johannes Heckel, Festgabe für Erich Kaufmann, S. 100ff.

antwortung nicht entziehen, auch wenn sie es wollten, schon deshalb nicht, weil in jeder Entscheidung über das Schicksal des politischen Gemeinwesens ihre eigene Existenz berührt wird. Das ist die Kehrseite ihrer ständischen Verselbständigung, daß sie unentrinnbar in die politischen Auseinandersetzungen der Gruppen, in die Vorgänge des auch auf ihnen ruhenden politischen Gemeinwesens und damit auch in die großen politischen Entscheidungen hineingezogen sind. Die Ereignisse im gegenwärtigen Deutschland bieten dafür eindrucksvolle Belege. Beide Kirchen sind, von der geschilderten breiten Auswirkung ihres Wesens als öffentlich-rechtlicher Institutionen abgesehen, durch ihre Delegierten in einer unübersehbaren Zahl von Gremien, Räten, Ausschüssen usw. des weltlichen Organisationssystems beteiligt; ihre Einwirkungen auf die Personalpolitik der Behörden sind weit bekannt; ihre Bündnisse und ihr Zusammenwirken mit den politischen Parteien und anderen hier als Stände bezeichneten Gruppen — auch ihre Gegensätze zu ihnen — liegen auf der Hand. Daß ferner das Volk zu großen politischen Entscheidungen die Stellungnahme der Kirchen nicht nur als seelsorgerischen Zuspruch, sondern als politische Wegweisung aufzunehmen bereit ist, empfinden offenbar die Kirchen selbst als ein gegebenes Faktum. Von einem ständestaatlich strukturierten politischen Gemeinwesen aus betrachtet, ist das alles nicht illegitim. Ob es der Erfüllung eines kirchlichen Verständnisses vom Wesen der Kirche her dient, steht dahin. Die Spiritualisierung, die die katholische Kirche in Deutschland nach dem Reichsdeputationshauptschluß erfahren hatte[36]), könnte von hier aus für beide Kirchen in eine rückläufige Bewegung hineingezogen werden.

3. Im ganzen gesehen ist die Lage der Kirchen dadurch charakterisiert, daß sie nicht mehr einer staatlichen Obrigkeit gegenüberstehen oder unterstehen und daß sich Staat und Kirche nicht mehr als klar unterscheidbare, kommensurable Größen begegnen. Das hat schon Rudolf Smend mit aller Deutlichkeit betont[37]). Die Kirchen sind vielmehr Glied unserer vielschichtigen öffentlich-rechtlichen Gesamtordnung, und zwar ein tragendes und wirkendes Glied darin. Kraft der Verbindung ihres theologisch-kirchlichen Öffentlichkeitsanspruchs mit dem Status öffentlich-rechtlicher Institutionen hohen Ranges sind sie in verantwortlicher Gliedschaft in das politische Gemeinwesen einbezogen. Ihre früheren Beziehungen zum „Staat" sind abgelöst durch diese Einordnung, die man, wie angedeutet, mit der Position eines Standes im Ständestaat vergleichen kann, und

---

[36]) Dazu Rudolf Smend, Festgabe für Dibelius S. 185f.

[37]) Rudolf Smend, Festgabe für Otto Dibelius, S. 184f. und ZevKR. 1 (1951) S. 6ff.

durch die Zuordnung zu den anderen — sehr andersartigen — politischen Ständen, die jene Gliedschaft teilen.

Wenn man dieses Bild vor Augen hat, dann wird sofort der weitere Gebrauch des Wortes „Staatskirchenrecht" für unser Problem fragwürdig. Dann wird aber auch verständlich, warum die überlieferten Vorstellungen von der staatlichen Kirchenhoheit und den jura circa sacra nicht mehr praktizierbar sind, ebensowenig wie die eines Trennungssystems. Die Kirchen stehen heute in einem Beziehungssystem koordinierter öffentlicher Ordnungsmächte, aus deren Zusammenhang und Zusammenwirken das politische Gemeinwesen selbst geformt ist.

Daß darin keine erschöpfende Wesensbeschreibung der Kirchen liegt, die vielmehr weit in die Theologie und das Kirchenrecht übergreifen müßte, ergibt sich aus der staatskirchenrechtlichen Begrenzung der Aufgabe. Aber auch für die Stellung der Kirchen zum politischen Gemeinwesen ist im Dargelegten kein wissenschaftliches System entwickelt, für das der Anspruch dauernder Gültigkeit erhoben wird. Es handelt sich vielmehr um den Versuch, der Gegenwartslage geistig habhaft zu werden, nicht sie zu verewigen oder zu legitimieren, nur sie in ihrem Kräftefeld zu erkennen.

Die Gegenwartslage des Staatskirchenrechts

2. Mitbericht von Professor Dr. Hans Peters, Köln

Nach dem ausgezeichneten Referat von Kollegen Weber möchte ich meinen Bericht unter einige andere Gesichtspunkte stellen und dabei in erster Linie die Katholische Kirche zum Ausgangspunkt nehmen. Wir wissen heute besser als vor 30 Jahren, daß eine rechtliche Betrachtung der Gegenwartslage von Staat und Kirche nicht allein vom Formalen her erfolgen darf, daß der Auslegung der gegebenen Rechtsvorschriften vielmehr eine Herausstellung der soziologischen Voraussetzungen voranzugehen hat, deren Wirken zu normieren, Aufgabe der Rechtsordnung ist. Denn gerade im Staatsrecht wird uns immer wieder deutlich, daß gleiche Rechtsvorschriften unter verschiedenen politischen Voraussetzungen und in verschiedener politischer Umwelt eine andere Bedeutung haben können, und zwar auch für die juristische Auslegung. Herr Kollege Weber hat gerade dazu eine bemerkenswert klare Darstellung einer neuartigen Betrachtung des Verhältnisses von Staat und Kirche geliefert, die eigentlich darauf hinausläuft, daß eine echte Gegenüberstellung der beiden großen Organisationen, der beiden societates perfectae, nicht mehr recht möglich, mindestens überholt ist. Auch Smend[1]) hat vor kurzem — insbesondere im Hinblick auf die Selbstbesinnung der Evangelischen Kirche — deutlich gemacht, daß die Übernahme der Weimarer Kirchenartikel über Art. 140 GG keineswegs die bloße Beibehaltung des bisherigen Rechtszustandes bedeute.

Mir scheint, daß man unser Problem und die in jüngster Zeit vollzogenen Wandlungen nur klar erkennen kann, indem man von der Unterschiedlichkeit des Blickpunktes ausgeht, von dem aus der Gläubige das Verhältnis von Staat und Kirche sieht, ferner von dem aus die Kirche sich und den Staat sowie endlich von dem aus der heutige Staat die Kirche betrachtet. Nur auf diesem Wege gewinnen wir Klarheit darüber, was an echter Gegenüberstellung von Staat und Kirche heute möglich ist und wie sich dieses Rechtsverhältnis jetzt gestaltet. Dabei muß von der vorrechtlichen Lage ausgegangen werden, die selbst nicht schon aus dem Konkordatsrecht oder ähnlichen vertraglichen Bestimmungen zu entnehmen ist, sondern einen Einblick in die gesellschaftlichen Kräfte erfordert, die — hier wie anderswo — tief hinein unsere gesamte Rechtsordnung beeinflussen.

---

[1]) Ztschr. f. evangelisches Kirchenrecht Bd. 1, S. 4ff.

Andererseits darf man aber auch nicht in allgemeinen soziologischen, politischen oder geisteswissenschaftlichen Erörterungen stecken bleiben, sondern muß an der Lösung konkreter Rechtsfragen, wie sie sich aus dem positiven Recht ergeben, die Tragfähigkeit vorangegangener Erörterungen und Ergebnisse nachweisen. Ich stimme insofern der interessant begründeten, uns alle angehenden Mahnung von Strickrodt[2]) zu, nicht immer nur von Krisen zu sprechen und aus geistvoller Sicht heraus das Staatsrecht auslegen und damit ohne persönliche Verantwortung Politik machen zu wollen, sondern an die Ordnung zu glauben — und durchaus unter Anerkennung und Berücksichtigung einer überstaatlichen Rechtsordnung — das geltende, positive Recht herauszuarbeiten, zu erklären und auszulegen. Die berechtigte Furcht, einem formalen Positivismus anheimzufallen, darf schließlich nicht dazu verleiten, rechtliche Untersuchungen fernab von allen positiv-rechtlichen Erörterungen durchzuführen; man verlangt m. E. von uns — unbeschadet aller Problematik — auch die Lösung konkreter Rechtsfragen.

I. 1. Der kirchlich-gläubige Staatsangehörige ist Bürger zweier Welten und muß doch beide in sich zur Harmonie seiner Persönlichkeit zu verbinden suchen. Ihm ist die Kirche die von Christus, also von Gott selbst, gestiftete Heilsanstalt, durch die ihm mittels der Sakramente die durch das Erlösungswerk Christi dem Menschen gewährten Gnaden vermittelt werden. Die Kirche ist die Institution, die ihn durch das irdische Leben zum Jenseits hinführt. Ihr gehört er an, und ihr ist er zum Gehorsam verpflichtet. Aber er ist ebenso mit dem entsprechenden Wollen Mitglied des Staats, der die naturgegebene notwendige irdische Herrschaftsorganisation ist, die dem Gemeinschaftsbedürfnis des Individuums dient und zur Erfüllung der dem Menschen gesetzten Aufgabe gleichfalls unerläßlich ist. Beiden — Kirche und Staat — hat der Gläubige zu dienen; beide sind gleich unentbehrlich. Beide sind aber nicht aufeinander abgestimmt, weil von altersher in ihrem gegenseitigen Verhältnis Spannungen bestehen und weil sie seit dem Beginn der Neuzeit nicht mehr auf der gemeinsamen, einheitlichen Weltanschauung beruhen. Hinzu kommt, daß — selbst bei prinzipieller Anerken-

[2]) „Die notwendige Position der Staatsrechtslehre" in JZ. 1952, S. 385. So bedeutsam und beachtenswert diese Mahnung auch ist, in allen Punkten vermag ich ihr nicht zuzustimmen. Das Staatsrecht muß zweifellos die von Strickrodt als Ziel aufgestellten Aufgaben erfüllen, darf aber nicht dabei stehenbleiben, sondern muß auch den zugrunde liegenden gesellschaftlichen Voraussetzungen und politischen Kräften nachgehen. Wie weit der Einzelne dabei zusätzlich unverantwortlich „Politik macht", ist eine ganz andere Frage. — Wenn in jüngster Zeit die Arbeiten mancher Staatsrechtslehrer in geistvollen Gesellschaftsanalysen sich ergehen, so ist dies die natürliche Reaktion auf eine Periode des Positivismus.

nung des Grundsatzes der Subsidiarität des Staates gegenüber dem Individuum — das Zeitalter der Technik und Vermassung notwendig dem Staate so viele neue Aufgaben hat zuwachsen lassen, daß der Staat den Menschen, weit mehr als früher, auf immer neuen Sachgebieten in Anspruch nimmt. Die Betätigung der Menschen — und zwar aller, nicht bloß in ihrem Privatleben, sondern auch in der Öffentlichkeit, im öffentlichen Dienst usw. — ist damit oft genug gleichzeitig staatlichen Vorschriften wie der Einwirkung durch die Kirche im Hinblick auf die Ausrichtung auf das Jenseits unterworfen. Damit wird das äußere Handeln von den sittlichen wie rechtlichen Forderungen und von den Lehren der Religion her ebenso bestimmt wie von den Gesetzen des Staats. Unzählige Konfliktsmöglichkeiten tauchen damit auf; umgekehrt aber findet, wenn die Bildung einer geschlossenen Persönlichkeit gelingt, das weltliche Handeln auch eine weltanschauliche Vertiefung und innere Wendung.

2. Die Kirche selbst sieht sich dem Staate gegenüber als eine eigenständige, konservative Macht, die die Grundlagen ihres Seins bis hinein in das Organisatorische und Rechtliche von Gott empfangen hat; sie ist also allein von ihrem Auftrag her zu verstehen und hat Anspruch auf ihr gemäße Rechtsformulierungen. Sie stellt sich zwar heute nicht über den Staat[8]), verlangt aber für alles, was sie selbst als zu ihrem Bereich gehörend betrachtet, auf Grund ihres göttlichen Auftrags ungehemmte Betätigungsmöglichkeit. Mögen die verschiedenen Staatstheorien sich um eine rationale Begründung des Staats bemühen, Existenz und Aufgaben der Kirche sind — nach ihrer Ansicht — im Religiösen durch die göttliche Offenbarung gerechtfertigt und damit jeder Diskussion auf menschlich-rationalistischer Ebene entzogen, mag man sich auch veranlaßt fühlen, dieses Ergebnis als vernünftig zu begründen. Die Kirche betrachtet sich — im Unterschied zu dem durch den Wechsel von Auffassungen, Aufgaben und Verfassungsformen veränderlichen Staate — als eine bis zum Weltende in ihrem Wesen stetige Institution. Als solche tritt sie dem Staate gegenüber, im Verlaufe der Geschichte zeitweise sogar mit einem Überordnungs-, später und heute mit einem Gleichordnungsanspruch, der von den Wandlungen des modernen Staats und vom Anwachsen der Staatsaufgaben grundsätzlich weniger berührt wird. Zu beachten bleibt übrigens, was heute in allen Lagern oft übersehen wird, daß die Erörterungen des Verhältnisses von Staat und Kirche in der älteren Zeit gewöhnlich den christlichen, wenn nicht gar den katholischen Staat im Auge

[8]) Die Darstellung des Verhältnisses von Staat und Kirche seit jenem Brief des Papstes Gelasius I. (492—496) an Kaiser Anastasius bis in unsere Tage liegt außerhalb der Aufgaben dieser Arbeit (vgl. Seppelt-Löffler, Papstgeschichte 1933 S. 42).

haben[4]). Nach der Lehre der Kanonisten[5]) ist die Katholische Kirche eine Anstalt, der jeder, der die Taufe empfangen hat, eingegliedert ist. Die äußere sichtbare Kirche ist eine göttliche Stiftung und stellt den mystischen Leib Christi dar. Die Taufe, d. h. eine übernatürliche sakramentale Wirkursache, ist die causa efficiens und drückt der Seele ein unauslöschliches Merkmal auf. Wie der in eine bestimmte Familie geborene Mensch biologisch untrennbar zu dieser Familie gehört, gleichviel ob er sich von ihr lossagt, so gehört auch der Getaufte zur Kirche; lediglich seine Rechte und Pflichten darf die Kirche als societas perfecta regeln. Daß der moderne Staat diese Ansprüche der Kirche nicht anerkennt, ergibt sich aus dem Wesen seiner säkularisierten Weltanschauung. Immerhin ist dabei bemerkenswert, daß teilweise die katholischen Theologen und neuerdings die Päpstliche Encyklica Mysterii Corporis Christi vom 29. 6. 1943 (AAS. XXXV, S. 193ff.) anscheinend sich der modernen staatlichen Auffassung erheblich nähern. Es wird neuerdings vielfach betont, die Zugehörigkeit zur Katholischen Kirche sei Mitgliedschaft in einer Korporation[6]) und erfordere demgemäß positiv außer der Taufe noch das Bekenntnis des wahren Glaubens[7]) sowie negativ die Nichtabsonderung von der kirchlichen Gemeinschaft und den Nichtausschluß seitens der kirchlichen Obrigkeit[8]). Die Meinung aber, damit verlasse die kirchliche Lehre ihre alte Auffassung, scheint mir mindestens voreilig; der caracter indelibilis der Taufe wird auch heute keinesfalls bestritten werden. Dann aber ist logisch nach wie vor nur eine Beschränkung der Rechte der Kirchenangehörigen möglich, kein echter Ausschluß aus der Kirche als Korporation. Die gegenteilige Meinung müßte schließlich in die Irrlehre der Wiedertäufer führen. Nur mit der Rechtskonstruktion der Kirche als Anstalt vermeidet man derartige unhaltbare Konsequenzen.

Mir scheint die Periodisierung Smends[9]) zumindest für die Katholische Kirche nicht ganz zuzutreffen. Diese hat stets für ihre Freiheit gegenüber dem Staate gekämpft, nur daß sie es im liberalen Staate im Hinblick auf dessen Auffassung, also unter Benutzung der Grundrechte tut. Anderseits beansprucht — trotz aller Anerkennung der Gleichordnung des Staats — die Kirche

[4]) Vgl. F. X. Arnold, Die Staatslehre des Kardinals Bellarmin, 1934, S. 348.

[5]) Vgl. neuerliche Zusammenstellung bei Nikolaus Hilling, „Die kirchliche Mitgliedschaft nach der Encyklica Mysterii Corporis Christi und nach dem Codex Juris Canonici“ in Arch. f. kath. Kirchenrecht, Bd. 125 (1951) S. 128f.

[6]) Die Auffassung von der Kirche als Korporation ist nicht neu; vgl. das Zitat Hillings (a.a.O. S. 127) aus Bellarmin, De controversiis christianae fidei.

[7]) Für den kleinen Täufling gibt dieses stellvertretend der Pate ab.

[8]) Vgl. Hilling a.a.O. S. 122.

[9]) a.a.O. S. 5ff.

als Hüterin des natürlichen und göttlichen Rechts, jede diesem widersprechende staatliche Anordnung für unverbindlich zu erklären.

3. Der moderne säkularisierte Staat sieht in der Kirche entweder eine ihm innerhalb seines Gebietes unterstehende, die Sittlichkeit fördernde innerstaatliche Körperschaft, die sich aus seinen eigenen Staatsangehörigen zusammensetzt und die ihn rechtlich soweit interessiert, als sie sich innerhalb seines Staatsgebiets betätigt, oder er erblickt in ihr eine gleichgeordnete überstaatliche Organisation, deren innerstaatliche Erscheinung er in sein Rechtssystem einordnen muß, deren Gleichordnung als selbständige, mit ursprünglicher Herrschaftsgewalt ausgestattete Organisation er aber anerkennt. Die erste Auffassung, die in den immer wiederkehrenden staatskirchlichen Versuchen ihren Ausdruck findet, ist im Augenblick theoretisch nicht akut; in der Praxis freilich versucht der Staat immer wieder, sich die Kirche dienstbar zu machen und ihr dazu seine eigenen Auffassungen und Ziele aufzudrängen. Die modernen totalitären Bestrebungen lassen deutlich den Machtzuwachs eines Staates erkennen, der sich die Kirche unterwerfen und eingliedern möchte.

Die geschichtliche Entwicklung in Deutschland hat dazu geführt, daß der Staat sich den dem Protestantismus entliehenen körperschaftlichen Kirchenbegriff[10]) zu eigen gemacht hat, daß sich nach seiner Auffassung die Kirche von unten nach oben von der Gemeinde her, nicht mit einer von Christus eingesetzten Hierarchie von oben nach unten, aufbaut und daß demgemäß die staatliche Gesetzgebung meist von einander juristisch gleichwertigen „Religionsgesellschaften" spricht[11]). Da der Staat nur in seiner eigenen Rechtssprache zu reden vermag, versucht er, die Kategorien und Begriffe seiner eigenen Rechtsordnung auf die Kirchen anzuwenden, und gerät dabei mit der Kirche in Konflikte. War er stark genug und von liberaler oder totalitärer Grundauffassung, wollte er in die Kirche seine eigenen Auffassungen und Rechtsbegriffe hineintragen.

Je weiter sich der Aufgabenkreis des Staates spannt, als umso stärkere und umfassendere Organisation tritt er der in Organisation und Ziel kaum wandelbaren Kirche gegenüber. Vollzog sich der Zuwachs der Aufgaben des Staates in früheren Jahrhunderten weitgehend auf Kosten der Kirche durch Säkularisation kirchlicher Kompetenzen (z. B. Armenpflege, Krankenhaus-, Friedhoferrichtung, Assistenz bei der Eheschließung), so geschieht dies

[10]) Über den Dualismus des Kirchenbegriffs vgl. Wehrhahn, Grundlagenkrise und Kirchenrecht DRZ. 1948 S. 368ff.

[11]) Wie wenig sich die Weim. RV. um diese Gleichsetzung der Religionsgesellschaften gekümmert hat, vgl. Heckel in Festgabe für Erich Kaufmann 1950, S. 84f.

heute durchweg ohne wesentliche Eingriffe in die Sphäre der Kirche, lediglich infolge der Vermehrung der Bedürfnisse, die der Einzelne oder die dem Staate eingegliederten Organisationen im technisierten Massenstaate allein zu befriedigen außerstande sind. Schon aus diesem Grunde ist die Kirche an der Wandlung des modernen Staats weniger interessiert. Man sollte aber m. E. nicht übersehen, daß die Wesensänderung des Staats, die sich in den letzten hundert Jahren vollzogen hat, zur Folge hat, daß die auf einen anderen Typ des Staats eingestellte ältere Literatur nicht ohne nähere Überprüfung auf den modernen Staat ausgedehnt werden kann. Gerade bei Erörterung staatskirchenrechtlicher Fragen im Verhältnis zur Katholischen Kirche wird man weniger deren Wandlung als vielmehr die grundlegenden Veränderungen von Staat und Gesellschaft im Laufe der neuesten Zeit zu berücksichtigen haben.

4. Die Theorie der Gleichordnung von Staat und Kirche hatte zur Folge, daß man jeder der beiden Institutionen ihre besonderen Aufgaben in dem Sinne glaubte zuteilen zu können, daß gewisse Angelegenheiten ausschließlich solche des Staats, andere ausschließlich solche der Kirche seien[12]) und als Rest die res mixtae übrig blieben, an denen Staat und Kirche de iure gemeinsam interessiert sind und über deren Behandlung man sich einigen müsse[13]). Aber abgesehen davon, daß manchmal keine Einigung zwischen Staat und Kirche darüber zu erzielen ist, in welche der drei Kategorien eine Materie gehört[14]), machen zwei Umstände diese formale Einteilung problematisch.

[12]) Heckel („Melanchthon und das heutige Staatskirchenrecht" in Festgabe für Erich Kaufmann 1950, S. 94f.) glaubt eine solche Aufgabenaufteilung zugunsten des Staates bereits bei Melanchthon zu finden. Erich Kaufmann („Kirchenrechtliche Bemerkungen über die Entstehung des Begriffs Landeskirche", Kiel 1913, Schr. d. Vereins f. schleswig-holsteinische Kirchengeschichte II, Reihe V, 4, Kiel 1913, S. 369ff.) sieht m. E. wohl mit Unrecht den entscheidenden Anteil dieser Entwicklung erst in der Aufklärungsphilosophie. Ferner über die geschichtlichen Veränderungen der Probleme des Staatskirchenrechts vgl. Heckel, Kirchengut und Staatsgewalt in Festgabe für Rudolf Smend, 1952, S. 103ff.

[13]) Vgl. Ebers, Grundriß des katholischen Kirchenrechts, 1950, S. 217; Königer-Giese, Grundzüge des katholischen Kirchenrechts und des Staatskirchenrechts, 3. Aufl. 1949, S. 219ff.; Eichmann-Mörsdorff, Lehrbuch des Kirchenrechts, 3. Aufl. 1. Bd. 1949 S. 52ff. — Das System der Teilung der Materien sehr deutlich bei C. Holböck, Handbuch des Kirchenrechts, 1. Bd. 1951, S. 79ff.

[14]) So nimmt die Kirche die Ehegesetzgebung — außerhalb der vermögensrechtlichen Wirkungen der Ehe — für sich allein in Anspruch, weil nach kirchlicher Lehre die Ehe unter Getauften ein Sakrament ist, die sakramentale Ordnung aber ausschließlich der Kirche unterstehe; der Staat steht nach Jahrzehnten der Säkularisierung auf dem entgegengesetzten Standpunkt; für ihn existiert der sakramentale Charakter der Ehe nicht. Umgekehrt behauptet mancherorts der Staat sein ausschließliches Schulmonopol, während die Kirche sich primär für die Erziehung für zuständig hält.

Einmal besteht eine durch die Jahrhunderte entstandene Verflechtung von Staat und Kirche; sie rührt keineswegs nur aus dem Mittelalter her, sondern wurde durch Reformation und Staatskirchentum der folgenden Jahrhunderte weiter verstärkt. Erst im 19. Jahrhundert erscholl der Ruf nach Trennung von Staat und Kirche. Die letztere faßte ihn auf, wie er gemeint war: Ausschaltung der Kirche aus dem öffentlichen Leben. Aus dem Satz: „Religion ist Gewissenssache!" wurde: „Religion ist Privatsache". In diesem Sinne mußte und muß aus noch zu erörternden Gründen die Kirche gegen derartige Auffassungen ankämpfen. Sollte die Forderung der Trennung von Kirche und Staat freilich — wie sie in Art. 138 Weim. Reichsverfassung verstanden wurde[15]) — nur die vermögensrechtliche Lösung der Kirche aus staatlichen Verbindungen betreffen, so würde zweifellos eine Einigung zu erzielen sein, wenn beiderseits das Streben nach gerechtem Ausgleich realisierbar wäre. Die Erfüllung der letzten Bedingung ist aber so schwierig, weil die Staatsleistungen an die Kirchen Folge wiederholter Säkularisierungen der Kirchengüter, insbesondere im Jahre 1803 sind und weil auf den Vermögensstand der Konfessionen im Jahre 1624 zurückgegangen werden müßte. Wenn man also keine Enteignung der Kirche vornehmen will, wie sie überdies den in Art. 14 GG. festgelegten Rechtsgedanken widerspricht, bedeutet Trennung von Staat und Kirche nicht mehr als die Forderung der Ablösung der Staatsleistungen an die Kirche auf der Basis von Recht und Gerechtigkeit. Werner Weber[16]) hat im einzelnen zusammengestellt, welche Rechtsakte auf Grund des Art. 138 WeimRV. ergangen sind und welche Länder heute das alte Programm der Trennung übernommen haben (z. B. Hessen, Verf.Art. 52), welche anderen Länder (wie Bayern, Verf. Art. 145, Rheinland-Pfalz, Verf.Art. 45) dagegen ausdrücklich die Trennung ablehnen und die derzeitigen Staatsleistungen garantieren oder, wie Nordrhein-Westfalen (Verf.Art. 21) eine Mittelstellung einnehmen, indem sie die Ablösungen der Staatsleistungen nicht vorschreiben, aber auch nicht verbieten.

Die zweite, der Aufteilung der Angelegenheiten in staatliche und kirchliche entgegenstehende Schwierigkeit tritt erst in neuester Zeit immer deutlicher hervor und droht die Entwicklung des

15) Vgl. Anschütz, Die Verfassung des Deutschen Reichs, 14. Aufl. 1932 S. 651 und die dort zitierte Literatur; Giese, Staat und Kirche im neuen Deutschland (Quellensammlung mit einleitendem Text) Jahrb. Öff. R. Bd. 13 (1925) S. 249ff., Bd. 20 (1932) S. 116ff.; Josef Schmitt, Die Ablösung der Staatsleistungen an die Religionsgesellschaften 1921; Breitfeld, Vermögensrechtliche Auseinandersetzungen zwischen Kirche und Staat in Preußen 1929, dazu Heckel, Ztschr. f. Rechtsgeschichte Kanon. Abt. Bd. 19 S. 858ff.

16) Die Ablösung der Staatsleistungen an die Religionsgesellschaften 19..

Konkordatsrechts in der Neuzeit aus den Angeln zu heben. Die Kirche betont — ihrem Auftrag durch Christus getreu —, daß sie den Menschen in seiner Gesamtpersönlichkeit zu heiligen habe[17]). Ihre Beschränkung auf den Kirchenraum, die sich seiner Zeit der Nationalsozialismus und heute in der ersten Phase einer noch schwankenden Kirchenpolitik in der sowjetischen Besatzungszone der Bolschewismus zum Ziele setzten, hält sie für mit ihrem Wesen und Auftrag unvereinbar. Sie erhebt den Anspruch, auch im öffentlichen Leben der Sauerteig zu sein, der alles durchsäuere, um die Anerkennung Gottes als des Schöpfers der ganzen Welt, auch der staatlichen und gesellschaftlichen Ordnung, durchzusetzen sowie der christlichen Sozialethik und der Menschenwürde als Forderungen des göttlichen Rechts überall zum Durchbruch zu verhelfen. So verlangt sie vom Christen, daß er auch in seinem Berufe, im öffentlichen Leben, im Alltag und in der Freizeit sich nach den göttlichen Geboten richte und demgemäß die Welt in christlichem Geiste zu gestalten suche. Die jüngsten evangelischen Kirchentage in Berlin, Stuttgart und Hamburg sowie zahlreiche Einzelveranstaltungen (z. B. der Akademie in Bad Boll) stellten sich — trotz gewisser Abweichungen in der Grundkonzeption — auf einen ähnlichen Standpunkt. Diese Akzentverschiebung ergibt sich als Folge einer Verweltlichung des gesellschaftlichen wie des staatlichen Lebens, die durch den „Kunstgriff" der Säkularisierung der Aufgaben manches der Kirche genommen hat, das zu ordnen ihrem Auftrage entspricht.

5. Die neuesten Tendenzen in der Entwicklung des Verhältnisses von Staat und Kirche verfolgen demgemäß weniger die Richtung einer klaren Abgrenzung derjenigen Materien, die jeweils dem Staate oder der Kirche zustehen, sondern versuchen, der Kirche einen Einfluß auf die Verwirklichung einer von christlichem Geiste getragenen und durchwehten Gesellschaftsordnung zu sichern und auch im Staats- und politischen Leben die Geltung christlicher Grundsätze durchzusetzen[18]), ohne äußerlich die

---

[17]) Vgl. Peters, Der totale Staat und die Kirche in Kleineidam-Kuss, Die Kirche in der Zeitenwende, 1935 S. 303ff.

[18]) Das kirchliche Material zur Belegung dieser These ist überaus umfangreich; es beginnt bereits mit den Enzykliken Leo's XIII. Pius XI. hat wiederholt die gesellschaftliche Ordnung — sowohl im Hinblick auf ihre Wiederherstellung und Neuaufrichtung als auch auf ihre Vollendung und Vervollkommnung nach dem Heilsplan des Evangeliums — zum Gegenstand von Enzykliken, Ansprachen usw. gemacht (vgl. v. Nell-Breuning, Die soziale Enzyklika 1932 S. 14). Pius XII. hat diese Richtung sehr konsequent weiterverfolgt; ja man kann daraus, daß er, der einstige Diplomat, sowohl den Abschluß von Konkordaten weiter förderte, als auch die Wiedereinführung christlichen Geistes in die Welt, in das politische und gesellschaftliche Leben geradezu zur Richtschnur zahlreicher amtlicher Äußerungen machte, schließen, daß der vertragliche Ausbau des Friedens zwischen Staat

weltanschauliche Neutralität des Staats anzutasten. Daneben allerdings wird die Kirche kaum aufhören, ihr ureigenes Gebiet für sich allein zu beanspruchen. Der Staat macht demgegenüber nur gelegentliche schwache Versuche (z. B. in Art. 11, 14 Abs. 2 RKonkordat), auch im rein kirchlichen Raum seine eigenen Interessen zur Geltung zu bringen; sein eigenes Verfassungsrecht (Art. 4, 140 GG., Art. 137 WeimRV.) hindert ihn daran.

Wir stehen also, wie mir scheint, im Augenblick an einem Wendepunkt. Sowohl im vermögensrechtlichen als auch noch weit mehr im ethischen und gesellschaftlichen Bereich hat die Verweltlichung des öffentlichen und des bürgerlichen Lebens die Grenze des für die Kirche Erträglichen überschritten[19]). Diese versucht daher von innen heraus — ohne Antastung und unter dem Schutz der Konkordate — die Wandlungen des gesellschaftlichen Lebens sich zunutze zu machen und mit der bisherigen Praxis zu brechen, daß der Staat die Grenzziehung zwischen Staat und Kirche vornimmt[20]). Kollege Weber hat vorhin mit der ihm eigenen Schärfe Ergebnisse pointiert, die diese Richtung zwar deutlich kennzeichnen, die aber doch das überkommene Recht als verstaubter hinstellen, als es m. E. der Fall ist. Wir stehen hier vor der bekannten Erscheinung, daß die gesellschaftlichen Kräfte neuen Rechtsentwicklungen die Wege ebenen, daß aber damit das bisherige Recht noch nicht aufhört, selbst gesellschaftsformende Kräfte zu entfalten und zu stärken. Im Ergebnis muß

---

und Kirche Hand in Hand geht mit einer inneren Missionsaufgabe in den sog. christlichen Staaten des abendländischen Kulturkreises.

Im einzelnen vgl. hierzu zunächst die noch deutlich die Zuständigkeitskreise von Staat und Kirche abgrenzenden Enzykliken Leo's XIII. (Zusammenstellung bei Ulitzka, Leo XIII., der Lehrer der Welt 1903), insbesondere Immortale Dei vom 1. 11. 1885, Sapientiae christianae vom 10. 1. 1890, Rerum novarum vom 15. 5. 1891, Quod apostolici muneris vom 28. 12. 1878 und Graves de communi vom 18. 1. 1901; alsdann die Enzykliken Pius XI. über die christliche Erziehung der Jugend vom 31. 12. 1929, Quadragesimo anno vom 15. 5. 1931, über den atheistischen Kommunismus vom 19. 3. 1937, über die Lage der Katholischen Kirche im Deutschen Reich vom 14. 3. 1937; endlich über die amtlichen Äußerungen Pius XII., insbesondere Weihnachtsrundfunkbotschaften 1941 und 1942, Ansprache an die Arbeiter Italiens am 13. 6. 1943, Ansprachen an das Kardinalskollegium am 2. 6. 1945 und am 24. 12. 1945, Ansprache an die neuen Kardinäle am 20. 2. 1946, Enzyklika Humani generis vom 12. 8. 1950 u. a.

[19]) Auch Smend (a.a.O. S. 7) spricht von einer dritten rückläufigen Periode in der neuesten Zeit.

[20]) Vgl. Heckel in Festgabe zur Erich Kaufmann 1950 S. 95, Smend a.a.O. S. 12. — Mir scheint, daß auch die skeptischen Ausführungen von Emil Zweifel über „Die rechtliche Natur der Vereinbarungen zwischen den Staaten und dem Apostolischen Stuhl" (Aarau 1948), obwohl sie m. E. mit Unrecht die Beweise für die vertragsrechtliche Natur der Konkordate als circuli vitiosi ablehnen, letztlich auf ähnlichen, unbewußt wirkenden Erkenntnissen beruhen.

man also die jüngste Entwicklung von Staat und Kirche unter beiden Aspekten sehen, wenn man die sich entfaltenden rechtlichen Positionen der Kirche zum und im Staate richtig deuten will: dem alten und dem neuen.

Wenn die Kirche heute glaubt, eine ihrem Wesen stärker Rechnung tragende Gestaltung der staatlichen Rechtsordnung erreichen zu können, so kommen ihr dabei zu Hilfe die Erfahrungen mit dem totalen Staat, die die großen Gefahren eines übermächtigen Staats im Massenzeitalter auch für die Demokratie klar zum Bewußtsein gebracht haben. Ich glaube nicht, daß Köttgen[21]) recht hat, wenn er diese Entwicklung mit der durch die Katastrophe von 1945 geschwächten Staatsmacht in ursächlichen Zusammenhang bringt; denn unser jetziger Staat hat bereits durch seinen riesigen Beamten- und Versorgungsapparat eine gewaltige Machtfülle. Vielmehr haben die Schrecken des die Kirche wie die Einzelperson entrechtenden totalen Staats noch ihre Nachwirkungen. Außerdem beginnt im alten obrigkeitsstaatlichen Staatsdenken das Bewußtsein zu dämmern, daß wir selbst, nicht die Bürokratie oder irgendein übersinnliches Abstraktum der Staat sind und daß der letztere sich nicht zum Herrn über geistige und geistliche Dinge machen darf, die ebenso lebendige Ordnungswirklichkeit sind wie der Staat selbst.

Die politische Entwicklung in Deutschland nach dem Jahre 1945 hat es mit sich gebracht, daß die verfassungsrechtlichen politischen Entscheidungen in den Ländern fielen, zumal diese eine größere innere Geschlossenheit und Tradition in kirchlichen Angelegenheiten haben als die Bundesrepublik, die infolge der konfessionellen und politischen Zusammensetzung ihrer Bevölkerung, nicht so sehr aus staatsrechtlichen Gründen, kirchenpolitischen Entscheidungen aus dem Wege geht. Hierin liegt m. E. übrigens noch ein Stück echter Rechtfertigung des deutschen Föderalismus. Die „Verlegenheitslösung" (Smend) des Art. 140 GG. ist daher eine im heutigen Verfassungssystem verwurzelte Notwendigkeit, Entwicklungen durch sachfremde Eingriffe nicht zu stören.

Hatte der liberale Staat die Tendenz verfolgt, die Kirchen zu privatisieren und dies durch Gleichstellung mit allen anderen „Religionsgesellschaften"[22]) in Art. 137 WeimReichsverfassung in der Vermeidung des Wortes „Kirche" zum Ausdruck gebracht, so verwenden heute sieben von elf Länderverfassungen Westdeutschlands wieder das Wort „Kirche" neben anderen „Religions-

---

[21]) „Kirche im Spiegel de tscher Staatsverfassung der Nachkriegszeit" in DVBl. 1952 S. 486f.

[22]) Zu dem allgemeinen Problem des Begriffs „Religionsgesellschaft" und deren Anspruch auf Verleihung der Körperschaftsrechte vgl. Bopp in D. öffentl. Verwaltung 1952 S. 516ff.

gemeinschaften"[23]) und anerkennen damit bereits die Sonderstellung der Kirchen. Die formalistische Auffassung, daß die Kirchen als „Körperschaften des öffentlichen Rechts" damit rechtlich in einen Topf mit zahllosen bedeutenderen und unbedeutenden innerstaatlichen Verbänden geworfen werden, ist damit endgültig überwunden. Die Bezeichnung besagt nichts anderes, als daß die Kirchen auch vom Staate als mit eigenen ursprünglichen, hoheitlichen Funktionen ausgestattete juristische Personen anerkannt werden und daß ihre innere Ordnung wie ihr Verhältnis zum Staat und zu den Kirchenangehörigen öffentliches Recht darstellt, aber keinesfalls, daß sie damit in den Staatsorganismus eingegliedert oder daß ihr Wirkungskreis als Teilstück des Staats erscheint[24]). Daher kann auch, wie im Gegensatz zu Anschütz[25]) und Schoen[26]) anzunehmen ist, keine Staatsaufsicht über die Kirchen bestehen, die die Kirche als einen innerstaatlichen Verband mit vom Staate abgeleiteter Hoheitsgewalt zur Voraussetzung hat. Die öffentlichrechtliche Rechtsstellung verleiht der Staat der Kirche nicht, sondern findet sie vor und erkennt sie an. Daher kann auch von einem Korrelat der den Kirchen staatlicherseits „gewährten" öffentlichrechtlich gehobenen Stellung keine Rede sein; es sind auch die Aufgaben der Kirche nicht von denen des Staats „abgezweigt". Da grundsätzlich die kirchliche Tätigkeit trotz der gegenseitigen Durchdringung von der staatlichen wesensverschieden, nicht, wie bei den dem Staate eingegliederten öffentlichrechtlichen Körperschaften, im Grunde zur selbständigen Erledigung delegierte Staatstätigkeit ist[27]), kommt auf Grund dieser Erkenntnis eine Unterordnung der Kirchengewalt unter die Staatsgewalt in keiner Weise mehr in

[23]) Als Beispiel hierfür seien Länder mit ganz verschiedener konfessioneller und politischer Zusammenstellung genannt: Nordrhein-Westfalen Art. 19, Bayern Art. 142, Hessen Art. 49, Bremen Art. 59 („Kirchen und Religionsgemeinschaften").

[24]) Das anerkannte bereits Anschütz (Die Verfassung des Deutschen Reichs 14. Aufl. 1932 S. 645, teilweise anders S. 637). Daß die Kirchen keine öffentlichrechtlichen Körperschaften im üblichen Sinne sind, nehmen auch Ebers (Staat und Kirche 1930 S. 199ff.), Holstein (ArchÖffR. Bd. 13 S. 153ff.), 182ff.; Forsthoff (Die öffentliche Körperschaft im Bundesstaat 1931 S. 112ff.), Huber, (ArchÖffR. Bd. 21 S. 305) an. Faßt man — was höchstens formal möglich ist — in diesem Sinne die Kirchen als „rechtsfähige Verwaltungseinheiten" auf, so besagt das nichts über ihr Wesen, sondern bedeutet nur, daß der Staat sie als selbständige Rechtsträger mit hoheitlichen Befugnissen anerkennt (vgl. Köttgen, Die rechtsfähige Verwaltungseinheit 1939 S. 10).

[25]) a.a.O. S. 637; ebendort S. 638 ausführliche Literaturübersicht über die divergierenden Meinungen.

[26]) Verwaltungsarchiv Bd. 29 S. 20.

[27]) So stellt z. B. Heckel, Kirchengut und Staatsgewalt in Festgabe für Smend (Rechtsprobleme in Staat und Kirche) 1952 S. 141 mit Recht fest, daß die Seelsorge in Kranken- und Strafanstalten (Art. 141 WeimRV.) kirchliche, nicht staatliche Aufgabe ist.

Frage. Es liegt eine Überheblichkeit des Staats in der Meinung, die staatliche Bürokratie sei dazu berufen, die kirchlichen Stellen zu beaufsichtigen; zumindest sichere sie die Integrität der kirchlichen Vermögensverwaltung. Als ob die Vermögens- und Etatsdispositionen der weltlichen öffentlichrechtlichen Verbände so musterhaft seien! — Die wohl herrschende Gegenmeinung, der noch die Überbleibsel der unvergessenen Kirchenhoheit des Landesherrn anhaften, war m. E. schon unter der Weimarer Reichsverfassung überholt[28]); sie dürfte jetzt, wo, wie dargetan, der Staat in seiner vergangenen totalitären Epoche die Konsequenzen der Gegenansicht hat nur allzu deutlich werden lassen, nicht mehr aufrecht zu erhalten sein. Auch genießt die staatliche Bürokratie keineswegs mehr das vorausgesetzte Vertrauen. Bei richtiger Auslegung des Art. 140 GG. in Verbindung mit Art. 137 WeimRV. kann es daher m. E. eine staatliche Kirchenhoheit, aus der eine besondere Art der Aufsicht des Staats über die Kirchen als Körperschaften des öffentlichen Rechts resultierte, nicht mehr geben. Man darf auch nicht übersehen, daß das Grundgesetz — im Gegensatz zur Weimarer Verfassung — nicht bloß eine Formaldemokratie, sondern eine wertbetonte, sachlich und weltanschaulich fundierte Staatsform begründen will; in eine die Freiheit der Kirchen verkündende Demokratie paßt aber eine derartige besondere Staatsaufsicht über die Kirchen nicht hinein. Aus Smends, Köttgens und Heckels richtigen Anschaungen muß man eben nur noch die Folgerungen ziehen.

Es liegt durchaus in dieser Linie, wenn der Bischof von Mainz[29]) aus den Verfassungen von Hessen[30]) und Rheinland-Pfalz[31]) die Folgerung zieht, daß die seither übliche Finanzaufsicht über die Katholische Kirche nicht mehr zulässig sei; deshalb regelt er diese Materie durch einen eigenen bischöflichen Erlaß und unterstellt die Vermögensverwaltung der Aufsicht des kirchlichen Ordinarius. Wo in den Verfassungen oder auf Grund von Konkordaten eine Staatsaufsicht nicht mehr ausdrücklich festgelegt ist, kann das rechtmäßige Bestehen einer solchen aus rechtsstaatlichen Gründen („Vorbehalt des Gesetzes") nicht angenommen werden. Hier stoßen wir auf das Problem der Grenzen der Gesetzgebung, das im wirtschaftlichen Bereich Scheuner

[28]) Ausführliche Begründung hierfür bei Ebers in Nipperdey, Die Grundrechte und Grundpflichten der Deutschen 2. Bd. 1930 S. 401 ff. — Nur obrigkeitsstaatliches Denken kann heute noch aus der Eigenschaft der Kirchen als Körperschaften des öffentlichen Rechts eine besondere Staatsaufsicht ableiten.

[29]) Verordnung über die Verwaltung des lokalen Kirchenvermögens in der Diözese Mainz vom 31. 12. 1950 (Kirchl. ABl. 1951 S. 13) und Verordnung über die Bildung und Zuständigkeit der katholischen Kirchenstiftungsräte im Bistum Mainz vom 31. 12. 1950 (Kirchl. ABl. 1951 S. 37).

[30]) Landesverf. Art. 49, 50 Abs. 2, Art. 51.

[31]) Landesverf. Art. 41, 43.

in seinem gestrigen Referat aufgezeigt hat, sowie auf die von Weber gezeigte Ausschließung der Kirche aus dem staatlichen Rechtsschutzsystem. Aus dem Begriff der öffentlichen Körperschaft folgt eine solche Aufsicht höchstens dann, wenn diese juristischen Personen, wie das für die weltlichen die Regel ist, überlassene oder zumindest auch in den staatlichen Bereich fallende Aufgaben ausüben. Man kann überdies annehmen, daß die Finanzgebarung der Kirchengemeinden damit nicht ungünstiger wird als vorher. Nur wo der Staat wie bei der Kirchensteuer selbst Ermächtigungen erteilt, kann sein Genehmigungsrecht anerkannt werden.

Daß die Kirche demnach ihrem Wesen nach nicht zu den vom Staate mit Hoheitsgewalt ausgestatteten Verbänden gehört[32]), zeigt sich auch deutlich in der rechtlichen Stellung der Geistlichen und Kirchenbeamten[33]), die wegen der Unabhängigkeit der Kirche vom Staat allein von der Kirche her inhaltlich bestimmt wird. Mit Recht stellt Wacke[34]) fest, daß die Kirche nach Art. 140 GG., Art. 137 WeimRV. allein bestimmt, wer Geistlicher ist und wer nicht, und daß es sich beim Recht der Geistlichen und Kirchenbeamten nicht um staatsrechtliche, sondern ausschließlich um kirchenrechtliche Bestimmungen handelt, selbst wenn die Kirche staatsrechtliche Vorschriften für anwendbar erklärt[35]) oder wenn der Staat — wie in § 174 Deutsches BeamtenG. — für vermögensrechtliche Ansprüche der Geistlichen und Kirchenbeamten den ordentlichen Rechtsweg eröffnet.

Aber nicht nur diese negative Freistellung der Kirche von der Staatsaufsicht, die infolge der Residuen des mit der Kirchenhoheit ausgestatteten Obrigkeitsstaats noch eine Weile verschleiert werden konnte, wirkt sich im Sinne einer neueren Gestaltung des Verhältnisses von Staat und Kirche aus; auch positiv wird die Kirche heute nicht mehr — wie oft in der liberalen Ära — als Fremdkörper, sondern als wesentlicher Bestandteil unseres Kulturlebens empfunden. Verfassungen[36]), die in ihrem Vorspruch die Verantwortung vor Gott herausstellen[37]), vermögen

---

[32]) Noch ganz im alten überholten Sinne RGZ. Bd. 114 S. 220.

[33]) Vgl. Wacke, Über die Heranziehung von Kirchenbeamten und Geistlichen zur Sozialversicherung ArchÖffR. Bd. 74 (1948) S. 438ff.

[34]) a.a.O. S. 441, 443. — Vgl. für die Weimarer Zeit Holstein, Die beamtenrechtichen Normen der Reichsverfassung und die Stellung der Kirchenbeamten, in ArchÖffR. Bd. 13 (Neue Folge) S. 153ff.

[35]) Vgl. Preuß. OVG. Bd. 82 S. 242.

[36]) Die Kirchenbestimmungen der Verfassungen finden sich in den Verfassungen: Bundesrepublik Art. 140, Baden Art. 34, 35, Bayern Art. 142—150, Bremen Art. 59—63, Hessen Art. 49—54, Nordrhein-Westfalen Art. 19—23, Rheinland-Pfalz Art. 41—48, Württemberg-Baden Art. 29-34, Württemberg-Hohenzollern Art. 120—123.

[37]) So GrundG., Baden, Bayern (Ablehnung einer Gesellschaftsordnung ohne Gott), Nordrhein-Westfalen, Rheinland-Pfalz, Württemberg-Baden, Württemberg-Hohenzollern.

naturgemäß eine wohlwollendere Haltung zu der dem göttlichen Auftrag folgenden Kirche einzunehmen. Darüber hinaus gehen die Verfassungen einiger Länder so weit, ausdrücklich die Kirchen „als Träger des sittlichen Lebens des Volkes"[38]) in ihrer Bedeutung „für die Bewahrung und Festigung der religiösen und sittlichen Grundlagen des menschlichen Lebens" anzuerkennen. In einzelnen Verfassungen[39]) wird ausdrücklich die Freiheit des Wirkens der Kirchen in der Wohlfahrtspflege, in den Krankenhäusern, Schulen und Fürsorgeanstalten gewährleistet. Prinzipiell unrichtig sieht Köttgen[40]) darin mitverantwortliche Trägerschaft der Kirche an der Daseinsvorsorge; denn da letztere nach unserer üblichen Terminologie eine subsidiäre Aufgabe des Staats ist, würde das bedeuten, daß die Kirchen hier an einer Staatsaufgabe beteiligt werden und demgemäß wenigstens insoweit der Staatsgewalt unterstellt sind. Da aber dem Staate die Daseinsvorsorge nur subsidiär zusteht[41]) und die Kirche von Haus aus christliche Liebestätigkeit auszuüben hat, treten die Kirchen hier nicht gleichberechtigt neben den Staat, sondern erfüllen die ihnen jeweils verfassungsrechtlich gewährleisteten Aufgaben als eigene, die erst der Staat kraft seiner Verpflichtung zur Sorge für das Gemeinwohl insoweit ergänzt, als er es für notwendig oder nützlich erachtet. Daher kann die von Köttgen[42]) im Anschluß an Süsterhenn-Schäfer[43]) aufgeworfene verfassungsrechtliche Frage der Vereinbarkeit dieser Vorschriften mit Art. 140 GG. überhaupt nicht entstehen; die sog. „Daseinsvorsorge" ist eine Begriffsbildung, die nicht zur Folgerung verleiten darf, aus dem Begriff etwas Reales herauszulesen, das man erst vorher hineingelegt hat. Nicht alles, was der Mensch für seine Existenz braucht, z. B. nicht die Erfüllung religiöser Bedürfnisse, gehört zur Staatskompetenz.

Vergegenwärtigt man sich im Vergleich zu derartigen Regelungen die Haltung des liberalen Staats um die letzte Jahrhundertwende oder in der Weimarer Periode, so wird man, selbst wenn auch heute noch mehrere Verfassungen es ängstlich vermeiden, Gott oder Kirche zu erwähnen, nicht umhin können, die Entwicklung eines grundsätzlichen Gesinnungswandels des Staats

---

[38]) Württemberg-Hohenzollern Verf. Art. 120, ähnlich Rheinland-Pfalz Art. 41.

[39]) Vgl. Bremen Art. 63, Baden Art. 35 Abs. 2, Bayern Art. 146.

[40]) a.a.O. S. 487.

[41]) Am deutlichsten ist dies am preußischen Friedhofsrecht zu zeigen. Nur soweit keine kirchlichen Friedhöfe in ausreichendem Umfange vorhanden, greift die Zuständigkeit der Gemeinden Platz. — Bayer. Verf. Art. 149 etwas anders.

[42]) a.a.O. S. 487 Anm. 21.

[43]) Kommentar der Verfassung von Rheinland-Pfalz 1950 S. 196, der mit Recht hierin keinen Konflikt mit Art. 140 GG. erblickt, gleichviel ob man den Begriff der Kirche so weit wie Süsterhenn-Schäfer (S. 187) oder enger faßt.

gegenüber der Kirche zu erkennen. Der Staat sieht nicht mehr primär seinen Gegensatz zur Kirche, die er als geschichtliche Realität duldet, sondern erblickt in ihr eine positive gesellschaftliche Kraft, deren Arbeit er begrüßt, ohne die Kirche dabei einfach als eine ihm ein- oder gar untergeordnete „moralische Anstalt" im Sinne alter staatskirchenrechtlicher Vorstellungen zu behandeln. Mir scheint Smend[44]) diese Dinge klar gesehen zu haben und daraus zutreffend den Schluß zu ziehen[45]), daß sich mit dieser veränderten Beurteilung von Wesen und Aufgabe der Kirche durch den Staat für die Kirche selbst und die heutige Gesellschaft weittragende Folgerungen hinsichtlich der Auslegung des Art. 140 und der durch ihn übernommenen Artikel der Weimarer Verfassung ergeben. Selbst die gleichen gesetzlichen Formulierungen führen zu teilweise anderen Auslegungsergebnissen, wenn sowohl der Staat selbst wesentliche Wandlungen erfahren hat als auch seine und der Gesellschaft Auffassungen über die Stellung der Kirche in der Öffentlichkeit sich erheblich verändert haben. Gesetzgeberisch hat dies zumindest in mehreren Landesverfassungen bereits seinen Niederschlag dadurch erfahren, daß der Staat aus der Reserve seiner Wertneutralität herausgetreten ist und dem Wesen der Kirche positiv Rechnung zu tragen sucht.

II. Wer heute die Kirche als Gegenstand staatlicher Gesetzgebung und Konkordate untersucht, muß von ihrer Gestalt und Funktion in der heutigen Gesellschaft ausgehen. Die Kirchen — katholische wie protestantische — sind danach de facto wie de iure eine mächtige Realität innerhalb der abendländischen Gesellschaft. Auch diejenigen, die sich aus dem organisatorischen Verband der Kirche losgesagt haben, sind trotzdem durch Erziehung und unbewußte Einwirkungen ihrer Umwelt meist in Vorstellungen befangen, in denen die kirchliche Komponente wirksamer ist, als sie selbst zuzugeben pflegen. Mag die Säkularisierung des öffentlichen Lebens noch so weit fortgeschritten sein, so kann doch niemand — nicht einmal bei sich selbst — die Fortwirkung vergangener Perioden deutscher Geschichte ganz ausschalten. Aber auch abgesehen davon steht die Kirche als durchaus lebendiger Faktor im öffentlichen Leben unseres demokratischen Zeitalters mit ihrer aristokratischen Hierarchie, mit ihrer Sorge um jede Person als Träger einer Seele und mit ihrer Auffassung von der Gesellschaft als eines aus Menschen zusammengesetzten natürlichen lebendigen Organismus. Da sie — zumindest über viele Millionen ihrer Anhänger — eine gewaltige moralische Macht ausübt (Bismarck), die, weil sie im Metaphysischen verwurzelt und auf das Jenseits ausgerichtet ist,

---

[44]) a.a.O. S. 11 ff. und Smend, Deutsches evangelisches Kirchenrecht und Ökumene in Festgabe für Dibelius, Verantwortung und Zuversicht 1950.

[45]) So auch Köttgen a.a.O. S. 486.

durch den in einer anderen Ebene existierenden Staat unangreifbar ist, gehört sie zu den starken gesellschaftlichen Kräften, die den abendländischen Menschen bis zum heutigen Tage entscheidend mitgestalten. In ihr verkörpert sich aber weiterhin die Macht des Historischen, über deren gewaltige Bedeutung für die Gegenwart ebensowenig gesagt zu werden braucht wie über die Macht des Wortes, das in der Kirche von Millionen von Menschen gehört, aufgenommen und zum Teil auch befolgt wird. Wer als Christ an die übernatürliche Wirksamkeit der Kirche und an die von ihr verwalteten Gnadenmittel glaubt, hat eine einfachere Erklärung für vielerlei Erscheinungen, die man sonst als die Macht des Metaphysischen charakterisieren kann. Der Außenstehende sucht oft — Sartre's „Fliegen" sind ein typisches Beispiel hierfür — die Erklärung in der Furcht vor Strafe, vor der Hölle und ähnl. und gelangt damit notwendig zu schiefen Ergebnissen.

Der Jurist unterschätzt allzu leicht die Bedeutung der öffentlichen Meinung[46]), die unter jeder Staatsform auf das Geschehen in Staat und Gemeinde eine starke Wirksamkeit entfaltet. Die Kirche übt — meist unbewußt — auf dem vorbezeichneten Wege einen großen Einfluß darauf aus und setzt damit still und unbemerkt, einen gestaltenden Faktor für das öffentliche Leben und die Politik, der außerhalb aller Konkordatsregelung zu bleiben pflegt und sich in der Stärke durchsetzt, die ihm die im Leben aktiv tätigen Gläubigen zu geben vermögen. Jeder also, der seine Existenz in die Kirche hineinstellt, arbeitet damit nicht nur für sein eigenes Seelenheil, sondern übt auch unbewußt mehr oder weniger Fernwirkungen ins gesellschaftliche Leben hinein aus.

Den staatlichen Organen kann dieses Wirken der Kirche nicht verborgen bleiben; sie können es natürlich bekämpfen. Der Nationalsozialismus hat einen entsprechenden Versuch unternommen, und der Kommunismus, gesellschaftswissenschaftlich geschulter, bemüht sich mit allem Terror und Raffinement gleichfalls um die Vernichtung des Einflusses der Kirche als christlicher und damit antibolschewistischer Macht, um auf alle Fälle die Durchdringung der Gesellschaft mit christlichem Geiste zu verhindern. Im Bereiche der abendländischen Tradition stellt man sich zu diesem Wirken der Kirche meist freundlicher ein und sucht, es organisatorisch aufzufangen. Darauf beruht es, daß Vertreter der Kirche in zahlreiche amtliche oder halbamtliche Gremien zusammen mit Repräsentanten anderer gesellschaftlichen Mächte berufen werden. Daß diese letzteren oft in ganz verschiedenen Ebenen arbeiten, führt manchmal zu der unheitlichen Zusammenfassung von Organen, die ein Abbild der geistigen Direktions-

[46]) Seit Tönnies (Kritik der öffentlichen Meinung 1922) ist die öffentliche Meinung in ihrer Bedeutung von den Soziologen mehr und mehr gewürdigt worden.

losigkeit unserer Zeit ist, selbst wenn die Bemühungen vom besten Willen aller Beteiligten zeugen. So wirkten bereits in den durch das Jugendwohlfahrtsgesetz vom 9. 7. 1922 / Preuß. AusführungsG. vom 29. 3. 1924 (§ 4 Abs. 3) geschaffenen Jugendämtern, in den durch § 3 des Schund- und Schmutzgesetzes vom 18. 12. 1926 seiner Zeit errichteten Prüfstellen und wirken erst recht heute in den verschiedensten amtlichen Ausschüssen, sogar in der Filmselbstkontrolle, Geistliche als Vertreter der Kirche neben den verschiedensten anderen Persönlichkeiten im staatlichen Bereich amtlich oder halbamtlich mit. Jugendpflege, Erziehung, Schule, Wohlfahrtspflege und Sozialpolitik sind die hauptsächlichsten Eingangspforten des kirchlichen Einflusses; aber auch in denjenigen politischen Parteien, die eine weltanschauliche Basis haben, macht sich — positiv oder negativ — der Einfluß der Kirche deutlich bemerkbar.

M. E. ist es eine völlige Verkennung der gesellschaftlichen Lage, das Wirken außerstaatlicher Verbände und Kräfte im Staate als „Pluralismus" unter die Zerfallserscheinungen einzureihen. Wer mit berechtigter Sorge den Leviathan Staat immer mächtiger werden, wer mit dem Anwachsen der Staatsaufgaben den Einzelnen immer stärker unter der sein ganzes Dasein regelnden Gewalt des Staats untergehen sieht, wird in einer Aufspaltung der gesellschaftlichen Kräfte für den modernen Staat eine mindestens ebenso wichtige positive Erscheinung erblicken, wie sie für den Staat des 19. Jahrhunderts die sog. Montesquieu'sche Gewaltentrennungslehre darbot, deren wirklichen Gehalt kürzlich Drath[47]) wieder ins Gedächtnis zurückrief. Freilich muß demjenigen, der mit Hegel und vielen seiner Nachfahren im Staate das Maß aller Dinge sieht und den Staat oder gar die Bürokratie in ihrer Unfehlbarkeit geradezu vergottet, jede Aufspaltung und Schwächung der Staatsgewalt gleichsam als Sünde wider den Geist erscheinen. Wie hilflos wären wir dem Staate und seiner Bürokratie ausgeliefert, wenn auch die Kirche, wie die kommunistischen totalen Staaten es erstreben, ein staatliches Machtinstrument wäre. Es mag zugestanden werden, daß die selbständig und unabhängig vom Staate im Staate lebendigen gesellschaftlichen Kräfte vielfach ungeordnet auf verschiedenen Ebenen nebeneinanderstehen und sich bisher einer Integration als unzugänglich erwiesen haben; aber es ist m. E. keineswegs ausgemachte Sache, ob ein solcher Pluralismus, selbst wenn man ihn politisch betrachtet, unserem Volke mehr geschadet oder mehr genützt hat. Daß er sich juristischer Erfassung bisher weitgehend entzogen

---

[47]) „Die Gewaltenteilung im heutigen deutschen Staatsrecht" in Faktoren der Machtbildung, Bd. 2 der Schriften des Instituts für politische Wissenschaften Berlin 1952S. 99ff. — Demnächst hierzu H. Peters, Der Grundsatz der Gewaltentrennung in heutiger Sicht (Heft 25 Arbeitsgemeinschaft).

hat, liegt m. E. an dem Mangel soziologischer Bildung der Juristen, darf aber nicht dazu verführen, ihn als ein sehr wesentliches Element gegen die Allmacht des Staates in der üblichen absprechenden Weise abzutun. Eine derartige Auffassung hindert auch die Erhenntnis der Wirksamkeit der Kirche im Staate!

III. Die im vorstehenden erörterten Wandlungen des Staatskirchenrechts in seinen soziologischen Grundlagen und die Einbeziehung der Kirche als gesellschaftliche Kraft in unsere Untersuchung dürfen nicht dazu führen, Anfänge einer Entwicklung bereits als abgeschlossene Änderungen des ganzen Staatskirchenrechts oder gar die positivrechtliche Regelung der Antithese Staat — Kirche als obsolet oder nur als nebensächlich aufzufassen; hier greift obige Mahnung Strickrodts Platz. Die Welt ist mit ihrem Spiel zahlloser Kräfte und Meinungen viel verwickelter und spannungsreicher, als es einer allzu isolierenden einseitigen Analyse oft erscheinen mag. Staat und Kirche haben keineswegs aufgehört, echte Gegenspieler zu bleiben, deren Spielregeln in rechtlichen Vereinbarungen und Rechtsnormen niedergelegt sind. Wir Juristen haben diese zu erklären und auszulegen, nicht bloß verschwommene Hintergründe zu zeichnen.

Daß das antithetische Verhältnis von Staat und Kirche auch heute noch vielfach unverändert besteht, läßt sich an zahlreichen Beispielen verdeutlichen, insbesondere überall dort, wo die Kirche auf Grund von Konkordatsbestimmungen feste rechtliche Forderungen gegen den Staat oder umgekehrt dieser gegen die Kirche zu erheben hat. Werner Weber[48]) hat seinerseits auf die selbständige Entwicklung von Ausbildungsanstalten der Evangelischen Kirche und auf die eigenartige Bildung einer staatlich anerkannten kirchlichen katholisch-theologischen Fakultät in Trier mit Promotionsrecht hingewiesen. Recht hat er m. E., als nach der Verpflichtung des Staats, die katholisch-theologischen Fakultäten an den Universitäten anzuerkennen, in deren Bereich seitens der Kirche nicht beliebig Seminare errichtet werden dürfen, die den Universitätsfakultäten die Hörer entziehen; die weiteren Folgerungen Webers vermag ich freilich nicht als zwingend anzuerkennen. Nur ein Beispiel: Wenn nach Art. 4 Abs. 2 bayer. Konkordat an den philosophischen Fakultäten der — mit katholisch-theologischen Fakultäten ausgestatteten — Universitäten München und Würzburg wenigstens je ein Professor der Philosophie und der Geschichte angestellt werden soll, „gegen den hinsichtlich seines katholisch-kirchlichen Standpunktes keine Erinnerung zu erheben ist", so bedeutet dies, daß der Staat vor der Besetzung der betreffenden Professur das Nil obstat des Bischofs einzuholen hat; auch dieser darf es nur mit Begründung verweigern. Der

[48]) „Der gegenwärtige Status der Theologischen Fakultäten und Hochschulen" in Tymbus für Wilhelm Ahlmann 1951.

Sinn dieser Konkordatsprofessuren ist, daß die katholisch-theologischen Studenten bei einem Lehrer hören können, dessen katholische Haltung nach kirchlicher Ansicht einwandfrei ist. Ergibt sich aber später, daß der betreffende Professor offensichtlich den „katholischkirchlichen Standpunkt" aufgibt[49]), so muß auch das Nil obstat des Bischofs widerruflich sein (wie das z. B. nach ausdrücklicher Reichskonkordatsbestimmung des Art. 7 in einem anderen Falle gleichfalls vorgesehen ist). Alsdann muß der Staat für Abhilfe sorgen, indem er die betreffende Stelle mit einem von der Kirche für einwandfrei erklärten Professor besetzt. Die anderweitige Unterbringung des Beanstandeten ist, sofern er sich als Landesbeamter nichts hat zuschulden kommen lassen, Sache des Staats. Daß derartige Bestimmungen Spannungen zwischen Staat und Kirche hervorzurufen vermögen, ist ein Beweis dafür, daß es noch ein echtes, genauer Auslegung bedürfendes Staatskirchenrecht gibt. Angesichts der bundesstaatlichen Struktur der Bundesrepublik muß das rechtliche Verhältnis von Bund und Ländern zur Kirche getrennt geprüft werden.

1. Zunächst entsteht die Frage, ob im Grundgesetz überhaupt noch für ein positiv gestaltetes Verhältnis von Bundesrepublik und Kirche Raum ist, da doch nach einem vielgebrauchten Schlagwort die Kultur ausschließlich Ländersache ist. Zum Beweise, daß diese These — mindestens in dieser Allgemeinheit — falsch ist, darf ich auf meine eigenen[50]) früheren Ausführungen verweisen. Zunächst enthält bereits das Grundgesetz mit der Übernahme der Art. 136—139 und 141 WeimRV. durch Art. 140 selbst schon sehr maßgebliche staatskirchenrechtliche Normen, aus denen auch dem Bunde Rechtspflichten erwachsen. Darüber hinaus kann dem Bunde bei der Gestaltung seines Verhältnisses zur Kirche nichts zu tun verboten sein, was jedem Privatmann innerhalb des Staats gestattet ist, z. B. für kirchliche Veranstaltungen einen finanziellen Zuschuß zu gewähren oder sich umgekehrt von der Kirche irgendwelche Zugeständnisse machen zu lassen. Endlich gehören gewisse Aufgaben aus der Natur der Sache zur Zuständigkeit des Bundes. Ein vollständiger Ausschluß des Bundes von jeder kirchenpolitischen Maßnahme kann also nicht a priori unterstellt werden.

Außerhalb des Grundgesetzes ist das Verhältnis des Bundes zur Katholischen Kirche heute zunächst geregelt im Reichskonkordat vom 14. 6. 1933, das durch Veröffentlichung im Reichsgesetzblatt Teil II S. 679 und im Hinblick auf das Reichsgesetz

[49]) Wegen der nach den Satzungen der katholisch-theologischen Fakultäten rechtlich einfacheren entsprechenden Regelung hinsichtlich der katholischen Theologieprofessoren vgl. Peters in Festschrift für Eichmann, 1940 S. 401 ff.

[50]) Festgabe für Erich Kaufmann 1950 S. 289 ff. ferner: Zuständigkeit des Bundes im Rundfunkwesen 1954 S. 13 ff.

zur Durchführung des Reichskonkordats vom 12. 9. 1933 innerdeutsches Reichsrecht wurde. Damit wird die Frage nach der heutigen Fortgeltung des Reichskonkordats sowie bejahendenfalls das Problem aufgeworfen, ob es im Jahre 1949 Bundes- oder Landesrecht geworden ist. Da das Reichskonkordat von Staat und Kirche noch gehandhabt[51]) wird und die darin enthaltenen Bindungen im Schrifttum unmittelbar[52]) oder als „konkordatärer Zustand"[53]) mittelbar anerkannt werden, kann es nicht meine Aufgabe sein, diese Rechtslage hier nochmals ausführlich zu begründen. Mir scheinen dabei beide Seiten des Konkordats getrennter Betrachtung[54]) wert: die vertragsrechtliche, kraft deren Reich und Kirche im gegenseitigen Verhältnis zueinander Verpflichtungen übernommen haben, und die innerstaatliche Normfunktion, kraft deren deutsche Behörden und Bürger rechtlich verpflichtet sind, im innerstaatlichen Leben das Konkordat als ehemaliges Reichsgesetz auch heute noch anzuwenden. Für die völkerrechtliche Fortgeltung des Reichskonkordats ist von der heute in Theorie und Praxis fast allgemein anerkannten Feststellung auszugehen, daß das Deutsche Reich nicht durch debelatio untergegangen ist, sondern fortbesteht[55]) und, was weniger umstritten, aber hier von sekundärer Bedeutung[56]) ist, mit der Bundesrepublik identisch ist. Daraus folgt, daß der alte Vertragspartner noch vorhanden ist. Art. 123 Abs. 2 GG. bestimmt ausdrücklich, daß „die vom Deutschen Reich abgeschlossenen Staatsverträge, auch soweit sie sich auf Gegenstände beziehen, für die nach diesem Grundgesetz die Landesgesetzgebung zuständig ist", in Kraft bleiben, „wenn sie nach allgemeinen Rechtsgrundsätzen gültig sind", „unter Vorbehalt aller Rechte und Einwendungen der Beteiligten". Nachweislich[57]) hat

---

[51]) Vgl. die unten zu erörternden Einzelfälle.

[52]) Vgl. Weber, Ablösung der Staatsleistungen, a.a.O. S. 25ff.; Figge, Die Bedeutung des Reichskonkordats DRechtsZ. 1948 S. 12; Jos. H. Kaiser, Die politische Klausel der Konkordate 1949 S. 90ff.; Hollos, Die gegenwärtige Rechtsstellung der katholischen Kirche in Deutschland auf Grund des Reichskonkordats und der Länderkonkordate 1948; Ebers, Grundriß des katholischen Kirchenrechts 1950 S. 226. — Für zeitweise Nichtgeltung die Erziehungs-Anordnung Nr. 1 der brit. MilReg. vom 14. 1. 1946; für teilweise Fortgeltung (ohne die Schulbestimmungen) vgl. Kern, Staat und Kirche 1951 S. 88f., 93ff.

[53]) Erler, Die Konkordatslage in Deutschland in Südd. JZ. 1946 S. 197ff. — Für die Annahme, es beständen bloß Richtlinien für die Verwaltungspraxis, fehlt m. E. jegliche Grundlage.

[54]) So mit Recht Jos. H. Kaiser a.a.O. S. 92.

[55]) Zusammenstellung des Schrifttums bei Weber (Ablösung der Staatsleistungen, a.a.O. S. 28f.), bei Klein, Neues Verfassungsrecht 1949 S. 24ff., und Stödter, Deutschlands Rechtslage 1949.

[56]) Vgl. den ausgezeichneten Aufsatz von Scheuner in DVBl. 1950 S. 481, 514.

[57]) Vgl. Parlamentarischer Rat, Verhandlungen, abgedr. in Jahrb. d. öff. Rechts der Gegenwart, Neue Folge Bd. 1 (1951) S. 841f.

man hierbei gerade an das Reichskonkordat gedacht. Die Bedingung, daß der Vertrag nach allgemeinen Rechtsgrundsätzen gültig ist, ist für das Reichskonkordat zweifellos erfüllt[58]). Dieses enthält keine nationalsozialistischen Grundsätze und ist selbst in solchen Bestimmungen, denen eine demokratische Regierung nur unter Bedenken zugestimmt haben würde, nach allgemeinen Rechtsgrundsätzen inhaltlich einwandfrei, wie das Beispiel verschiedener unbestritten wirksamer ausländischer Konkordate beweist.

Dagegen erhebt Kern[59]) Einwendungen hinsichtlich der auf die Schulfrage bezüglichen Artikel (insbesondere also Art. 23, 24) und scheint zu glauben, daß hier der grundsätzliche Vorbehalt Platz greife. Denn nur so könnte er seine Meinung begründen, daß zwar das Reichskonkordat als Ganzes fortgelte, die Schulartikel aber nicht bindend seien. Der Vorbehalt Kerns ergibt sich aus der von ihm aufgestellten Vermutung, ein frei gewählter und frei entscheidender Reichstag würde diesen Artikeln die Zustimmung versagt haben. Schon die Begründung dieser Vermutung aus den Verhandlungen über die Konkordate in Preußen und Baden erscheint bedenklich. Der immer stärker werdende Druck des Nationalsozialismus hatte bereits vor 1933 die Position der Katholischen Kirche bei den gesamten Gegnern des Nationalsozialismus, außer bei den Kommunisten, gestärkt. Im übrigen weiß niemand, was im Wege von Kompromissen für die Kirche im Konkordat erreichbar gewesen wäre, wenn der Reichstag damals frei gewesen wäre. Man könnte also mit einiger Phantasie Kerns Vermutung verschiedene Situationen entgegenstellen, die vielleicht auch einen echt demokratischen Reichstag in der Schulfrage zu ähnlichen Zugeständnissen bewogen hätten, wie sie jetzt im Reichskonkordat stehen. Daß Motive von Vertragschließenden wie von Zustimmenden innerhalb der Fraktionen von gesetzgebenden Körperschaften sehr verschieden, ja diametral entgegengesetzt sind, macht weder einen Vertrag noch ein Gesetz ungültig. Man kann sich für die Anerkennung der Geltung vertraglicher Bestimmungen weder auf Vermutungen, was in anderer Lage geschehen wäre, stützen, noch von den Motiven der Beteiligten ausgehen. Die Konsequenzen von Kerns Auffassung sind überdies unabsehbar; sie würden dazu führen, daß hinsichtlich aller von der Reichsregierung nach dem Ermächtigungsgesetz von 1933 beschlossenen wie auch hinsichtlich der wenigen vom Reichstag verabschiedeten Gesetze stets zu prüfen wäre,

[58]) Damit ist die vertragsrechtliche Geltung des Reichskonkordats an sich bereits festgestellt; es bedarf also — zumindest für die vertragsrechtliche Bindung — nicht des Hinweises auf Gewohnheitsrecht, das Kern, Staat und Kirche 1951 S. 95, heranzieht.

[59]) a.a.O. S. 93ff.

ob ein freier Reichstag auch entsprechende Entschließungen gefaßt hätte, weil sonst das beschlossene Gesetz ungültig wäre. Man gerät damit in uferlose Spekulationen und könnte auf diese Weise fast das gesamte, seit dem Jahre 1933 erlassene Recht in Zweifel ziehen. Völlige Rechtsunsicherheit wäre das Ergebnis. Eine Auslegung, die genau das Gegenteil von dem erreicht, was zu den Hauptzwecken des Rechts gehört: eine gesicherte Ordnung zu schaffen[60]), kann niemals richtig sein. Demnach kann, wenn die Fortgeltung des Reichskonkordats als Ganzes bejaht wird, nicht ein beliebiger Teil mit Kerns Begründung davon ausgeschlossen werden. Sollte die Bundesregierung der Auffassung sein, die nationalsozialistische Regierung habe hier aus irgendwelchen bloß taktischen Gründen Verpflichtungen gegenüber dem Heiligen Stuhl übernommen, die sich nach ihrer eigenen Überzeugung oder nach der Meinung des von ihr vertretenen Volkes nicht aufrecht erhalten, insbesondere innerstaatlich nicht durchsetzen lassen, dann ist der gegebene Weg, dies in neu einzuleitenden Verhandlungen geltend zu machen, nicht aber den einmal abgeschlossenen Vertrag zu brechen oder als nicht vorhanden zu betrachten. Es wäre ein ungerechtfertigter Pessimismus gegenüber den Verhandlungsfähigkeiten der Bundesregierung, diesen Weg für ungangbar zu erklären, — gleichzeitig aber für die viel schwierigeren Verhandlungen über die Bildung Europas, über die Saarfrage usw. Erfolgaussichten zu erhoffen. Zu allererst müssen schließlich die Juristen den Standpunkt vertreten, daß unangenehme vertragliche Bindungen nicht durch Vertragsbrüche, sondern durch Abänderung der als für untragbar empfundenen Bestimmungen aus der Welt geschafft werden. Die Beibehaltung katholischer Bekenntnisschulen, die überdies nicht etwa dem Staate von der Kirche durch das Reichskonkordat aufgezwungen wurden, sondern seit Jahrhunderten bis auf den heutigen Tag im größten Teile des damaligen Deutschen Reichs kraft Landesrechts rechtmäßig bestanden, ist daher eine von der Kirche auf Grund des Reichskonkordats im Südweststaat mit Recht geltend gemachte Forderung.

Da nach Art. 2 RKonkordat „die mit Bayern, Preußen und Baden abgeschlossenen Konkordate bestehen bleiben und die in ihnen anerkannten Rechte und Freiheiten der katholischen Kirche innerhalb der betreffenden Staatsgebiete unverändert gewahrt" werden, sind diese Länderkonkordate dadurch zu Bestandteilen des Reichskonkordats gestempelt[61]) und bleiben unabhängig vom Fortbestand des betreffenden Landes in Geltung.

---

[60]) Vgl. Walter Jellinek, Verwaltungsrecht 3. Aufl. 1931, S. 124, 149.

[61]) Vgl. Kaiser a.a.O. S. 93, Erler a.a.O. S. 199. — Zur gleichen Schlußfolgerung gelangt man, wenn man die Länderkonkordate kraft Sukzessionsrechts als fortbestehendes Landesrecht auffaßt.

Damit ist die rechtliche Grundlage für die Fortgeltung der Bestimmungen des Preußenkonkordats von 1929 für die Nachfolgestaaten Preußens[62]), des Badenkonkordats von 1932[63]) und des Bayernkonkordats von 1924 auch für das linksrheinische Bayern im Reichskonkordat begründet. Selbst wenn man daher mit Theodor Sanders[64]) die — m. E. unzutreffende — Auffassung verträte, daß Vereinbarungen zwischen Staat und Kirche nach Eintreten eines Sukzessionsfalles im Sukzessionsgebiet nicht mehr gelten, soweit sie nicht neu abgeschlossen sind, bedürfte es infolge der bereits im Jahre 1933 vollzogenen Übernahme der Länderkonkordate in das Reichskonkordatsrecht nicht des Nachweises, daß die Konkordate von den Rechtsnachfolgern mit der Weiteranwendung durch konkludente Handlung neu abgeschlossen seien[65]).

Beruhte demnach das gesamte Konkordatsrecht seit dem Jahre 1933 — zumindest auch — auf reichsrechtlicher Verpflichtung und sind nunmehr die Rechte und Pflichten daraus wenigstens auch solche der Bundesrepublik, so ist damit noch nicht die andere Frage beantwortet, ob das Reichskonkordat auch innerstaatliches Recht ist und wem heute seine Ausführung obliegt. Durch Bekanntmachung vom 12. 9. 1933 (RGBl. II S. 679) und Ausführungsgesetz vom 12. 9. 1933 (RGBl. I S. 625) ist das Reichskonkordat innerstaatliches Recht geworden. Als solches ist es zwar nach Art. 83 GG. von den Ländern auszuführen. Einiges aber bleibt aus der Natur der Sache beim Bunde. Die innerstaatlichen Verpflichtungen aus dem Reichskonkordat zu ziehen, ist daher teils Sache des Bundes, teils der Länder, je nachdem in wessen Kompetenz die betreffende Materie fällt. Der Apostolische Nuntius ist nach Art. 59 GG. mit Recht vom Bundespräsidenten empfangen worden und gehört zum Diplomatischen Korps der Bundesrepublik — sogar als dessen Doyen. Die Zusicherung der Freiheit des Verkehrs zwischen dem Heiligen Stuhle mit den Bischöfen und Gläubigen gemäß Art. 4 RKonkordat ist eine sowohl vom Bunde wie von den Ländern zu realisierende Verpflichtung. Da das Prozeßrecht zur konkurrierenden Gesetzgebung des Bundes gehört (Art. 74,

[62]) Dies wird z. B. durch Art. 23 Verfassung von Nordrhein-Westfalen ausdrücklich anerkannt.

[63]) Seit Bildung des Südweststaates ist die Lage bezüglich des Badenkonkordats dieselbe, da der Südweststaat der Rechtsnachfolger des früheren Baden ist.

[64]) „Der Einfluß der Staatensukzession auf die Rechtslage der katholischen Kirche im Sukzessionsgebiet" Heft 19 der Abhandlungen und Mitteilungen aus dem Hamburg. Seminar für öffentliches Recht 1927 S. 110.

[65]) Eine solche These von Sanders (a.a.O. S. 108) halte ich für unhaltbar. Beispielsweise kann man nicht den Neuabschluß eines Konkordats zwischen dem Heiligen Stuhle und dem Lande Schleswig-Holstein annehmen, wenn dieses Land z. B. bei Vakanz des Bistums Osnabrück hinsichtlich eines etwaigen Nachfolgers ausdrücklich erklären würde, gemäß Art. 6 Preußenkonkordats keine Bedenken politischer Art erheben zu wollen.

Ziff. 1 GG.) und letztere davon Gebrauch gemacht hat, ist das Zeugnisverweigerungsrecht der Geistlichen nach Art. 10 RKonkordat im Zivil- und Strafprozeß in diesem Rahmen vom Bundesgesetzgeber zu sichern. Ebenso ist die geistliche Kleidung nach Art. 10 RKonkordat vom Bundesgesetzgeber strafrechtlich zu schützen. Art. 17 RKonkordat ergänzt Art. 14 GG. Sollte in absehbarer Zeit wieder eine deutsche Wehrmacht entstehen, so obliegt die Erfüllung der in Art. 27 RKonkordat dem Heiligen Stuhle zugesicherten Verpflichtungen der Bundesregierung, und zwar sinngemäß für die deutschen Kontingente auch dann, wenn letztere Bestandteil einer Europa-Armee sein sollten. Diese Beispiele zeigen zur Genüge, daß auch der Bundesrepublik Aufgaben in Ausführung des Reichskonkordats zufallen.

Durch die Aufteilung Preußens haben sich aber noch andere Schwierigkeiten ergeben. Nach den — übrigens z. T. veralteten — Kirchensteuergesetzen (kath.) vom 14. 7. 1905 / 3. 5. 1929 und (evang.) vom 26. 5. 1905 sind die Kirchengemeinden und sinngemäß die kirchlichen Gesamtverbände (Parochialverbände) berechtigt, zur Befriedigung ihrer Bedürfnisse Steuern zu erheben. In einzelnen Ländern, z. B. Nordrhein-Westfalen[66]) und Niedersachsen ist nach 1945 im Interesse eines Vorteils- und Lastenausgleichs eine Diözesan-(Landes-)Kirchensteuer als zulässig vorgesehen. Liegt ein Bistum in mehreren Ländern und gilt nur für das Land, in dem der Sitz des Bischofs sich befindet, ein solches neues Gesetz, so ist die Erhebung einer Diözesankirchensteuer lediglich in dem betreffenden Lande zulässig, nicht dagegen in den anderen Ländern dieser Diözese, in denen noch die alte Regelung fortbesteht[67]).

2. Nunmehr soll eine Anzahl von aktuellen Rechtsfragen aus dem Konkordatsrecht behandelt werden, um die obige These zu rechtfertigen, daß bis heute ein Staatskirchenrecht noch besteht, innerhalb dessen die alten Probleme — teilweise in neuem Gewande — auftreten.

a) Ein m. E. noch durchaus bedeutsames Problem betrifft die sog. politische Klausel. Über ihren Inhalt und ihre Grenzen kann auf die ausgezeichneten Darlegungen von Kaiser[68]) und Werner Weber[69]) hingewiesen werden, die heute und in der

[66]) Nordrhein-Westfalen, Gesetz vom 15. 2. 1950, ebenso Rheinland-Pfalz, Gesetz vom 19. 1. 1950 § 2, in Hessen innerkirchlicher Finanzausgleich nach § 3 Abs. 2 Gesetz vom 27. 4. 1950.

[67]) Dies gilt z. B. hinsichtlich Schleswig-Holsteins für die Diözese Osnabrück, wo für deren niedersächsichen Teile die zentrale Kirchensteuererhebung zulässig ist.

[68]) Die politische Klausel der Konkordate 1949.

[69]) „Das Nil obstat" in Ztschr. f. d. ges. Staatswissenschaft Bd. 99 (1939) S. 193 ff., Die politische Klausel in den Konkordaten, Staat und Bischofsamt 1940.

nationalsozialistischen Ära das hier in Rede stehende Problem behandeln und danach naturgemäß zu recht unterschiedlichen Ergebnissen gelangen. Daß die Konkordatsbestimmungen hinsichtlich der politischen Klauseln noch gelten[70]), ist angesichts ihrer Aufnahme in fast alle modernen Konkordate unbestreitbar; sie sind nicht etwa vom Nationalsozialismus dem Heiligen Stuhle abgetrotzt, da sie ja bereits z. B. in Art. 6 Preuß. Konkordat von 1929 festgelegt waren. Da ein Konflikt zwischen Staat und Kirche möglichst hintangehalten werden soll, kann man der Aufnahme von politischen Klauseln auch heute die Berechtigung nicht ohne weiteres absprechen. Wer in der politischen Klausel der Konkordate das Recht des Staats, die Ernennung eines Bischofs zu verhindern, gewahrt sieht aus Gründen, die, staatlich gesehen, existenzielle Bedeutung haben[71]), wird die Möglichkeit dieser Klausel für Staat und Kirche auch heute noch anerkennen. Freilich kann nicht, was politisch ist, beliebig einseitig vom Staat festgestellt werden[72]); sonst gelangt man zu der in Deutschland heute wohl allgemein verlassenen, unter dem Nationalsozialismus aber herrschenden Auffassung, wonach „politische Bedenken" alle die Einwendungen sein sollen, die aus dem Bereich „sämtlicher Lebensvorgänge in Volk und Staat erhoben werden und die daran anknüpfen, daß der beanstandete Bischofskandidat diesen Lebensvorgängen gegenüber nicht mit Sicherheit eine Haltung beobachten wird, wie sie von der Treuepflicht gegenüber dem Staat und Volk gefordert wird"[73]). Sogar vermeintliche kirchliche Interessen sollen danach dem Staat Gründe für politische Beanstandungen geben dürfen. Wer mit mir oben die gegenseitige Durchdringung des Bürgers sowohl vom Staat wie von der Kirche erkannt hat, dem würde eine solche Auslegung der politischen Klausel die Handhabe zu jedweder Knechtung der Kirche durch den Staat bieten, weil auf den verschiedensten Gebieten, die im engeren Sinne nicht „kirchlich" sind, die Kirche staatlichen Maßnahmen moralische Grundlage und Weihe zu geben vermag oder sie als mit der göttlichen Gerechtigkeit in Widerspruch stehend bekämpft[74]). Weder alles, was Gegenstand

---

[70]) Zusammenstellung der Formulierungen bei Kaiser, a.a.O. S. 71; die Klauseln beruhen im Reich auf Art. 14 Ziff. 2, in Preußen auf Art. 6, in Bayern auf Art. 14 § 1, in Baden auf Art. III Ziff. 2 des jeweiligen Konkordats.

[71]) Vgl. Kaiser, a.a.O. S. 111.

[72]) Wie Carl Schmitt (Staat, Bewegung, Volk 1933 S. 17, Der Begriff des Politischen 3. Ausgabe 1933) meint. Seine schiefe „Freund-Feind-Erklärung" stellt sich für unseren Zweck als unbrauchbar heraus. Über die Nichtverwendbarkeit dieses Begriffs hier vgl. Kaiser, a.a.O. S. 119.

[73]) So Weber, Die politische Klausel, a.a.O. S. 70.

[74]) Das gilt für das ganze Soziälleben. Sonst könnte z. B. ein Bischof beanstandet werden, der — entgegen einer sozialpolitischen Auffassung des Staats — den kirchlichen und privaten Wohlfahrtseinrichtungen den Vorzug

staatlicher Politik sein kann, noch viel weniger parteipolitische Erwägungen vermögen Grundlage einer politischen Beanstandung zu sein, sondern nur staatspolitische Bedenken in dem Sinne, den heute das Grundgesetz wiederholt[75]) erwähnt, wenn es vom Kampfe gegen die demokratische Grundordnung spricht, oder wenn es sonstwie um Existenzfragen des Staats geht. Ebenso wie ein Bischof, der gegen die Ernennung eines katholischen Theologieprofessors Beanstandungen erhebt, diese begründen muß[76]), so ist auch für die vom Staate gegen einen Bischofskandidaten geltend gemachte Beanstandung mindestens ein tragender Grund anzugeben; dies ergibt sich schon allein aus dem durch Vertragsabschluß anerkannten Gleichordnungsverhältnis von Staat und Kirche, das nicht durch einen „Befehl" des Staats einseitig verschoben werden darf.

Fraglich geworden ist jüngst, wer heute Adressat der Frage nach etwaigen politischen Bedenken sein soll. Daß es prinzipiell die Landesregierungen sind, ergibt sich an sich aus der föderalistischen Konstruktion der Bundesrepublik. Wie aber, wenn ein Bistum mehrere deutsche Länder umfaßt? Sollen dann sämtliche Länderregierungen oder nur die des Bischofssitzes oder soll stattdessen die Bundesregierung, im Osten die Regierung der Deutschen Demokratischen Republik[77]) zuständig sein[78]). Maßgebend ist hierfür m. E. die verfassungsrechtliche Struktur des betreffenden Gebietes. Da es sich um die Ausführung eines Reichsgesetzes im kirchlichen Bereich, nicht um Verwaltung der auswärtigen Angelegenheiten handelt, ist im Geltungsgebiet des Grundgesetzes das Land zuständig. Der Bund ist den Ländern nicht übergeordnet; daher kann mangels einer entsprechenden Konkordatsvorschrift, wie sie in Art. 16 RKonkordat vorkommt, kein Bundesorgan an die Stelle der Landesregierung treten. Daß das Nil obstat nicht das persönliche Verhältnis des designierten Bischofs zur Landesregierung des Bischofssitzes zum Gegenstand hat, sondern eben die Sicherung des Einvernehmens mit

vor staatlichen gibt, der an den subsidiären Charakter des Staats glaubt, der für unveräußerliche Grundrechte (aus religiöser Überzeugung) eintritt, der sich gegen staatlich konzessionierte Spielbanken wendet usw. All das vermag sicherlich nicht den Einspruch des Staats zu rechtfertigen.

[75]) Vgl. z. B. Art. 18, 21, 28, 79 Grundgesetz zumindest dem Sinne nach.

[76]) Vgl. Peters, „Die Besonderheiten der beamtenrechtlichen Stellung der katholischen Theologieprofessoren an den deutschen Universitäten" in Festgabe für Eduard Eichmann 1948 S. 408f.

[77]) Vor der Ernennung des Bischofs von Berlin im Jahre 1951 wurden entsprechend der Verfassungslage in der Deutschen Demokratischen Republik die Regierungen der zum Bistum Berlin gehörenden Länder befragt. Das Nil obstat wurde sowohl von zwei Länderregierungen als auch von der Regierung der DDR selbst ausgesprochen.

[78]) Beispielsweise umfaßt das Bistum Osnabrück Teile des Landes Niedersachsen, in dem der Bischofssitz liegt, ferner Hamburg, Bremen, Schleswig-Holstein und in der DDR noch Teile von Mecklenburg.

dem künftig amtierenden Bischof in seinem ganzen Amtsbereich zu den politischen Landesinteressen bedeutet, muß m. E. jede einzelne Landesregierung befragt werden. Daran ändert nichts, daß an sich jede Landesregierung die Interessen der demokratischen Grundordnung des Staats für alle Länder und den Bund wahrzunehmen in der Lage ist; sie kann — gerade im Hinblick auf den in Art. 79 Abs. 3 GG. für unabänderlich erklärten Föderalismus — darüber hinaus noch weitere existenzielle Probeme einbeziehen. Die föderalistische Struktur der Bundesrepublik Deutschland hindert es, daß eine Landesregierung ohne Vollmacht für mehrere andere beteiligte Landesregierungen zu sprechen befugt ist. In der Deutschen Demokratischen Republik ist mit Beseitigung der Länder als echter Staaten nur noch die Zuständigkeit der ersteren gegeben.

b) Eine staatsrechtliche Frage ist, wer den in Art. 16 RKonkordat vorgeschriebenen Bischofseid entgegenzunehmen hat. Nach Art. 16 RKonkordats vom 20. 7. 1933 haben die Bischöfe vor Besitzergreifung ihrer Diözese „in die Hand des Reichsstatthalters in dem zuständigen Lande bzw. des Reichspräsidenten einen Treueid" zu leisten. Nach dem ersten Reichsstatthaltergesetz (Zweiten Gleichschaltungsgesetz) vom 7. 4. 1933, das zur Zeit der Unterzeichnung des Reichskonkordats galt, hatten die Reichsstatthalter als Reichskommissare „für die Beobachtung der vom Reichskanzler aufgestellten Richtlinien der Politik zu sorgen". Nach § 1 standen ihnen bestimmte „Befugnisse der Landesgewalt" zu, die in fünf Ziffern ausdrücklich aufgezählt waren. Da bis zum Abschluß des Reichskonkordats nach dem damaligen deutschen Staatsrecht die Entgegennahme von Eiden seitens der Repräsentanten der Kirche Sache der Landesregierungen gewesen wäre, ist die Bestimmung des Art. 16 RKonkordat eine Ergänzung der Aufzählung des § 1 Reichsstatthaltergesetzes mit der Wirkung, daß die Entgegennahme des Bischofseids durch den Reichsstatthalter als eine Übertragung einer Befugnis der Landesgewalt auf den Reichsstatthalter anzusehen ist. Insofern ist also damals anerkannt worden, daß die Entgegennahme des Bischofseids Sache der Landesgewalt war. Als dann die eigenen Hoheitsrechte der Länder durch das sog. Neuaufbaugesetz vom 30. 1. 1934 aufgehoben wurden, blieb die Zuständigkeit des Reichsstatthalters bestehen, wenn auch mit der Umwandlung des Reichs zum Einheitsstaat sowohl die Rechtsnatur der Landesgewalt als auch das Wesen der Rechtsstellung der Reichsstatthalter wesentlich verändert wurden. E. R. Huber[79]) geht zutreffend davon aus, daß die juristische Natur des Amts des Reichsstatthalters aus dem Reichskommissar der Übergangszeit hervorgegangen sei; er habe

[79]) Verfassungsrecht des Großdeutschen Reichs 2. Aufl. 1939 S. 344.

zunächst eine politische Funktion in einer bestimmten Notlage gehabt. Das bedeutet also, daß der Reichsstatthalter in der Übergangszeit vom ersten zum zweiten Reichsstatthaltergesetz vom 30. 1. 1935 im Auftrage des Reichs Landesgewalt ausgeübt habe und dabei die Interessen des Reichs habe sicherstellen sollen. Im endgültigen Ergebnis sind aber dann die Reichsstatthalter ausschließlich Reichsorgane geworden, die nur „die Träger des Willens der obersten Führung des Reiches waren". Spätestens seit dem Neuaufbaugesetz war auch rechtlich für eine selbständige Länderpolitik kein Raum mehr.

Seit Wiederherstellung des Bundesstaats durch das Grundgesetz für die Bundesrepublik Deutschland vom 23. 5. 1949 ist aber neben der Bundesgewalt wieder eine eigenständige, verfassungsrechtlich fundierte Landesgewalt vorhanden, deren Eigenstaatlichkeit gerade im kulturellen Bereich besonders deutlich wird. Alle Gleichschaltungstendenzen und -Organe, die die Gleichrichtung der Politik von Bund und Ländern zum Ziele haben, sind fortgefallen und, soweit nicht ausdrücklich beseitigt, als typisch nationalsozialistisch aufgehoben. Das hat insbesondere zur Folge, daß dort, wo im bisherigen Recht Funktionen der Landesgewalt verankert waren, diese als solche wiederaufleben und den nach heutigem Recht dafür zuständigen Organen zuwachsen. Übte also der Reichsstatthalter mit der Entgegennahme des Bischofseids, wenn auch als Reichskommissar und damit als Reichsorgan, nach dem Sinne des Art. 16 RKonkordat im Jahre 1933 Landesgewalt aus, so handelt es sich bei dem entsprechenden Staatsakt heute auch wieder um echte Landesgewalt. Selbst wenn seit dem Jahre 1934 oder seit dem Zweiten Reichsstatthaltergesetz vom 30. 1. 1935 die Reichsstatthalter nur noch Reichsgewalt ausübten, kann ihre Funktion nicht auf den Bund übergegangen sein. Denn es gibt im heutigen Staatsrecht keinen Grundsatz, wonach alle früheren Funktionen des Reichs dem Bunde zugefallen seien; schon die Art. 124ff. GG. über die Gesetzgebungskompetenzen beweisen dies. Erst recht müssen typisch nationalsozialistische Gleichschaltungen heute unberücksichtigt bleiben.

Die Akte der Landesgewalt werden daher heute nach den einzelnen Länderverfassungen ausschließlich von Landesorganen vorgenommen. Handelt es sich — wie im vorliegenden Falle — um die Vertretung des Landes nach außen, so geschieht sie ausschließlich durch die Staats- oder Landesregierung[80]) oder durch den Ministerpräsidenten[81]). Inwieweit in den Ländern, in denen

---

[80]) Vgl. z. B. Art. 57 Verf. von Nordrhein-Westfalen, Art. 77 Abs. 1 Verf. des früheren Baden.

[81]) Vgl. z. B. Art. 47 Abs. 3 Verf. von Bayern, Art. 103 Abs. 1 Verf. von Hessen, Art. 74 Verf. des früheren Württemberg-Baden, Art. 101 Verf. von Rheinland-Pfalz, Art. 25 Verf. von Schleswig-Holstein.

die rechtliche Vertretung des Staats der Landesregierung obliegt, dieses als Kollegium tätig wird oder sich durch den Ministerpräsidenten oder den zuständigen Fachminister vertreten läßt, ist eine interne Landesangelegenheit.

Jedenfalls gelangt man zu dem Ergebnis, daß an Stelle des Reichsstatthalters heute den Bischofseid nach Art. 16 RKonkordat der Ministerpräsident — oder die Landesregierung, in der Regel vertreten durch den Ministerpräsidenten — entgegenzunehmen hat. Dabei ist es belanglos, welche Stellung die Reichsstatthalter früher im Verhältnis zum Reiche hatten; denn bei Entgegennahme des Bischofseids war der von ihnen als Reichsorgan vorgenommene Akt ein solcher der Landesgewalt. Außerdem ist, da die kirchlichen Angelegenheiten nach dem Grundgesetz, soweit sich nicht aus der Natur der Sache etwas anderes ergibt, Landesangelegenheiten sind, der hier in Rede stehende Akt heute jedenfalls ein solcher der Landesgewalt und gehört daher in die Zuständigkeit des Landes.

Schwieriger sind die Worte „beziehungsweise des Reichspräsidenten" in Art. 16 RKonkordat zu deuten. Sie könnten die Auffassung der Vertragschließenden dahin wiedergeben, daß, weil das Reich das Konkordat abgeschlossen habe, das Reichsoberhaupt auch den Bischofseid entgegennehmen solle; wenn also die Bundesrepublik die Vertragspartnerschaft des Reichs übernommen habe, stände heute dem Staatsoberhaupt der Bundesrepublik, d. h. dem Bundespräsidenten, die Entgegennahme des Eides zu.

In der Formulierung des Art. 16 fällt auf, daß zuerst der Reichsstatthalter und erst sekundär der Reichspräsident genannt ist. Bei der exakten Durcharbeitung diplomatischer Urkunden, insbesondere des Reichskonkordats, ist die Auffassung völlig ausgeschlossen, daß man daraus die primäre oder auch nur gleichwertige Zuständigkeit des Reichspräsidenten mit dem Reichsstatthalter folgern kann. Sonst müßte es heißen: „des Reichspräsidenten, bzw. des Reichsstatthalters in dem zuständigen Lande". Bei einer solchen Formulierung wäre eine generelle Zuständigkeit des Reichspräsidenten gegeben gewesen mit der Möglichkeit der Übertragung auf den Reichsstatthalter — etwa um damit dem Bischofseid entsprechend der kirchenfeindlichen Haltung des Nationalsozialismus ein geringeres Gewicht zu geben. Dieser Weg ist hier nicht beschritten.

Wenn also keinesfalls eine primäre Zuständigkeit des Reichspräsidenten vor dem Reichsstatthalter angenommen werden kann, kann auch nicht eine gleichwertige zwischen beiden unterstellt werden. Denn bei der jetzigen Formulierung des Art. 16 hätte dann das Wahlrecht, ob er den Bischofseid entgegennehmen wolle, dem Reichsstatthalter, nicht dem Reichspräsidenten zugestanden. Dies wäre aber eine solche Herabsetzung des Reichspräsidenten, daß sie bei der formalen und propagandistisch aufgezogenen Verehrung, die der Nationalsozialismus dem Reichspräsidenten v. Hindenburg zukommen ließ, schon aus politischen Gründen nicht tragbar gewesen wäre. Juristisch wäre überdies eine solche Formulierung unhaltbar gewesen, da sie das untere dem höheren Reichsorgan vorzieht.

Demnach gibt Art. 16 dem Reichsstatthalter die primäre Zuständigkeit; nur ausnahmsweise oder aushilfsweise sollte an seine Stelle der Reichspräsident eintreten. M. E. kommen für diese Ausnahmen überhaupt nur zwei Gruppen von Fällen in Betracht: einmal, wenn es sich um einen Bischof mit dem Sitz in Preußen handelte, weil es dort keinen eigenen Reichsstatthalter gab, zweitens für diejenigen Bischöfe, deren Bistum sich über mehrere Länder mit verschiedenen Reichsstatthaltern erstreckte. Die erste Auffassung wird von Rödel-Paulus[82]) vertreten. In Preußen wurden die Rechte des Reichsstatthalters vom Reichskanzler ausgeübt; Adolf Hitler, der dann in Preußen als Reichsstatthalter den Bischofseid hätte entgegennehmen müssen, hätte sich aber aus dem Verkehr mit den Bischöfen heraushalten wollen. Wenn Hitler aber den Bischofseid in Preußen nicht hätte annehmen wollen, obwohl nur den Reichsstatthaltern diese Zuständigkeit zugestanden hätte, so hätte er sie — wie so viele andere Zuständigkeiten[83]) — auf den Preußischen Ministerpräsidenten Göring gemäß der ausdrücklichen Delegationsermächtigung der beiden Reichsstatthaltergesetze (§ 5 und § 10) übertragen können. Tatsächlich hat ja auch die Entgegennahme des Bischofseids in der Hand des Preußischen Ministerpräsidenten gelegen.

Richtig kann allein die zweite Auffassung sein, wonach zwar im Regelfalle in den Ländern die Reichsstatthalter, in Preußen der Ministerpräsident zur Abnahme des Bischofseids zuständig gewesen waren, jedoch in den Fällen der Beteiligung mehrerer Reichsstatthalter in einer Diözese der Reichspräsident einzutreten hatte. Denn damit ist die Nennung des Reichspräsidenten als Ausnahme gerechtfertigt. Ferner entspricht dies auch dem staatsrechtlichen System, wonach den Reichsstatthaltern in den Ländern durch § 1 RStatthalterGesetz diejenigen Aufgaben übertragen wurden, die im Staate in der Regel das Staatsoberhaupt ausübte. Bei der unitarisierenden Tendenz des Nationalsozialismus lag die verwaltungsmäßige Lösung überaus nahe, daß, wenn eine Aufgabe die Organe mehrerer Länder berührte, das nächst höhere gemeinsame Organ einzutreten hatte. Damit gelangt man für die nationalsozialistische Ära dzu em Ergebnis, daß der Reichs-

---

[82]) Reichskirchenrecht und neues bayerisches Kirchenrecht 1934 S. 25.
[83]) Vgl. z. B. Erlaß vom 25. 4. 1933 RGBl. I S. 226.

präsident den Bischofseid dann abzunehmen hatte, wenn eine Diözese im Bereich mehrerer Reichsstatthalter lag.

Für heute ist avon auszugehen, daß der Heilige Stuhl als Vertragspartner niemals einen Rechtsanspruch darauf hatte, daß ein bestimmter Reichsstatthalter tätig wurde. Der Heilige Stuhl konnte nur verlangen, daß ein örtlich zuständiger Reichsstatthalter oder der Reichspräsident den Bischofseid abnahm; wer dies im konkreten Falle tat, bestimmte sich nach innerdeutschem Recht. Ebenso kann auch heute der Heilige Stuhl keinen Rechtsanspruch darauf geltendmachen, daß der Bundespräsident oder daß ein bestimmter Rechtsnachfolger der damaligen Reichsstatthalter, also etwa ein bestimmter Ministerpräsident den Bischofseid entgegennimmt. Dem Reichskonkordat ist genüge geleistet, wenn entweder der Bundespräsident als das Staatsoberhaupt des Vertragspartners oder der zuständige Ministerpräsident oder die zuständige Landesregierung als Rechtsnachfolger in die damaligen Zuständigkeiten der Reichsstatthalter die Befugnisse des Art. 16 RKonkordat wahrnehmen.

Für das innerdeutsche Recht ist davon auszugehen, daß primär der Repräsentant der Landesgewalt den hier in Frage stehenden Exekutivakt vorzunehmen hat, d. h. der Ministerpräsident des Landes, in dem die Diözese des neuernannten Bischofs gelegen ist. Liegt die Diözese in mehreren Ländern[84]), so soll jedenfalls nach dem RKonkordat vernünftigerweise eine mehrfache Eidesleistung in jedem Lande vermieden werden. Für das Eintreten des Bundespräsidenten in diesem Falle spricht, daß die Bundesrepublik, die nach herrschender Ansicht nicht Rechtsnachfolger des Deutschen Rechs, sondern mit diesem identisch ist, als Vertragspartner des Konkordats an die Stelle des Reichs getreten ist; dies kann jedenfalls für die früher vom Reich abgeschlossenen Verträge aus Art. 123 Abs. 2 GG. gefolgert werden. Was in Art. 16 für das Staatsoberhaupt des Reichs gesagt war, gilt demnach, da es sich hier — anders als bei dem hochpolitischen Nil obstat — um die Repräsentativfunktion des früheren Reichspräsidenten handelt[85]), heute sinngemäß für das Staatsoberhaupt der Bundesrepublik.

Auf die Ableistung des Eides kann der zur Entgegennahme Berechtigte wirksam verzichten, da der Eid nur in sienem Interesse abgeleistet wird.

c) Nachdem das Grundgesetz in Art. 9 die praktisch schrankenlose Vereinsfreiheit festgelegt hat, können die Vorschriften des Art. 31 RKonkordat über die religiösen katholischen Organisationen und Verbände als obsolet gelten. Da die

---

[84]) Bezüglich der Diözese Osnabrück vgl. oben Anmerkung 78.

[85]) Nicht alle Befugnisse des Reichspräsidenten sind bekanntlich auf den Bundespräsidenten übergegangen, wohl aber die repräsentativen Funktionen.

Verbindung mit politischen Parteien keinem Verein untersagt werden darf, gilt dies innerstaatlich selbstverständlich auch für Organisationen der bezeichneten Art. Es ist bestimmt nicht Sinn des Reichskonkordats, den kirchlichen Verbänden schwierigere Daseinsverhältnisse zu schaffen als weltlichen; vielmehr ist Art. 31 nur aus den weitgehenden Verboten von Vereinen unter dem Nationalsozialismus zu verstehen.

d) Zweifelhaft ist die Fortgeltung des Art. 32, wonach für die Geistlichen und Ordensleute die Mitgliedschaft in politischen Parteien und die Tätigkeit für solche Parteien ausgeschlossen ist. Wenn man die große Bedeutung bedenkt, die es hat, daß Geistliche in der Deutschen Demokratischen Republik nicht für die SED. und die sonstigen politischen Parteien arbeiten dürfen, wird klar, daß dieser Artikel auch heute noch einen Schutz der Geistlichkeit vor unerwünschter Politisierung darstellt. Gewiß soll zugegeben werden, daß in der Bundesrepublik die Mitwirkung von Geistlichen in Parlamenten und politischen Parteien sehr wohl kulturell und für die Hebung des geistigen Niveaus dieser Institutionen wichtig sein könnte, doch muß auf der anderen Seite das Heraushalten der Geistlichkeit aus den politischen Tageskämpfen als eine keineswegs auf den Nationalsozialismus beschränkte Forderung weiter Kreise anerkannt werden. Nach dem Schlußprotokoll zu Art. 32 RKonkordat besteht für den Staat die Verpflichtung, auch bezüglich der nichtkatholischen Konfessionen gleiche Regelungen, betreffend die parteipolitische Betätigung der Geistlichen, zu veranlassen. Wegen des bald nach Abschluß des RKonkordats ergangenen Parteiverbots ist dieses Versprechen niemals eingelöst worden, und nach 1945 bestand daran weder beim Staat noch bei den Kirchen ein aktuelles Interesse. Es kann der einen Konfession nicht zugemutet werden, ihre Geistlichen vom politischen Parteileben fernzuhalten, wenn eine solche Regelung nicht auch für die anderen Bekenntnisse gilt. Der Heilige Stuhl hat demgemäß das in Art. 32 vorgesehene Verbot bisher nicht ausgesprochen; in derPraxis wird aber im allgemeinen von der Kirche im Sinne des Art. 32 bereits verfahren[86]).

e) Zu den aktuellen kirchenpolitischen Rechtsfragen gehört das Eherecht, dessen teilweise Neuregelung bereits in Art. 26 RKonkordat in Aussicht stand und mit der zur Zeit schwebenden, aber bislang gescheiterten Familienrechtsreform in Angriff genommen worden ist. Es bildet zur Zeit den Angriffspunkt kirchlicher Kreise[87]) insofern, als die obligatorische Zivilehe

[86]) So in der Erzdiözese Köln, dagegen gelegentliche Ausnahme in der Erzdiözese München.

[87]) Für den protestantischen Standpunkt vgl. Ernst Wolf, Evangelisches Eherecht in Festgabe für Rudolf Smend „Rechtsprobleme in Staat und Kirche" 1952 S. 413ff.

verworfen und § 67 PersonenstandsG. vom 3. 11. 1937 abgelehnt wird, der die Bestrafung eines der kirchlichen Eheschließung vor der staatlichen Trauung assistierenden Geistlichen vorsieht. Art. 26 RKonkordat sieht außerdem die Zulässigkeit einer vorangehenden kirchlichen Eheschließung vor einmal bei „lebensgefährlicher, einen Aufschub nicht gestattenden Erkrankung eines Verlobten", sodann „im Falle schweren sittlichen Notstandes, dessen Vorhandensein durch die zuständige bischöfliche Behörde bestätigt sein muß". Aber auch in diesen Ausnahmefällen hat die kirchliche Trauung keine bürgerlichrechtliche Wirkung. Weite katholische Kreise betrachten die obligatorische Zivilehe als ein Residuum aus dem Kulturkampf und verlangen deshalb die fakultative Zivilehe mit der Möglichkeit, nur die kirchliche Trauung vorzunehmen, die zur Erlangung bürgerlich-rechtlicher Wirkungen beim Standesamt angezeigt und registriert werden muß. Neuerdings wird darüber hinaus überdies behauptet, z. B. von Mörsdorff, dem Münchener Kanonisten, Bosch, Ebers u. a., daß §§ 11, 14 EheGesetz vom 20. 2. 1946 — ebenso wie deren Vorgänger — und § 67 PersonenstandsG. vom 3. 11. 1937 wegen Verstoßes gegen Art. 4 GG. nichtig seien. Folgende Argumentation liegt dieser Ansicht zugrunde. Nach § 11 EheG. kommt die Ehe angeblich nur zustande, wenn die Eheschließung vor einem Standesbeamten stattgefunden hat. Dem steht die katholische Auffassung entgegen, nach der die Ehe unter Christen ein Sakrament ist und als solches der Kirchengesetzgebung unterliegt[88]). Die Kirche fordert aber, falls einer der Eheschließenden katholisch ist, zwingend die Assistenz des katholischen Pfarrers bei der Eheschließung. Wenn bei der standesamtlichen Trauung nach § 14 EheG. vom Standesbeamten im Namen des Rechts erklärt wird, daß die Verlobten „nunmehr rechtmäßig verbundene Eheleute seien", so ist das nach katholischer Auffassung hinsichtlich der bezeichneten Ehen unrichtig. Nun ergeben sich aber aus der rechtmäßigen Ehe nach dem BGB., ja selbst nach dem Strafgesetzbuch Rechte, Pflichten und Konsequenzen, die der Katholik aus seiner religiösen Überzeugung von der Nichtigkeit der staatlichen Trauung nicht anzuerkennen vermag, zu deren Anerkennung er aber unter Umständen im Prozeßwege gezwungen werden kann. Hierin liegt die Beschränkung seiner Gewissensfreiheit. Darüber hinaus ist die Vornahme der kirchlichen Trauung vor der staatlichen durch § 67 PersonenstandsG. verboten und unter Strafe gestellt. Auch hierdurch werde ein Gewissensdruck auf die Brautleute wie auf den zuständigen Pfarrer ausgeübt. Wenn auch das kanonische Eherecht durchweg strenger als das staatliche ist, so gibt es doch Fälle — und die Rassengesetzgebung des Nationalsozialismus

---

[88]) Über den Unterschied vgl. Kaiser in DRZ. 1949 S. 249f.

führte zu zahllosen Schwierigkeiten dieser Art —, in denen — auch abgesehen von den beiden Konkordatsausnahmen des Notstands — die staatliche Ehegesetzgebung Trauungen unmöglich zu machen sucht, die nach der Gewissensentscheidung der Beteiligten durchgeführt werden sollten.

Soweit diese Auffassung, von der durchaus möglich ist, daß sie in absehbarer Zeit das Parlament oder das Bundesverfassungsgericht beschäftigen wird. De lege ferenda halte ich die Aufhebung des § 67 PersonalstandsG. für absolut notwendig und die Einführung der fakultativen Zivilehe, wie sie bei zahlreichen Kulturnationen besteht, für erwägenswert, weil es m. E. auch für den Staat unerfreulich ist, daß weite Bevölkerungsschichten die feierlichen Aussprüche des Standesbeamten als inhaltsleere Phrase betrachten, und weil die staatliche Gesetzgebung nicht die Auffassung eines sehr großen Volksteils vom Wesen der Ehe ignorieren kann, bloß weil sie sich im Kulturkampf in eine rein formalistische Haltung verrannt hat. Die Katholische Kirche kann nicht anders, als diese Forderung immer wieder zu stellen, die sie bereits im RKonkordat stillschweigend unterstellte, als in Art. 26 formuliert wurde: „Unter Vorbehalt einer umfassenderen späteren Regelung der eherechtlichen Fragen ...“. Erst recht wäre es konsequent, daß die vom Geistlichen im Notstandsfalle vorgenommene Trauung, die nach Art. 26 RKonordat gestattet ist, durch Anzeige und Eintragung beim Standesamt die vollen bürgerlichen Wirkungen erhält.

Andererseits halte ich aber de lege lata die Vorschriften des Ehegesetzes nicht für gegen Art. 4 GG. verstoßend. Mag man es für erwünscht ansehen oder nicht: wenn der Staat zur Herbeiführung der bürgerlichen Wirkungen der Eheschließung den staatlichen Akt, den er „Trauung“, der Katholik „Registrierung“ nennt, vor den etwa nachfolgenden kirchlichen Akt stellt, so liegt darin jedenfalls keine Beeinträchtigung der Gewissensfreiheit und wird auch durchweg von katholischen Brautleuten nicht darin gesehen, weil niemand zur alleinigen staatlichen Eheschließung gezwungen wird, und niemandem die kirchliche Eheschließung, die für ihn den entscheidenden Akt darstellt, verboten wird. Was der Standesbeamte bei der Ziviltrauung hinsichtlich der rechtmäßigen Eheschließung erklärt, sind für den Katholiken zwar leere Worte, die über sich ergehen zu lassen aber keinen Gewissenszwang darstellt. Als gläubiger Katholik wird er, wenn er den Entschluß der Eheschließung gefaßt hat, die kirchliche Trauung alsbald folgen lassen, so daß die vom Staate erzwingbaren Konsequenzen nur in einem ganz kurzen, meist eintägigen Übergangsstadium bestehen, in dem sie niemals zur Auswirkung kommen. Nehmen die Brautleute — etwa zur besseren Erlangung einer Wohnung — die staatliche Trauung längere Zeit vor der kirchlichen vor, so ist auch das ihr freier Entschluß, dessen Folgen sie sich überlegen müssen, der aber keinerlei Gewissensbedrängung in sich schließt.

Daß § 67 PersonenstandsG. eine kirchenfeindliche Vorschrift aus der Kulturkampfzeit darstellt, wird heute, wo die Kulturkampfstimmung bei fast allen Deutschen überwunden ist, kaum bestritten werden; er ist reif zur Aufhebung. Aber für verfassungswidrig vermag ich ihn nicht anzuerkennen. Für die ganz große Mehrzahl der Fälle führt er keinerlei Gewissensbedrängung herbei; Art. 26 RKonkordat hat früher bedenkliche Beschränkungen der vorangehenden kirchlichen Eheschließung ausgeschaltet. So bleiben noch ein paar wenige Möglichkeiten, in denen katholische Geistliche gewissensmäßig verpflichtet wären, die kirchliche Trauung unabhängig von einer etwaigen staatlichen vorzunehmen. Die gar nicht so seltene Tatsache, daß eine staatsgesetzliche Vorschrift den Verpflichteten in Gewissensbedenken führen kann, macht sie aber nicht ungültig oder verfassungswidrig[89]). Es liegt dann ein konkreter Fall von Pflichtenkollision vor, den zu lösen eine Gewissensentscheidung des Einzelnen ist, der dann die etwaigen staatlichen Konsequenzen auf sich nehmen muß. Art. 1, 2 und, da es sich hier meist um einen Konflikt des positiven Rechts mit dem höheren Recht handelt, im Falle einer Gerichtsentscheidung auch Art. 97 GG. ermöglichen hier eine dem Einzelnen gerecht werdende Lösung

Zusammenfassend darf festgestellt werden, daß das heute zur Diskussion gestellte Thema durchaus neue Perspektiven zu eröffnen vermag, daß es aber auch eine Fülle konkreter juristischer Probleme in sich birgt, deren Lösung vielleicht nicht nur verwickelt, sondern auch folgenschwer ist. Das Thema Staat und Kirche stellt sich in unserer Geschichte stets von neuem; mit den Wandlungen des modernen Staats und der in ihm wirksamen gesellschaftlichen Kräfte verschwinden manche alten Probleme, tauchen aber immer wieder neue vor unseren Blicken auf. Will die Wissenschaft vom öffentlichen Recht nicht nur normerklärend hinter der Entwicklung hereilen, muß sie diese Kräfte beizeiten bloßlegen und vorausschauend an die Rechtsprobleme herantreten.

---

89) Die Folge wäre, daß alle Vorschriften der Rechtsordnung, die geeignet wären, bei Angehörigen von einzelnen Weltanschauungsgruppen Gewissenskonflikte herbeizuführen, gegen Art. 4 verstoßen würden.

2a. Leitsätze des Mitberichterstatters über: Die Gegenwartslage des Staatskirchenrechts

I. Die heutige Problematik des Staatskirchenrechts kann nur von seinen soziologischen und vorrechtlichen Voraussetzungen her erkannt werden, die in jüngster Zeit erhebliche Wandlungen durchgemacht haben. Das Staatskirchenrecht steht im Schnittpunkt dreier Blickfelder, deren sachgemäße Bewertung Voraussetzung einer gerechten Regelung ist.

1. Der kirchengläubige Staatsbürger muß in seiner Person die Anforderungen der Kirche wie des Staates in sich selbst zum harmonischen Ausgleich bringen können und verlangt daher nach einer Konflikte hintanhaltenden Ordnung.

2. Die Kirche sieht sich dem Staate gegenüber als eine eigenständige konservative Macht, die die Grundlagen ihres Seins göttlichem Auftrag verdankt und demgemäß in die Welt hinein zu wirken hat. Im Vergleich zu dem in seinen Zielen und seiner Verfassung ständig wechselnden Staat bleibt sie die relativ unveränderliche Heilsanstalt, die den Anspruch erhebt, den Menschen zu seinem ewigen Heil zu führen und die Hüterin des göttlichen und natürlichen Rechts, auch allen irdischen Gewalten gegenüber zu sein.

3. Der moderne säkularisierte Staat erblickt zwar in der Kirche eine ihm gleichgeordnete, überstaatliche Organisation, der er die Rechte einer Körperschaft des öffentlichen Rechts als anerkannter „Religionsgesellschaft" gewährt, sucht sie aber auf einen engen religiösen Bereich zu beschränken.

II. Gegenüber der alten Auffassung eines weltlichen, eines kirchlichen und eines gemischten Sachbereichs, die dem älteren Konkordatsrecht zugrunde liegt und die zu weitgehender Ausschaltung der Kirche aus dem öffentlichen Leben geführt hat, beansprucht die Kirche, das gesamte private und öffentliche Leben mit christlichem Geiste zu erfüllen, um so mehr als der Machtbereich des Staats im technischen Massenzeitalter unerhört angewachsen ist. An diesem Wendepunkt geht es in der Zukunft des Staatskirchenrechts weniger um eine Abgrenzung der Zuständigkeitsbereiche von Staat und Kirche als um Sicherung der Chance der Kirche, im gesamten öffentlichen Leben als Sauerteig im Sinne Christi zu wirken. Daher wird die un-

beschränkte Freiheit des Wirkens im bürgerlichen und öffentlichen Leben für die Kirche zum wichtigsten Ziel rechtlicher Sicherstellung.

III. *Die Eigenschaft der Kirche als öffentlich-rechtlicher Körperschaft bedeutet im Bereich der errungenen Freiheit, daß der Staat die Kirchen als mit eigenen, ursprünglichen, hoheitlichen Funktionen ausgestattete juristische Personen des öffentlichen Rechts anerkennt. Daraus folgt, daß die Kirche den mit vom Staate abgeleiteten Hoheitsrechten ausgestatteten Körperschaften des öffentlichen Rechts nicht gleichzusetzen ist und daß daher eine Staatsaufsicht wesensmäßig nicht zu begründen ist, sondern nur soweit besteht, als sie in Kirchenverträgen ausdrücklich zugestanden ist. Geistliche und Kirchenbeamte unterliegen demgemäß unmittelbar nur kirchenrechtlichen, nicht staatsrechtlichen Beamtenvorschriften.*

IV. *Die staatliche Rechtsordnung erkennt neuerdings mehr und mehr die Kirche als eine Trägerin des religiösen und sittlichen Lebens des Volkes an und beteiligt deren Vertreter vielfach an der Durchführung vom Staate übernommener öffentlicher Aufgaben.*

V. *Das Wirken außerstaatlicher Verbände und gesellschaftlicher Kräfte als „Pluralismus" unter die Zerfallserscheinungen einzureihen, ist ein Irrtum, bei dem der absolute oder totale, jedenfalls allmächtige Staat — meist unbewußt — als erstrebenswertes Ideal unterstellt wird.*

VI. *Die Regelung des Verhältnisses von Staat und Kirche ist nicht ausschließlich Ländersache, sondern berührt auch in vielfacher Weise den Bund.*

VII. *Das Reichskonkordat und die im Jahre 1933 zu Reichsrecht gewordenen Länderkonkordate gelten grundsätzlich in allen ihren Bestimmungen als Verträge der bisherigen Partner oder ihrer Rechtsnachfolger fort; dabei sind folgende Zweifelsfragen klarzustellen:*

1. *Der Schulartikel 23 des RKonkordat ist nicht beseitigt; die Begründung der Gegenansicht, ein frei gewählter demokratischer Reichstag würde diese Bestimmung nicht gebilligt haben, ist rechtlich unhaltbar.*
2. *Die politischen Klauseln der Konkordate bestehen fort. Das Nil obstat ist von den Landesregierungen, bei Diözesen, die in mehreren Ländern liegen, von sämtlichen Regierungen der beteiligten Länder auszusprechen, im Osten an Stelle der Regierungen der aufgelösten Länder: von der Regierung der Deutschen Demokratischen Republik.*

3. *Der in Art. 16 RKonkordat vorgesehene Bischofseid ist in die Hand der Landesregierung (des Ministerpräsidenten) des betreffenden Landes, bei Beteiligung mehrerer Länder des Bundespräsidenten abzulegen. Auf die Ableistung des Eides kann der zur Entgegennahme berechtigte Partner verzichten.*

4. *Da in Art. 9 GG. die Vereinsfreiheit generell gewährleistet ist, sind die Vorschriften des Art. 31 Abs. 2—4 RKonkordat obsolet.*

5. *Die Fortgeltung des die politische Betätigung der Geistlichen behandelnden Art. 32 RKonkordat ist anzunehmen, obwohl die im Schlußprotokoll zu Art. 32 übernommene Verpflichtung bezüglich der nichtkatholischen Konfessionen vom Staate bisher nicht erfüllt ist. Zur Zeit ist er aber weder vom Staat noch von der Kirche ausgeführt.*

6. *§§ 11, 13 EheG. vom 20. 2. 1946 und § 67 PersonenstandsG. vom 3. 11. 1937 verstoßen nicht gegen Art. 4 GG. — § 67 PersonenstandsG. bedarf aber als Residuum des Kulturkampfes baldiger Beseitigung. De lege ferenda muß die Kirche die in Art. 26 RKonkordat vorbehaltene Eherechtsreform fordern und zwar insbesondere Ersatz der obligatorischen Zivilehe durch die fakultative mit der Möglichkeit, nur die kirchliche Trauung vorzunehmen, die zur Erlangung bürgerlich-rechtlicher Wirkungen alsdann beim Standesamt angezeigt und registriert werden muß.*

7. *Wenn eine Diözese über mehrere Länder reicht, so ist die Erhebung einer Diözesankirchensteuer nur in denjenigen Ländern zulässig, in denen sie gesetzlich ausdrücklich gestattet ist, nicht dagegen für die ganze Diözese.*

Die Gegenwartslage des Staatskirchenrechts

3. Aussprache

Ebers-Innsbruck: Ich habe vom Vorstand den Auftrag erhalten, einen kurzen Überblick über die staatskirchenrechtliche Lage in Österreich zu geben.

Als der republikanische Bundesstaat Österreich eingerichtet wurde, hat das Übergangsgesetz zum Bundes-Verfassungsgesetz vom 1. 10. 1920 durch die allgemeine Rezeptionsnorm des § 1 alle früheren Gesetze und Verordnungen des Reiches und der Länder weiter gelten lassen, soweit sie nicht mit der neuen Bundesverfassung in Widerspruch standen. Nach der Befreiung Österreichs von der Fremdherrschaft ist dann durch das Verfassungsüberleitungsgesetz vom 1. 5. 1945 das Bundes-Verfassungsgesetz vom 1. 10. 1920 in der Fassung von 1929 mit allen übrigen Verfassungsgesetzen und Verfassungsbestimmungen nach dem Stand vom 5. 3. 1933 — das war der Tag der Selbstausschaltung des Parlaments — wieder in Wirksamkeit gesetzt worden. Somit ist auch das frühere Staatskirchenrecht heute wieder in Geltung, soweit nicht Einzelbestimmungen in der Zeit von 1933—1945 durch auch nachher aufrecht erhaltene Gesetze beseitigt worden sind.

So bilden denn auch heute noch die verfassungsmäßige Grundlage für das österreichische Staatskirchenrecht die Art. 14 bis 16 des Staatsgrundgesetzes vom 21. 12. 1867 über die allgemeinen Rechte der Staatsbürger, die unter den Grundrechten die individuelle Religionsfreiheit und die grundsätzliche Rechtsstellung der Religionsgesellschaften geregelt hatten. Da man sich bei den Beratungen der Verfassung von 1920 über einen neuen Katalog der Grundrechte aus weltanschaulichen Gegensätzen nicht einigen konnte, so wurde schließlich im Art. 149 des Verfassungsgesetzes neben den beiden Gesetzen über die persönliche Freiheit und den Schutz des Hausrechtes von 1862 das Staatsgrundgesetz als integrierender Bestandteil der Bundesverfassung rezipiert.

Art. 14 des Staatsgrundgesetzes gewährleistet in fast wörtlicher Übereinstimmung mit den späteren Art. 135, 136 der Weimarer Verfassung die volle Glaubens- und Gewissensfreiheit, auf die ich wohl nicht weiter einzugehen brauche.

Art. 15 regelt die rechtliche Stellung der Religionsgesellschaften. Er unterscheidet — das ist charakteristisch für das österreichische Recht — zwischen gesetzlich anerkannten Kirchen- und Religionsgesellschaften und nicht anerkannten Religionsbekenntnissen. Den Anhängern eines nicht anerkannten Bekenntnisses hat Art. 16 nur die häusliche Religionsübung gewährleistet; diese Beschränkung ist dann durch den Staatsvertrag von St. Germain Art. 63 beseitigt worden, der allen Bewohnern Österreichs die öffentliche wie private Ausübung ihres Bekenntnisses oder Glaubens einräumte, soweit diese nicht gegen die öffentliche Ordnung und die guten Sitten verstoßen, andernfalls die weitere Ausübung untersagt werden könne. Weiter geht diese Bestimmung nicht, so daß im übrigen der Unterschied zwischen gesetzlich anerkannten und nicht anerkannten Religionsgesellschaften bestehen geblieben ist. Nur den gesetzlich anerkannten Kirchen und Religionsgesellschaften kommt damit das Recht auf öffentliche Religionsübung zu, nur sie haben private und öffentliche Rechtspersönlichkeit, nur sie haben das Recht, ihre inneren Angelegenheiten selbständig zu ordnen und zu verwalten, und bleiben im Besitz und Genuß ihrer für Kultus-, Wohltätigkeits- oder Unterrichtszwecke bestimmten Anstalten, Stiftungen und Fonds, sind aber wie jede Gesellschaft den allgemeinen Staatsgesetzen unterworfen. Sie genießen weiter den staatlichen Schutz für ihr Vermögen, das Umlagerecht, gewisse steuerliche Befreiungen für ihre Religionsdiener und Kultusgebäude, ferner das Recht auf Besorgung, Leitung und unmittelbare Beaufsichtigung des Religionsunterrichtes in den öffentlichen Schulen und schließlich den allgemeinen Anspruch auf Verwaltungsrechtsschutz und besonderen strafrechtlichen Schutz.

Der Staatsvertrag von St. Germain bestimmte noch in Art. 68, 3 weiter, daß alle Staatsbürger (also nicht die Staatsfremden), die einer religiösen Minderheit, auch eines gesetzlich nicht anerkannten Bekenntnisses, angehören, das Recht haben, Wohltätigkeits-, religiöse und soziale Einrichtungen, Schulen usw. zu errichten, zu verwalten und zu beaufsichtigen. Ist die Zahl ihrer Anhänger in einer Stadt oder in einem Bezirk beträchtlich, so können sie auch eine anteilmäßige Berücksichtigung fordern, wenn aus öffentlichen Mitteln Beträge für religiöse Zwecke ausgeworfen werden.

Durch das Gesetz vom 20. 5. 1874 ist den Anhängern eines bisher nicht anerkannten Bekenntnisses die rechtliche Möglichkeit gegeben, diese gesetzliche Anerkennung und damit die gleiche rechtliche Stellung zu erlangen. Sie muß von der staatlichen Kultusbehörde, also jetzt dem Unterrichtsministerium, erteilt werden, wenn die religiöse Lehre, die gottesdienstliche Verfassung und die gewählte Benennung nicht gesetzwidrig ist oder sittlich Anstößiges enthält und sofern weiter Errichtung und Bestand wenigstens einer nach dem Gesetz eingerichteten Kultusgemeinde gesichert ist. Solange die Anerkennung nicht erfolgt ist, können sich die Anhänger, um die Rechte einer juristischen Person zu erlangen, nur als Verein für ganz bestimmte einzelne religiöse Zwecke konstituieren, nicht aber als allgemein-religiöse Gesellschaft, da dies durch das Vereinsgesetz von 1867 ausgeschlossen ist. Auf Grund dieser Bestimmungen ist nur die altkatholische Kirche im Jahre 1874 und neuestens 1951 die Methodistenkirche gesetzlich anerkannt worden.

Die Stellung der übrigen anerkannten Religionsgesellschaften ist eine historische und durch besondere Gesetze geregelt. Es sind das die katholische Kirche in ihren drei Riten, dem römisch-katholischen, dem griechisch-katholischen und dem armenisch-katholischen Ritus, weiter die evangelische Kirche Augsburger und Helvetischen Bekenntnisses, die griechisch-orientalische oder orthodoxe Kirche und die israelitische Religionsgesellschaft.

Was nun zunächst das Sonderrecht der evangelischen Kirche anlangt, so beruht es noch heute auf dem sog. Protestantenpatent vom 8. 4. 1861. In Durchführung des Grundsatzes der Gleichberechtigung aller Konfessionen wurde im Gegensatz zu dem früheren Toleranzsystem Joseph II. der Kirche nicht nur die selbständige Ordnung und Verwaltung, sondern auch die Leitung der kirchlichen Angelegenheiten ausschließlich nach ihren eigenen Grundsätzen gewährleistet, das landesfürstliche Kirchenregiment auf die Ernennung der Mitglieder des staatlich-kirchlichen Oberkirchenrates beschränkt und ihr so eine Freiheit eingeräumt, wie sie sie vor 1919 in keinem deutschen Bundesstaat besessen hat. Im Rahmen des Patentes war dann die synodal-presbyteriale Organisation der Kirche durch die von der Kirche beschlossene und staatlich genehmigte Kirchenverfassung von 1891 geregelt worden, an deren Stelle nunmehr die Kirchenverfassung der evangelischen Kirche Augsburger und Helvetischen Bekenntnisses vom 26. 1. 1949 getreten ist, die die letzten Bindungen an den Staat: Bestätigung der Superintendenten, Überwachung der Synoden, Bestätigung der Kirchengesetze und vor allem die Ernennung des Oberkirchenrates hat abstreifen können, nachdem durch das nationalsozialistische Kirchenbeitragsgesetz von 1939 — auf das ich nachher noch komme — die staatlichen Dotationen fortgefallen sind und die Kirche für ihren Personal- und Sachaufwand auf die Kirchenbeiträge der Gläubigen angewiesen ist. Dadurch aber hat sie die volle Freiheit vom Staat erlangt.

Für die katholische Kirche waren die Rechtsverhältnisse, nachdem der Staat das Konkordat von 1855 einseitig als aufgehoben erklärt hatte, durch das Gesetz vom 7. 5. 1874 betreffend die äußeren Rechtsverhältnisse der kath. Kirche, das sogenannte Katholikengesetz, im Sinn des neuen Systems der Staatskirchenhoheit geregelt worden. Das Gesetz überließ zwar der Kirche die selbständige Ordnung und Verwaltung ihrer inneren Angelegenheiten, zog aber aus der Unterordnung unter den Staat viel weitere Folgerungen, als dies allen anderen Religionsgesellschaften gegenüber geschah, indem der Staat sie in allen ihren Lebensäußerungen, namentlich hinsichtlich der Vermögensverwaltung, einer weitgehenden Staatsaufsicht unterwarf und auch auf die Besetzung fast aller Kirchenämter stärksten Einfluß nahm. Auf Grund der aus der Zeit des Staatskirchentums herrührenden finanziellen Verpflichtung, fast die ganzen Kultuskosten zu tragen, beanspruchte er, neben den auf kirchlichen Rechtstiteln beruhenden Präsentationsrechten der Krone für die Bistümer und Kanonikate, auch für die Verleihung der niederen Kirchenämter und Pfründen — soweit sie nicht unter Privatpatronaten standen — ein Präsentationsrecht, sobald sie mehr oder weniger aus öffentlichen Mitteln dotiert oder ihre Einkünfte ergänzt wurden oder auf Grund der Säkularisation dem sogenannten landesfürstlichen Patronat unterstanden. Damit war das freie bischöfliche Besetzungsrecht fast völlig ausgeschaltet. So wurden — um ein Beispiel anzuführen — vom Bischof in der Diözese Linz von 400 Pfarreien nur 4 frei vergeben, in Gurk von 320 Pfarreien nur 8, in Salzburg keine einzige Pfarrei frei verliehen. Da bei der Durchführung des Gesetzes dank der Intervention des Kaisers alle Schroffheit vermieden wurde, konnte die Kirche doch in relativer Freiheit ihre Tätigkeit entfalten.

Hierbei ist es geblieben, bis nach dem Zusammenbruch der Monarchie in Deutschland wie auch in Österreich eine Neuordnung des Verhältnisses des neuen Staates zur katholischen Kirche notwendig wurde. Sie erfolgte nach längeren Verhandlungen fast gleichzeitig mit dem Reichskonkordat durch das Konkordat vom 5. 6. 1933, das unter Aufhebung des Katholikengesetzes von 1874 das System der Staatskirchenhoheit durch das der Koordination ersetzte und der Kirche eine vertragsgesicherte weitgehende Selbständigkeit und Freiheit brachte. Das Konkordat gewährleistete ihr die freie Ausübung ihrer geistlichen Macht, die öffentliche Ausübung des Kultus, unbehinderte Gesetzgebung, den freien Verkehr mit Rom, sicherte ihr die öffentlich-rechtliche Stellung und ihren Einrichtungen die Rechtspersönlichkeit zu. Mit Rücksicht auf die Garantie der bisherigen finanziellen Leistungen gestand umgekehrt die Kirche dem Staat wieder Einfluß auf die Errichtung und Besetzung der Kirchenämter zu. An Stelle der mit der Krone fortgefallenen Nominationsrechte auf die Bistümer trat die Ernennung durch den Papst ähnlich wie in Deutschland auf Grund von Kandidatenlisten der Bischöfe und Domkapitel, während für Salzburg die althergebrachte Wahl des Kapitels nunmehr aus einem päpstlichen Dreiervorschlag erhalten blieb. Wie im Reichskonkordat wurde aber der Bundesregierung ein Erinnerungsrecht wegen politischer Bedenken eingeräumt. Der Fortbestand der theologischen Fakultäten, deren Lehrkräfte der missio canonica des Bischofs bedürfen, blieb garantiert, der Religionsunterricht auf allen niederen und mittleren Lehranstalten unter Leitung und unmittelbarer Aufsicht der Kirche gesichert, das Recht zur Errichtung von niederen und mittleren Schulen mit Öffentlichkeitscharakter auch seitens der Orden und Kongregationen anerkannt; weiter wurde volle Ordensfreiheit gewährt, die bisherigen staatlichen Präsentationsrechte an einen Dreiervorschlag des Bischofs gebunden, und mit Rücksicht auf die finanziellen Leistungen für Geistliche in der Leitung und Verwaltung der Diözesen, für Pfarrer und Religionslehrer die österreichische Staatsbürgerschaft und ein mindestens dreijähriges theologisches Studium an einer inländischen kirchlichen Lehranstalt oder deutschsprachigen theologischen Fakultät oder einer päpstlichen Hochschule in Rom gefordert und zugestanden. Ferner wurden der Besitz und Erwerb von Kirchenvermögen und dessen freie Verwaltung garantiert, die Fortdauer der auf Gesetz, Vertrag und besonderen Rechtstiteln beruhenden Staatsleistungen gewährleistet und die Ergänzungspflicht zum Religionsfonds bestätigt, den nach kanonischem Recht geschlossenen Ehen der Katholiken und der kirchlichen Ehegerichtsbarkeit in Ehenichtigkeitsprozessen unter Wahrung der rein staatlichen Eheverbote bürgerliche Wirkung zugesprochen und schließlich die subsidiäre Geltung des kanonischen Rechtes anerkannt.

Das Konkordat trat am 1. 5. 1934 zugleich mit der neuen berufsständischen Bundesverfassung in Kraft und hob alle entgegenstehenden Gesetze und Verordnungen, also insbesondere das Katholikengesetz von 1874 auf. Die neue Verfassung übernahm in Art. 29 die Bestimmung des Art. 15 des Staatsgrundgesetzes, ergänzte sie aber durch die Garantie des Eigentums und anderer Vermögenswerte und durch die Gewährung des durch staatlichen Beistand geschützten Abgabenrechtes. In Art. 30 wurde den wichtigsten Bestimmungen des Konkordates die Kraft von Verfassungsbestimmungen zugesprochen, aber zugleich den anderen Kirchen und Religionsgesellschaften je nach ihrer Bedeutung für das öffentliche Leben eine einvernehmliche Sonderregelung zugesichert. Hierzu ist es jedoch dann nicht mehr gekommen.

Mit der Okkupation durch den Nationalsozialismus setzte alsbald auch in Österreich die Kirchenverfolgung mit besonderer Schärfe ein. Während in Deutschland das Reichskonkordat mehr und mehr ausgehöhlt und schließlich die Mehrzahl seiner Bestimmungen von der Reichsregierung als nicht mehr anwendbar erklärt wurde, hat man das österreichische Konkordat von vornherein — weil angeblich von einer volksfremden Regierung abgeschlossen — als nicht in Geltung stehend angesehen, die vertraglich verpflichtenden Staatsleistungen eingestellt, den Religionsfonds in das Eigentum des Reiches überführt und die Kirche wie im Reich einer weitgehenden Staatsaufsicht unterstellt.

Nach der Befreiung Österreichs wurde das Konkordat grundsätzlich als fortbestehend anerkannt und in der Praxis gehandhabt, soweit nicht einzelne seiner Vorschriften durch nachträgliche Gesetze aufgehoben oder abgeändert worden waren. Es ist aber zwischen der völkerrechtlichen und der innerstaatlichen Geltung zu unterscheiden.

Am Fortbestand des Konkordates als völkerrechtlicher Vertrag kann ja kein Zweifel bestehen. Da der sogenannte Anschluß — der als ein in Widerspruch mit den völkerrechtlichen Verpflichtungen, insbesondere mit dem Völkerbund und Kellog-Pakt erfolgter Gewaltakt keinen Rechtstitel begründet hat — nicht Annexion, sondern nur Okkupation war, daher zwar die österreichische Staatsgewalt verdrängen, aber Österreich nicht als Staats- und Völkerrechtssubjekt vernichten konnte, so blieb die Rechtskontinuität gewahrt, so daß das Österreich vom Jahre 1945 identisch mit dem vom Jahre 1938 ist. Mithin sind auch die von ihm vor 1938 abgeschlossenen Staatsverträge und damit auch das Konkordat weiterhin in Geltung geblieben.

Eine andere Frage ist die nach seiner innerstaatlichen Geltung. Gemäß Art. 49 des Bundes-Verfassungsgesetzes schaffen die Staatsverträge, ohne erst in ein formelles Gesetz transformiert werden zu müssen, auch für die Staatsorgane und Staatsbürger unmittelbar wirksames Recht. Das Konkordat hatte durch seine Verlautbarung im Bundesgesetzblatt 1934 innerrechtlich Gesetzeskraft erlangt, und dementsprechend war seinen wichtigsten Bestimmungen durch Art. 30, 4 die Kraft von Verfassungsbestimmungen zuerkannt worden. Dieser Charakter ist ihnen allerdings durch Art. 2 des Verfassungsüberleitungsgesetzes von 1945, der die Bundesverfassung von 1934 aufhob, genommen worden. Aber diese wie alle übrigen Bestimmungen des Konkordates blieben mit der Wirksamkeit einfacher Gesetze weiter in Geltung, jedoch mit der vorhin erwähnten Einschränkung: soweit sie nicht durch eine lex posterior aufgehoben oder abgeändert wurden, die während der Besetzungszeit erging und von der österreichischen Rechtsordnung 1945 rezipiert worden ist. Und dazu gehören nun folgende Bestimmungen des Konkordates:

Zunächst die Vorschriften über den Religionsunterricht und das Schulwesen. Sie waren während der nationalsozialistischen Zeit durch verschiedene Gesetze und Maßnahmen beseitigt worden, aber die Bestimmungen des nach gepflogenem Einvernehmen mit den Kirchen und Religionsgesellschaften erlassenen Bundesgesetzes betr. den Religionsunterricht vom 13. 7. 49 sind dem konkordatsmäßigen Zustand wieder stark angenähert worden. Der Religionsunterricht ist wieder in sämtlichen öffentlichen niederen und mittleren Schulen und Lehrerbildungsanstalten Pflichtgegenstand geworden für alle einer Religionsgesellschaft angehörigen Schüler, soweit sie nicht hiervon zu Beginn des Schuljahres schriftlich abgemeldet worden sind. Hiervon hat bisher nur 1% der Eltern Gebrauch gemacht. Der Religionsunterricht wird von der betreffenden Kirche oder Religionsgesellschaft besorgt, geleitet und unmittelbar beaufsichtigt, wenn auch unter der obersten Leitung und Aufsicht des Staates; Lehrpläne und Lehrbücher werden von jenen im Einvernehmen mit dem Unterrichtsministerium festgesetzt. Die Religionslehrer, die die österreichische Staatsbürgerschaft besitzen müssen, werden von Bund oder Land nach Ermächtigung durch die kirchliche oder religionsgesellschaftliche Behörde gegen Gehalt angestellt oder von der betreffenden Kirche oder Religionsgesellschaft gegen eine vom Bund oder Land zu leistende Vergütung bestellt. Die Regelung der übrigen Schulfragen steht noch aus.

Völlig derogiert ist der eherechtliche Art. 7 des Konkordates durch die Einführung des noch heute geltenden reichsdeutschen Ehegesetzes und Personenstandsgesetzes mit dem stark angefochtenen Trauungsparagraphen 67. Ich komme darauf noch zurück.

Beseitigt sind ferner sämtliche Bestimmungen des Konkordates über die finanziellen Leistungen des Bundes zu kirchlichen Zwecken. Das erwähnte Kirchenbeitragsgesetz von 1939 entzog wie der evangelischen und altkatholischen Kirche so auch der katholischen Kirche die Dotationen und Congrua-Ergänzungen für den Klerus, die Bischöfe, Ordinariate, Kathedralen und Seminare, indem es alle Verpflichtungen des Staates oder der politischen oder Pfarrgemeinde sowie alle sonstigen nicht auf Privatpatronat oder Privatrechtstiteln beruhenden Leistungen aufhob und den im kirchlichen Eigentum stehenden Religionsfonds, wie schon erwähnt, zugunsten des Reiches einzog. Die Kirche wurde zur Deckung ihres Personal- und Sachaufwandes auf staatlich scharf kontrollierte Kirchenbeiträge der Kirchenmitglieder verwiesen, für die aber der staatliche Beistand versagt und die Kirche auf den Rechtsweg verwiesen wurde. Die Absicht, die Gläubigen der Kirche zu entfremden, scheiterte, da, wie es sich gezeigt hat, nur ein verschwindend kleiner Teil derselben sich der Beitragspflicht entzieht.

Durch die Aufhebung der finanziellen Leistungen ist nun aber andererseits zum Vorteil der Kirche auch die Grundlage aller kirchlichen Zugeständnisse entfallen, die nach dem Wortlaut des Konkordates mit Rücksicht auf jene gemacht worden sind, so die Bestimmungen über die Staatsbürgerschaft, über die theologischen Studien für die höheren Amtsträger und Pfarrer, über die staatliche Genehmigung zur Errichtung kirchlicher Stellen, für die eine Congrua-Ergänzung gefordert werden sollte, über den Anfall der

Pfründeneinkünfte während der Vakanz an den Religionsfonds, über die staatliche Zustimmung von Veräußerung oder Belastung von Stammvermögen u. a. Die Kirche hält sich nach wie vor an die Zugeständnisse gebunden, will aber die erlangte finanzielle Unabhängigkeit und damit die Freiheit vom Staat nicht mehr aufgeben, wünscht nur, die nach dem Kirchenbeitragsgesetz bestehenden Beschränkungen der freien Vermögensverwaltung beseitigt zu sehen.

Durch die einseitige Abänderung oder Aufhebung der angeführten Konkordatsbestimmungen ist nun offensichtlich eine Diskrepanz entstanden zwischen dem, wozu sich der Staat durch völkerrechtlichen Vertrag verpflichtet hatte und woran er noch heute gebunden ist, und dem Rechtszustand, der im innerstaatlichen Bereich eingetreten ist, ein vertragswidriger Zustand, der aus rechts- und staatspolitischen Gründen eine Bereinigung fordert. Da durch die Verhältnisse die bloße Wiederherstellung des früheren Rechtszustandes nicht mehr möglich ist, so kann der vertragswidrige Zustand eben nur durch Verhandlungen mit dem Vertragsgegner beseitigt werden, die auf einen neuen, den Realitäten der Gegenwart entsprechenden, jedoch vereinbarten Zustand abzielen und den Beziehungen zwischen Staat und Kirche eine neue vertrags- und verfassungsmäßig gesicherte Grundlage geben. Diese Forderung wird denn auch von den Bischöfen mit allem Nachdrucke erhoben, wie der kürzlich stattgefundene Katholikentag in Wien erneut gezeigt hat.

Es handelt sich vor allem um die Schul- und Ehefragen, deren Lösung umso schwieriger ist, als sich hier die Weltanschauungen schroff gegenüberstehen. Die Bischöfe und das katholische Volk und nicht minder weite Kreise der evangelischen Kirche lehnen das staatliche Schulmonopol ab und fordern auf Grund der verfassungsmäßigen Gewissensfreiheit für alle Staatsbürger die Anerkennung des natürlichen Rechts der Eltern, die Erziehung ihrer Kinder zu bestimmen und durch Schulen und Lehrer erreichen zu können, die ihrer Weltanschauung und Religion entsprechen. Sie fordern deshalb für die Eltern die Möglichkeit, die Errichtung konfessioneller Staatsschulen zu verlangen, weiter das Öffentlichkeitsrecht wie vor 1938 für die gewaltig große Zahl der katholischen Privatschulen, aber auch die Tragung der Lasten durch den Staat, weil er durch sie weithin entlastet wird, und sonst die Eltern die Kosten sowohl für die Privatschulen wie mit ihren Steuergeldern für die Staatsschulen tragen müssen.

Das zweite ist die Beseitigung des NS-Ehegesetzes und des Trauungsparagraphen 67 des Personenstandsgesetzes, die dem österreichischen Volk aufgezwungen wurden, das nie die Zwangszivilehe gekannt und nur zu einem ganz geringen Teil von der 1868 eingeführten Notzivilehe anstelle der Eheschließung vor dem katholischen oder evangelischen Seelsorger als staatlichem Matrikelführer Gebrauch gemacht hatte. Da für die Katholischen die Ehe ein Sakrament ist, so sehen sie in dem Zwang zur Ziviltrauung vor der kirchlichen Trauung eine Verletzung der elementaren Glaubens- und Gewissensfreiheit, der Freiheit, ein Sakrament ohne Einspruch des Staates zu empfangen. Die Verurteilung zweier Geistlicher im Jahre 1950, die sich in ihrem Gewissen verpflichtet fühlten, ein Brautpaar zu trauen, das unmittelbar vor der Auswanderung nach Amerika stand, aber die für die Ziviltrauung erforderlichen Papiere aus Rußland nicht erhalten konnte — ein im Schlußprotokoll zum Reichskonkordat ausdrücklich anerkannter, aber im österreichischen Konkordat nicht vorgesehener Notstand —, diese Verurteilung hat weithin große Erregung ausgelöst und zu der Erkenntnis geführt: Da im Staatsgrundgesetz Art. 14/15 und im Art. 63 des Staatsvertrages von St. Germain die volle Freiheit des Gewissens und der Religionsausübung verfassungsrechtlich verankert ist, so war die Einführung des § 67 durch eine Verordnung der Reichsregierung im Jahre 1939 eine Verfassungsänderung, die durch den erwähnten Art. 2 des Verfassungsüberleitungsgesetzes von 1945 aufgehoben worden ist. Damit ist § 67 außer Kraft getreten; doch hat der Gesetzgeber diese Konsequenz durch formelle Aufhebung des § 67 bisher noch nicht gezogen.

Darum wird ein neues Ehegesetz gefordert, das anstelle der Zwangszivilehe die Wahlzivilehe festlegt, so allen gesetzlich anerkannten Kirchen und Religionsgesellschaften das Recht zur Trauung mit staatlicher Wirkung einräumt und damit jedem — gleichviel ob Katholik oder Protestant oder konfessionslos — die Freiheit gibt, nach seinem Gewissen die Ehe entweder vor dem staatlichen Standesbeamten oder dem Religionsdiener seiner Kirche oder Religionsgesellschaft zu schließen. Zum Schutz der staatlichen Interessen wird — ähnlich wie es der Altmeister des österreichischen Eherechtes Rudolf Köstler in seinem kurz vor seinem Tode veröffentlichen Entwurf eines österreichischen Ehegesetzes getan hat — vorgeschlagen, durch Vereinbarung mit den Kirchen und Religionsgesellschaften den trauenden Religionsdiener zu verpflichten, von besonderen genau zu umschreibenden Notfällen abgesehen, keine Trauung vorzunehmen, ehe nicht durch ein staatliches Aufgebot festgestellt ist, daß kein staatliches Eheverbot hinsichtlich eines noch nicht staatlich gelösten Ehebandes oder der staatlichen Alters- und Entmündigungsvorschriften entgegensteht. Der dann erfolgte Eheabschluß wäre unverzüglich dem Standesbeamten mitzuteilen, der ihn sogleich in das Eheregister einzutragen hätte, wodurch dann die bürgerlichen Rechtswirkungen einträten.

Laun-Hamburg: Ich möchte Sie nicht lange aufhalten, und ich wage es nicht, in die schwierigen staatskirchenrechtlichen Probleme einzugehen, welche die drei Redner heute behandelt haben; aber ich fühle mich verpflichtet, im Interesse der juristischen Klarheit und der historischen Wahrheit, zu einer Richtigstellung bezüglich der rückwirkenden Kraft von Nazigesetzen. Denn es handelt sich ja bei der Beurteilung der Lage Österreichs zwischen 1938 und 1945 um eine rückwirkende Nichtigerklärung eines Nazigesetzes. Nun ist das ja ein schwieriges Problem. Ich kann es nur mit einigen kurzen Worten behandeln.

Man kann drei Arten von Nazigesetzen unterscheiden. Die mildeste Form war die, daß man sagte, ein Gesetz gilt bei Änderung einer Verfassung an sich weiter, aber es wäre wünschenswert, daß es aufgehoben würde, und es wurde dann irgendeinmal nach dem 8. 5. 1945 aufgehoben nach dem Grundsatz: lex posterior derogat priori.

Darüber gibt es weiter nichts zu reden.

Die etwas strengere Form war die, daß man annahm, ein Gesetz oder irgendeine Vorschrift aus der Nazizeit widerspricht in so hohem Maß dem seit dem 8. 5. 1945 bestehenden Rechtszustand, daß wir schließen müssen, es gilt ipso jure ex nunc nicht mehr weiter, z. B. das Führerprinzip in der Verwaltung.

Endlich drittens die strengste Form war die, daß man sagte, ein Nazigesetz ist dermaßen gewaltsam gewesen, daß wir daraus folgern, es sei nach rückwärts hin „absolut nichtig". Das kann man zwar fordern; wenn man aber einem Gesetz rückwirkende Kraft beilegt, kann das nur beschränkte Bedeutung haben. Denn so allmächtig auch der Gesetzgeber nach dem herrschenden juristischen Positivismus ist, die Vergangenheit kann er nicht wegleugnen und nicht weglügen, sondern, wenn früher einmal ein Faktum existiert hat, das ihm nicht paßt, kann er nur sagen: wir wollen es so betrachten, als ob es nie dagewesen wäre. Dies ist eine anbefohlene Fiktion. Sie ist durchaus möglich, und wir müssen als Juristen, die den positiven Willen des Gesetzgebers zu befolgen haben, ein solches Gesetz für die Zukunft befolgen, also hier den Befehl: ihr habt Euch von jetzt ab so zu verhalten, als ob Österreich nicht 1938 zugrunde gegangen wäre, sondern das jetzige Österreich noch identisch mit dem alten Österreich wäre. Dieser Befehl war für die Zukunft bindend, aber er war eine Fiktion nach der Vergangenheit hin, in Wahrheit war das historische Ereignis das, daß Österreich zugrunde gegangen ist und 1945 wieder neu errichtet wurde. Und es ist notwendig, so zu denken. Bedenken Sie andere Folgen: Nehmen Sie an, heute würde ein Staat, der in großer finanzieller Notlage ist, sagen wir etwa, die Einkommensteuer nach rückwärts hin auf 10 Jahre verdoppeln. Er kann nicht befehlen: Ihr wart 10 Jahre verpflichtet, die doppelte

Steuer zu zahlen, sondern er könnte nur anordnen: ich werde von Euch von heute ab das und das einheben, so als ob Ihr 10 Jahre lang die doppelte Steuer geschuldet, aber nicht bezahlt hättet. In Wahrheit wäre es aber eine Steuer, die für die Zukunft ausgeschrieben wird, die aber mit einer Fiktion nach der Vergangenheit hin begründet wird. Dieselbe Lage ergibt sich bei allen rückwirkenden Gesetzen, welche absolute Nichtigkeit nach rückwärts hin verlangen. Daher ist es richtiger zu sagen: Österreich ist zugrunde gegangen, ist aber dann durch eine vom 8. 5. ab geltende, nach rückwärts wirkende Fiktion so behandelt worden, als ob es noch bestünde und mit sich identisch wäre.

Ich hoffe, daß ich damit alles gesagt habe, was in der Kürze zu diesem Problem vorgebracht werden kann.

Professor Dr. Scheuner, Bonn: Es liegt in dem Wesen einer staatskirchenrechtlichen Debatte begründet, daß die individuellen Positionen in einer verhältnismäßig tiefen Schicht des eigenen Denkens und seiner weltanschaulichen Grundlagen begründet sind. Es mag alsbald betont sein, daß ich von einer solchen grundsätzlichen Sicht her sprechen möchte, und daß ich mich daher von dort aus selbstverständlich leichter mit Herrn Weber auseinandersetzen kann als mit Herrn Peters, weil ich mich ihm gegenüber auf einem Boden bewege, der schon durch die Verschiedenheit des Glaubens eine Abweichung aufweist, und es keinen Sinn hätte, diesen Unterschied hier hervorzuheben. Ich bitte also Herrn Peters, es nicht als mangelnde Aufmerksamkeit seinen ausgezeichneten Ausführungen gegenüber aufzufassen, wenn ich mich stärker mit dem anderen Referenten beschäftige.

Herr Weber hat, vielleicht aus Vorsicht, gemeint, man solle sich nicht mit seinen Thesen über den Staat befassen, sondern mit den anderen Folgerungen, die er gezogen hat. Ich kann ihm in diesem Wunsche leider keine Gefolgschaft leisten. Denn seine Betrachtung der Lage der Kirche wird entscheidend durch seine Auffassung vom heutigen Staate bestimmt. So bleibt mir nichts übrig, als sein Verbot hier zu übertreten. Die Sicht, die uns Herr Weber entwickelt hat, war eine meisterhafte Analyse der Entwicklung, die sich in der Haltung der staatlichen Bürokratie gegenüber kirchlichen Fragen vollzogen hat. Hier wird den Linien, die er gezogen hat, wohl die Zustimmung aller sicher sein, und hier hat er die Verhältnisse in klarer und glänzender Fassung dargelegt.

Dagegen empfinde ich doch starke Bedenken gegen seine Darstellung, soweit sie den heutigen Staat als ein ständisches Konglomerat paziszierender Kontrahenten darstellt, unter denen in einer eigenartigen Gemengelage politische Parteien, Gewerkschaften, Wirtschaftsverbände und auch die Kirchen erscheinen. Diese Deutung des pluralistisch aufgelösten Staates, der Herr

Weber auch literarisch schon in eindrucksvoller Weise Ausdruck gegeben hat, hat weite Verbreitung und wohl auch eine weitgehende Zustimmung gefunden. Um so mehr ist es notwendig, sie doch einmal näher zu betrachten. Da darf man zunächst hervorheben, daß der geistige Ausgangspunkt dieser Sicht doch bereits ein ziemlich weit zeitlich zurückliegender ist. Carl Schmitt hat in seinem „Hüter der Verfassung" diese Auffassung bereits 1931 vorgetragen. Und seine Deutung ist doch wohl noch ein Bestandteil der Neigung jener Zeit nach dem ersten Weltkrieg zur Enthüllung und Decouvrierung bisher anerkannter Werte und politischer Formen, die mir nicht mehr ganz gegenwärtig erscheint. Ist nicht das eigentliche Anliegen unserer Generation und unseres Zeitalters, die durch das Feuer des Zusammenbruches des Staates wiederholt gegangen sind, nicht bloß in glanzvoller soziologischer Analyse die Gefahren der Gegenwart und die Dekomposition bestehender Einrichtungen aufzuweisen, sondern vielmehr auch die zartere Pflanze der Wiederaufrichtung der deutschen Staatlichkeit zu hüten, mag diese Aufgabe auch weniger eindrucksvoll und schwieriger erscheinen? Die Anschauung vom Staate als eines pluralistischen Gemenges entspringt im Grunde einer von Hobbes herkommenden Sicht des Staates, die sich ihn nur als den übergeordneten und souveränen Befehlshaber denken kann. Denn nach einem solchen Staat ruft doch, wenn man die Thesen Webers durchdenkt, seine Analyse, wenn er nicht bereit wäre, sich einem korporativen oder syndikalistischen Staatsideal anzuschließen. Ich möchte meinen, daß dieser souveräne, den sozialen Kräften gegenüber unabhängige Staat, von dem Weber ausgeht, der Vergangenheit angehört. Der Bestand der Monarchie, die dieses Staatsbild einst darbot, ist im 19. Jahrhundert langsam abgetragen und nun bis auf einen Restbestand verschwunden. In dem schönen Vortrag über die Stellung des Beamten, den Herr Weber unlängst gehalten hat, weist er dem Beamtentum die Position eines Repräsentanten der Gesamtheit, einer zusammenfassenden und neutralen Macht zu. Wie will dies Bild zu seiner These von der Aufgliederung des Staates in ein Bündel kontrahierender Gewalten passen? Ich darf einen weiteren Punkt hervorheben. Ist nicht die Deutung des demokratischen Staates, die Herr Weber zugrundelegt, die Vorstellung Rousseaus von der volonté générale als unmittelbaren Ausdrucks des Volkswillens? Ist man aber berechtigt, den modernen Staat von dieser Anschauung her zu deuten, die nur eine bestimmte radikale, wenn auch höchst einflußreiche Sicht der Demokratie bedeutet hat, und auf die jedenfalls die angelsächsische demokratische Tradition nicht gegründet werden kann? Im letzten Menschenalter ist die Herleitung der Demokratie aus einer einheitlichen volonté générale zudem schon von Josef Schumpeter, Karl Mannheim und anderen durch eine modernere und, wie mir scheint, zutreffendere Deutung ersetzt worden. In ihr erscheint die Demokratie als eine Staatsform der Gewinnung der staatlichen Richtung aus der Konkurrenz der Parteien im Ringen um die Macht. Man kann auch mit Mannheim dieser Sicht darin Ausdruck geben, daß man die Demokratie als eine Staatsform auffaßt, in der es keine stabilen Herrschaftsstrukturen mit dauernder Befehlsgewalt einer bestimmten Machtgruppe gibt, sondern in der eben die Möglichkeit des Wechsels der Regierenden und des Ausgleichs unter den Kräften ein Element der Freiheit und der Mäßigung darstellen. Vom englischen oder amerikanischen Staatsbilde her würde das Streben nach einer stetigen übergeordneten Entscheidungsinstanz nicht verständlich erscheinen. Daß aus unserer eignen Tradition her die Betonung der herrschaftlichen Struktur des Staates starke Impulse empfängt, brauche ich nicht zu betonen.

Wenn wir uns nun dem Bereich der Kirche zuwenden, so ist Herr Weber hier im wesentlichen auf der Seite des Staates verblieben und hat von dem im 19. Jahrhundert durchgeformten Staatskirchenrecht her gedacht. Könnte es aber nicht sein, daß der Staat vielleicht selbst an dieser Position nicht mehr ganz festhält? Ist es nicht so, daß der moderne Staat nicht mehr ohne weiteres das Bild des agnostischen und laizistischen Staates bietet, das er im 19. Jahrhundert auf weite Strecken erfüllte? Sicherlich dürfte ein Teil der politischen Kräfte, die heute in Deutschland die Entwicklung bestimmen, nicht mehr von den Anschauungen bestimmt werden, die sich in der spätnaturrechtlichen Zeit des ausgehenden 18. Jahrhunderts über die Beziehung von Staat und Kirche geformt haben. Die Verfassungen von Bayern und Rheinland-Pfalz sind auf einer anderen Grundlage gebaut als der, die uns Herr Weber aufgezeigt hat. Die Haltung des Staates als einer neutralen Macht, die eine bestimmte Aufsicht über die Kirchen führt, ist ein Erzeugnis einer bestimmten Geschichtsepoche. Sind deren Grundlagen heute noch wirksam? Das ist eine Frage, die wohl mit größerem Nachdruck zu erheben wäre, als dies Herr Weber in seinem Vortrag getan hat.

Zu einem anderen Teile aber müssen sich Fragen auch aus der Sicht der Kirchen erheben. Kann der Staat am Selbstverständnis der Kirchen vorübergehen? Daß die katholische Kirche nicht ein Stand unter Ständen ist, daß die Fuldaer Bischofskonferenz nicht mit der Leitung der Gewerkschaften in einer Linie genannt werden kann, ist nicht nur vom Standpunkt der Kirche her zu begründen. Es wäre auch vom Staate aus eine Naivität, eine solche Gleichsetzung vorzunehmen, und selbst die heutige Bürokratie, die nach den Darlegungen des Referenten in ihren staatskirchenrechtlichen Kenntnissen nachgelassen hat, dürfte dazu keine Neigung zeigen.

Was die protestantische Kirche anlangt, so ist ihr Verständnis von sich selbst gewiß ein anderes. Aber auch hier wird man die Kirche nicht nur als eine Macht unter Mächten sehen wollen. Es gibt Fragen, bei denen sie auf einer ähnlichen Ebene wie andere Gruppen auftritt, dort nämlich, wo es um für sie äußere Dinge der Auseinandersetzung mit dem Staate geht, um Fragen der Besteuerung oder des Eigentums. Aber das ist doch nur die eine geringere Seite ihres Daseins. Von der anderen Seite sehen wir die Kirche ihr Wächteramt ausüben. Hier greift die Kirche in das öffentliche Feld nicht ein wie die Gewerkschaften, um politische Ziele zu erreichen, sondern kraft eines ganz andersartigen Auftrages. Dieser Unterschied kann nicht außer Acht gelassen werden, und auch der Staat geht an ihm nicht vorbei. Er beruft die Kirche nicht als politische Gruppe in den Rundfunk, sondern weil er das besondere Amt der Kirche in der Öffentlichkeit als eine Aufgabe besonderer Art anerkennt, wieder anzuerkennen bereit ist, wie er es seit dem späteren 19. Jahrhundert nicht mehr bereit gewesen ist. Hier liegen Probleme, denen man nachgehen sollte.

Erlauben Sie nun ein Wort der Ergänzung zu den klaren und abgewogenen Ausführungen von Herrn Peters. In der zutreffenden Übersicht, die dort über die Bedeutung des Konkordates für das Recht des Bundes gegeben wurde, darf ich einen Punkt berühren. Im Reichskonkordat, aber auch im preußischen Konkordat wird zwischen Staat und Kirche die bestehende Diözesenorganisation verbindlich festgelegt. Es besteht daher ein Vertragsanspruch der Bundesrepublik als des handlungsfähigen Kernes des deutschen Staatswesens dahin, daß, einer alten und wohlbegründeten Tradition folgend, die Kurie diese Organisation auch nicht in denjenigen Gebieten vor einem definitiven Frieden verändert, die tatsächlich vom deutschen Gebiete getrennt sind. Wie ich glaube, wird diese Folgerung auch von den beiden Vertragsteilen heute als zu Recht bestehend anerkannt, jedenfalls praktisch gehandhabt.

Ein letztes Wort zu der Frage, die Herr Laun angerührt hat, zur Rechtslage des österreichischen Staates. Ich billige dem österreichischen Staate zu, in seiner eigenen Rechtsansicht für sich selbst eine Identität und Kontinuität anzunehmen. Ich teile hier die Bedenken von Herrn Laun nicht. Jeder Staat hat das Recht, namentlich über einen kurzen Zeitraum hinweg, eine solche Auffassung für sich zu vertreten. Eine andere Frage ist es freilich, wie weit andere Staaten das anzuerkennen bereit sind. Hier liegt es so, daß wir in Deutschland gewiß keinerlei Herrschaftsansprüche mehr verfechten wollen, daß wir die Verselbständigung des österreichischen Staates in voller Anerkennung und Freundschaft vor sich gehen sehen, daß wir dem Gedanken einer rechtlichen Kontinuität aber doch aus verschiedenen Gründen heraus nicht werden folgen können. Einmal deshalb, weil der Untergang eines Staates ein Faktum ist und tatsächlich dieser Untergang mit der Einverleibung vollzogen war, wie es auch im Auslande anerkannt war, auch wenn man später im Krieg diese Anerkennung widerrufen hat. Aber daß 1938 ein faktischer Untergang stattgefunden hat, wird auch heute in der englischen, amerikanischen und italienischen Literatur durchaus nicht verkannt. Dieser Standpunkt wirkt sich auch heute noch praktisch aus. Im Londoner Schuldenabkommen hat die Bundesrepublik gewisse Verbindlichkeiten aus der Zeit der Zugehörigkeit Oesterreichs zu Deutschland übernehmen müssen. Es kommt hinzu, daß auch für die Staatsangehörigkeit der in Deutschland lebenden Personen und diejenigen, die Gewicht darauf legen, deutsche Staatsangehörige geblieben zu sein, sich hier wichtige Folgerungen aus der einen oder der anderen Anschauung ergeben. Die deutsche Rechtsprechung erkennt, ich weise auf die neuesten Urteile des Bundesverfassungsgerichts hin, die Möglichkeit einer solchen Erhaltung der deutschen Staatsangehörigkeit an. So ist es nicht verwunderlich, daß wir in Deutschland ein anderes Bild jener Vorgänge für rechtlich begründet halten, als dies in Wien geschieht. Ich sehe darin, daß aus den dargelegten und noch manchen anderen Gründen eine solche verschiedene Rechtsanschauung vertreten wird, aber keinen Grund zum Konflikte. Es wird durchaus möglich sein, daß diese beiden Auffassungen nebeneinander hergehen, und daß wir uns nicht wehe tun, wenn wir hier jeder am eigenen Wege festhalten.

Giese-Frankfurt M.-Mainz: Ich mußte heute morgen daran denken, daß vor genau 50 Jahren, sagen wir akademisch vor 100 Semestern, ein Bonner Student im Vorlesungsverzeichnis etwas ganz Merkwürdiges entdeckte, nämlich eine Vorlesung über Staat und Kirche. Diese Vorlesung fand nicht statt, denn ich war der einzige Hörer, der gekommen war. Aber seitdem beschäftigt mich die Materie, und darum fühle ich mich berechtigt oder besser verpflichtet, hier einiges vom Ergebnis meiner Gedankengänge im Anschluß an die beiden Referate mitzuteilen. Es ist das ja eine etwas abseits liegende Materie — ich habe oft in meinen Vorlesungen gesagt: wie ein Veilchen im Verborgenen, das nur wenige finden. Aber die Staatsrechtslehrervereinigung hat den Ruhm, das Veilchen wieder entdeckt zu haben, und ganz besonderes Verdienst haben sich die beiden Referenten, die Herren Weber und Peters, erworben.

Wenn ich nun hier pflichtgemäß Kritik üben soll, so fällt mir das in der Tat etwas schwer.

Mein erster Eindruck war der gleiche wie im vorigen Sommer, da ich in Mainz vor ganz wenigen Hörern über Staat und Kirche sprach. Da merkte ich schon, daß mein Kollegheft völlig überholt war. Und wenn ich jetzt wieder über Staat und Kirche sprechen soll, so muß ich sagen, daß nach dem, was ich heute gehört habe, die Materie abermals für mich völlig überholt ist. Wir haben da zunächst aus dem beredten Munde des Kollegen Weber, eines der ganz wenigen meisterhaften Kenner des Gebietes, eine wunderbare Darstellung bekommen, eine sozialwissenschaftliche Betrachtung, an der ich nicht nur darum keine Kritik üben möchte, weil ich mich dessen nicht recht fähig fühle, sondern an der ich auch deshalb keine Kritik zu üben brauche, weil sie mich sozialwissenschaftlich überzeugt hat. Aber ich bin nun mal Jurist und gehöre sogar der alten Gruppe der konstruktiven Positivisten an. Von diesem Standpunkt aus möchte ich doch einiges hinzusetzen. Denn die Ausführungen Webers erschienen mir, betont juristisch gesehen, etwas ergänzungsbedürftig.

Was Herr Weber über den Ständestaat gesagt hat, hat mir im Grunde gefallen. Ob es aber in allem so zutrifft, darüber bin ich nach den Ausführungen des Kollegen Scheuner einigermaßen schwankend geworden; aber ein gutes Bild ist es jedenfalls. Mag man auch diese Front — entschuldigen Sie diesen Naziausdruck —, mag man auch diese Zusammenstellung von Staat, Kirche, Gewerkschaften usw. etwas seltsam finden, ich glaube doch, daß allerhand tertia comparationis herauszuholen sind. Aber da beginnt die Kritik: Wenn man diese Dinge so nebeneinander stellt, dann fehlt doch die überwölbende Ganzheit, und diese Ganzheit hat Herr Scheuner soeben in trefflicher Weise ergänzend zu definieren versucht. Ich wage aber noch nicht, darüber jetzt schon eigene Vorschläge zu machen, denn ich müßte selbst diese Konstruktion erst noch einmal sehr genau durchdenken.

Dann sind heute morgen noch einige Ausdrücke gefallen, die ich mehr als Ausdruck denn als Begriff kritisieren möchte. Es wurde gesagt, es gebe keine Staatskirchenhoheit mehr. Ich kann diese Bemerkung verstehen, aber ich möchte den Ausdruck trotzdem vorerst noch beibehalten. Es fragt sich nur, was man denn unter Staatskirchenhoheit versteht. Natürlich nichts Obrigkeitliches, nichts, was auch nur im entferntesten eine Überordnung des Staates über die Kirche erkennen ließe; das gehört ja längst der Vergangenheit an. Aber es gibt doch noch so etwas, was übrig geblieben ist von der bekannten mittelalterlichen Dreiteilung. Das jus reformandi ist längst erledigt. Vom jus inspiciendi cavendi aber scheint mir eines übrig geblieben zu sein. Die Einrichtungen, die es darüber heute noch gibt, stehen m. E. nicht so sehr im Zeichen der Kontrolle als im Zeichen des der Kirche Helfenwollens, ich meine der Absicht, daß kirchliche Vorschriften und Einrichtungen im weltlichen Sektor Anerkennung finden, oder, um mal ein konkretes Beispiel zu nehmen, daß der Staat noch mitsprechen muß, wenn eine neue Kirchengemeinde oder ein neuer kirchlicher Verband rechtsfähig sein soll. Wenn hier der

Staat solches ausdrücklich zusätzlich zum kirchlichen Recht bestimmt, so wird damit die Einrichtung erst für den staatlichen Rechtsbereich existent, sagen wir mal verbindlich für Staatsstellen wie Grundbuchrichter, Notar usw. Mag der Ausdruck jus inspectionis heute sonst nicht mehr passend erscheinen, so kann und muß er doch unter dem Gesichtspunkt gerettet werden, daß man damit den kirchlichen Einrichtungen im säkularen Bereich zu einer ausdrücklichen Anerkennung und Festigung verhelfen will und verhilft.

Dann habe ich ganz vermißt das jus advocatiae, das Schutzrecht. Ich meine freilich dabei nicht so sehr den strafrechtlichen und polizeilichen Schutz, sondern ich denke in etwas weiterem Sinne an alle jene Bestimmungen, die dazu dienen, der Kirche auch vom weltlichen Standpunkt aus dabei zu helfen, ihre geistliche Mission zu erfüllen. Ich meine die Erscheinung, daß der Staat kirchliche Einrichtungen als rechtserheblich anerkennt, daß der Staat bei seinen eigenen Einrichtungen auf kirchliche Belange Rücksicht nimmt. Über alle diese zweifellos sehr wesentlichen Dinge gibt es ja auch Vorschriften. Leider fehlt die Zeit, zu dieser schönen Übersicht, die Kollege Peters uns gegeben hat — es war eine wertvolle Auswahl von guten Fällen —, im einzelnen Stellung zu nehmen.

Aber eins darf ich daraus hervorheben: Es hat mich gefreut, daß beide Vortragende an der Rechtsgültigkeit der Konkordate nicht nur keinen Zweifel ließen, sondern diese Rechtsgültigkeit mit einer gewissen Selbstverständlichkeit voraussetzten. Ich halte das für durchaus richtig und habe mich etwas gewundert, daß darüber nach 1945 mancherlei Zweifel geäußert worden sind.

Im Zusammenhang damit komme ich mit einer ganz kurzen Notiz noch auf die Bundeskompetenz zu sprechen. Auch da habe ich heute Neues gelernt, vor allem, daß die Bundeskompetenz aus natürlichen Gründen für unser Gebiet wertvoll ist. Man soll mit Ergänzungen des Bonner Grundgesetzes heute äußerst vorsichtig sein — ich will hier nichts angedeutet haben, was nicht hierhin gehört —, aber für die Materie des Staatskirchenrechts muß ich sagen, daß hier eine Ergänzung der wenig glücklichen Stellungnahme des GG. durchaus gerechtfertigt ist.

Nun zum Abschluß. Es ist heute morgen seitens beider Referenten — und das dürfte doch wohl die Hauptsache sein — versucht worden, die grundsätzliche Frage zu beantworten, welches kirchenpolitische System wir denn eigentlich heute haben. Mit Recht wurde bemerkt, daß die Eingliederung in die überkommenen Schemata nicht mehr recht passe. Aber man sollte sich dennoch darum bemühen. Ich habe einmal während des Dritten Reichs versucht, die damaligen verworrenen Zustände irgendwie in das überkommene Schema einzugliedern. Es war vielleicht ein Versuch am untauglichen Objekt. Vielleicht ist es heute ein solcher Versuch. Das Schlagwort der Trennung ist ja mit Recht abgelehnt worden; vielmehr wurde, wenn ich mich recht erinnere, gesagt, daß keine der Trennungsarten, wie sie bisher in der geschichtlichen Entwicklung vorgekommen sind, heute verwirklicht sei. Mit Recht, denn die Wirklichkeit läßt zwar einerseits allerhand Getrenntes konstatieren, anderseits zeigt sie aber auch allerhand Verbindendes, und das scheint mir doch entschieden zu überwiegen. Dabei haben die Referate in einem sehr wichtigen Punkte das Problem erfreulich gefördert. Wir haben bisher die Frage nach Verbindung oder Trennung stets auf der staatlichen Ebene gestellt und zu beantworten versucht. Da ist es wohl ein großer Fortschritt der Erkenntnis, daß man diese Frage — Verbindung oder Trennung — auf einer höheren Ebene stellen muß. Freilich fehlt noch der Ausdruck für diese höhere Ebene. Sie ist soziologisch von Weber gedeutet, aber juristisch noch nicht präzisiert worden.

Ich möchte abschließen mit einer Kennzeichnung der Situation durch meinen hochverehrten und unvergeßlichen Lehrer Ulrich Stutz, der einmal von einer konkordatgesicherten Trennungskirche gesprochen hat. Dieses Wort — es wurde wohl gesprochen vor etwa vier Jahrzehnten — kommt vielleicht auch heute noch dem tatsächlichen Zustand sehr nahe, wenngleich mich der Ausdruck Trennung dabei stört. Man sollte überhaupt versuchen, bei der Kennzeichnung der heutigen Situation und beim Versuch der Erklärung der gegebenen Zustände das Wort Trennung herauszulassen. Es ist natürlich keine Trennung im feindlichen Sinne, darüber sind wir uns ja einig, es kann höchstens, wenn überhaupt, eine Trennung im freundlichen Sinne sein, nämlich in dem Sinne, daß die Kirche sich frei bewegen und betätigen soll. Aber es fehlt uns hier, zumal angesichts der heute besonders engen Verbindung zwischen Kirche und Staat, noch die klare juristische Konstruktion. Vorläufig möchte ich mich auf den Weg begeben, der aus den Worten des Kollegen Scheuner ersichtlich wurde, obwohl auch er noch nicht deutlich genug gesagt hat, welches denn dieses Gewölbe ist, das über den beiden Mächten Staat und Kirche steht. Wir haben heute gelernt, daß es nicht mehr die Staatsebene ist, aber noch weniger die Kirchenebene sein kann. Suchen wir also weiter nach dem dritten Rechtsboden, nach jener höheren Ebene, die Staat und Kirche auch rechtlich überwölbt. Wir können sie nur ahnen, aber noch nicht in Worte fassen. Oder sollte sie sich überhaupt der juristischen Erfassung entziehen?

Merk-Tübingen: Ich möchte nur einige wenige Bemerkungen machen, zumal über die Punkte, über die ich sprechen wollte

z. T. schon gesprochen worden ist. Der erste Punkt betrifft den „Ständestaat". Ich habe Bedenken gegen diese Bezeichnung. Kann man wirklich von „Ständen" sprechen, insbesondere z. B. auch mit Bezug auf die katholische Kirche, die eine Weltkirche ist, über den Bereich des Staates hinausgeht und selbst „Stände", wie den der Geistlichen, aufweist? Jedenfalls aber kann man nicht von einem „Ständestaat" reden. Beim Ständestaat, wie er im Mittelalter verwirklicht war, war eine Anteilnahme dieser Stände an der staatlichen Willensbildung vorhanden. Ist das hier der Fall? Wenn eine 2. Kammer neben der sog. Volkskammer besteht, in der die Kirchen, die Gewerkschaften usw. ihre Vertretung haben, dann mag man allenfalls davon sprechen, in gewisser Weise auch noch im Hinblick auf den Senat in Bayern, der eine gegenüber dem Landtag freilich nur sehr eingeschränkte Stellung hat. Aber mit Bezug auf den Bundesfreistaat Deutschland läßt sich das jedenfalls nicht sagen; die obersten Willensträger sind hier, vom Volke abgesehen, der Bundestag, der Bundesrat, die Bundesregierung und der Bundespräsident. Entsprechend dem volksherrschaftlichen Aufbau des GG. ruht die politische Macht bei den Parteien, insonderheit der oder den stärksten, den sog. Regierungsparteien und ihren Führern. Es kann sich also nur um eine mittelbare Einwirkung der sog. „Stände" auf die staatlichen obersten Willensträger handeln, von besonderen Verwaltungseinrichtungen hier abgesehen. Der jüngste Versuch der Gewerkschaften aber, in rechtswidriger Weise mittelbar mittels eines „politischen" Ausstandes auf die Gesetzgebung anläßlich der Beratung über das Betriebsverfassungsgesetz Einfluß auszuüben, ist bekanntlich gescheitert. Wenn sodann Kirchen, Gewerkschaften usw. unverbunden nebeneinander gestellt werden, so ist hier die einheitliche Beziehung zum Staate zu vermissen. Weiter ist die Frage: besteht nicht eine engere Beziehung zwischen Staat und Kirche, die beide sittliche Zwecke in ihrer Art verfolgen? In der Anerkennung der Kirchen als öffentlich-rechtlicher Körperschaften, in den Staatsunterstützungen usw. kommt doch zum Ausdruck, daß der Staat die Kirchen anders ansieht als die Gewerkschaften usf. Gewiß, es handelt sich hier überall um gesellschaftliche Mächtegruppen innerhalb des Staates; aber der Gedanke der Einheit des Staates mit seiner unabhängigen Herrschaftsgewalt im allgemeinen, und seiner Gebietshoheit im besonderen, darf m. E. nicht aufgegeben werden. Der Begriff der Unabhängigkeit, der sog. Souveränität, scheint zwar in gewisser Weise seit dem Ausgange des zweiten Weltkrieges fragwürdig geworden zu sein. Aber es kann doch kein Zweifel darüber sein, daß bei den Vereinigten Staaten von Amerika und Rußland diese Unabhängigkeit in vollem Maße noch vorhanden ist. Es ist doch im Grunde nur eine aristokratische Zuspitzung in der Staatenwelt gegen früher eingetreten; bei den anderen Staaten kann man ja in vollem Sinne wohl nicht mehr von einer unabhängigen Staatsgewalt, zunächst freilich nur im politischen — nicht im rechtlichen — Sinne sprechen. Ich frage: sollen wir nicht weiterhin ausgehen von der Einheit der staatlichen Herrschaftsgewalt in seinem Gebiete und die gesellschaftlichen Gebilde, die sich innerhalb des Staats befinden, in Beziehung zum Staate bringen? Das führt mich auf den zweiten Punkt.

Herr Peters spricht in Ziff. III seiner Leitsätze aus, daß der Staat die Kirchen als Träger ursprünglicher Hoheitsgewalt anerkenne, daß die Kirchen den mit vom Staate abgeleiteten Hoheitsrechten ausgestatteten Körperschaften des öffentlichen Rechts nicht gleichzusetzen seien und daher eine Staatsaufsicht wesensgemäß nicht zu begründen sei, sondern nur soweit bestehe, als sie in Kirchenverträgen ausdrücklich zugestanden sei. Da könnte man wohl auf den Gedanken kommen, es stehen danach zwei Träger von unabhängiger Gewalt nebeneinander, der Staat und die Kirchen. Ich möchte mich doch gegen diese Verdoppelung des Staatsbegriffs und die Auffassung der Kirche nach Art des Staates wenden, von der Frage der Gebietshoheit ganz abgesehen. Wir haben ja im nationalsozialistischen Staat auch etwas Ähnliches gehabt, wo man gesagt hat, die Partei sei Träger eigenständiger, nicht vom Staate abgeleiteter, Hoheitsgewalt und wo man die Hoheitsträger der Partei den Hoheitsträgern des Staates gegenüber gestellt hat. Ich habe damals scherzhaft zu den Studenten in der Vorlesung gesagt, wie soll denn das z. B. auf einer politischen Landkarte dargestellt werden: soll da etwa neben England und Frankreich bei Deutschland die Partei und daneben vielleicht noch, wenn überhaupt, der Staat, das Deutsche Reich, eingetragen werden? Es war hierbei doch übersehen, daß die Rechtsstellung der NSDAP auf einem Reichsgesetz beruhte. Ich meine, so geht das doch wohl auch hier nicht. Herr Peters hat vielleicht die Bedeutung der Anerkennung der Kirchen als öffentlich-rechtlicher Körperschaften durch den Staat mit der Befugnis, ihre Angelegenheiten selbständig innerhalb der Schranken des für alle geltenden Gesetze zu ordnen und zu verwalten, nicht genügend gewürdigt. Gerade in dem Vorgange der Anerkennung kommt die Beziehung zum Staate und seiner Herrschaftsgewalt zum Ausdruck; der Staat läßt freilich das Kirchenrecht der Kirchen als eine eigenständige Rechtsordnung für das innere Leben der Kirche zu. Aber wir verlieren doch die Klarheit in der Auffassung der staatlichen Verhältnisse, wenn man von der einheitlichen, ursprünglichen und unabhängigen Herrschaftsgewalt des Staates absieht und im Staatsgebiete sozusagen ein doppeltes Gebilde staatlicher Art unabhängig nebeneinander stellt. Das Wesen der

Religion und der Kirchen ist eben doch in erster Reihe ein Inneres im Gegensatze zum Äußerlichen von Staat und Recht, trotzdem wir ja das Recht wieder auf dem Sittlichen als dem Endzweck des Rechts und zuletzt auf dem Religiösen als dem Urgrunde aufbauen, mag auch das Recht sich im Laufe der Entwicklung davon äußerlich gesondert und verselbständigt haben. Auf der anderen Seite vermag auch die Kirche der Rechtsform nicht zu entbehren. Art. 140 GG. mit den in Bezug genommenen Bestimmungen der Weimarer Reichsverfassung enthält Anordnungen des Staates, durch die er den Kirchen die dort bestimmte Stellung gegeben hat. Das wäre ja alles überflüssig, wenn die Kirchen schlechtweg Träger unabhängiger Gewalt wären; es kann auch keine Rede davon sein, daß der Staat sie als solche anerkannt hätte. Dazu kommt noch, daß diese Bestimmungen des GG. abgeändert werden können, sie nicht etwa im Sinne des Art. 79 unabänderlich sind, gleichviel, ob nun ein Anlaß besteht, sie abzuändern oder nicht.

Ich bin so der Meinung, daß es doch im Gegensatze zu Herrn Weber noch Staatshoheitsrechte gegenüber den Kirchen und ein Staatskirchenrecht gibt; das ergeben außer den eben angeführten Bestimmungen weiter die Bestimmungen der Konkordate, an deren Fortgeltung nicht zu zweifeln sein wird, z. B. mit der Genehmerklärung bei der Einsetzung von Bischöfen und deren Eidesleistung gegenüber der Staatsregierung usw. Die alte Unterscheidung zwischen dem staatlichen „jus circa sacra" und dem kirchlichen „jus in sacra" hat so auch heute noch ihre Bedeutung. Gewiß ist das Staatskirchenrecht heute sehr eingeschränkt gegenüber der früheren Zeit, insbesondere der Einherrschaft vor 1918; z. T. erklärt sich das jetzt auch aus einem Rückschlag gegenüber dem nationalsozialistischen Staat mit seiner kirchenfeindlichen Einstellung.

Endlich ein dritter Punkt. Ich weiß nicht, ob ich Herrn Peters darin richtig verstanden habe, daß er allgemein behauptet hat, der Bund sei den Ländern nicht übergeordnet. Ich möchte dem entgegentreten. Jene Auffassung mag einer staatenbündischen Auffassung des Bundes entsprechen, die aber nicht der Stellung des Bundes als eines Bundesstaates nach dem GG. entspricht. Der Bund hat einmal die Rechtsmacht über seine Zuständigkeit, die sog. „Zuständigkeit über seine Zuständigkeit", kann sie also auf Kosten der Länder durch eine Verfassungsänderung ausdehnen; weiter aber kommt, soweit die Zuständigkeit des Bundes bereits besteht, die Unterworfenheit der Länder unter den Bundeswillen in den für sie verbindlichen Bundesgesetzen und in der Bundesaufsicht, ferner namentlich in der Bestimmung über die Neugliederung (Art. 29 GG.), zum Ausdruck.

Stanka-Wien: Ich möchte zunächst darauf verweisen, daß die Problematik des Verhältnisses von Staat und Kirche bereits im neuen Testament aufscheint. Man darf allerdings nicht sich damit begnügen, zu meinen, daß mit dem berühmten Zinsgroschenworte oder mit dem Römerbrief es bereits genug getan sei. Die Problematik liegt noch tiefer, und zwar im Wort vom Hirtenamt. Wenn wir die Geschichte des Begriffes „Hirte" in der antiken Philosophie, in der antiken Verfassungsgeschichte, in der orientalischen Geschichte und im alten Testament verfolgen, so ist festzustellen, daß an keiner Stelle das Wort vom Hirten verstanden wurde als ein Aufgabenbereich der religiösen Gemeinschaft, sondern immer als ein Bereich des Staates. Indem Jesus das Hirtenamt der religiösen Gemeinschaft der Kirche zuschrieb, hat er automatisch damit der jungen Kirche eine staatliche Funktion, um nicht zu sagen eine politische Funktion, politisch im damaligen Sinne des Wortes, verliehen. Es ist dabei interessant festzustellen, daß das Wort vom Hirtenamt meines Wissens nur im Johannesevangelium sich findet, nicht in den synoptischen Evangelien.

Dies, glaube ich, war aber die Ursache zunächst einmal des Zusammenstoßes zwischen Römischem Reich und Kirche, aber auch die früheste Ursache zur Ausbildung eines Kirchenrechtes schlechthin.

Das zweite, was ich bemerken möchte zu den Ausführungen des Herrn Ebers: Eine kleine Lücke. In Österreich wird die kirchliche Beitragsleistung nicht im Wege der Finanzämter eingehoben, sondern die Beitragspflichtigen bekommen vom zuständigen Pfarramt die Aufforderung, ihr Einkommen zu bekennen, und zahlen dann beim zuständigen Pfarramt ein. Es findet infolgedessen nicht ein Eingreifen des Finanzamtes statt. Das hat natürlich auf der einen Seite den Nachteil, daß soundsoviele Leute praktisch nicht zahlen, hat aber auf der anderen Seite den Vorteil, und ich habe mit Geistlichen beider Konfessionen gesprochen, daß die Kirche damit einen Einblick in die materiellen Verhältnisse ihrer Gemeindemitglieder erhält und damit auch eine Fühlung mit diesen dauernd zu halten imstande ist.

Und schließlich und endlich möchte ich kurz noch auf das letzte Problem, auf die Frage Österreich und seine Rechtskontinuität, eingehen.

Es ist natürlich so, daß die Frage, ob Österreich die einheitliche Rechtskontinuität gewahrt hat, d. h. dieselbe Rechtsperson ist wie im Jahre 1938 oder nicht, daß diese Frage zunächst keine Darstellung der geschichtlichen Wirklichkeit sein kann, sondern eine politische Zweckfiktion, die sich aus gewissen politischen Zweckerwägungen als gangbar oder als ungangbar erweist — für Österreich ist diese Frage insbesondere mit Rücksicht auf die

Kärntner Grenze einmal sehr aktuell gewesen. Nur in einer Hinsicht glaube ich, den offiziellen Sprachgebrauch aber ganz scharf ablehnen zu müssen: wenn man vom Jahre 1945 als „Befreiung" spricht, denn tatsächlich war es eine Besetzung durch Siegermächte.

Jellinek-Heidelberg: Es sei mir gestattet, auf drei Punkte hinzuweisen. Herr Weber hat in eindrucksvoller Weise dargetan, daß die Kirchen nicht mit sonstigen, innerhalb des Staates bestehenden Körperschaften des öffentlichen Rechts zu vergleichen seien. Dabei ist er auch auf die Frage zu sprechen gekommen, wie es mit der Gerichtsbarkeit bestellt sei, und wenn ich recht verstanden habe, so wollte er den Art. 19 Abs. 4 des Grundgesetzes von der Anwendbarkeit auf kirchliche Akte ausschließen. Herr Weber hat auch auf die britische Verordnung Nr. 165 hingewiesen, wo tatsächlich steht, Verwaltungsakte seien dies und dies, aber nicht die Akte von kirchlichen Behörden. Nun ist das sicher richtig, soweit es sich um rein kirchliche Pflichten handelt, also etwa die Pflicht, die Kinder im katholischen Glauben zu erziehen; aber es gibt auch noch andere Fragen, etwa die Frage, die mir begegnet ist bei einem evangelischen Pfarrer, ob ihm die Umzugskosten in voller Höhe zu bezahlen waren oder ob er das, was über das normale Maß hinausging, selbst tragen mußte. Oder ein anderer Fall, wo ein Pfarrer emeritiert und ihm aufgegeben wurde, seine Pfarrwohnung zu verlassen, und die Frage entstand, ob gegen diese Anordnung der Kirche irgendein Rechtsmittel gegeben sei. Ich meine, man muß bei diesen Fragen, die also nicht dem reinen Kirchenrecht angehören, doch die staatlichen Gerichte mit dem Rechtsschutz betrauen, und wenn ich mich nicht sehr irre, ist auch in dem Entwurf einer Verwaltungsgerichtsordnung, der noch nicht Gesetz geworden ist, jene Vorschrift der Verordnung Nr. 165 gestrichen oder eingeschränkt worden. Bei dieser Gelegenheit würde es uns sehr interessieren, die Ansicht von Herrn Kollegen Weber zu hören, wie es denn wäre, wenn die Kirche selbst kirchliche Verwaltungsgerichte einführte, wie dies ja nach 1918 in den evangelischen Landeskirchen vielfach der Fall war.

Der zweite Punkt betrifft die Heraushebung der Kirchen vor den sonstigen Religionsgesellschaften, was ja Herr Weber uns sehr überzeugend dargetan hat. Da ist nun vor einigen Jahren eine Frage bei uns in Württemberg-Baden entstanden. Sie haben vielleicht damals gehört, daß wegen des sogenannten Kulturpfennigs sogar der Württemberg-Badische Staatsgerichtshof angerufen wurde. Da war vorgesehen, daß jeder Zeitungsverleger, wenn er sein Blatt für 20 Pf. oder für 15 Pf. verkaufte, einen Pfennig zuschlagen sollte, der dann in einen Kulturfonds floß.

Es waren ausgenommen die Blätter der anerkannten Religionsgemeinschaften, also der Kirchen, und daran hat der Staatsgerichtshof Anstoß genommen und gesagt, das verstoße gegen den Gleichheitsgrundsatz. Die Kirchen seien privilegiert dort, wo es in der Verfassung vorgesehen sei, aber in diesem Fall dürften die Kirchen mit ihren Blättern und Zeitschriften nicht privilegiert werden. Ich wäre dankbar, wenn Herr Weber Gelegenheit fände, darauf zu antworten.

Und nun noch ein letzter Punkt. Herr Peters hat auf die Schwierigkeiten hingewiesen, die im Geltungsbereich eines Konkordats bei der Neubesetzung eines Bischofsstuhls bestehen, wenn mehrere Länder beteiligt sind. Auch da kann ich von einem badischen Fall erzählen. Jene bekannte Eifersucht zwischen Südbaden und Nordbaden zeigte sich nämlich auch bei der Besetzung des erzbischöflichen Stuhls in Freiburg, und Herr Wohleb hat es damals als selbstverständlich angesehen, daß — wie man sich ausgedrückt hat — Freiburg die Traditionskompanie stellte und daher Freiburg allein sowohl die politische Klausel geltend machen als auch den Eid abnehmen konnte. Die politische Klausel konnte, da der erzbischöfliche Stuhl besetzt war, von Nordbaden nicht zur Geltung gebracht werden, aber mit der Römischen Kurie wurde doch ein Schriftwechsel aufgenommen, und da hat sich die Kurie dem Gedanken nicht verschlossen, daß, wenn Nordbaden wie Südbaden zu den kirchlichen Lasten beiträgt, also zur Dotation, es dann auch ein Recht haben müsse, bei der politischen Klausel wie auch bei der Abnahme des Eides mitzuwirken. Die Frage ist ja damals entstanden, noch ehe das Grundgesetz in Kraft getreten war, aber ich möchte meinen, trotz der Ausführungen von Herrn Peters, daß dies auch heute noch rechtens ist, und daß nicht der Bundespräsident in diesem Falle einzugreifen hätte.

Smend-Göttingen: Ich möchte dem Dank für die beiden hervorragenden Referate nichts hinzufügen, auch im Grunde nichts den Ergänzungen, die zu ihnen inzwischen geboten worden sind, sondern ein gutes Wort einlegen für das Staatskirchenrecht über aupt, das scheinbar oder wirklich von Herrn Weber ja doch ein wenig in Frage gestellt ist. Ich darf es von zwei Seiten — von der Kirche einerseits und vom Staate andererseits — her versuchen. Der Störenfried in unserer Sicht des Ver ältnisses von Staat und Kirche ist ja bei dem im Grunde völlig verschiedenen Verhältnis der beiden Kirchen zu der Herbeiführung der gegenwärtigen Lage, so sehr sie nun im übrigen formalrechtlich und sachlich weithin solidarisch sind, die evangelische Kirche. Sie ganz besonders ist bisher wesentlich als Rechtskirche dem Staat gegenübergetreten, als Subjekt rechtlicher Ansprüche, vielleicht in gewissen Grenzen auch als ein sozialer Machtfaktor; und dann hat sie sich seit dem Kirchenkampf, gewissermaßen in verändertem Selbstverständnis, im Verhältnis zum Staat, statt wie bisher im wesentlichen als ein Rechtsverband mit Rechtsansprüchen, als eine Rechtskirche mit Rechten, so nunmehr — Günter Holstein würde es, theologisch nicht unbedenklich, so ausgedrückt haben — in erster Linie als Wesenskirche mit Wesensansprüchen zu behaupten gesucht. Herr Scheuner hat es vorhin ja schon an dem Gegensatz von handfester normaler Kirchenpolitik und Wächteramt deutlich gemacht. Auf dieser neuen Linie ist die Kirche nun mit sehr viel Initiative, in manchem mit beinahe revolutionärer Kraft auf dem Plan erschienen, und der Staat hat sich damit noch nicht recht abzufinden gewußt, er hat demgegenüber seine endgültige Front noch nicht recht gewinnen können. Aber es ist die Frage, ob er auf die Dauer nicht doch dazu kommen sollte, eine gesunde neue Regelung seines Verhältnisses zur Kirche zu finden, zu der allerlei gute Ansatzpunkte da sind — einige der Herren Vorredner haben mit großem Recht darauf aufmerksam gemacht —, es würde auch der Kirche gar nicht schaden, wenn sie hier wieder in normaleren Bahnen ihre notwendige Auswirkung suchen müßte.

Aber ich glaube, daß vom Staat her gesehen die eigentliche tiefere Antwort zu finden ist auf die Frage, wo eigentlich das Problem Staat und Kirche für uns aufzurollen ist. Es ist ja ein Schmerz für uns, daß niemand aus dem Osten hier ist. Erwin Jacobi würde, wenn er hier wäre, uns wohl sehr eindrücklich gesagt haben, wieso diese Dinge im Osten ganz und gar anders sind. Ich darf es zunächst am äußeren Technischen anschaulich machen. Es ist ja merkwürdig, daß, wenn wir mit den Machthabern des Ostens über das Verhältnis von Staat und Kirche verhandeln, daß sie dann zum guten Teil wohl ganz aufrichtig mit der evangelischen Kirche in Deutschland in gutem Verhältnis bleiben möchten, aber die Rechtsform dafür nicht finden, auch nicht im Anschluß an die modifiziert übernommenen Artikel der Weimarer Verfassung. Man weiß keinen Ort für die Kirche als öffentliche Korporation, seitdem dort das Nebeneinander von öffentlichem und privatem Recht so gut wie aufgehört hat, vor allem aber in diesem totalen Staat, neben dem es noch eine andere, beinahe souveräne Macht im Grunde nicht geben kann, und dazu im Bereich des russischen Einflusses, da man im Osten ein rechtliches Verhältnis von Staat und Kirche überhaupt nicht zu denken gewöhnt ist. Die Kirche läuft im russischen Osten sozusagen mit dem Staat mit, aber das Prinzip dieses Nebeneinander, das der Symphonia, ist ja doch mehr eine Maxime eines tatsächlichen Verhältnisses, nicht ein Gerechtigkeitsprinzip eines Rechtsverhältnisses. Man kann diese Dinge dort nicht denken und darum kann man sie auch nicht formulieren, darum kann man sie nicht normieren, es fehlt der geistige Ansatzpunkt dafür, ganz abgesehen vom politischen Willen. Das ist der Gegensatz, das ist das ganz andere, von dem sich die Voraussetzungen unseres Verhältnisses von Staat und Kirche so ganz und gar abheben. Ich brauche nur zu erinnern an die schöne neueste Abhandlung von Herrn Stanka, die zeigt, wie der germanische Staat überhaupt nur im Zusammenhang der Christianisierung möglich geworden ist, oder daran — diese Auffassung hat sich doch wohl unter uns durchgesetzt —, daß der moderne Staat aus den deutschen Territorien nicht deshalb entstanden ist, weil da Theorien von der Staatsraison oder dergleichen rezipiert wurden, sondern weil man um den alten oder um den neuen Glauben kämpfte und dadurch politisch und staatlich wurde. So ist dem deutschen Staat von vornherein, man möchte sagen kongenital die Beziehung auf das Kirchenproblem mitgegeben worden. Er hat sie seitdem wesensmäßig, er ist darauf ausgerichtet, sich mit diesem Problem ganz grundsätzlich auseinanderzusetzen. Er kann diese Auseinandersetzung in seinem positiven Recht in der verschiedensten Weise vornehmen, das kann geschehen von der Nähe des landesherrlichen Summepiskopats bis hin zu einer ganz gehässigen Trennung von Staat und Kirche. Da stehen alle Möglichkeiten offen, je nachdem mag der Staat die eine oder die andere realisieren, jedenfalls aber ist er darauf angelegt, sich mit der Kirche auseinanderzusetzen, sich bewußt auseinanderzusetzen, sich im Wege des Rechts auseinanderzusetzen, sich auseinanderzusetzen in einer Weise, wie es der Staat im Osten nun einmal nicht kann, gedanklich nicht kann, wesensmäßig nicht kann, das liegt an seiner Totalität und das liegt an seinem orientalischen orthodoxen Erbe. Das ist die Lage, in der wir sind. Dieser deutsche Staat hat, solange überhaupt noch irgendeine Wesenskontinuität zwischen unserer Gegenwart und unserer Vergangenheit besteht, ein Gefälle dahin, immer von neuem, in immer neuem Ringen und mit all den Unzulänglichkeiten, die die Geschichte des Staatskirchenrechts enthält, doch jedenfalls diese Materie zu regeln. D.h. wir können es nicht wohl so sehen, daß sich hier in einem — ich darf etwas übertreiben — sozusagen pluralistischen Chaos und Gärungszustande wie allerlei andere beliebige Faktoren so auch Staat und Kirche bewegen. Sondern diese beiden sind in einem ganz bestimmten und besonderen Verhältnis, vermöge ihrer beiderseitigen Wesensart, aufeinander hin ausgerichtet, der eine auf den anderen und der andere auf den einen, und sie müssen darum wesensmäßig zwischen sich ein geregeltes Verhältnis haben oder müssen es suchen. D. h. diese Krise, die Herr Weber so eindrücklich geschildert hat, ist gewiß der Zustand einer schweren Erschütterung einer konkreten Verhältnisregelung, aber ganz und gar nicht eine Infragestellung jenes grundsätzlich uns überkommenen, uns insbesondere durch die Geschichte unserer letzten vier Jahrhunderte überkommenen grundsätzlichen Verhältnisses von Staat und Kirche, und damit bleibt das kategorische Gefordertsein einer immer neuen Normierung, einer immer neu herzustellenden Ordnung des Verhältnisses zwischen Staat und Kirche.

Da liegt, glaube ich, das eigentliche Fundament, von dem her die Betrachtung unserer Lage, von dem her auch eine Politik unseres Staatskirchenrechtes auszugehen hat. Im Augenblick mag eine solche Regelung als ein Postulat erscheinen. Ich möchte aber doch und gerade hier in unserem Kreise und unter der Sicht der uns aufgegebenen grundsätzlichen Aufgabe meinen, daß dies Postulat, verstärkt durch die überzonale Einheit der Evangelischen Kirche in Deutschland, ein Ausdruck der fortbestehenden Einheit der vier Zonen des eigentlichen uns aufgegebenen Staates ist.

Wenn auf der einen Seite die Bundesrepublik und auf der anderen Seite auch wir unsere Aufgabe als die einer Repräsentation des Rechtslebens und öffentlichen Rechtsbewußtseins von ganz Deutschland verstehen, dann doch in dem Sinne, die Zugehörigkeit von ganz Deutschland zum Reich des abendländischen Geistes aufrechtzuhalten. Dieser abendländische Geist wird in dem Bereich, um den es sich hier handelt, im wesentlichen dadurch konstituiert, daß Normierbarkeit und Normiertheit des Verhältnisses von Staat und Kirche eines seiner Grundelemente ist. Das unterscheidet ihn unter anderem wesensmäßig vom Geist des Ostens. Wenn wir hier Gesamtdeutschland repräsentieren wollen, dann müssen wir um das Staatskirchenrecht bemüht sein.

Hugelmann-Göttingen: Nachdem schon so viel gesprochen ist, könnte es fast scheinen, daß nichts mehr zu sagen ist. Das, was ich zu sagen habe zu den beiden Referaten, kann ich auch sehr kurz sagen, wobei ich natürlich verzichte, auf viele Einzelheiten einzugehen, zu denen ich vielleicht einige Anmerkungen machen könnte. Aber das, war mir so außerordentlich eindrucksvoll an dem Referat des Herrn Weber war, ist, daß er für die Kirchen, nicht für alle Religionsgesellschaften, herausgestellt hat, daß sie doch in einem Status sich befinden — das Wort Status deutet ja darauf hin —, der mit jenem von Ständen verglichen werden kann, wie wir sie aus unserer Geschichte kennen. Das braucht natürlich nicht gemeint zu sein als eine einfache Wiederholung dessen, sondern es ist — ich glaube, hier im Sinne von Herrn Weber zu sprechen — das nur ein sehr allgemeiner Ausdruck für das, dem wir uns heute nähern wollen, was eben wird und was Auffassungen widerspricht, die uns noch in unserer Jugend — wenigstens in meiner Jugend — als selbstverständlich über das

Verhältnis des Staates und alles dessen, was sich innerhalb des Staates bewegt, vorgetragen wurden. Es ist nun allerdings so, daß man diesen Gedanken der Stände nicht auf alle jene Gruppen übertragen darf — und ich glaube auch hier, daß Herr Weber vielleicht mißverstanden wurde —, welche irgendwie als rivalisierende Gruppen sich geltend machen und die das Funktionieren der Formaldemokratie irgendwie in Frage stellen. Das haben sie gemeinsam mit den Kirchen. Aber sie unterscheiden sich so wesentlich von ihnen, daß dieses Ständeähnliche eben nur gerade bei den Kirchen voll gegeben ist. Wenn Herr Weber — wenn ich ihn recht verstanden habe — wegen dieses ständeähnlichen Charakters der Kirchen heute überhaupt in Frage stellen wollte, ob wir von Staatskirchenrecht noch sprechen können, dann glaube ich sagen zu dürfen, daß die beiden Referate nicht soweit voneinander entfernt sind, wie es vielleicht scheinen mag. Die Auffassung des tatsächlich Gegebenen, der Entwicklungstendenz, die war ja übereinstimmend, nur die Bewertung der Dinge war anders. Aber ich glaube, daß Herr Weber selbst einen Satz gesagt hat — wenn ich mich recht erinnere —, aus dem sich doch irgendwie ergibt, daß es ein Staatskirchenrecht auch heute gibt. Er hat meines Erinnerns gesprochen von einer Funktion der Kirchen in einem Gesamtzusammenhang politischer Ordnung. Und nun frage ich mich, ist nicht ein solcher Gesamtzusammenhang politischer Ordnung irgendwie noch Staat? Ist nicht selbst dann noch Staat vorhanden, wenn nicht nur die Kirchen, sondern überhaupt eine ganze Gruppe von Ständen in ihrem Zusammenwirken den Staat repräsentierten oder sagen wir vielleicht integrierten? Es mag ein Grenzfall des Staatsbegriffes sein, das gebe ich zu, aber ein Mindestmaß von dem ist dann eben vorhanden, was uns noch erlaubt, vom Staat zu sprechen, innerhalb dessen die Wirksamkeit der Kirchen sich abspielt und nicht nur tatsächlich, sondern irgendwie auch rechtlich gebunden. Es ist eben doch noch Staatskirchenrecht, glaube ich, vorhanden, wenn man diesen Gesamtzusammenhang oder diese Funktion der Kirchen in einem Gesamtzusammenhang politischer Ordnung vollständig ernst nimmt.

Mit dieser einzigen Bemerkung möchte ich eigentlich schließen, derentwillen habe ich mich zum Worte gemeldet. Aber nun haben mich die Ausführungen des verehrten Kollegen Ebers veranlaßt, obwohl schon die Herren Kollegen von Laun und Stanka dazu Stellung genommen haben, doch auch meinerseits noch Stellung zu nehmen zu der Frage dieser angeblichen Kontinuität der österreichischen Republik bis 1938 und ab 1945, wobei die Zwischenzeit ausradiert wird, als ob sie nicht dagewesen wäre, weil sie durch eine Gewalttat entstanden sei, die dann durch eine Befreiung ausgelöscht wurde, welche wieder nur eine andere

Besetzung ist. Aber ich möchte auch bei diesem Untergang Österreichs, bei diesem Eingang in das Deutsche Reich doch anders sehen, und da hatte ein Wort des Kollegen Ebers mir gezeigt, wo nach meiner Meinung hier der Fehler liegt. Er hat nicht gesprochen von einer Okkupation durch das Deutsche Reich, sondern von einer Okkupation durch den Nationalsozialismus. Nun, meine Herren, der Nationalsozialismus war in dem Moment, in dem Österreich durch das Deutsche Reich besetzt wurde, keineswegs eine auf das Deutsche Reich beschränkte politische Erscheinung. Man mag darüber streiten, ob — wie manche meinen — die Mehrheit der Österreicher oder ein sehr großer Teil in Österreich Nationalsozialisten waren. Aber daß ein großer Teil der Österreicher damals nationalsozialistisch, vor allem, daß sie großdeutsch gesinnt waren, daran kann kein Zweifel sein. Und es war nicht ein einseitiger Nur-Überfall, sondern es begegnete sich eine revolutionäre Bewegung gegen das Dolfuß-Schuschnigg-Regime, das ja auch seinerseits auf einem Oktroi beruhte, mit dem nationalsozialistisch geführten deutschen Staat, der als allerersten Punkt den großdeutschen Gedanken auf seinem Parteiprogramm hatte. Und es ist dann, wie diese Okkupation durch den deutschen Staat, getragen von dem Nationalsozialismus im Reich und genau so in Österreich, erfolgte, eigentlich eine Gewalt überhaupt nicht mehr geübt worden, sondern es sind die deutschen Truppen in einer Weise empfangen worden und es ist Adolf Hitler in Österreich in einer Weise empfangen worden, daß, wenn wir alle für die Dinge, die sich nachdem ereignet haben, eine Gesamtverantwortung tragen, von der ich persönlich mich nicht ausnehme, eine historische, nicht eine kriminelle, die Österreicher genau soviel Gesamtverantwortung zu tragen haben wie die Bayern oder die Badenser oder die Niedersachsen oder sonst jemand in Deutschland. Ich möchte in diesem Zusammenhang darauf aufmerksam machen, wenn man gerade vom Staatskirchenrecht spricht, daß der Gesamtespikopat Österreichs vor der Volksabstimmung in einem von allen österreichischen Bischöfen unterschriebenen Hirtenbrief das ungeheure Wort gesprochen hat, das mir eigentlich, dem entschiedenen Vorkämpfer des Anschlusses, fast unbegreiflich geblieben ist: „Wir erwarten von allen gläubigen Christen, daß sie mit ja stimmen werden". Und der erste Bundespräsident Österreichs nach 1945, jetzt wieder Österreichs, hatte in einem Artikel im Wiener Tagblatt vor der Wahl seine sozialdemokratischen Parteigenossen aufgefordert, mit ja zu stimmen. Es ist also hier doch so, daß nicht einseitig agiert wurde, sondern daß auch aus Österreich heraus ein sehr starkes Entgegenkommen vorhanden war, nicht von allen, gewiß; und man kann streiten von wievielen; aber daß es vorhanden war, darüber kann man nicht streiten und über diesen

Hirtenbrief der Bischöfe kann man auch nicht mit einer Handbewegung hinweggehen. Infolgedessen glaube ich, daß, da die Eingliederung Österreichs in das Großdeutsche Reich in Österreich allgemein anerkannt wurde, wie sie völkerrechtlich teilweise de jure, teilweise de facto anerkannt wurde, man ebensowenig wie von einer Befreiung jetzt, von einer einseitigen Okkupation damals sprechen kann, noch dazu durch den Nationalsozialismus, der mit einem Fuße schon längst in Österreich stand, ja aus Österreich herausgewachsen war; gab es doch in Österreich früher Nationalsozialisten im Parlament, als im Reich auch nur das Wort geläufig war.

Bischof Wüstemann-Kassel: Zunächst möchte ich Ihnen sehr herzlich danken für die freundliche Einladung zur Teilnahme an Ihrer Arbeitstagung. Diesen Dank darf ich nun auch darauf erstrecken, daß Sie mich in Ihrer Diskussion hier anhören wollen. Ich muß allerdings vorausschicken, daß ich in der juristischen Nomenklatur nicht so zu Hause bin wie in der theologischen. So läuft man leicht Gefahr, sich verkehrt auszudrücken oder doch nicht mit der Genauigkeit, die an Ihnen zu rühmen ist. Andererseits habe ich gespürt, welche Frage unter Ihnen hinsichtlich der richtigen Nomenklatur in Bewegung ist. Wenn z. B. das nur als Gleichnis und Parallele herangezogene Bild vom Ständestaat als das eigentlich Gemeinte verstanden wird, so ist das doch wohl ein Mißverständnis.

Für den Laien erweist das Recht seine stärkste Kraft immer im Gericht. Da wird das Recht sozusagen akut; jeder ins Gericht Genommene muß sich verantworten. Diese Kategorie der Verantwortung halte ich innerhalb der heutigen Diskussion für außerordentlich wesentlich. Sie legt uns nämlich die Verpflichtung auf zu der Besinnung über das, was sich bei uns ereignet hat und was insbesondere dabei die Beziehungen von Staat und Kirche angeht. Hier zu einer Klarheit zu kommen, die von den Rechtsnormen her faßbar wird, scheint die erste Aufgabe eines Staatskirchenrechtlers zu sein. Es ist allerdings eine Aufgabe, an der sich auch auf anderen Gebieten und unter anderen Verhältnissen die besten Kräfte unserer Zeit gegenwärtig etwas zu viel zumuten müssen und damit dem bekannten Worte von Ortega y Gasset Recht geben: „Wir wissen nicht, was uns widerfährt; und eben das widerfährt uns, daß wir es nicht wissen". Deshalb bin ich sehr dankbar für den Schlußsatz in dem so vorzüglichen Referat von Herrn Professor Dr. Weber, in dem etwa auch diese Aufgabe in aller Bescheidenheit gekennzeichnet wurde: Die Tatbestände müssen wahrgenommen und nach einer wachen Beobachtung, die wir uns gegenseitig mitzuteilen haben, geordnet werden. Wenn diese Aufgabe von unserer Generation geleistet wird, dann darf sie der nächsten getrost ihr Erbe überlassen.

Kirche und Staat sind wohl im gesamten Europa nicht schlechterdings nur sich selbst gegenüberstehende Partner. Einer unserer großen Theologen, Adolf Schlatter, hat das einmal so ausgedrückt: „Volkwerdung ist immer ein religiöser Vorgang". Man mag zur Erläuterung dieses Satzes an die Volkwerdung Israels am Sinai denken oder auch an das, was in unseren Bereichen bei der Missionierung der Germanenstämme geschah. Deshalb sind Kirche und Staat — gestatten Sie diese theologische Ausdrucksweise — im letzten Grund nicht nur Partner sich selbst gegenüber, sondern sie sind beide Partner Gottes, die als solche aneinander gewiesen sind. Jeder begreift die Schwierigkeit, ein so theologisch beschriebenes Verhältnis in juristischen Begriffen recht zu fassen, und jeder versteht auch, daß der Staat auf seinem Feld versuchen muß, die Dinge zu einer juristischen Fassung zu bringen.

Herr Professor Weber hat von der Hintergründigkeit und der noch weiter sich auftuenden Abgründigkeit der jüngsten kirchlichen Entwicklung gesprochen. Ein solches Urteil ist ohne Zweifel von uns Leuten der Kirche sehr ernst zu nehmen. Die Kirche kann ihre Aufgabe in dieser Welt mißverstehen, wenn durch große staatliche Umwälzungen oder Schwächungen des Staatswesens ihr ein weiter Raum zu besetzen angeboten wird. Ich denke dabei an den Vorgang der Regierungsbildung in unserem Land Hessen, das wohl wie auch die anderen Länder in Westdeutschland in seinem Umfang zum mindesten von den Okkupationsmächten vorausgeplant war. Der damalige Ministerpräsident Dr. Geiler (wohl ein Berufskollege der hier anwesenden Professoren der Rechte) schrieb s. Zt. u. a. auch an die Kirchenleitungen, daß ihm die Bildung der Staatsregierung gelungen sei und er um die notwendige Unterstützung bei der ihm bevorstehenden Aufgabe bitte. Dieser sicher seltene, vielleicht auch einzigartige Vorgang in der Geschichte unseres deutschen Volkes und Staatswesens kann von der Kirche mißverstanden werden, wenn sie meint, den ihr gesetzten Partner Staat ersetzen oder auch die diesem Partner wesentlich zufallenden Funktionen übernehmen zu können.

Andererseits wäre nicht im Gegensatz, aber in Ergänzung des Gespräches mit Herrn Professor Weber von seiten der Kirche geltend zu machen, daß die Abgründigkeit des einen Partners Gottes, auch die Abgründigkeit des anderen Partners deutlich machen kann. Insofern schauen wir — Staat und Kirche —, wenn wir uns ansehen, gewissermaßen in den Spiegel und entdecken uns selbst beim Anblick des anderen. Das gilt nicht nur im Blick auf die Ausdehnung gewisser Funktionen von seiten der Kirche. Es gilt ganz besonders auch bei der nun erneut aufgestandenen Frage, ob die Quelle des Rechtes im sogen. Naturrecht zu suchen sei oder ob, wie es ein großer Jurist des vorigen Jahrhunderts wohl gesagt hat, Gott als die Quelle des Rechtes anzusehen ist. Daß in diesen Dingen die Katholische Kirche anders lehrt und urteilt als wir Evangelischen, brauche ich wohl nur am Rande zu vermerken.

Herr Professor Weber hat aufmerksam gemacht auf die günstige Art der Finanzierung, die sich gegenwärtig der Kirche aufgetan hat durch das weithin gebrauchte Lohnsteuerabzugsverfahren. Eine Unabhängigkeit von seiten des Staates, so daß die Kirche auf diesem Felde gleichsam ohne ihren Partner handeln könne, hat sich hier weder vorher noch nachher ergeben. Auch früher begnügen sich wohl die entsprechenden Ministerien bei der Genehmigung der Ortskirchensteuerbeschlüsse mit der Festlegung von Höchstsätzen, die vielfach über den 8% lagen, die gegenwärtig von der Mehrheit der Landeskirchen im Lohnabzugsverfahren erhoben werden. Auch das sei aber offen gesagt, daß in diesem Verfahren für die Kirche auf die Dauer Gefahren liegen, die nicht zu unterschätzen sind.

Anders wiederum liegen die Verhältnisse dort, wo bei der Erziehung Staat und Kirche den rechten Modus ihrer Korrespondenz zu finden haben. Auch hier kann ich mich zunächst nur sehr theologisch und nur im Anschluß an die Bibel ausdrücken. Unter meinen Amtsbrüdern habe ich des öfteren darauf verwiesen, daß im Alten Testament (1. Mose 1, 27) geschrieben steht: „Gott schuf den Menschen ihm zum Bilde, zum Bilde Gottes schuf er ihn". Wenn wir Menschen dieses Schöpfertum Gottes uns zu eigen machen wollen und nach einer von uns geprägten Weltanschauung und einem entsprechenden Menschenbild den Menschen formen wollen, dann geschieht das Unglück, das wir erlebt haben und von dem wir lernen müssen. Hier haben Staat und Kirche aufeinander zu hören, damit weder der eine noch der andere in den Irrtum verfällt, sich selbst die schöpferische Macht Gottes anzueignen.

Ein letztes Wort noch zu der in der Diskussion aufgeworfenen Frage, ob die staatliche Verwaltungsgerichtsbarkeit nicht ausgedehnt werden müsse auch auf die Kirche und auf ihre Pfarrer. Auch in dieser Hinsicht kann eine Erinnerung an die jüngste Vergangenheit helfen. Als die amerikanische Besatzungsmacht die Entlassung aller Beamten forderte, die der Partei angehört hatten, haben wir diese Forderung gegenüber unseren Pfarrern, die etwa als „Beamte" unter ein gleiches Verdikt fallen konnten, nicht realisiert. Die amerikanische Besatzungsmacht hat uns deshalb verschiedentlich sehr hart zugesetzt, aber wir haben nicht nachgegeben. Wir haben unsere Haltung nicht nur begründet — davon hat die Öffentlichkeit ja seinerzeit genügend erfahren — mit der Torheit des ganzen Entnazifizierungsverfahrens, das zum Gegenteil seiner eigentlichen Absicht umschlug; wir haben vielmehr für unsere Pfarrer in Anspruch genommen, daß ihr Wirken grundsätzlich nicht durch Staatsgesetze und parteipolitische Betätigung inhaltlich zu bestimmen sei. Wird der Pfarrer als Verkündiger des Evangeliums ernst genommen, dann muß ihm gegenüber auch eine besondere Art von Verwaltung und Disziplinarrecht stattfinden. Die einfache Übertragung allgemeiner Rechtssatzungen in dieser Hinsicht können dem evangelischen Kirchentum — und nur für das wage ich zu sprechen — kaum Genüge leisten.

Abendroth-Marburg: Es würde mich sehr reizen, in die Debatte, die sich zwischen Herrn Scheuner und Herrn Weber im Anschluß an Herrn Webers Referat angesponnen hat, einzugreifen, die das Problem dessen, was Herr Weber als die politischen Stände bezeichnet, betrifft. Zweifellos ist diese Debatte sehr stark verwoben mit der Problematik, die uns heute nachmittag beschäftigt, denn für Herrn Weber ist ja in der einen und der anderen Weise auch die Kirche ein solcher politischer Stand geworden. Gleichwohl muß ich es mir versagen, hier allzu lange Ausführungen zu dieser Problematik zu machen. Ich möchte nur, um die Frage, die ich an Herrn Weber richten möchte, verständlich zu machen, hier zunächst eins andeuten. Mir scheint, daß der demokratische Staat, in dem wir leben und den wir zu gestalten streben, in vielem noch nicht seine endgültge Form gefunden hat. Daß er es nicht hat, das wissen wir schon aus der Präambel des Grundgesetzes und Art. 146 rein positiv. Daß aber gleichwohl doch ein Zug klar ist, daß nämlich dieser demokratische Staat, solange er demokratisch sein will, nicht ein bloßes Gleichgewicht politischer Stände sein kann (oder besser sozialer Kräfte verschiedener Ordnung, die sich aufeinander beziehen), sondern daß er als permanente politische Integration der Gesellschaft auch die Entscheidungsgewalt in dieser Gesellschaft beanspruchen kann und beanspruchen muß, scheint mir einleuchtend zu sein. Wie sehr er das tut, das haben wir gestern bei unseren Erörterungen über das Problem der Intervention in den ökonomischen Bereich hinein gesehen. Wenn wir das aber anerkennen, und wenn wir uns gleichzeitig klarmachen, daß gerade durch das Absterben alter obrigkeitsstaatlicher Formen, das nach Herrn Webers Ansicht durch das Jahr 1945 definitiv geworden ist, hervorgetreten ist, daß nun das Verhältnis von Staat und Kirche nach völlig neuer Ordnung ruft, und wenn wir uns dann auf die Rolle der Kirche — sagen wir besser der Kirchen — besinnen, so muß uns klar sein, daß die Glieder dieser Kirche dem gleichen gesellschaftlichen Bereich angehören, der nach anderer Richtung sich im Staate integriert. Und da scheint mir das wichtigste

Unterscheidungsmerkmal beider Integrationsformen — denn auch die Kirche ist ja eine Integration in diesem Sinne — in dem zu liegen, was Herr Weber im Anschluß an Herrn Köttgen durchaus anders verstanden hat, nämlich darin, daß die Integration durch den Staat sich in Richtung auf die Daseinsvorsorge vollzieht, während die Kirche — gerade wenn sie sich als eigenständig dem Staate gegenüber mit Recht behaupten will — einen durchaus anderen legitimen Anspruch zur Grundlage ihrer Existenz genommen hat, nicht die Daseinsvorsorge in der Gesellschaft dieser Welt, sondern umgekehrt einen Anspruch, der sich in jener Spiritualisierung andeutet, die Herr Weber für überwunden und abklingend hält. Von hier aus wird es für mich durchaus akzeptabel anzuerkennen, daß — wenn wir die Kirche als Körperschaft des öffentlichen Rechtes nehmen — sie doch als Körperschaft des öffentlichen Rechts in ganz anderem Sinne verstanden werden muß als Körperschaften des öffentlichen Rechts, wie wir sie im übrigen Rechtsleben vorfinden. Aber von hier aus wird auch deutlich, daß trotz mancher Verschiebungen, die heute hervortreten und auf deren Ursachen ich gleich zu sprechen kommen möchte, doch der Tendenz nach auch von seiten der Kirchen, anderer Religionsgesellschaften und anderer Weltanschauungsgemeinschaften diese Lage anerkannt werden kann, gerade wenn die Kirche ihren eigenen Anspruch nicht vergessen will. Das bedeutet dann, daß es durchaus berechtigt ist, wenn man etwa Art. 19 Abs. 4 GG. nicht dahin mißversteht, sich in innerkirchliche Angelegenheiten einzumischen. Herr Weber hat uns gleichwohl überzeugend dargetan (und ich glaube, in anderem Sinne trat das durchaus auch in den Ausführungen von Herrn Peters hervor), daß, so wie die Dinge heute liegen und wie sich nun — zwar formell innerhalb des Rahmens des Art. 140 GG., aber doch in eindeutiger Weise — die Dinge verschoben haben, die Kirche sehr wohl in anderer Weise unmittelbar in das Getriebe der Öffentlichkeit in bezug auf die Probleme der Daseinsvorsorge und des Staates einzugreifen trachtet. Aber hier erhebt sich ein Problem. Ist nicht diese Situation zum Teil dadurch begründet, daß beide Kirchen — am deutlichsten tritt es in der evangelischen Kirche zutage aber in der katholischen Kirche ist es auch durch die Existenz der Fuldaer Bischofskonferenz dargetan — eine Situation zeigen, die gerade wieder den Bezug auf jenen provisorischen Charakter unserer politischen Ordnung deutlich macht, die Situation nämlich, daß in der heutigen Lage der Kirche sehr viel an Machtmöglichkeiten, an Bedeutung in der Öffentlichkeit dadurch zufließt, daß die Kirchen das Einheitsmoment einer Nation, die noch vergeblich nach ihrer politischen Einheit strebt, zu repräsentieren vermögen? Und liegt nicht die — ich möchte sagen — Störung des Gleichgewichtsverhältnisses zwischen Staat und Kirche, das sich ansonsten hätte anbahnen können, zum großen Teil ganz einfach daran, daß beide Kirchen auf diesen legitimen Anspruch der Nation, ihre Einheit irgendwo fundiert zu finden und zu erkennen, verweisen können, und daß beide Kirchen sozusagen vor Entstehung jener politischen Ordnung, die wir in Westdeutschland nun vorfinden, mit ihren Organisationen effektiv vorhanden waren? Und gerade wenn wir das bedenken, und wenn wir andererseits uns vor Augen halten, daß Herr Smend mit vollem Recht die Tendenz der Kirche betont hat, Wesenskirche zu werden, dann scheint es mir vielleicht geboten, in unseren Erwägungen den Gedanken einzubeziehen, daß jene an sich notwendige Herbeiführung einer neuen Normierung des Verhältnisses zwischen Staat und Kirche von uns in dieser gestörten Gleichgewichtslage noch nicht einmal gedanklich ganz vollzogen werden kann. Ich wäre Herrn Weber sehr dankbar, wenn er zu diesen Erwägungen Stellung nehmen würde.

Leibholz-Göttingen: Was ich noch einmal zur Diskussion stellen möchte, ist die Frage, ob wir in der Situation, in der wir uns heute befinden, tatsächlich so ohne weiteres mit dem Begriff des Pluralismus und des Ständestaates operieren sollten. Gewiß sind die Tendenzen vorhanden, die Herr Weber heute eindrücklich geschildert hat. Aber es kommt letzten Endes doch darauf an, die gesamtpolitische Situation in der richtigen Balance zu sehen und nicht gewisse Tendenzen über- oder unterzubetonen. Ich kann mich des Eindrucks nicht erwehren, daß mit Hilfe von glanzvollen Formulierungen heute ein in Wahrheit sehr komplexer Tatbestand verdeckt worden ist, der sich nicht so vereinfachen läßt, wie dies behauptet wird. Heute wie in der Weimarer Reichsverfassung von Pluralismus und Ständen zu sprechen, ist mehr verwirrend als klärend. Vom Politischen aus gesehen haben Pluralismus und ständische Vorstellungen gemein, daß sie in der staatlichen Sphäre letzten Endes auflösend und destruktiv wirken. Alle Versuche, die im demokratischen Bereich bisher unternommen worden sind, um das traditionelle demokratische Gefüge durch pluralistische-ständische Einrichtungen zu ergänzen oder gar letztere an die Stelle des ersteren zu setzen, haben in der Verfassungspraxis nicht zufällig mit einem völligen Fiasko geendet. Funktionieren kann überhaupt ein „ständisches" System ideologisch nur in Staaten autoritärer oder totaler Prägung, in denen das politische Gewicht der Entscheidung nach der Exekutive hin verlagert worden ist.

Würde heute etwa der Versuch unternommen werden, die gegenwärtige politische Ordnung durch eine ständische zu ersetzen oder sie auch nur maßgeblich in diesem Sinne zu modifizieren, so würde das mit der durch das Grundgesetz gewährleisteten, verfassungsmäßig-demokratischen Ordnung nicht vereinbar sein.

Es ist mehrfach in der Diskussion betont worden, daß zwischen der Kirche auf der einen Seite und den machtvollen „pluralistischen" Verbänden, die politischen Einfluß ausüben, auf der anderen Seite ein grundsätzlicher Unterschied besteht. Dies ist in der Tat richtig. Insbesondere können die politischen Parteien eine Sonderstellung beanspruchen. Wenn auch in ihnen pluralistische, d. h. auflösende Tendenzen in einem nicht unerheblichen Ausmaße wirksam sind, so dürfen diese doch nicht darüber hinwegtäuschen, daß die Parteien zugleich auch heute noch echte politische Organisationen sind, die sich durch ihre politische Substanz wesentlich von allen anderen pluralistischen Herrschaftsgebilden unterscheiden. Das Bundesverfassungsgericht (vgl. Entscheid. d. Bundesverfassungsgerichts vol. I S. 208 seq.) hat daher, wie mir scheint, mit Recht vor kurzem ausgeführt, daß die Parteien aktiv legitimiert sind, einen Verfassungsstreit vor dem Bundesverfassungsgericht zu führen. Der Gesetzeswortlautmag zweifelhaft sein, die Entscheidung ist aber der Sache nach zutreffend. Nur ist mit dieser Entscheidung nicht gesagt, daß andere pluralistische Herrschaftsgebilde wie etwa die Kirchen, die Gewerkschaften usw. ihrerseits auch ein Verfassungsstreitverfahren vor dem Bundesverfassungsgericht auslösen können. Der Grund für diese differentielle Behandlung ist, daß allein die Parteien legitim in der politischen Sphäre aktiv zu handeln und Einfluß zu nehmen berufen sind, während die anderen pluralistischen Herrschaftsgebilde nicht den gleichen Anspruch erheben können.

Herr Scheuner hat schon darauf hingewiesen, daß das Operieren mit dem Begriff des Pluralismus und des Ständestaates auf eine Grundkonzeption zurückgeht, die in anderen literarischen Arbeiten von Herrn Weber nicht in der gleichen Weise konsequent festgehalten worden ist. Dies ist in der Tat der Fall. Herr Weber befürwortet auf der einen Seite eine Stärkung der Exekutive und auf der anderen einen Abbau der seiner Meinung nach übersteigerten rechtsstaatlichen Einrichtungen des Bonner Grundgesetzes. Ist aber der heutige Staat, wie uns suggiert werden soll, politisch substanzlos, befindet er sich politisch in einem Zustande der Desintegration, so müßte man gerade umgekehrt zu der Konsequenz gelangen, die heute vorhandenen rechtsstaatlichen Sicherungen der Gemeinschaft zu erhalten. Denn gibt es schon kein echtes politisches Bewußtsein innerhalb der Gemeinschaft, so sollte man nicht die Institutionen beseitigen wollen, die das Einheitsbewußtsein der Gemeinschaft — unter rechtlichen Aspekten — zu sichern und immer wieder von neuem zu bestatigen suchen. Stellt man schon die echte politische Homogenität der Nation grundsätzlich in Frage, so sollte man jedenfalls das mangelnde politische Einheitsbewußtsein durch ein um so stärker auf das Recht gegründetes zu ersetzen suchen.

Peters-Köln (Schlußwort): Wenn auch meine Thesen in dieser Diskussion nur wenig angegriffen wurden, möchte ich daraus nicht den Schluß ziehen: Qui tacet, consentire videtur. Ich habe jedoch nur zu den Ausführungen derjenigen Herren, die zu meinen Auffassungen gesprochen haben, in einigen Punkten kurz Stellung zu nehmen.

Mir war sehr wichtig, daß Herr Smend meiner Grundthese zugestimmt hat, daß wir trotz all der Entwicklungen, die sich in unserer Gesellschaft vollziehen, noch ein Staatskirchenrecht haben, und daß dieses sogar, wie Herr Smend ausführte, aufs engste mit der abendländischen Kultur überhaupt verknüpft ist.

Herr Giese hat mir wohl im ganzen zugestimmt. Es geht mir aber nicht weit genug, Staatskirchenrecht und Staatskirchenhoheit in der Betätigung des Staats im Verhältnis zur Kirche als ein Helfenwollen, eine gegenseitige Rücksichtnahme zu charakterisieren. Das ist sicherlich an sich richtig, aber es bestehen — und gerade meine Beispiele aus dem Konkordatsrecht sollten das zeigen — durchaus Gegensätzlichkeiten, denen gegenüber eine klare rechtliche Grenzlinie zwecks Erhaltung des gegenseitigen Friedens notwendig ist. Kirchliche und staatliche Rechte stehen sich starr gegenüber. Das hindert nicht, daß daneben eine Entwicklung vor sich geht, die Herr Weber genauer zu beschreiben versuchte und die ich alsdann etwas anders glaubte deuten zu sollen.

Von den Thesen, die von mir zur Erörterung gestellt wurden, hat jedenfalls keine krassen Widerspruch erfahren. Hierin sehe ich in der Tat eine wesentliche Anerkennung meiner Auffassung, daß nicht mehr primär Materien abgegrenzt werden, sondern daß die Kirche ihrem göttlichen Auftrage gemäß das ganze öffentliche Leben durchdringen will. Ich glaube, daß dem im Prinzip wohl auch Herr Bischof Wüstemann zugestimmt hat, wenn er die Partnerschaft Gottes herbeigezogen hat; in ihr ist das, was ich meine, eigentlich mit enthalten.

Auch Herr Abendroth hat an sich m. E. dem im Prinzip jedenfalls nicht widersprochen; nur hat er — glaube ich — das Taktische zu stark betont, als ob die heutige Situation in erster Linie dadurch herbeigeführt worden sei, daß die Kirchen jetzt nach 1945 mit ihrer Organisation dem erst später wieder aktiv werdenden Staat fix und fertig gegenübertraten. Sicherlich bestand damals — vom Staatskirchenrecht aus gesehen — eine günstigere Situation für die Kirche als für den Staat. Trotzdem bin ich der Meinung, daß diese Entwicklung genau so auch im anderen Falle gekommen wäre, wenn sie sich vielleicht auch nicht so schnell durchgesetzt hätte. Die Auffassung, die Kirche habe den Geist auf allen Lebensgebieten zu beeinflussen, ist ja überhaupt nicht neu, sondern ist auch in der Zeit der nationalsozialistischen Diktatur betont worden, also gerade in den Zeiten, in denen man versuchte, die Kirche auf den Kirchenraum und auf den eigentlichen Gottesdienst im engsten Sinne zu beschränken. Das Vordringen der Kirche in das öffentliche Leben beruht also nicht auf einem Gesinnungswandel der Kirche, der bei ihr durch eine besonders günstige Konstellation im Jahre 1945 hervorgerufen worden wäre.

Herr Merk hat mir ausdrücklich widersprochen, hat mich aber nicht überzeugt. Man muß m. E. davon ausgehen, daß die Kirchen eigenständig sind, daß sie eine ursprüngliche eigene hoheitliche Funktion haben, die nun einfach mit dem Begriff der öffentlich-rechtlichen Körperschaft in die Sprache des Staates übersetzt wird. Daß die öffentlich-rechtliche Körperschaft Kirche auf einer anderen Ebene steht als die anderen öffentlich-rechtlichen Körperschaften im Staate, ist auch von den anderen Diskussionsrednern ausdrücklich anerkannt worden. Durch die Art. 140 GG. bzw. 136, 137 der Weim. RV. ordnet der Staat die Kirche in sein juristisches System irgendwie ein. Aber daß er damit den Grundtatbestand irgendwie verändert habe, das halte ich nicht recht für möglich — insbesondere jedenfalls mit dem Augenblick nicht, wo man das alte Staatskirchenrecht ablehnt, das die Kirche als eine moralische Anstalt auffaßt, die der Staat sich nutzbar macht. Was die Unterordnung der Länder unter den Bund betrifft, so sind wir, glaube ich, nicht verschiedener Meinung. Der Bund ist meiner Ansicht nach in der Tat den Ländern nicht „übergeordnet", wie man etwa innerhalb der gleichen Verwaltungsorganisation von Überordnung spricht. Kein Bundesminister hat im Normalfall den Länderministern gegenüber echte Befehlsgewalt; die Bundesaufsicht ist ein besonders geregelter Sonderfall. Wenn nun eine Angelegenheit mehrere Länder betrifft, so kann sie daher nicht automatisch zur Angelegenheit des Bundes werden. Die Bundesaufsicht, die gesetzlich bestimmte Dinge betrifft, schafft noch weniger eine Vorgesetzteneigenschaft der Bundesregierung gegenüber den Landesregierungen, als die Kommunalaufsicht ein Vorgesetztenverhältnis von Staats- zu Gemeindeorganen zur Folge hat. Eine generelle Überordnung des Bundes über die Länder mit der Wirkung — und darauf kommt es ja nur an —, daß, wenn mehrere Länder zuständig sind, automatisch der Bund die Zuständigkeit der Länder in Anspruch nehmen kann, existiert zweifellos nicht. Das ist der einzige Punkt, um den es hier geht.

Die Ausführungen von Herrn Jellinek waren mir insofern interessant, als er mich auf einen weiteren Fall hinwies, den ich in diesem Zusammenhang jedenfalls noch nicht kannte. Aber man muß m. E. unterscheiden die Formulierungen des Art. 14 mit der politischen Klausel und die des Art. 16. Bei der politischen Klausel besteht in der Tat für jedes beteiligte Land, in dem der Bischof Amtshandlungen vornehmen kann, ein Interesse daran, daß dieses Land sich dazu äußert, ob der Bischof eine existenzielle Gefahr für das Land bedeuten könnte. Beim Eid geht es aber nur um die formale Seite. Es kommt dabei nur darauf an, daß der Bischof sich dem Staate als solchem mit seiner Loyalität vorstellt. Ein weiterer Unterschied liegt in Art. 16 in der ausdrücklichen Erwähnung des zuständigen Reichsstatthalters bzw. Reichspräsidenten. Das aber führt m. E. dazu, daß doch irgendwann einmal der Reichspräsident, heute der Bundespräsident, zum Zuge kommen müßte. Mir scheint eben der einzige Fall, der dafür praktisch in Betracht kommt, der zu sein, daß mehrere Länder in den Bereich einer Diözese fallen.

Die Bemerkung von Herrn Scheuner, der auf die sich aus dem Konkordat ergebende Verpflichtung hinwies, die Diözesangrenzen nicht zu ändern, halte ich für richtig und bemerkenswert. Denn damit werden derartige Grenzänderungen vor Abschluß eines Friedensvertrags in der Tat unmöglich gemacht.

Im übrigen darf ich meinen Dank aussprechen für die Belehrungen, die ich aus der Diskussion entnommen habe, wenn ich sie auch, um sie im Drucke später nicht unverständlich zu machen, nicht mehr nachträglich in mein Referat einarbeiten kann.

Weber-Göttingen (Schlußwort): Das Staatskirchenrecht ist eine schwierige Materie für den Juristen, und weil die Diskussion auf diesem Gebiet nicht sehr lebhaft ist und man sich verhältnismäßig einsam fühlt, wenn man staatskirchenrechtlich arbeitet, wird die Last der Aufgabe noch größer. Außerdem handelt es sich bei diesem Gebiet um Fragen, bei denen man leicht Mißverständnissen ausgesetzt ist und, da man sich immer zwischen gegensätzlichen Fronten bewegt, auch Gefahr läuft, es dem einen oder anderen der Beteiligten nicht recht zu machen. Das ist eine Berufsgefahr der Beschäftigung mit dem Staatskirchenrecht, wenn ich mich so ausdrücken darf, und ich weiß selbst davon zu erzählen, daß ich dieser Berufsgefahr nicht immer entgangen bin. Außerdem handelt es sich beim Staatskirchenrecht, wie gerade die heutige Erörterung gezeigt hat, um ein Gebiet, das wirklich an das Zentrum unserer Frage nach dem Staat, vielleicht auch an das Zentrum des Fragens nach der Kirche heranführt. Das macht allerdings die Situation ganz besonders schwierig. Ich selbst bin vor 21 Jahren durch Zufälle des Schicksals in die Berührung mit staatskirchenrechtlichen Fragen der Praxis geraten und habe seither — intermittierend — eine Reihe von staatskirchenrechtlichen Veröffentlichungen vorgelegt. Ich habe dabei oft allein gestanden und bin deshalb besonders dankbar, daß jetzt, bei dieser Tagung, für mich Gelegenheit gegeben war, mich sozusagen einmal vor der Gesamtheit meiner Kollegen darüber zu rechtfertigen, und bin dankbar dafür, daß meine stetigen Bemühungen um diesen Gegenstand hier eine so schöne Anerkennung gefunden haben. Mein Dank erstreckt sich weiter auf die zahlreichen Anregungen, die ich heute hier empfangen habe, zum Teil durch Weiterführung und Ergänzung meiner Gedanken, zum anderen Teil aber auch durch die Kritik.

Ich kann die Punkte, in denen ich mit den Herren Diskussionsrednern übereinstimme, hier nicht alle aufführen. Ich darf nur betonen, daß ich eigentlich keinerlei Widerspruch zu dem feststellen kann, was Herr Smend hier vorgetragen hat. Im Gegenteil fühle ich mich in meiner eigenen Grundeinstellung zu diesen Dingen von ihm richtig interpretiert. Auch ich bin der Ansicht, daß die Normierbarkeit und Normiertheit des Verhältnisses von Staat und Kirche, wie er es ausgedrückt hat, spezifisch ist für das Wesen des abendländischen Staates und seine Aufgaben, und ich glaube, daß die Leidenschaft, mit der ich in den letzten 15 Jahren oder länger staatskirchenrechtliche Fragen erörtert habe, und die Leidenschaft, mit der ich auch hier meiner Aufgabe nachgegangen bin, zeigt, wie sehr ich das Verhältnis von Staat und Kirche als ein Grundproblem des abendländischen Staates und eine Grundaufgabe unserer Zeit und unseres hic et nunc empfinde. Ich bitte deshalb nicht etwa aus der Wendung, daß es mir zweifelhaft erscheine, ob wir noch von „Staatskirchenrecht" sprechen könnten, zu schließen, daß ich diese Probleme von der Tagesordnung absetzen möchte. Ich wollte damit nur andeuten — ich hoffe, daß mich die Herren Kollegen darin nicht mißverstanden haben —, daß der Begriff „Staatskirchenrecht" so stark mit der Staatskonzeption des 19. Jahrhunderts und mit dem Verhältnis von Staat und Kirche in dieser Zeit verbunden ist, daß wir, wenn wir diesen Begriff unkritisch fortschleppen, immer wieder in den Bann von Vorstellungen geraten, die ich allerdings für überwunden halte. Nur so war meine Feststellung zu verstehen, und damit kann ich gleich eine Bemerkung zu der Diskussionsausführung von Herrn Kollegen Hugelmann verbinden. Auch ich würde ein Minimum von „Staat" durchaus noch als gegeben anerkennen, das es rechtfertigt, weiterhin noch von Staatskirchenrecht zu sprechen, wenn man sich nur darüber klar ist, in welchem Sinne das geschieht.

Ich darf nun eine kleine Bemerkung zu Herrn Jellineks Fragen einschalten. Mir ist bei der Vorbereitung dieses Referates ganz besonders deutlich geworden, wie zentral die Rechtsschutzfrage für unser Problem ist. Sie werden, Herr Jellinek, sich vielleicht nicht erinnern, daß wir beide darüber früher schon einmal beiläufig gesprochen haben. Ich sehe übrigens zwischen dem süddeutschen und dem norddeutschen Verwaltungsgerichtssystem bei der Behandlung der Kirchensachen im Grunde genommen keinen Unterschied. Es gibt auch eine Reihe von Urteilen aus der britischen Zone, die den Ausschluß der Religionsangelegenheiten von der Verwaltungsgerichtsbarkeit nicht absolut verstehen, sondern etwa so, wie die von mir zitierte Durchführungsverordnung zum bayerischen Verwaltungsgerichtsgesetz sie ebenfalls deutet, daß nämlich eine Reihe von Grenzfragen vorwiegend abgabenrechtlichen Charakters durchaus unter die staatliche Verwaltungsgerichtsbarkeit gehört. Es handelt sich hier aber nicht eigentlich um kirchliche und kirchenrechtliche Fragen. Ich glaube, daß es auch für den Art. 19 Abs. 4 GG. bei der Exemtion der Kirche bleiben muß. Ich darf übrigens bemerken, daß sie vom kanonischen Recht aus schon von jeher gefordert ist. Mir ist z. B. kein Fall bekannt, daß ein katholischer Pfarrer gegen die Kirche vor dem staatlichen Zivilgericht sein Gehalt eingeklagt hätte (Zwischenruf von Professor Scheuner: mir doch). Soweit solche Fälle nachweisbar sein sollten, handelt es sich um ausgesprochen pathologische Fälle, in denen sich der Geistliche gleichzeitig von seiner Kirche trennt oder umgekehrt. Kurz, nach der katholischen Seite ist die erwähnte Exemtion schon vom kanonischen Recht aus klar, und da sehe ich keine Möglichkeit, die evangelische Kirche im Prinzip anders zu behandeln. Eine andere Frage ist, wieweit die Kirche aus dem Rechtsgedanken des Art. 19 Abs. 4 heraus ihrerseits verpflichtet ist, ein eigenes Rechtsschutzsystem zur Verfügung zu stellen. Ansätze dazu gibt es auch bei der evangelischen Kirche schon seit längerer Zeit. Aber obwohl sie neuerdings aufgegriffen worden sind, kann keine Rede davon sein, daß den Forderungen des Art. 19 Abs. 4 schon zur Gänze entsprochen wäre. Aber das ist ein interessanter und wichtiger Sonderkomplex, der in der Tat noch gründlich untersucht werden muß.

Was den Kulturpfennig angeht, so würde auch ich sagen, daß in vieler Beziehung unsere Verfassungen durchaus die Gleichstellung der kleineren Religionsgesellschaften mit den Kirchen fordern. Ich würde daher die erwähnte Entscheidung des württembergischen Verfassungsgerichtshofs, die die kleinen Religionsgesellschaften den Kirchen insoweit gleichstellen will, wohl für richtig halten. Die Verfassung will ja gerade, und das sind wir auch verpflichtet zu respektieren, für eine Reihe von Beziehungen die Gleichstellung, die Parität. Aber diese Parität kann nicht so weit reichen, wie die Weimarer Verfassung es wollte, die wirklich das Ganze nivellieren wollte. Eine solche Nivellierung ist einfach nicht möglich.

Ich bin besonders Herrn Bischof Wüstemann für das große Verständnis dankbar, mit dem er meine Ausführungen aufgenommen hat, und auch dafür, daß er die Nuancen meines Vortrags in einigen entscheidenden Punkten richtig gehört, insbesondere, daß er meinen Schlußsatz nicht überhört hat. Auf diesen Schlußsatz lege ich allerdings entscheidendes Gewicht; ich komme darauf gleich noch zurück.

Ich muß zunächst noch mit einem Wort auf Herrn Kollegen Scheuner eingehen. Ich bin etwas erstaunt, daß ein so hellsichtiger Kollege wie Herr Scheuner mich doch, wie ich meine, so stark mißdeutet hat. Ich glaube meinerseits selbst gesagt zu haben, daß der „souveräne" Staat der Vergangenheit angehört, und ich glaube das sogar so stark betont zu haben, daß ich damit bei einigen Kollegen Befremden erregt habe. Ich hatte diesen Vorwurf um so weniger erwartet, als gestern in den Referaten und in der Diskussion weithin mit dem „Staat" operiert wurde, als ob er noch in seiner früheren Gestalt mit Souveränitätsansprüchen und entsprechenden Handlungsmöglichkeiten existent sei. Demgegenüber hatte ich gerade gestern das Gefühl, man verzichte darauf, den Dingen auf den Grund zu gehen, die eigentlich geklärt werden müßten. Kurz, ich meine, daß der Vorwurf, es werde mit einer überwundenen Staatsvorstellung gearbeitet, nicht mir hätte gemacht werden dürfen, sondern vielleicht gerade den gestrigen Erörterungen. Ich glaube auch nicht, daß ich etwas davon habe durchscheinen lassen, als ob ich entscheidend auf der Rousseau'schen volonté générale fuße, wenigstens in meinem Referat von heute vormittag nicht. Vielleicht könnten frühere Äußerungen von mir in diesem Sinne verstanden werden; aber ich glaube jedenfalls, in meinem heutigen Referat keinen Anlaß geboten zu haben, meine Vorstellungen von Demokratie so zu deuten. Ich würde Herrn Scheuner vollkommen darin zustimmen, wenigstens *einen* wesentlichen Zug der Demokratie darin zu sehen, daß sie eine Staatsform sei, in der keine stabilen Herrschaftsstrukturen, mindestens keine solche von Minderheiten dargestellt werden, und daß gerade im Wechsel der Herrschaftsstrukturen ein Element der Freiheit und des Ausgleiches liegt. Das habe ich nun allerdings selbst schon früher mit aller Klarheit literarisch betont. Schon in meiner Göttinger Antrittsvorlesung (1949) habe ich mit voller Schärfe gesagt, ich warnte davor, das überlieferte Gewaltenteilungssystem hinsichtlich seiner balancierenden Wirkung zu überschätzen. Ich bin der Ansicht, daß eine viel stärkere, die Freiheit effektiv schützende Balance in dem Gleichgewicht der in unserem politischen Gemeinwesen wirkenden politisch-sozialen Mächte gegeben ist, und ich habe das auch nach 1949 bei wiederholten Gelegenheiten mit Entschiedenheit hervorgehoben. Ich bin mir also voll dessen bewußt, welche Bedeutung das Balanceverhätnis der politisch-sozialen Mächte für die reale Freiheitlichkeit unseres Staatswesens hat, ich bin mir allerdings auch der Labilität dieses Balanceverhältnisses bewußt. Mit Herrn Scheuner stimme ich ferner darin überein, und hier klingt auch etwas von dem an, was Herr Smend gesagt hat, daß man den Staat nicht bloß als Organisation, Instrumentarium, Apparat o. ä. verstehen darf, sondern daß er uns als Aufgabe begegnet. Sicherlich ist er eine Aufgabe; mein literarisches Wirken ist, wie ich glaube, davon durchdrungen, daß ich ihn so verstehe; denn sonst könnte ich mich nicht mit solcher Nachdrücklichkeit mit ihm beschäftigen. Ich glaube auch nicht behauptet zu haben, daß der Staat am Selbstverständnis der Kirche vorbeigehen dürfe und daß er daran vorbeigegangen sei, und am wenigsten liegt mir daran, die Kirche mit den Gewerkschaften gleichzusetzen. Ich habe — glaube ich — heute morgen Formulierungen gebraucht, die die Unterschiedlichkeit zwischen den Kirchen einerseits und anderen politisch-sozialen Gruppen andererseits in aller Schärfe deutlich machen. Ich bin weit davon entfernt, da mit irgendwelchen nivellierenden Gleichsetzungen zu arbeiten. Ich sehe allerdings zugleich, meine Herren, daß gerade auch die Kirchen sich in einer sehr realen Form mit den anderen politisch-sozialen Gruppen, beispielsweise mit den Gewerkschaften, auseinanderzusetzen haben und es tun in einem positiven Sinne, nämlich des Zusammenwirkens und des Miteinanders bei der gemeinsamen Bewältigung einer Aufgabe, aber doch auch im Sinne der Gegensätzlichkeit, und ich darf bei der Gelegenheit sagen, daß sich die Dinge in dieser Hinsicht etwa von Hamburg, Bremen, Schleswig-Holstein und Niedersachsen aus anders ansehen als etwa von Nordrhein-Westfalen, Rheinland-Pfalz, Baden usw. Da spüren wir sehr viel mehr von der Auseinandersetzung, die im Gange ist, womit aber nichts von Gleichsetzung oder Nivellierung behauptet ist. Ich bin auch der Ansicht, daß die Kirche in sehr vielfältiger Weise in das öffentliche Leben verflochten ist, und ich bin weit davon entfernt, hierbei etwa das Wächeramt zu übersehen, das die Kirche für sich in Anspruch nimmt. Ich bestreite nicht, daß beispielsweise die Berufung kirchlicher Vertreter in die Rundfunkräte zum Teil in diesem Zusammenhang zu würdigen ist; allerdings gilt das nur zum Teil und nicht ausschließlich. Im ganzen betrachtet also bin ich der Meinung, daß Herr Scheuner mich zu Unrecht kritisiert hat. Denn er glaubte, aus meinem Referat eine Reihe von Feststellungen oder Meinungen heraushören zu sollen, denen er opponiert hat, ohne damit von mir wirklich Gesagtes oder Gemeintes zu treffen. Er hat mir nun nach seiner Diskussionsrede einen Zettel zugeschoben und hat darauf vermerkt, daß der Gegensatz, der hier aufgetreten sei, von fundmentaler Bedeutung sei; er halte meiner Sicht entgegen, daß sie ihr Ziel nicht sehen lasse.

Meine Herren, das ist allerdings ein entscheidender Punkt, und damit komme ich gleichzeitig zu dem, was Herr Kollege Leibholz hier bemerkt hat. Ich bedauere nicht in der Lage zu sein, ein Bild des Staates, so wie er sein soll und wie er werden kann, oder ein Bild des Verhältnisses von Staat und Kirche, so wie es wünschenswert wäre, vor Ihnen zu entwerfen. Ich fürchte, daß von Ihnen ebenfalls keiner in der Lage ist, das zu tun. Diese Aufgabe läßt sich überhaupt nicht im Sinne eines wissenschaftlichen Projekts bewältigen, sondern nur aus der konkreten Situation tätig erarbeiten. An ihr sind viele beteiligt, nicht nur die Wissenschaftler, und gerade unsere Diskussionen gestern und heute haben gezeigt, wie bedrückend über uns allen das Problem steht, auch nur der wesentlichsten Züge unseres gegenwärtigen Staates und damit auch des Verhältnisses von Staat und Kirche inne zu werden. In diesem Zusammenhange möchte ich Herrn Bischof Wüstemann durchaus darin zustimmen, daß selbstverständlich die Bemerkung von der „Abgründigkeit der Lage" auch für den Staat gilt und auch für unsere Bemühungen um den Staat. Die Möglichkeiten der Staatsrechtswissenschaft, mit ihren Mitteln ein Leitbild für die Zukunftsentwicklung zu gewinnen, sind begrenzt. Aber wenn sie ihren Beitrag zu dieser Aufgabe leisten will, vorsichtig und mit allem Respekt vor einem solchen Unterfangen, dann hat sie zuächst einmal die gegebene Lage aufzuhellen. Das ist nun eine wirklich wissenschaftliche Aufgabe, der wir uns nicht entziehen können und die vorab geleistet werden muß. Darin bestand auch die Aufgabe, die ich zu lösen versucht habe, wobei ich die Unzulänglichkeit des Versuchs übrigens durchaus kenne.

Herr Leibholz hat darauf hingewiesen, daß das politisch Tragende auch in Zukunft von den Parteien herkommen werde. Ich bin mit ihm der Überzeugung, daß die politischen Parteien innerhalb des oft genannten Kreises von politisch-sozialen Machtkörpern, oder wie wir sie nennen wollen, eine ganz besondere Funktion haben, eine spezifisch politische Funktion, auch eine integrierende Funktion allerersten Ranges. Auf der anderen Seite kann ich, wenn ich die Realität unseres Lebens betrachte, die sehr bedeutende politische Rolle anderer Institutionen, Gruppen usw., im ganzen eines sehr vielfältigen Kreises politisch-sozialer Gebilde nicht verkennen, und ich weiß nicht, ob die politischen Parteien demgegenüber wirklich die ihnen zugeschriebene Integrationsfunktion erfüllen werden. Selbstverständlich kommt es auch und gerade bei unserem Staatswesen in der Gegenwart darauf an, daß wir zur Darstellung eines wirklichen politischen Gemeinwesens gelangen. Ich möchte nun meinerseits dieses politische Gemeinwesen nicht etwa nach dem Bilde des Ständestaates geformt wissen. Wenn dieser Eindruck aus meinen Ausführungen oder aus früheren literarischen Äußerungen entstanden sein sollte, so bitte ich das zu korrigieren. Mein Ideal ist nicht der Ständestaat, am wenigsten mit irgendwelchem berufsständischen Einschlag. Ich habe vielmehr auf Vergleichbarkeiten und Ähnlichkeiten der heutigen Lage mit dem

Ständestaat hingewiesen, um anschaulich zu machen, welche Entwicklungstendenzen der heutigen Stellung der Kirche im Staate zugrundeliegen. Das geschah mehr abwehrend als zustimmend. Ich darf gegenüber verschiedenen Diskussionsrednern auch darauf hinweisen, daß ich heute das Wort „Pluralismus" nicht gebraucht habe, am wenigsten im Sinne einer Billigung pluralistischer Tendenzen. Mit Recht ist hier auf den Beamtenrechtsaufsatz angespielt worden, den ich soeben vorgelegt und in dem ich Wege aufgezeigt habe, die Integrationsfähigkeit unseres politischen Gemeinwesens zu fördern. Daß die Wiederherstellung des Beamtentums allerdings die einzige oder auch nur eine durchschlagende Möglichkeit nach dieser Richtung wäre, davon kann keine Rede sein. Es handelt sich um eines von mehreren Elementen, die hierbei ins Spiel gebracht werden können, aber sicherlich nicht um das entscheidende. Ich bitte auch die didaktische Intensität meiner Darlegungen über die gegenwärtige Lage nicht mißzuverstehen. Meine Aufgabe war dadurch bestimmt, eine möglichst klare und weitreichende Analyse der Gegenwartssituation zu finden. Wenn ich das mit einem gewissen Temperament unternommen habe, so darf doch die Eindringlichkeit des Bemühens nicht mit der Propagierung verfassungspolitischer Wertvorstellungen verwechselt werden. Ich kann um so weniger für mich in Anspruch nehmen, hier mit Wertakzenten geredet zu haben, als ich — ich muß es erneut betonen — nicht in der Lage bin, irgend ein Idealbild des Staates und der Stellung der Kirche in ihm zu zeichnen. Insbesondere liegt mir nicht daran, in einer Art romantischer Anwandlung die Rückkehr zur konstitutionellen Monarchie und ihren relativ geordneten Verhältnissen zu empfehlen. Ich stehe vielmehr wie Sie alle vor der schwierigen und oft verzweiflungsvollen Aufgabe, von Tag zu Tag und von Stunde zu Stunde die vielen Probleme, die uns bedrängen, schrittweise erkennend zu erfassen und so äußerst behutsam einer Lösung näherzubringen.

Herr Abendroth fragte, ob die neue Normiertheit des Verhältnisses von Staat und Kirche heute gedanklich überhaupt schon vollzogen werden könne, und spielte dabei im wesentlichen auf den provisorischen Zustand unseres Verfassungssystems im Hinblick auf die Wiedervereinigung an. Ich würde sagen, daß hier in der Tat eines der Momente liegt, weshalb die neue Normiertheit gedanklich noch nicht vollzogen werden kann. Es gibt aber noch viele andere Momente mehr. Die Entwicklung in der evangelischen Kirche selbst beispielsweise ist durchaus nicht festgelegt, auch soweit die Haltung oder das Verhältnis der Kirche zum politischen Gemeinwesen in Frage steht. Anderseits sind auch die Zustände unseres Staatswesens alles andere als für eine lange Zukunft stabilisiert, und unsere Einsichten in diese Zustände verändern sich häufig und manchmal sogar grundlegend. Ich glaube überhaupt, daß es bei dem Verhältnis von Staat und Kirche ebensowenig wie bei dem ganzen Problem der Staatsgestaltung im Vermögen des Wissenschaftlers liegt, seinerseits sozusagen die Zunkunft durch gedanklich erarbeitete Normierungen oder durch die Konzeption solcher Normierungen zu gestalten, sondern daß die neue „Normiertheit des Verhältnisses von Staat und Kirche" wie unsere ganze Staatsgestaltung heranwächst, sicherlich auch unter bestimmten Konzeptionen, sicherlich auch von einer bestimmten Grundhaltung aus und von Erkenntnissen der Lage, wie sie ist, aber heranwächst nicht nur in unseren Gedankenprozessen, sondern vor allem im konkreten Geschehen, das sich um uns her außerordentlich dramatisch vollzieht. An ihm können wir nur dienend mitwirken, zu einem sicher nicht unwesentlichen, aber im ganzen doch bloß bescheidenen Teile.

Ich bitte das nicht zu verstehen im Sinne einer Skepsis oder im Sinne einer Abwertung unserer Aufgabe. Ich glaube vielmehr, daß aus jeder Resignation, die uns zuwächst aus dem Erfahren und Erkennen der Tatbestände des öffentlichen Lebens um uns her, für uns nichts weiter entstehen darf als die Ermutigung und Ermunterung, den Dingen weiter nachzugeheu und sie unablässig zu verfolgen in der vielfältigen und sehr verschiedenartigen Arbeitsweise, die jedem von uns gemäß ist, die uns alle aber um ein einziges wissenschaftliches Ziel schart.

III. Verzeichnis der Redner

IV. Verzeichnis der Mitglieder der Vereinigung der Deutschen Staatsrechtslehrer

Wiedergegründet am 21. Oktober 1949

Lebenslänglicher Ehrenpräsident

Thoma, Dr. Richard, Professor, Geh. Hofrat, Bonn, Zitelmannstr. 24.

Vorstand

1. Wolff, Dr. Hans Julius, Professor, nebenamtlicher Richter am Oberverwaltungsgericht für das Land Nordrhein-Westfalen, Münster i. Westf., Wichernstr. 13/I.
2. Ipsen, Dr. Hans Peter, Professor, Oberlandesgerichtsrat, Mitglied des Hamburgischen Oberverwaltungsgerichts, Hamburg 13, Hallerstr. 79.
3. Abendroth, Dr. Wolfgang, Professor, Marburg a. d. L., Georg-Voigt-Str. 7a.

Mitglieder

1. Abendroth, Dr. Wolfgang, Professor, Marburg a. d. L., Georg-Voigt-Str. 7a.
2. Adamovich, Dr., Ludwig, Professor, Präsident des Verfassungsgerichtshofes, Wien I, Wipplingerstr. 7.
3. Apelt, Dr. Willibalt, Professor, Geh. Regierungsrat, Staatsminister a. D., München 23, Monsalvatstr. 1.
4. Armbruster, Dr. Hubert, Professor, Mainz, Kaiserstr. 66.
5. Bachof, Dr. Otto, Professor, Erlangen, Hindenburgstr. 47.
6. Becker, Dr. iur., Dr. phil. Erich, Professor, Speyer, Schwerdstraße 59.
7. Bilfinger, Dr. Karl, Professor, Heidelberg, Philosophenweg 13.
8. Böhmert, Dr. Viktor, Professor, Kiel, Feldstr. 91.
9. Brill, Dr. Hermann Louis, Professor, Staatssekretär a. D., M. d. B., Wiesbaden, Weinbergstr. 14.
10. Bühler, Dr. Ottmar, Professor, München 27, Kufsteiner Platz 2/III.

11. Drath, Dr. Martin, Professor, Bundesverfassungsrichter, Berlin-Zehlendorf, Hüningerstr. 20.
12. Ebers, Dr. iur., Dr. rer. pol. h. c. Godehard Jos., Professor, Mitglied des Österreichischen Verfassungsgerichtshofes a. D., Innsbruck-Igls 47.
13. Erler, Dr. Georg, Professor, Göttingen, Calsowstr. 71.
14. Forsthoff, Dr. Ernst, Professor, Heidelberg-Schlierbach, Wolfsbrunnenweg 13.
15. Friesenhahn, Dr. Ernst, Professor, Bundesverfassungsrichter, Bonn, Endenicher Allee 7.
16. Gerber, Dr. Hans, Professor, Oberverwaltungsgerichtsrat am Badischen Verwaltungsgerichtshof, Freiburg i. Br., Sonnhalde 93.
17. Giese, Dr. iur., Dr. rer. pol. h. c. Friedrich, Professor, Falkenstein über Königstein i. T., Haus am Bornacker.
18. Glum, Dr. Friedrich, Professor, München, Äußere Prinzregentenstraße 10.
19. Gönnenwein, Dr. iur., Dr. phil. Otto, Professor, M. d. L., Heidelberg, Bergstraße 50.
20. Grewe, Dr. Wilhelm, Professor, Freiburg i. Br., Beethovenstraße 9.
21. Hamel, Dr. Walter, Professor, Marburg a. d. L., Rotenberg 1a.
22. Heckel, D. Dr. Johannes, Professor, Feldkirchen bei München, Bahnhofstr. 4.
23. Held, Dr. Hermann, Professor, Malente, Lindenallee 35.
24. Helfritz, Dr. iur., Dr. phil. Hans, Professor, Geh. Regierungsrat, Erlangen, Hofmannstr. 62.
25. Henrich, Dr. iur., Dr. rer. pol., Dr. phil. Walter, Professor Würzburg, Ottostr. 16.
26. Herrfahrdt, Dr. Heinrich, Professor, Marburg a. d. L., Am Weinberg 8.
27. Hettlage, Dr. Karl Maria, Professor, Hamburg-Blankenese, Kösterbergstr. 84.
28. Frhr. v. d. Heydte, Dr. August, Professor, Bodenheim bei Mainz, Rheinstr. 2.
29. Heyer, Dr. Friedrich, Professor, Bonn, Humboldtstr. 35.
30. v. Hippel, Dr. Ernst, Professor, Godesberg-Mehlem, Mainzer Str. 119.
31. Hoegner, Wilhelm, Staatsrat, Staatsminister, München, Miesbacher Platz 15.

32. Hollós, Dr. Franz Tibor, Professor, Würzburg, Höchberger Straße 24.
33. Hugelmann, Dr. Karl, Professor, Göttingen, Herzberger Landstr. 52.
34. Ipsen, Dr. Hans Peter, Professor, Oberlandesgerichtsrat, Mitglied des Hamburgischen Oberverwaltungsgerichts, Hamburg 13, Hallerstr. 79.
35. Jacobi, Dr. Erwin, Professor, Leipzig S 3, Meusdorfer Straße 5.
36. Jahrreiß, Dr. Hermann, Professor, Köln, Brüsseler Str. 85.
37. Jellinek, Dr. Walter, Professor, Richter am Verwaltungsgerichtshof Stuttgart-Karlsruhe, Heidelberg, Mozartstr. 15.
38. Jerusalem, Dr. Franz, Professor, Frankfurt a. M., Wolfgangstr. 137.
39. Kaufmann, Dr. iur., Dr. phil. h. c. Erich, Professor, Bonn, Dahlmannstr. 5.
40. Klein, Dr. Friedrich, Professor, Münster i. W., Prozessionsweg 409.
41. v. Köhler, Dr. rer. pol., Dr. iur. h. c., Professor, Staatsminister a. D., Ludwigsburg, Moserstr. 5.
42. Köttgen, Dr. Arnold, Professor, Göttingen, Schillerstr. 26.
43. Kordt, Dr. Erich, Privatdozent, Düsseldorf, Haus der Landesregierung.
44. Kraus, Dr. Herbert, Professor, Göttingen, Calsowstr. 18.
45. Krüger, Dr. Herbert, Professor, Hamburg-Gr. Flottbek, Elbchaussee 184.
46. Küchenhoff, Dr. Günther, Professor, Werl i. W., Grafenstraße 11.
47. Laforet, Dr. Wilhelm, Professor, Geh. Justizrat, M. d. B., Würzburg, Frauenlandstr. 12.
48. Laun, Dr. iur., Dr. rer. pol. h. c. Rudolf, Professor, Präsident des Staatsgerichtshofs der Freien Hansestadt Bremen, Ahrensburg bei Hamburg, Voßberg 10.
49. Leibholz, Dr. Gerhard, Professor, Bundesverfassungsrichter, Göttingen, Dahlmannstr. 6.
50. Liermann, Dr. Hans, Professor, Erlangen, Loewenichstr. 21.
51. Maunz, Dr. Theodor, Professor, Freiburg i. Br., Lugostr. 10.
52. Meder, Dr. Walter, Professor, Berlin-Dahlem, Ehrenbergstraße 35.
53. Meinzolt, Dr. Hans, Staatsrat, München, Karl-Freytag-Straße 29.

54. Menger, Dr. Christian-Friedrich, Professor, Wilhemshaven, Hochschuldorf Rüstersiel.

55. Menzel, Dr. Eberhard, Professor, Hamburg-Rübenkamp, Waßmannstr. 27/III.

56. Merk, Dr. Wilhelm, Professor, Tübingen, Wildermuthstr. 6.

57. Merkl, Dr. Adolf Julius, Professor, Wien XIX, Pfarrplatz 1.

58. Meyer, Dr. Ernst Wilhelm, Professor, Botschafter der Bundesrepublik Deutschland, New Delhi/Indien, Sundar Nagar, Mathura Road 86.

59. Mirbt, Dr. Hermann, Professor, Senatsdirektor, Berlin-Schlachtensee, Spanische Allee 51.

60. Mosler, Dr. Hermann, Professor, Frankfurt a. M.-Ginnheim, Hügelstr. 200.

61. Naumann, Dr. Richard, Professor, Senatspräsident, Hamburg 39, Leinpfad 73.

62. Nawiasky, Dr. Hans, Professor an der Universität München, St. Gallen, Hebelstr. 12.

63. Peters, Dr. Hans, Professor, Köln-Lindenthal, Bitburger-Straße 6.

64. Ridder, Dr. Helmut, Professor, Frankfurt a. M., Eckenheimer Landstr. 11/II.

65. Rühland, Dr. Curt, Professor, Braunschweig, Walter-Flex-Straße 16.

66. Rumpf, Dr. H., Privatdozent, Gesandtschaftsrat bei der Deutschen Gesandschaft, 15 Oaklands Drive Rathgar, Dublin/Ireland.

67. Schack, Dr. Friedrich, Professor, Hamburg 13, Nonnenstieg 9/II.

68. Schätzel, Dr. Walter, Professor, Bonn, Fürstenstr. 1.

69. Scheuner, Dr. Ulrich, Professor, Bad Godesberg, Beethovenstr. 17.

70. Schlochauer, Dr. Hans-Jürgen, Professor, Köln-Braunfels, Friedrich-Schmidt-Str. 60a.

71. Schmid, Dr. Karl, Professor, Staatsrat, M. d. B., Tübingen, Goethestr. 17.

72. Schneider, Dr. Hans, Professor, Tübingen, Autenriethstraße 16.

73. Schoenborn, Dr. Walther, Professor, Kiel, Düppelstr. 73.

74. Schranil, Dr. Rudolf, Professor, Saarbrücken, Sulzbacher Straße 27.

75. Schüle, Dr. Adolf, Professor, Heidelberg, Mozartstr. 22.

76. Schwinge, Dr. Erich, Professor, Marburg a. d. L., Gutenbergstraße 18.
77. Scupin, Dr. Hans Ulrich, Professor, Roxel i. Westf.
78. Smend, D. Dr. Rudolf, Professor, Göttingen, Am Goldgraben 13.
79. Spanner, Dr. Hans, Professor, Graz/Österreich, Mandellstraße 22.
80. Stanka, Dr. iur., Dr. phil. Rudolf, Professor, Wien IV, Goldegg 32.
81. Stödter, Dr. Rolf, Professor, Hamburg 21, Adolphstr. 29.
82. Thoma, Dr. Richard, Professor, Geh. Hofrat, Bonn, Zitelmannstr. 24.
83. Ule, Dr. Gerhard-Hermann, Professor, Vizepräsident, Lüneburg, Ülzener Str. 40.
84. Voigt, Dr. Alfred, Professor, Erlangen, Universitätsstr. 15.
85. Wacke, Dr. Gerhard, Professor, Marburg a. d . L., Gutenbergstraße 18.
86. Warncke, Dr. Friedrich, Privatdozent, Rechtsanwalt, Köln-Nippes, Mauenheimer Str. 45.
87. Weber, Dr. Werner, Professor, Göttingen, Am Goldgraben 10.
88. Wengler, Dr. iur., Dr. rer. pol. Wilhelm; Professor, Berlin-Zehlendorf, Werderstr. 15.
89. Wenzel, Dr. Max, Professor, Erlangen, Löhestr. 21.
90. Wolff, Dr. Hans Julius, Professor, nebenamtlicher Richter am Oberverwaltungsgericht für das Land Nordrhein-Westfalen, Münster i. Westf., Wichernstr. 13/I.
91. Wolgast, Dr. Ernst, Professor, Nürnberg, Chamer Str. 13.

V. Satzung

(Nach den Beschlüssen vom 21. Oktober 1949
und 19. Oktober 1951)

§ 1

Die Vereinigung der Deutschen Staatsrechtslehrer stellt sich die Aufgabe:

1. wissenschaftliche und Gesetzgebungsfragen aus dem Gebiete des öffentlichen Rechts durch Aussprache in Versammlungen der Mitglieder zu klären;
2. auf die ausreichende Berücksichtigung des öffentlichen Rechts im Hochschulunterricht und bei staatlichen und akademischen Prüfungen hinzuwirken;
3. in wichtigen Fällen zu Fragen des öffentlichen Rechts durch Eingaben an Regierungen oder Volksvertretungen oder durch öffentliche Kundgebungen Stellung zu nehmen.

§ 2

Mitglied der Vereinigung kann werden, wer an einer deutschen Universität oder sonstigen Hochschule als Lehrer des Staats- und Verwaltungsrechts tätig ist oder gewesen ist und sich der wissenschaftlichen Forschung auf dem Gesamtgebiete dieser Wissenschaften gewidmet hat.

Die zur Heidelberger Tagung eingeladenen Staatsrechtslehrer werden ohne weiteres als Mitglieder geführt, es sei denn, daß sie ihre Streichung verlangen. Über die Aufnahme neuer Mitglieder beschließt die Mitgliederversammlung. Eines Beschlusses bedarf es nicht, wenn der Vorstand in einem Rundschreiben die Mitglieder von seiner Absicht, einem Staatsrechtslehrer die Mitgliedschaft anzutragen, verständigt und nicht mindestens fünf Mitglieder binnen Monatsfrist gegen die Aufnahme des Vorgeschlagenen Einspruch erheben oder mündliche Erörterung beantragen. Von jeder außerhalb einer Mitgliederversammlung erfolgten Neuaufnahme sind die Mitglieder zu unterrichten.

Gegenwärtige oder frühere deutschsprachige Staatsrechtslehrer an ausländischen Universitäten oder Hochschulen können auf ihren Antrag als Mitglieder aufgenommen werden.

§ 3

Eine Mitgliederversammlung soll regelmäßig einmal in jedem Jahre an einem vom Vorstande zu bestimmenden Orte stattfinden. In dringenden Fällen können außerordentliche Versammlungen einberufen werden. Die Tagesordnung wird durch den Vorstand bestimmt.

Auf jeder ordentlichen Mitgliederversammlung muß mindestens ein wissenschaftlicher Vortrag mit anschließender Aussprache gehalten werden.

§ 4

Der Vorstand der Vereinigung besteht aus einem Vorsitzenden, seinem Stellvertreter und einem Schriftführer, der auch die Kasse führt. Der Vorstand wird am Schlusse jeder ordentlichen Mitgliederversammlung neu gewählt.

Zur Vorbereitung der Mitgliederversammlung kann sich der Vorstand durch Zuwahl anderer Mitglieder verstärken. Auch ist Selbstergänzung zulässig, wenn ein Mitglied des Vorstandes in der Zeit zwischen zwei Mitgliederversammlungen ausscheidet.

§ 5

Zur Vorbereitung ihrer Beratungen kann die Mitgliederversammlung, in eiligen Fällen auch der Vorstand, besondere Ausschüsse bestellen.

§ 6

Über Eingaben in den Fällen des § 1 Ziffer 2 und 3 und über öffentliche Kundgebungen kann nach Vorbereitung durch den Vorstand oder einen Ausschuß im Wege schriftlicher Abstimmung der Mitglieder beschlossen werden. Ein solcher Beschluß bedarf der Zustimmung von zwei Dritteln der Mitgliederzahl; die Namen der Zustimmenden müssen unter das Schriftstück gesetzt werden.

§ 7

Der Mitgliedsbeitrag beträgt fünf Deutsche Mark für das Kalenderjahr. Der Vorstand kann den Beitrag aus Billigkeitsgründen erlassen.

Bei Fragen zur Produktsicherheit wenden Sie sich bitte an:
If you have any questions regarding product safety,
please contact:

Walter de Gruyter GmbH
Genthiner Straße 13
10785 Berlin
productsafety@degruyterbrill.com